LA LITTÉRATURE DU MONDE FRANÇAIS

Explorations

FOURTH EDITION

SUSAN SCHUNK
University of Akron

JANET WAISBROT
University of Akron

HEINLE & HEINLE

THOMSON LEARNING™

United States • Australia • Canada • Mexico • Singapore • Spain • United Kingdom

HEINLE & HEINLE

THOMSON LEARNING ™

The publication of *Explorations,* **Fourth Edition** was directed by the Heinle & Heinle College Foreign Language Publishing Team:

Wendy Nelson, Publisher
Stephen Frail, Marketing Manager
Esther Marshall, Senior Production & Development Editor Supervisor
Anne Besco, Developmental Editor

Also participating in the publication of this program were:

Associate Marketing Manager:	**Kristen Murphy-Lojacono**
Senior Manufacturing Coordinator:	**Mary Beth Hennebury**
Composition:	**Pre-Press Company, Inc.**
Interior Designer:	**Pre-Press Company, Inc.**
Cover Designer:	**Ha Nguyen**
Cover Illustration:	**Photo from Heinle's Image Resource Bank**
Text Printer/Binder:	**Von Hoffmann Graphics**

Library of Congress Cataloging-in-Publication Data

Schunk, Susan.
Explorations : la littérature du monde français / Susan Schunk, Janet Waisbrot.—4th ed.
p. cm.
English and French.
Includes bibliographical references
ISBN 0-8384-1316-1 (student text)—
ISBN 0-8384-1189-4 (instructor's edition)
1. French language—Readers. 2. French Language—Textbooks for foreign speakers—English. I. Title: Littérature du monde français. II. Waisbrot, Janet. III. Title.
PC2117. S363 2000
448.6'421—dc21   00-039549

This book is printed on acid-free paper.

INTERNATIONAL DIVISION LIST

UK/EUROPE/MIDDLE EAST/ AFRICA:
Thomson Learning
Berkshire House
1680-173 High Holborn
London, WCIV 7AA
United Kingdom
Tel   44 (0)171 497-1422
Fax 44 (0)171 497-1426

AUSTRALIA/NEW ZEALAND:
Nelson
102 Dodds Street
South Melbourne
Victoria 3205
Australia
Tel   61 (0)3 9685-4111
Fax 61 (0)3 9685-4199

CANADA:
Nelson
1120 Birchmount Road
Toronto, Ontario
Canada MIK 5G4
Tel   (416) 752-9100
Fax (416) 752-8102

LATIN AMERICA:
Thomson Learning
Seneca 53
Colonia Polanco
11560 México D.F. México
Tel   (525) 281-2906
Fax (525) 281-2656

ASIA (including India):
Thomson Learning
60 Albert Street #15-01
Albert Complex
Singapore 189969
Tel   65 336-6411
Fax 65 336-7411

SPAIN (including Portugal):
Paraninfo
Calle Magallanes 25
28015 Madrid
España
Tel   34 (0)91 446-3350
Fax 34 (0)91 445-5218

TABLE OF CONTENTS

Foreword   viii

PART I   1

CHAPTER 1   **The First Step: Prepare Yourself for the Reading—Develop an Efficient Approach**   3

Introduction   3
General Cautions—A Word to the Wise   4
Why Reading a Foreign Language May Be Difficult at First   5
   The Cultural Perspective
   Using Your Native Language Reading Skills
Testing Your Predicting and Contextual Guessing Skills
   in French   9
   Le réverbère par Gilles Vigneault
   Le serpent boa par Antoine de Saint-Exupéry

CHAPTER 2   **Rereading for More Information**   14

Introduction   14
Grammar, Structure, and New Vocabulary   14
   Understanding Grammar and Structure
   Too Much New Vocabulary
Summary of Context Clues   22

Applying What You Have Learned to Reading French   23
   *Pourquoi les hommes ne mangent pas
      d'éléphant* par Marie-Angèle Kingué
Reading the Selection a Third Time   27

CHAPTER 3   **Putting It All Together**   28

Surtout, ne traverse pas! par Pierre Bellemare   28
   Avant de lire
   Surtout, ne traverse pas!
   Exercices
Les trois motocyclistes par Marie Cardinal   33
   Avant de lire
   Les trois motocyclistes
   Exercices
Useful Literary Terms   36
Conclusion   36

Recap—Preparing a Reading   39

PART II   41

CHAPTER **4**   *La carte postale* **par André Maurois**   43

Biographie de l'auteur
Préparation à la lecture
Vue panoramique
La carte postale   50
Compréhension et discussion

CHAPTER **5**   *Une abominable feuille d'érable sur la glace*
                 par Roch Carrier   60

Biographie de l'auteur
Préparation à la lecture
Vue panoramique
Une abominable feuille d'érable sur la glace   66
Compréhension et discussion

CHAPTER **6**   *L'autre femme* **par Colette**   73

Biographie de l'auteur
Préparation à la lecture
Vue panoramique
L'autre femme   78
Compréhension et discussion

CHAPTER **7**   *Le passant charitable* **par Félix Leclerc**   85

Biographie de l'auteur
Préparation à la lecture
    The Language of Québec Province
    Communicating in Québec
Vue panoramique
Le passant charitable   92
Compréhension et discussion

CHAPTER **8**   *Vérité et Mensonge* **par Birago Diop**   105

Biographie de l'auteur
Préparation à la lecture
Vue panoramique
Vérité et Mensonge   110
Compréhension et discussion

CHAPTER **9**   *D'un cheveu* **par Jean Giraudoux**   **119**

Biographie de l'auteur
Préparation à la lecture
Vue panoramique
D'un cheveu   124
Compréhension et discussion

ENTRACTE **I**   **La poésie**   **133**

Jacques Prévert   133
   Le cancre
   Les enfants qui s'aiment
   Paris at Night
Guillaume Apollinaire   137
   Le Pont Mirabeau
   Calligrammes : Cœur Couronne et Miroir

PART III   **141**

CHAPTER **10**   *La vie conjugale* **par Michelle Maurois**   **143**

Biographie de l'auteur
Préparation à la lecture
Vue panoramique
La vie conjugale   148
Compréhension et discussion

CHAPTER **11**   *Le pavillon de la Croix-Rousse*
         par Georges Simenon   **157**

Biographie de l'auteur
Préparation à la lecture
Vue panoramique
Le pavillon de la Croix-Rousse   161
Compréhension et discussion

CHAPTER **12**   *Aux champs* **par Guy de Maupassant**   **170**

Biographie de l'auteur
Préparation à la lecture
Vue panoramique
Aux champs   175
Compréhension et discussion

CHAPTER **13** *La dernière classe* **par Alphonse Daudet**   **185**

Biographie de l'auteur
Préparation à la lecture
   Historical Overview: Alsace-Lorraine;
    The Franco-Prussian War
Vue panoramique
La dernière classe   191
Compréhension et discussion

CHAPTER **14** *Le code secret* **par René Goscinny, illustré
par Jean-Jacques Sempé**   **200**

Biographie de l'auteur
Biographie de l'illustrateur
Préparation à la lecture
Vue panoramique
Le code secret   204
Compréhension et discussion

CHAPTER **15** *Le champ de tir* **par Joseph Kessel**   **210**

Biographie de l'auteur
Préparation à la lecture
   Historical Overview: France and World War II
Vue panoramique
Le champ de tir   219
Compréhension et discussion
Un calligramme

CHAPTER **16** *Le rossignol de Kabylie*
par Emmanuel Roblès   **231**

Biographie de l'auteur
Préparation à la lecture
   Historical Overview: Algeria and its Fight for Independence
   The Kabyles
Vue panoramique
Le rossignol de Kabylie   238
Compréhension et discussion

ENTRACTE II   **La Poésie**   **251**

René Philombe   251
   Civilisation
Yambo Ouologuem   253
   À mon mari

PART IV   **255**

CHAPTER 17   *On a eu l'inspecteur* par René Goscinny,
                        illustré par Jean-Jacques Sempé   **257**

On a eu l'inspecteur   258
Compréhension et discussion

CHAPTER 18   *Il se pourrait bien que les arbres voyagent...*
                        par Roch Carrier   **263**

Il se pourrait bien que les arbres voyagent...   264
Compréhension et discussion

CHAPTER 19   *L'œuf de Pâques* par Henri Crespi   **269**

Biographie de l'auteur
L'œuf de Pâques   270
Compréhension et discussion

APPENDICES   Appendix A   *Le passé simple*   276

                        Appendix B   Negative Constructions   278

LEXIQUE   French-English   279

Credits   304

FOREWORD

INTRODUCTION

Explorations : La littérature du monde français welcomes the intermediate-level student to the world of francophone literature. **Explorations** does not attempt to include all areas of francophone literature. It is not a study of genre and does not teach literary analysis or *explication de texte*. **Explorations** is a beginning, an exploration. Its underlying goals are to help students develop efficient reading skills in French and, at the same time, to introduce them to a wide variety of francophone authors and their works. We hope the text will open the door to and whet the students' appetite for the wider range of readings available to them.

The authors have selected a variety of literary readings—short stories, poems, and a play. We have not included current cultural items, advertisements, or songs, for there is already a wide range of texts which treat these topics well. The readings in **Explorations,** chosen from the works of French, Belgian, Swiss, French Canadian, and African authors, are complete and unabridged. Most are from the twentieth century, with a few from the nineteenth. The selections we have chosen offer variety in subject, tone, and level of difficulty. In making our choices, our most important considerations were: how the selection might appeal to and interest students, its content, its accessibility in terms of language and structure, and its length. We feel that, at the intermediate level, focusing on the students' intellectual level of sophistication, rather than on their relatively modest linguistic ability in French, enhances their motivation to read and discuss literature. Through a variety of carefully planned pre- and postreading activities, and accompanying historical and/or background information when appropriate, each selection has been made accessible to the intermediate-level student. Active use of spoken French can be stressed through the conversational possibilities suggested in the chapter exercises.

Classroom testing has revealed that students find the readings highly interesting, and that they consider their efforts to understand the selections extremely worthwhile.

Explorations is suitable for use at the intermediate level of college French or the third or fourth year of high school French. It can be used alone in a one-semester reading course or in combination with other intermediate materials (grammar and/or culture) to constitute a full-year sequence.

GOALS

Because of the heterogeneous nature of most intermediate French classes in terms of backgrounds, learning styles, academic goals, and personal attitudes, this text has been designed to offer a flexible approach to meeting both instructor and student goals, needs, and interests. By helping students develop the skills, preparation, and confidence that they will need in advanced literature courses, **Explorations** eases the often difficult transition from courses that emphasize oral proficiency, grammar, vocabulary acquisition, and elementary reading skills to courses that focus on reading comprehension and discussion. Upon completion of this text, students will be pleasantly surprised at the level their reading abilities have reached. We hope they will be inspired to continue their excursion into *le monde de la littérature française* on their own or in a higher-level literature course.

Not all students reach the same level of proficiency in all areas, nor should they be expected to do so. Not all instructors will wish to stress the same goals. Once you have given careful consideration to the goals in the following list, choose those that best suit your own teaching style and the needs of your students.

1. To help students develop their ability to read efficiently and with understanding.
2. To stress comprehension of vocabulary through the use of context and other appropriate reading strategies.
3. To emphasize the importance of understanding and appreciating the cultural and historical setting of the reading as well as the author and the style and language used by the author.
4. To promote students' ability to express, orally and in writing, what they have learned about the content of the reading, and to encourage and stimulate discussion and conversation about the reading through a variety of suggested topics and activities.
5. To encourage students to analyze the characters and plots of the selection they are reading, and to react personally to what they have read.

CHANGES AND SPECIAL FEATURES OF THE FOURTH EDITION

The fourth edition of **Explorations** continues to stress reading skill development and to place a strong emphasis on efficient reading strategies. Although the basic concept of this edition remains the same, all aspects of the text have been carefully reevaluated once again, leading to additions, replacements, revisions, or deletions when appropriate.

CHANGES

Four of the readings in the third edition have been changed. In Chapter 1, *La petite fille lit*, by Claire Martin, has been replaced by an excerpt from *Le Petit Prince*, by Antoine de Saint-Exupéry. In Chapter 3, *Le pot d'or*, by Yves Thériault, has been replaced by an excerpt from *La clé sur la porte*, by Marie Cardinal. In Part IV, *Il faut être raisonnable* has been replaced by *On a eu l'inspecteur*, a different story in the Nicolas series by the author René Goscinny. The last chapter of the text, *Le Diable et le champignon*, has been replaced by *L'œuf de Pâques*, by Henri Crespi.

SPECIAL FEATURES

This edition of **Explorations** includes several features that are not only new to the fourth edition, but new to intermediate literary readers in general. It has also retained several features of the third edition which have proven especially helpful to students.

(1) SYSTÈME-D: *Writing Assistant for French:* Heinle and Heinle Publishers is including this award-winning software program, which can be used with the fourth edition of the text. The CD-ROM was developed by James S. Noblitt, Willem J.A. Pet, and Donald Sola. The program is a complete writing environment containing an on-line bilingual dictionary with pronunciation, useful functional phrases for spoken and written French, handy references to grammar, vocabulary, and conjugations of verbs, a French spell-checker, and easy access to French accent marks.

Throughout Part II of **Explorations,** one or two of the postreading discussion questions has been glossed to the software program, enabling students to find appropriate references to vocabulary and grammar that can help them write their compositions. By the end of Part II, students should be familiar enough with the program to explore its resources on their own.

(2) PETIT LEXIQUE: Because of a limited vocabulary students often find it difficult to express an answer to some of the comprehension questions. To help them, a list of vocabulary words has been inserted, for easy access, with the postreading exercise, **Questions de compréhension,** throughout Part II and for part of Part III of the textbook. This new feature has been added to encourage students to formulate their own answers to the questions and to avoid copying long sentences from the story itself. The list is not exhaustive, and does not include vocabulary already provided in some of the chapters' pre-reading exercises. The words are in alphabetical order, so the list does not "give away" answers. Students will still need to comprehend the reading in order to use the suggested vocabulary appropriately. The list provides common, useful vocabulary, as well as the infinitive forms of new verbs that students may not know. It also provides vocabulary known to the students but which they may not think of using as they work out their answers. Although it is not meant to replace a dictionary, it offers an easily accessible tool for both writing and oral discussion.

(3) VOCABULARY AIDS FOR ILLUSTRATIONS: In most chapters of **Explorations,** there is an illustration which represents a scene from the reading. As part of their training in the strategy of predicting the reading's content, students are expected to study this illustration and discuss it before they begin the reading itself. At times, students are not yet equipped with certain vocabulary words they may need as they have not yet encountered them while reading. In order to help the students, some "useful words" have been added to the illustrations when needed. The new feature has also been added to the postreading *Vrai/Faux* exercise for *Le pavillon de la Croix-Rousse,* where students are told to correct what is wrong with the pictures by providing the true facts of the mystery they have read.

(4) BOOKMARK OF FUNCTION WORDS: This feature of the third edition has been retained. Students have found this bookmark to be an extraordinarily useful tool in this and other language courses. An alphabetized list of commonly used function words (*cependant, d'ailleurs, malgré,* etc.) and their definitions is presented as a detachable bookmark on the back cover of the text. Since the meanings of these words are difficult to determine from context, the bookmark provides a ready reference that the students can place wherever they are reading.

(5) RECAP—PREPARING A READING: This page, at the end of Chapter 3, provides a summary of the essential reading strategies presented in Chapters 1–3. Although this page is bound into the text, students may detach it and place it, for easy reference, in whatever chapter they are working on as they progress through the text. It enables them to refresh their memories as to what they should do both before, while, and after they read a selection in French.

(6) LE PASSÉ SIMPLE: This Appendix has also been retained. Since the *passé simple* is frequently new to intermediate-level students, an alphabetized list of the *passé simple* of all irregular verbs is provided. The verbs are listed by the third-person singular and plural forms, since they are the forms most frequently encountered while reading. The list also includes both the infinitive forms of the verbs and their definitions.

ORGANIZATION OF THE FOURTH EDITION

The basic organization of the fourth edition of **Explorations** remains the same as that of the third. For those teachers and students who are using this text for the first time, an explanation of its format and organization follows.

PART I, CHAPTERS 1–3

Chapter 1 encourages and guides the students to establish an efficient approach to the development of skills in reading. It outlines some of the positive approaches and techniques that can help students read in French, cautions them against common pitfalls, and provides the opportunity to practice the new reading strategies presented. Chapter 1 contains two very short readings that enable students to test their predicting and contextual guessing skills and to practice reading for gist.

Chapter 2 stresses **rereading for more information.** Suggestions are offered to help students overcome some of the obstacles they will face when they encounter difficult grammar structures or too much new vocabulary. It helps students to formulate a clearer idea about the setting, characters, and main story elements, reminding them to pay attention to sentence structure and key vocabulary, to allow personal experience and knowledge to help them, and to make logical assumptions. The story in this chapter gives the students practice in reading first for gist, and a second time, for more information. The second reading of the same story is a guided presentation of questions and comments, which, using a mixture of French and English without actually translating any words, shows students how to determine meaning without excessive recourse to the dictionary. Since many of the verbs in this chapter's reading selection are in the *passé simple*, a brief explanation of this literary tense precedes the reading.

Chapter 3, Putting It All Together, presents two stories that are to be read for gist only. Both selections are accompanied by a few short, simple exercises that encourage the students to use the reading strategies presented in Chapters 1 and 2, and that verify whether or not the students have understood the main points of the readings.

To help the students when they begin to discuss the stories, a list of useful literary terms is included at this point.

The **Conclusion** of Chapter 3 reviews what has been presented in the first three chapters. It then outlines the format for Parts II and III of the text. The **five major sections** of each chapter in Parts II and III are identified, described, and explained so that students and instructors will know the *raison d'être* for each section and how to approach it.

PART II, CHAPTERS 4–9

Part II now contains six chapters rather than seven. All aspects of the selections that remain from the third edition have been carefully reevaluated. Where we thought it would be helpful to the students, we made revisions. Each of the six chapters in this part is divided into five sections, described as follows:

BIOGRAPHIE DE L'AUTEUR This is provided in English to give students background information about the author. Instructors may do as much or as little as they wish with this material.

PRÉPARATION À LA LECTURE This section includes pertinent linguistic, cultural, and/or historical information, a variety of reading hints, and prereading exercises designed to stress the continued use of reading strategies and to lead the students towards using the strategies without guidance.

VUE PANORAMIQUE As the students approach their first global reading of the selection, the **Vue panoramique** prepares them by posing questions that will help them focus on searching only for the gist of the passage they are about to read.

LA LECTURE The reading selection follows, with footnotes and marginal glosses.

COMPRÉHENSION ET DISCUSSION The fifth section is a postreading section that offers comprehension exercises, as well as a variety of topics for reaction, interaction, and discussion.

ENTRACTES

Explorations provides two *Entractes*, or intermissions, one between Parts II and III of the text, and one between Parts III and IV. Each *Entracte* offers several poems, included to present a variety of subjects and style, to provide diversity to the text, and to introduce poetry as a source of pleasure. Instructors can do as much or as little as they wish with these chapters.

Questions are provided with each poem, as are biographies of the poets. Since the biographies are brief, they are in French. Students are given the opportunity to discuss and react to the poems, but no attempt is made to study poetry as a genre. The poems in the fourth edition of **Explorations** are the same as those in previous editions. Favorable response from both reviewers and students persuaded us against change.

PART III, CHAPTERS 10–16

In the fourth edition, Part III contains seven stories rather than eight. The chapters follow the same basic format as those in Part II. However, several differences within that format become apparent. Because of the progress students will have made in determining word meanings, some of the prereading vocabulary exercises have been replaced by other kinds of vocabulary practice. Because some of the predicting skills should now be automatic, some of the predicting exercises are no longer included. In this section, the reading selections themselves and the exercises that follow gradually become more difficult. As in the third edition, to provide a change of tone and pace, one easier, lighter story is included among the more challenging ones.

PART IV, CHAPTERS 17–19

The stories included here are purposely less difficult than those in the preceding section. The students should be surprised and pleased at the facility with which they will be able to read these chapters. The first two selections are by authors who were introduced earlier in the book, René Goscinny (Chapter 14) and Roch Carrier (Chapter 5). Therefore, the students will be familiar with the author's work before they begin. These selections provide a rarely offered opportunity to read and discuss a second story by the same author. These specific authors were chosen because classroom testing has shown that they have a high interest appeal.

In order to prepare the students for the "real world" of reading French, the last chapter contains a reading by an author new to them. A brief biography, similar to one on a book jacket, is provided. There are no prereading exercises or marginal glosses in Part IV. Only brief introductions, content questions, and discussion topics are included. The chapters in Part IV can be assigned as out-of-class preparation to determine how well the students can do without guidance, or they can be worked with in class.

APPENDICES

Appendix A, *Le passé simple*

Appendix B, Negative Constructions

LEXIQUE French-English

DESCRIPTION OF PRE-READING EXERCISES

Most instructors are aware of the importance of preparing students for the selection they will read. To that end, **Explorations** provides the following kinds of exercises.

NOUVEAU VOCABULAIRE? **Utilisez vos stratégies.** These exercises vary to suit the selection to be read. Vocabulary enrichment and acquisition are aided by the **Mots apparentés** and **Familles de mots** exercises. The **Lisez et réfléchissez!** exercise provides hints that show how context facilitates understanding. English hints in early chapters are gradually replaced by hints given in French. By Chapter 7, students are expected to come up with "hints" on their own. Each of the three exercises is treated in a different manner in each chapter in order to provide variety. Some chapters lend themselves to inclusion of a **Vocabulaire utile,** plus, when appropriate, an exercise. We recommend that the earlier chapters in Part II be read in order because of the gradual progression of reading assistance that the text provides.

ÉTABLISSONS LES FAITS! This section contains two very important predicting exercises which, at least throughout Part II, should be worked with in class before the reading is assigned.

The **Expérience personnelle** questions enable students to focus their thoughts on the topic of the reading in a general way, so that they may approach it from a logical frame of reference. Prior to reading the selection, the students discuss a few general questions by drawing on their personal experience and knowledge.

The **Titre et illustration** exercise included in Parts I and II emphasizes the importance of predicting content from the title and illustrations. A few questions point out to the students how much information they can frequently glean from these two sources before they even begin to read.

The **INTRODUCTION AU CONTE** focuses on the content of the story that follows and provides additional, helpful information.

The **VUE PANORAMIQUE** questions are to be read before the first global reading. They are designed to prevent the students from becoming overwhelmed by detail. They are structured to help students know, before beginning to read the selection, what to look for while they read and what main points they should know after the first, or "gist," reading. Equipped with the basic story line, and more confident that they are on the right track, students are then ready to fill in facts and details by reading the story a second time before attempting any postreading exercises.

DESCRIPTION OF POSTREADING EXERCISES

The postreading exercises have also been reevaluated for this edition. The three-fold approach has been retained, except in a few chapters which lend themselves to only two exercises. The three exercises, which progress in difficulty, provide the repetition and reinforcement of vocabulary and structures that are necessary components of language learning. Each exercise is different and challenging in itself, while reinforcing and building upon the others.

VRAI / FAUX   This exercise checks comprehension of facts, but makes minimal demands on speaking ability. In most cases, students are asked to correct any false statements.

RÉSUMÉ   There are many different kinds of résumé exercises—word clues, phrase clues, illustrations to describe, multiple-choice questions, etc. This exercise frequently guides the students to summarize the story by using their own linguistic structures. Provided with the tools of information, vocabulary, and simpler structures of the **Vrai / Faux** and **Résumé,** the students are now ready for the greater challenge of the third exercise.

QUESTIONS DE COMPRÉHENSION   These questions are more demanding than those of the first two exercises. Some not only deal with facts, but also require inference and interpretation. Some of the questions may deal with the same facts as those of the **Vrai / Faux** or **Résumé** exercise. However, not all instructors may share the same goals for each chapter. The instructors' choices of postreading exercises will reflect the levels of comprehension they wish their students to reach. Therefore, since we realize that not all instructors may wish to use all of the exercises for each chapter, we thought it would be helpful to include the main elements of the selection in all of the exercises. It is important to keep in mind that the **Questions de compréhension** make more challenging demands upon the students.

We recommend that all three exercises be assigned for at least the first few chapters of Part II. Once the students realize how the **Vrai / Faux** and **Résumé** exercises can help them prepare for the class discussion of the **Questions de compréhension** and the **Réactions orales ou écrites,** the first two can be assigned for self-study if the instructor so desires.

RÉACTIONS ORALES OU ÉCRITES   Various topics are provided to encourage students to react to, interpret, explain, and discuss what they have read. Some topics, though content-based **(Synthèse du texte),** challenge the students to view the reading as a whole in order to synthesize information needed to discuss a specific aspect of the story. Other topics **(Réactions personnelles),** requiring more personal reactions and interpretations, challenge the students to be creative. This variety attempts to satisfy the broad range of needs, levels, and interests of an intermediate class. We leave it to the instructor to decide, based on each individual class, which of the questions will be discussed orally and which will be written. Many questions lend themselves to either approach. Instructors will also discover that there is ample opportunity for the students to interact with each other.

The *passé simple* is avoided in all exercises. We encourage our students to use the more conversational *passé composé.*

Marginal glosses

All glosses refer to the meaning of the word or phrase as it is used in the story, play, or poem. Glosses are in French where possible, but if a French word or phrase would only confuse the student further, an English gloss is used. Some words are purposely not glossed in order to encourage the students to read new words in context. The *passé simple* is avoided in glosses. Any English glosses are italicized to differentiate them from the French glosses. All glosses have been carefully reviewed for the fourth edition, and additions, replacements, and deletions have been made.

Footnotes

Footnotes, in French whenever possible, provide various kinds of explanations, such as cultural information, a change of word order to aid understanding, a paraphrase of a difficult sentence, a grammatical explanation or clue, or a question to cause the students to search for meaning on their own. All footnotes have been reevaluated and some additional footnotes have been added.

ACKNOWLEDGMENTS

The authors would like to thank the following individuals who helped in the preparation of this text.

We are indebted to Monique M.C. Périssé-Zavinski and wish to give her special recognition and thanks. Even though she did not participate in the fourth edition revisions, her meticulous proofing and editing of the first three editions must be acknowledged.

We are also very appreciative of the research help provided by both Dr. Diana Chlebek, Associate Professor of Bibliography at The University of Akron, and Dr. Maria Adamowicz-Hariasz, Assistant Professor of French at The University of Akron. We thank Vicki Wilkinson, a high school French teacher for introducing us to *L'œuf de Pâques*.

We would also like to thank the following people at Heinle & Heinle who worked closely with us and contributed to the preparation of this edition: Anne Besco, Esther Marshall, and Wendy Nelson.

We cannot overlook the contributions of the students in the classroom, whose reactions to the reading selections and willingness to make comments gave us added encouragement. We especially thank Mr. Donald Durell for his willingness to "test" the usefulness of *Système-D:*, as it applied to our book.

Our husbands, Dick and Sam, deserve our sincere appreciation for their moral support, patience, help, and love. Finally, our task was made more pleasurable and productive because of our common pedagogical aims and outlook and our unique compatibility as teachers and authors. After coping together with the many challenges of four editions, we still remain close friends.

—S.S. and J.W.

PART I

Part I of **Explorations** includes Chapters 1–3. These chapters encourage you to establish an efficient approach to developing your skill in reading French. A wide variety of reading strategies and suggestions is introduced, and ample opportunities for practice are provided through exercises and short reading selections.

Chapter 1, **The first step: Develop an efficient approach to reading,** addresses why reading in French can be initially difficult. It cautions you about certain unproductive habits and urges you to try out more efficient techniques. It explains the importance of understanding the cultural and/or historical perspective of the reading, and demonstrates how many of your native language reading skills can help you. It also focuses on the skill of predicting, as well as on using what you already know, to help you to determine word meaning from context. You are urged to read first for gist, not for detail.

Chapter 2, **Rereading for more information**, emphasizes the importance of reading a selection a second time in order to understand it better. Since you are attempting to glean more information, you may be confronted with certain passages which are difficult either because of the grammar and structure used, or because they contain a lot of new vocabulary. Chapter 2 offers many suggestions for dealing with both of these obstacles and provides opportunities to put these suggestions to use.

Chapter 3, **Putting it all together,** offers two short readings that will allow you to practice many of the techniques and suggestions presented in Chapters 1 and 2. By the time you reach the end of Chapter 3, you should have a better understanding of the reading strategies that exist, and of how to apply them. As you progress through the remaining chapters in **Explorations**, you are urged to continue applying your newly-acquired reading tools, for it is only through this repeated practice that you will become proficient at using them. Remember that the information in Chapters 1–3, as well as the **Recap** summary, page 39, are readily available for reference when needed.

Chapter 1

The first step: Develop an efficient approach to reading

❧

INTRODUCTION

Reading is one of the greatest sources of learning, pleasure, and relaxation known to humanity. Of the four foreign language learning skills (listening, speaking, reading, and writing), it has been determined that the reading skill endures the longest and has the greatest likelihood of being used and appreciated throughout one's lifetime. Your approach to developing your skill in reading French may differ somewhat from that used in prior foreign language courses, where speaking, grammar, and vocabulary acquisition are frequently stressed more than reading.

Although you may have had some experience in reading French prior to using this text, it is likely that your experience was limited to cultural selections or dialogues in which the vocabulary and structures were controlled to fit your language level. This text will introduce short literary selections by francophone authors. Although marginal glosses and footnotes have been added to help you, the selections are unabridged and reflect the language and style of the authors who wrote them. You can, therefore, expect to be challenged.

Just as it took time and effort to learn to read English, it will also take time and effort to learn to read French. If you could already read French with fluency and ease, you would be in a higher-level language course. Therefore, be patient with yourself. There is no magic answer, no single method, no enchanted key that will open the door to an immediate one-hundred-percent comprehension of written French. There are, however, many helpful suggestions that, if consistently applied, will eventually make your reading more efficient. Develop appropriate techniques at the outset, and allow what you know to help you with what you do not know. Approach the reading with a positive attitude. Learn to develop a certain tolerance for your mistakes and be willing to make intelligent assumptions as you read. Development of the reading skill is a constant process of learning, forgetting, relearning, and forgetting less, until you finally reach the level of comprehension that you now enjoy in your native language, where your rewards in terms of learning and pleasure match your expectations.

GENERAL CAUTION—A WORD TO THE WISE

It is relatively easy to fall into inefficient habits when reading a foreign language. Make an effort to avoid unproductive and time-consuming reading tactics by developing a more effective and realistic approach to reading.

A. DO NOT STOP READING EACH TIME YOU ENCOUNTER AN UNKNOWN WORD.

1. **Individual words are not isolated units of meaning.** They relate to the other words, and to the sentences and paragraphs in which they are found. **Keep moving along until you reach at least the end of the sentence or paragraph.** By continuing to read, you will frequently discover that the context of the paragraph as a whole will allow you to make intelligent guesses as to the meaning of individual words.

2. **There will be too many new words to look up.** Constant recourse to the dictionary only slows your reading and can sometimes even impede comprehension. If you focus too much on the meaning of an individual word, you may lose track of the context in which it is found. In other words, you may lose sight of "the forest for the trees."

B. DO NOT WRITE THE ENGLISH WORD ABOVE THE FRENCH WORD IN THE TEXT.

When you reread, your eyes will immediately register only the English word, with the result that you will probably find yourself looking up the same French word again and again. (If you feel compelled to write down an English definition, write it in the margin or on a separate sheet of paper. It can then be blocked from view when you reread.)

C. DO NOT TRY TO UNDERSTAND EVERYTHING THE FIRST TIME YOU READ A SELECTION. COMPREHENSION INCREASES EACH TIME YOU READ.

1. **The first time you read a selection, keep in mind that your goal is not to study details but to understand the general idea(s) being conveyed.** Look for the primary meaning and direction of the selection. Keep moving through the selection without using the dictionary, even though you may not understand everything. When you have finished, ask yourself general questions, such as: Who are the main characters? What do I know about them now? Where are they? What, in general, is going on?

2. **Read the selection a second time more closely.** Now that you have a general idea about its content, your goal should be to add more information to fill in the gaps. After this second reading, can you form a résumé of the main events of the story?

3. **Read a third time to verify your comprehension and to add even more detail.** Allow the descriptive passages to add depth and dimension to your understanding of the selection. Ask yourself how the characters interacted and developed. Your goal should be to formulate in your own words the author's message and/or conclusion or resolution to the story.

D. AVOID CRAMMING.

Allow yourself enough preparation time. Repetition and reinforcement are important credos in the development of any skill. Just as you would not expect to win a tennis tournament after only one lesson, you cannot expect to be adequately prepared for class after one cursory reading of the assigned text.

WHY READING A FOREIGN LANGUAGE MAY BE DIFFICULT AT FIRST

The reading process is a solitary skill. It is not observable by any direct method. How your mind functions *while* you read cannot be seen by anyone. Research shows, however, that the *way* you read in your native language can be an asset to your reading in French. It is also known that the skills you use while reading your native language do not automatically transfer to a foreign language. Four major factors inhibit the transference of native reading skills and can create obstacles which hinder comprehension.

1. The cultural context of the readings is different, but one naturally views both the language and the content from one's own cultural perspective.

2. The strategies and skills you use when reading English, acquired through years of practice, are now second nature to you. Since these skills are automatic, you are probably unaware of what they are. As a result, it is difficult for you to apply them to a different language.

3. Your grasp of grammar and structure is not nearly so sophisticated in French as it is in English.

4. Your vocabulary base is much smaller in French.

All of these factors combine to make reading in French more difficult from the outset. What can you do to eliminate, at least partially, these obstacles to comprehension? The following pages will examine each of the four major problem areas individually and offer suggestions about how to deal with them efficiently. You will discover that you can often use what you already know to help you with what you do not know. The first two obstacles will be discussed in Chapter 1, and the remaining two obstacles will be presented in Chapter 2.

Responding to obstacle 1—the cultural perspective

BEFORE YOU BEGIN THE SELECTION, READ CAREFULLY THE BACKGROUND MATERIAL PROVIDED.

Since each individual tends to view both language and content from his or her own cultural perspective, it is important to learn what you can about the culture and language of the selection BEFORE you read it. This textbook provides introductory information in English before each reading. It is provided in order to acquaint you with the author, the historical and/or cultural setting of the selection, the language and/or structure used, and, in some cases, the general theme of the reading. In addition, footnotes provide explanations of cultural differences, terms, dates, and grammatical or structural problems. Use this information in order to read more knowledgeably. You would not take a trip to unknown parts without a road map, would you?

Responding to obstacle 2—using your native language reading skills

A. TRANSFER YOUR ABILITY TO PREDICT.

■ Consider these questions:

1. When you are perusing a magazine in a doctor's waiting room, what makes you stop to read one article as opposed to another?
2. When you are in a bookstore, looking over the selection, what causes you to purchase a certain book to read?

If you think of such items as the title, the illustrations, whether or not you know the author's work, the cover blurb, the genre, etc., this shows that you can already *predict,* and that you use *predicting skills* when you read in English. A reading is frequently chosen or rejected because one predicts something about its content. Students tend to view a reading in a foreign language as totally unknown territory and neglect to think about the title, illustration(s), and genre as predictors of content. Your approach to a detective story will differ from your approach to a love story. Your approach to a play or poem will differ from your approach to a prose selection. The genre is important to consider. Be aware that sometimes your own experience or knowledge about the topic can help increase your understanding. Pausing to consider what you already know about the subject can provide a frame of reference that will help you read with more purpose and direction. Predicting content from the title, the illustration(s), the setting, the introduction, and personal experience, helps you to organize and focus your thoughts before you begin and enables you to test your hypotheses while you read. Predicting keeps you involved with what you are reading and renders the reading process much more interesting.

■ Let's practice predicting . . .

1. Read the following *titles*. What kind of information do you think you will find in each selection? What do you predict the selection is about?

    a. "Cult Leader Holds Hostages"
    b. "The Charitable Passerby"
    c. "Three Hours of Anguish"
    d. "Marie's Unknown Life"

2. "The Charitable Passerby" is a short play. How do you think that genre will differ from a prose selection? What could you do to help your comprehension as you read a play?

3. Study the *illustration* below. It comes from the play entitled "The Charitable Passerby." Answer the questions that accompany the illustration. (These are the kinds of questions you can ask yourself when you study an illustration.)

    a. What time of day is it?
    b. What is the woman doing?
    c. Do you think she will have to come outside?
    d. What is she wearing?
    e. What do you think might happen if she comes outside?
    f. What other details can you mention?
    g. Associate what you see with the title.

4. Continue predicting *while* you read. Read the following opening paragraphs. What direction do you predict the story may take?

    a. I had just left the arms of Mrs. Sherlock Holmes when, as luck would have it, I ran into her husband, the eminent detective.

    b. When Clotaire arrived at school this morning, we were all astonished to see that he was wearing glasses. Clotaire is a great friend, but he always gets the worst grades in the class. It appears that that's why his parents got him glasses.

B. TRANSFER YOUR ABILITY TO DETERMINE MEANING FROM CONTEXT.

In order to understand more about how your native language reading skills can help you when you read French, it is necessary to think about what goes on in your mind *while* you read. Think about the reading process. What do you *do* when you read in English? What techniques do you automatically use to aid your comprehension?

Below you will find paragraphs which contain many nonsense words. These words are as unfamiliar to you as the unknown French words you will meet when you begin the selections of this text. As you read the paragraphs, ask yourself what you are doing to help yourself comprehend the passages.

■ Skim the following paragraph. Then answer the questions which follow.

> . . . It was a beautiful day. The blut was shining and the flek was causing lovely ripples on the water. I placed a nork on the end of my line and added a juicy bliggle for snat. I cast my line into the water and waited patiently for a tup to take the snat. When the little dinkle floating on top of the water suddenly disappeared, I knew a tup had swallowed the bliggle and I jerked the line to set the nork. As I pulled the line out of the water, I saw that we would have a great fried tup dinner that evening.

1. What is going on? Give the paragraph a title.
2. Underline the unknown words. What do you think they mean? How did you know?
3. Did you feel a need to stop at each unknown word to look it up? Why or why not?

NOTE: All of the unknown words in the preceding paragraph were nouns, or content words, solvable by the context in which they were found.

■ Skim the following paragraph. If the unknown words distract you, substitute the word "blank," using the correct part of speech each time (noun for noun, verb for verb, etc.). Then answer the questions that follow.

> Katya was greeted by thunderous kalotch as she kekked out onto the stage. She moved swiftly to the grand flurz and sat down, adjusting the bench. Thousands of smiling hinkles waited, and hundreds of pairs of gozzles stared as she lifted her trembling plonks above the keys. If she won this final stage of the gredshun, she would snive $10,000 and the chance to swit with the greatest orchestras of the doomb.

1. Give the paragraph a title.
2. What is Katya doing?
3. How does she feel? How do you know?
4. Underline the unknown words. What do you think they mean? How did you know?

NOTE: The unknown words in the above paragraph are both nouns and verbs. Both the context and the syntax aided comprehension.

■ Read the following sentence. Identify the part of speech of each word. Write, in known vocabulary, what you think the sentence means. Be careful to replace a noun with a noun, a verb with a verb (in the correct tense), etc.

The fuzzled nodniks drazzled floupily to the norda.

NOTE: Although you can identify the parts of speech, it is impossible to know the meaning of the sentence. The syntax is known, but there is no context to help you.

As you reflect about the native language reading skills you employed while skimming the preceding paragraphs, what did you discover?

1. The first time you read each paragraph, did you continue to move through the paragraph to determine what, in general, was happening, or did you stop to ponder each unknown word?
2. How did you determine the meanings of the unknown words? What helped you?
3. Can you completely eliminate all uncertainty regarding unknown vocabulary by using the context? Does this matter?

It is important to understand that meaning occurs *first* through consideration of the paragraph as a whole. Move to consideration of individual words only *after* you have determined the "gist" of the selection. We all solve reading problems individually, in different ways, according to our own personal knowledge, experiences, and skills. Your own background, what you know about the topic before you begin, and how you use the context to help you, are sometimes more helpful aids to comprehension than the meanings of individual unknown words.

TESTING YOUR PREDICTING AND CONTEXTUAL GUESSING SKILLS IN FRENCH

The skill of predicting and the ability to determine word meaning from context are extremely helpful strategies when you read in your native language. Now that you have a better understanding of how you use these skills with English texts, try to apply them as you read the following passages in French.

Le réverbère

The following short story, *Le réverbère* (*The Streetlamp*), comes from a collection of short stories entitled *La petite heure.* The author is Gilles Vigneault (1928–), a French Canadian story writer, poet, and popular *chansonnier-poète*.

A. AVANT DE LIRE

1. Réfléchissez un peu au **titre**, *Le réverbère*. Qu'est-ce que c'est qu'un réverbère? Où les trouve-t-on normalement?
2. Trouvez-vous les réverbères utiles? Pourquoi?
3. Quand vous étiez très jeune, croyiez-vous certaines choses que vous ne croyez plus aujourd'hui? (Croyiez-vous, par exemple, qu'un grand oiseau apportait les bébés nouveau-nés à la maison?) Mentionnez d'autres notions enfantines qui se sont révélées incorrectes.

B. LISEZ LA PREMIÈRE LIGNE DU CONTE.

Une petite fille qui avait son jardin à elle y avait planté des ampoules *(lightbulbs)* **électriques...**

1. Quel est le sujet de la phrase? le verbe? le complément?
2. Selon vous, quel âge a cette petite fille?
3. Imaginez pourquoi la petite fille a planté des ampoules électriques.

C. MAINTENANT, LISEZ LE CONTE.   Au lieu d'utiliser le dictionnaire, mettez en pratique les mêmes stratégies que celles que vous utilisez quand vous lisez en anglais. Il n'est pas nécessaire de comprendre *tous* les nouveaux mots. Essayez de saisir le sens général.

Le réverbère

1   UNE petite fille qui avait son jardin à elle y avait planté des ampoules électriques dans l'espoir (un bien petit espoir) qu'il y pousserait des fleurs lumineuses ou peut-être, elle ne savait trop sous quelle forme, simplement de la lumière. Comme il n'y poussait rien au bout de plusieurs semaines, elle n'in-
5   sista pas davantage et finit par oublier la chose. Elle avait grandi d'ailleurs pendant ce temps.

Quinze ans après, ...elle se rendit à son ancien jardin.

D'abord elle n'en reconnut rien. Une rue passait par là. Il y avait des maisons plus loin. Ici, tout près, à peine un petit coin de parc. Mais à deux pas
10   d'un vieil orme qu'elle avait bien connu, à la place exacte de son jardin, avait poussé très haut et fleurissant pour la nuit toute proche, un réverbère.

D. MAINTENANT, RÉPONDEZ EN FRANÇAIS AUX QUESTIONS SUIVANTES.

1. Pourquoi la petite fille a-t-elle planté des ampoules électriques dans son jardin? Les a-t-elle regardées grandir?
2. La petite fille est-elle toujours petite à la fin du conte? Expliquez.
3. Quand la jeune femme retourne à son jardin, elle découvre beaucoup de changements. Il y en a un, en particulier, qui est surprenant. Lequel?
4. Imaginez la réaction de la jeune femme quand elle voit le réverbère.
5. Selon vous, y a-t-il un vrai lien (*link*) entre les ampoules électriques et le réverbère? À quel lien possible pense la jeune femme?
6. Quels mots indiquent que la jeune femme n'a pas perdu l'imagination de son enfance? Expliquez.
7. Parmi les nouveaux mots inconnus, il y a certains mots qui sont indispensables à la compréhension du conte. Soulignez-en trois ou quatre.

Le serpent boa

INTRODUCTION   The passage that follows is the first chapter of *Le Petit Prince,* a book for children written by the charming and well-loved Antoine de Saint-Exupéry (1900–1944), a French author and pilot who disappeared while flying a mission toward the end of World War II. We have entitled this excerpt *Le serpent boa.* The narrator and illustrator is Saint-Exupéry himself.

A. AVANT DE LIRE

1. Réfléchissez un peu au **titre**, *Le serpent boa.* Que savez-vous des serpents boas?
2. Étudiez la deuxième illustration. Selon vous, que représente-t-elle?
3. Est-ce que les enfants et les grandes personnes voient toujours la même chose quand ils regardent un dessin? Expliquez.
4. Pensez-vous que ce qui est écrit pour les enfants puisse aussi intéresser les grandes personnes? Pourriez-vous donner quelques exemples?

B. LISEZ LES CINQ PREMIERS PARAGRAPHES DU PASSAGE.

1. Quel âge a l'auteur quand il voit l'image du serpent boa?
2. Qu'est-ce que Saint-Exupéry apprend des serpents boas?
3. Que fait-il ensuite?
4. À qui montre-t-il son dessin numéro 1? Que leur demande-t-il? Comment ces personnes répondent-elles?
5. Imaginez comment le passage va continuer.

C. MAINTENANT, LISEZ LE PASSAGE ENTIER.

Il vous suffit de comprendre le sens général.

Le serpent boa

1   Lorsque j'avais six ans j'ai vu, une fois, une magnifique image, dans un livre sur la Forêt Vierge qui s'appelait "Histoires Vécues." Ça représentait un serpent boa qui avalait un fauve. Voilà la copie du dessin.

    On disait dans le livre: "Les serpents boas avalent leur proie toute entière,
5 sans la mâcher. Ensuite ils ne peuvent plus bouger et ils dorment pendant les six mois de leur digestion."

    J'ai alors beaucoup réfléchi sur les aventures de la jungle et, à mon tour, j'ai réussi, avec un crayon de couleur, à tracer mon premier dessin. Mon dessin numéro 1. Il était comme ça:

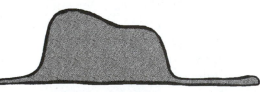

10   J'ai montré mon chef-d'œuvre aux grandes personnes et je leur ai demandé si mon dessin leur faisait peur.

    Elles m'ont répondu: "Pourquoi un chapeau ferait-il peur?"

    Mon dessin ne représentait pas un chapeau. Il représentait un serpent boa qui digérait un éléphant. J'ai alors dessiné l'intérieur du serpent boa, afin que
15 les grandes personnes puissent comprendre. Elles ont toujours besoin d'explications. Mon dessin numéro 2 était comme ça:

1   Les grandes personnes m'ont conseillé de laisser de côté les dessins de serpents boas ouverts ou fermés, et de m'intéresser plutôt à la géographie, à
l'histoire, au calcul et à la grammaire. C'est ainsi que j'ai abandonné, à l'âge
de six ans, une magnifique carrière de peintre. J'avais été découragé par l'in-
5   succès de mon dessin numéro 1 et de mon dessin numéro 2. Les grandes personnes ne comprennent jamais rien toutes seules, et c'est fatigant, pour les
enfants, de toujours et toujours leur donner des explications.

J'ai donc dû choisir un autre métier et j'ai appris à piloter des avions. J'ai
volé un peu partout dans le monde. Et la géographie, c'est exact, m'a beau-
10   coup servi. Je savais reconnaître, du premier coup d'œil, la Chine de l'Arizona.
C'est très utile, si l'on s'est égaré pendant la nuit.

J'ai ainsi eu, au cours de ma vie, des tas de contacts avec des tas de gens
sérieux. J'ai beaucoup vécu chez les grandes personnes. Je les ai vues de très
près. Ça n'a pas trop amélioré mon opinion.

15   Quand j'en rencontrais une qui me paraissait un peu lucide, je faisais l'expérience sur elle de mon dessin numéro 1 que j'ai toujours conservé. Je voulais
savoir si elle était vraiment compréhensive. Mais toujours elle me répondait:
"C'est un chapeau." Alors je ne lui parlais ni de serpents boas, ni de forêts
vierges, ni d'étoiles. Je me mettais à sa portée. Je lui parlais de bridge, de golf,
20   de politique et de cravates. Et la grande personne était bien contente de connaître un homme aussi raisonnable. [...]

D. MAINTENANT, RÉPONDEZ EN FRANÇAIS AUX QUESTIONS SUIVANTES.

1. Selon l'auteur, de quoi les grandes personnes ont-elles toujours besoin? Qu'a-t-il
   fait pour expliquer son dessin numéro 1?
2. Quels conseils les grandes personnes ont-elles donnés à l'auteur? Quel métier
   a-t-il appris?
3. L'auteur a-t-il détruit son dessin numéro 1? Qu'en faisait-il de temps en temps?
   Pourquoi? Qu'est-ce que la grande personne répondait toujours?
4. Pourquoi la grande personne trouvait-elle l'auteur très raisonnable?
5. Dans la dédicace de son livre *Le Petit Prince,* Saint-Exupéry a écrit, «Toutes les
   grandes personnes ont d'abord été des enfants. (Mais peu d'entre elles s'en sou-
   viennent.)» Êtes-vous d'accord? À votre avis, que veut dire l'auteur? Comment
   change-t-on en grandissant?

■ As you continue to develop your reading skills in French with other selections in
this text, do not forget about the reading strategies and skills discussed in this
chapter. Refer to them as needed. You have now read about how you can respond
to certain obstacles related to (1) the cultural perspective of the reading, and (2)
transferring some of your native language skills. Chapter 2 will offer some suggestions for overcoming reading obstacles related to (3) structure and grammar, and
(4) the wide range of new vocabulary.

Chapter 2

Rereading for more information

❧

INTRODUCTION

Once you have read a selection and acquainted yourself with its general meaning, your instructor will probably ask you to read it again. As mentioned in Chapter 1, your goal during this second reading is to formulate a clearer idea about the setting, characters, main story elements, and plot. You will, of course, continue to use your predicting skills and your ability to determine the meanings of new words in context. Refer to the glosses, footnotes, and illustration(s) as needed. Draw upon what you have learned from the first reading. Always keep the general topic of the reading in mind so that your assumptions about meaning are logical. Allow your personal experience and knowledge to help you. Since most of the readings in **Explorations** are short stories, try to visualize the characters and the descriptive passages.

During the first reading of a selection, it is advisable to keep moving along, even though you may not understand every word. As you read a second time, you will discover that you must pay more attention to sentence structure and to certain key vocabulary words if you wish to understand the reading in more detail. It will be necessary, therefore, to use additional strategies in order to respond to the two remaining obstacles to comprehension mentioned at the very end of Chapter 1.

GRAMMAR, STRUCTURE, AND NEW VOCABULARY
Responding to obstacle 3—understanding grammar and structure

A. SEARCH FOR THE MAIN SENTENCE ELEMENTS.

We expect what we read to make sense. Sometimes this expectation is based on our assumption that a logical sequence of words will occur. In French, as in English, the usual word order is *subject + verb + complement*. When you are confronted with a particularly difficult sentence, it will help to search first for these main elements.

◆ Read the following sentences. Circle the subject, underline the verb, and bracket the complement.

1. À l'âge de huit ans, Jacques Saint-Clair a perdu à la fois son père et sa mère dans un accident de chemin de fer.

2. Sur ce thème qui l'émouvait comme la chaleur d'un feu par une nuit fraîche, le vieil homme a commencé à composer un poème.

3. Tous les hommes présents, les cinq assis par terre à la turque sur une natte d'alfa et les trois, derrière Noreddine, debout et presque contre lui, attendaient sa réponse.

4. Le brigadier Manchard, un des meilleurs policiers de France, élève, par surcroît, du docteur Locard, a visité le pavillon.

B. BE AWARE OF VERB TENSES.

Is the action happening now, did it already happen, will it happen in the future, or is it supposed to happen? You have already learned how to form various tenses in French. Keeping the time frame of events in mind is crucial to understanding what you read. A review of the formation, uses, and meanings of the tenses of the indicative and subjunctive will aid your reading comprehension, especially if you discover that you have forgotten this information. Do you remember the meaning of **depuis** with the present tense or the meaning of **depuis** with the imperfect tense? Are you clear about the differences in meaning of the **imparfait** versus the **passé composé**? Can you recognize the **imparfait** versus the **conditionnel**?

◆ Read the following sentences. What does the tense tell you about the time frame of the action?

1. À dix-sept ans, Saint-Clair a passé son baccalauréat et s'est préparé à l'école de droit.

2. Je me lève à midi. Je viens ici, je déjeune, je bois, j'attends la nuit, je dîne, je bois; puis je retourne me coucher.

3. Depuis dix ans, il posait cette même question mais n'écoutait pas la réponse.

4. Ce sera moi que la maîtresse enverra chez le directeur.

5. Il a dit qu'il se plaindrait, qu'il se tuerait.

C. BE ATTENTIVE TO PRONOUN USAGE.

Understanding pronouns helps you to follow references. As you know, pronouns come in many forms (subject, object, possessive, relative, demonstrative, stress, etc.). Pronouns generally refer to something or someone already mentioned. They are extremely common. Sometimes the gender and number of the pronoun will help you to find the word to which it refers. At other times, the meaning and/or the use of the pronoun will help you.

◆ Can you determine what the boldfaced pronouns refer to in the following sentences? Draw arrows from the pronouns to the word(s) to which they refer.

1. Il avait apporté à table les journaux du soir, mais sans **les** déplier comme d'habitude.
2. Les noms étaient dans l'ordre dans **lequel** les agents s'étaient placés autour de la maison.
3. Je veux un morceau de charbon a crié le diable. L'aubergiste **lui en** a apporté un.
4. Ceccioni appelle la police. **Celle-ci le** voit rentrer chez **lui** et **l'y** trouve mort quelques heures plus tard.
5. Mon visage était triste et **le sien** montrait la résignation.
6. Il a reçu la punition **dont** il avait peur.
7. Vous connaissez le quartier à Lyon? J'**y** suis passé.
8. Aïni essayait de chasser les enfants mais **ceux-ci** résistaient.

D. BE AWARE THAT WORD ORDER MAY CHANGE.

As you already know, **qui** and **que** can be used as relative pronouns to link a subordinate or relative clause to the main clause of a sentence.

◆ 1. **Qui** is the subject of its own clause and is generally followed by its verb. The word order is similar to that in English. Note the use of **qui** in the following examples and the word order of the clause. What word does **qui** refer to?
   a. Je crois que j'ai un ami **qui** a travaillé à Tours.
   b. C'est quelqu'un **qui** cultive les champignons?
   c. C'était le bruit **qui** me gênait.

◆ 2. **Que** is the object of its own clause. Generally, **que** is followed first by the subject and then the verb of the clause, as in English. Note the use of **que** in the following sentences and the word order of the clause. What word does **que** refer to?
   a. C'est un homme **que** je ne connais pas.
   b. Il a rapporté mot pour mot la conversation **qu'**il a eue avec le lieutenant.
   c. Ceccioni vivait des consultations **qu'il** donnait aux gens de la colonie italienne.

At times, the word order following **que** may change. For example, in the following sentence, the verb follows **que** but precedes the subject of the clause. **Le clown attendait les exclamations habituelles que provoquait sa vue.** It may help to rearrange the words of the clause to understand it better. **Le clown attendait les exclamations habituelles que sa vue provoquait.**

◆ 3. In the following sentences, the words of the relative clause are boldfaced. Rearrange the order of the words following **que**. Be sure that the word(s) you choose for the subject agree(s) with the verb of the clause.
   a. Depuis deux ans, c'est de là **que nous sont venues toutes les mauvaises nouvelles.**

b. Le résultat de l'amour **que lui portaient ces deux femmes** n'était que disputes et jalousies.

c. Une fine pluie faisait briller les trottoirs **que traversaient les rayons de lumière.**

d. Le beau déjeuner, mal préparé par des domestiques **que ne surveillait plus aucune femme**, m'a rendu malade.

Allow your knowledge of grammar and structure to help you when you read. If you feel you are getting nowhere, it might help to reread the preceding sentence or to move on to the following one. Sometimes it helps to put your book down and turn to something else. When you return to the passage, you may be surprised to find that a fresh approach was all you needed. If you still have problems with a particular passage, mark the problem area and ask about it in class. You are, after all, learning a new skill, and your instructor understands this.

Responding to obstacle 4—too much new vocabulary

Students often report that reading in a foreign language is time consuming because they have to look up so many new words. You have already been advised to use your sense of logic and reason before consulting the dictionary. You read in Chapter 1 about how your native language reading skills can help you to determine word meaning from context. There is a wealth of information that can help you make fairly accurate assumptions about the meanings of unknown words, if you remain conscious of how to make it work for you. You will, of course, need to use the dictionary at times. However, if you can reduce the amount of time spent thumbing through the dictionary, reading a foreign language will be much less frustrating. What can you do?

A. WATCH FOR COGNATES (EASILY RECOGNIZABLE WORDS).

Are you aware that two-fifths of the English language comes from French? Many of these words are spelled the same in both languages and have the same meaning. These words are called cognates, or **mots apparentés.** Some examples are: **immobile, nation, offense, penchant,** and **supplication.** Cognates are easy to recognize. If you do not know the meaning of the English word, take the opportunity to increase your vocabulary and look it up in an English dictionary.

Many cognates have only slight or predictable spelling changes and should give you no problems. Some examples are: **amuser, admirer, irriter, accomplir, anxiété, éternel, docteur,** and **riche.**

Beware of false cognates. False cognates are words that look like cognates (are similar in spelling to English words), but mean something different in French. Many times you will realize that your original assumption about their meaning simply does not fit in relation to the sentence in which they are used. False cognates, or **faux amis,**

can cause problems for those unaware of their existence. Two examples are **rester** and **prétendre**. A speaker of English might assume incorrectly that they mean *to rest* and *to pretend.* Their real meanings, as you may know, are *to stay* and *to claim.* In the selections of this text, **faux amis** will be indicated in the marginal glosses by the letters *FA*.

B. ALLOW THE SYNTAX TO HELP.

Knowing a word's grammatical function in a sentence often aids comprehension, even when the word's exact meaning is unclear. At this point, it should be relatively easy for you to recognize nouns and verbs. You also know that many French adverbs end in **-ment**. In addition, you know that although English adjectives precede the words they describe, most French adjectives *follow* the words they describe.

◆ In the following sentences, some of the words are unfamiliar, but this need not prevent you from determining their grammatical function. First, identify the function of the boldfaced word (noun, verb, or adjective). Then take a logical guess at its meaning. Did knowing the function help you? How?

1. Noreddine a trouvé ses sandales au bout de la **natte** sur laquelle il avait dormi.
2. L'argent qu'il **percevait** lui permettait de vivre.
3. Les enfants sont revenus, les yeux **luisants** de curiosité.

C. WORD FAMILIES: LOOK FOR WORDS YOU KNOW WITHIN NEW WORDS.

Sometimes the meaning of a word is obvious when you can recognize a familiar word, or part of a familiar word, within the new word. In both English and French, there are many word families, or groups of words which use the same root word. An example of a word family built around the English verb *to compare* would include *comparison, comparable, comparative,* etc. Your knowledge of syntax can help you to distinguish whether the word in question is a noun, a verb, an adjective, or another part of speech. For instance, most students of French know the meaning of the verb **jouer.** If you see the word, **un jouet**, you would probably assume that **jouet** is a noun meaning *something to play with,* or a *toy.* The article **un** is a clue that **jouet** is a noun.

◆ Study the boldfaced words in the sentences below. Try to find the familiar elements that can help you to determine their meanings. Remember to identify each word as a noun, a verb, or an adjective.

1. Si un **rasoir** est quelque chose qui sert à **raser**, que veut dire le mot **fermoir**?
2. Si **mangeable** veut dire que quelque chose peut être **mangé**, que veut dire **faisable**?
3. Si **invisible** veut dire **pas visible**, que veut dire **inhumain**?
4. Si la **pâtisserie** est le magasin du **pâtissier**, qu'est-ce que c'est qu'une **laiterie**?

◆ Read the sentences that follow. Try to determine the meanings of the boldfaced words by looking for familiar words within the new words. Remember to consider the part of speech (noun, verb, etc.).

1. J'**ai remercié** mes parents de leur **gentillesse.**
2. Le passeport de Sophie n'est plus valable. Elle n'a pas le temps de le **renouveler** avant de partir en vacances.
3. Zut! J'ai lavé cette chemise dans de l'eau trop chaude et elle a **rapetissé.**
4. La **pauvreté** de cette famille me rend très triste.
5. Ce vieil homme est complètement **édenté.** Il ne peut plus manger de steak!

Certain prefixes and suffixes, similar in many cases in both French and English, can also help you to determine meaning when they are added to a known word. Examples are the prefixes **in-**, meaning *deprived of* or *not* (**inhumain**), **re-**, meaning *again* or *back* (**refermer**), and **sub-**, meaning *under* (**submerger**); and the suffixes **-aine**, used with numbers to mean *approximately* (**une centaine**), **-ette**, often used with nouns to mean *little* (**une fillette, une chemisette**), and **-ant**, the present participle suffix corresponding to *-ing* (**courant, tournant, riant**). If you know that the suffix **-eur** frequently refers to a person who carries out the action of a verb, you can easily determine the meanings of nouns such as **joueur, chasseur, laboureur,** and **danseur.**

Being aware of **familles de mots** *(word families),* prefixes, and suffixes helps to make your assumptions about word meanings more accurate.

D. COMPOUND WORDS CAN HELP.

Other unfamiliar words can often be understood because they are compounds, or words made up of two or more elements. An example is the verb **souligner** (**sous** means *under* and **ligne** means *line*). Another is **malentendu** (**mal** means *badly* and **entendu** means *heard*; **un malentendu** means *a misunderstanding*).

E. FUNCTION WORDS CAN INDICATE THE KIND OF INFORMATION WHICH FOLLOWS THEM.

Function words such as articles (a, an, the), conjunctions (however, since, but), prepositions (to, at, for), and adverbs (when, finally, then) are among the words that you are least likely to be able to guess from context. Because some function words link clauses and clarify shades of meaning, they often provide clues that can help you to unravel other unknown elements of the sentence. Since function words often occur in predictable patterns, it is important to understand their meanings so that you can use them to anticipate the kind of information that may follow. For example, function words can be indicators of:

Time relationships	Je lisais le journal **pendant que** Lucie préparait le dîner. *(Both activities were going on at the same time.)*
Contrasts	**Bien que** Marc soit en vacances, il continue à se préparer à l'école de droit. *(Marc's activities contrast with usual vacation activities.)*
Explanations	Mes parents ne m'ont pas compris **parce qu'**ils ont refusé de m'écouter. (**Parce que** *indicates the reason for the lack of comprehension.*)

Results	Sylvie n'a pas bien dormi. **Alors**, elle avait sommeil en classe. (**Alors** *introduces the result of the lack of sleep.*)
Additions	Mon camarade de chambre met sa radio trop fort, refuse de faire le ménage **et** me réveille quand il rentre tard. **En plus**, il boit trop. *(The function words indicate additional faults will be mentioned.)*
Order of events	**D'abord** j'ai relu le chapitre. **Ensuite**, j'ai étudié mes notes. **Enfin**, j'ai décidé que j'étais prêt pour l'examen.

◆ Try to choose the logical ending to each of the following sentences. Note that although you may not know the exact information that follows, the function word can often predict the *kind* of information to expect.

1. Jean-Paul est très courageux, **mais** son frère est vraiment...
   a. heureux.
   b. timide.
   c. triste.
2. **Quoique** Thérèse rate souvent ses examens, elle...
   a. participe très bien en classe.
   b. a peur de son professeur.
   c. est toujours malheureuse.
3. Marie-Alice n'a pas beaucoup d'argent. **Donc**, elle...
   a. va acheter une Porsche.
   b. part en vacances.
   c. veut travailler cet été.
4. Luc ne comprend jamais les devoirs **parce qu'**il...
   a. étudie tout le temps.
   b. va rarement en classe.
   c. prend beaucoup de notes.
5. Nathalie s'est habillée. **Ensuite**, elle...
   a. s'est réveillée.
   b. s'est levée.
   c. s'est préparé un toast.

You are already familiar with many function words, such as: **après, avec, depuis, mais, parce que, parfois, peut-être, pour, si, maintenant, quand**, and **sans**. Others may not be as familiar. You will find, attached to the back cover of the text, an alphabetized list of the most common function words used in **Explorations**, along with their definitions. You can remove this list and use it as a bookmark while you read the selections in the text. It will provide a quick and easy reference for you until you become more familiar with the many function words in French.

F. WATCH FOR IDIOMS.

Idioms, or **expressions idiomatiques**, are groups of words that, together, signify something different from the individual meanings of each word. Idioms, then, are evidence that the whole is not always equal to the sum of its parts. For example, **chercher du poil aux œufs** does not mean *to look for hair on eggshells* but *to nitpick* or *to be picky.* The expression **donner sa langue au chat** does not mean *to give one's tongue to the cat* but *to throw in the towel* or *to give up.* Becoming familiar with idioms is an important part of learning a new language. Since it is unlikely that you will understand an idiom if you have not seen it before, **Explorations** provides explanations of the **expressions idiomatiques** used in the readings in either the marginal glosses or chapter exercises. If you are unsure as to the meaning of an idiom, ask your instructor to explain.

G. USE THE CONTEXT!

In Chapter 1, you learned that you can figure out the meanings of many words by using the help of surrounding elements. When you read in English, you frequently determine word meaning intuitively. When you read in French, it may be more difficult for you to trust your intuition. Therefore, it should help you to know specific kinds of context clues to look for. Once you have looked carefully at a word and have determined its grammatical function, study the words, phrases, and sentences around it. There will often be context clues such as definitions, examples, synonyms, antonyms, explanations, or comparisons.

◆ Following is a list of English sentences that contain nonsense words. You will
   find that you can guess their meanings because you are unconsciously using
   elements of the sentence to help you. This exercise will help you to understand
   the kinds of clues to look for if you make this a conscious process. As you complete each sentence, explain to yourself *how* you were able to come to your conclusion about meaning. Be sure to replace a noun with a noun, a verb with a
   verb, an adjective with an adjective, and so on. If you have trouble coming
   up with a word, use a short phrase such as *what you do when . . .* or *the thing
   you use for . . .*

   1. We began *glubbing,* that is, cleaning out the barn, at 5 A.M.
   2. The baby was very *fratulous,* cranky, and ill-tempered because of his cold.
   3. Jean was extremely kind to her friends, but Joan was downright *binkly.*
   4. If you bring me the *pestik,* I'll wipe the spilled milk off the table.
   5. Pour the lemonade into the glasses and *dundle* the cake into thin slices.
   6. After standing in the rain for two hours, Stephanie was totally *blethered.*

◆ When you are reading in French, train yourself to look for similar kinds of context clues. Try the same strategies you used in the preceding exercise, as you
   work out the general meanings of the boldfaced words in the following French
   sentences.

   1. La jeune fille était complètement **sourde.** Elle n'entendait absolument rien.
   2. Mes cousins nous ont fait une réception amicale, **chaleureuse** et cordiale.
   3. Mon oncle est très généreux, mais ma tante est extrêmement **pingre.**
   4. Il est vraiment **ivre** parce qu'il a bu trop de vin.   →

5. Pendant que Marc fume une cigarette, Chantal boit son vin et Yves **avale** un grand sandwich.
6. Il ne pleut pas depuis des semaines. Si nous **n'arrosons pas** ces fleurs, elles vont mourir.

Context clues such as definitions, synonyms, antonyms, and explanations, as well as logic and personal experience, should have helped you with both sets of sentences.

Reading in context does not mean making careless guesses. It means making thoughtful and appropriate choices about meaning by using what you know and by taking the time to search for available clues. Do not assume that the meaning of every new word can be determined by context. Sometimes the meaning becomes clear only if the word reappears later in the reading. Sometimes the same word may reappear with a different meaning. Sometimes there is no way to determine the meaning at all. At these times, your dictionary is indispensable. If you make an effort to determine word meaning from context, however, you will probably retain the new vocabulary much better, and your chances of recognizing it in the future will be far greater. In addition, you will significantly reduce the amount of time you spend thumbing through the dictionary.

SUMMARY OF CONTEXT CLUES

Following is a summary of possible ways to seek clues from context. When you encounter a new word as you read, try asking yourself one or more of the following questions.

1. Is there a definition or description of the unknown word in the sentence or paragraph?
2. Is there a synonym or an antonym of the word that would enable you to compare or contrast meaning?
3. Is the word explained by an example?
4. Does your own personal experience, common sense, or logic help?
5. Does the spelling or the grammatical use of the word help?
6. Can you rearrange the sentence without the word and understand what is happening?
7. Does it help to visualize the action, character, or event?
8. Does the meaning you have chosen fit into the meaning of the sentence, paragraph, or story as a whole?
9. Does the word occur elsewhere in a context that gives a clearer sense of its meaning?
10. Does the tone, mood, or setting help to determine the meaning?
11. Does it help to reread preceding or following sentences?

APPLYING WHAT YOU HAVE LEARNED
TO READING FRENCH

Pourquoi les hommes ne mangent pas d'éléphant

INTRODUCTION   The following short story, *Pourquoi les hommes ne mangent pas d'éléphant,* was written by Marie-Angèle Kingué, an African author who has compiled a collection of stories about growing up amidst a large extended family in an African village.

Legends and folktales, often transmitted orally from one generation to another, play an important role in the everyday culture of many African ethnic groups. Many African writers seek to preserve the cultural heritage of this oral tradition in written form, even though the magic of the oral narration, often enhanced by talented story-tellers who use gestures, mimicry, music, song, and dance, can only be imagined by the reader. Many legends preserve the history of a community, while other folktales seek to instruct, frequently in an entertaining fashion, by exaggerating human foibles and virtues. The African audience is receptive to the role that spirits, genies, or magic may play in the narration. The supernatural, or the "impossible," is often present. As you read the following selection, try to keep in mind the cultural frame-work that gave it birth. For more information about African legends and folktales, you may want to read the background information in Chapter 8.

Le passé simple

As you read the following short story, you will immediately notice that an unfamiliar tense is often used. This is the **passé simple,** a literary tense that corresponds in meaning to the **passé composé.** Your instructor may want you to learn to form the **passé simple,** or may ask only that you learn to recognize it and understand its meaning. For regular verbs, this does not usually pose a problem since the stem of the verb is easy to discern. Some irregular verbs are more difficult to recognize in the **passé simple.** For a list of these verbs, consult Appendix A. Do not hesitate to refer to this list until the verb forms become more familiar to you.

A. AVANT DE LIRE

1. Réfléchissez un peu au titre, *Pourquoi les hommes ne mangent pas d'éléphant.* Il vous donne le sujet du conte.
   a. Pensez-vous que le conte soit une explication scientifique ou un conte folklorique? Pourquoi?
   b. Comment votre réponse à la question précédente influencerait-elle votre façon de lire le conte?
2. Connaissez-vous quelques contes folkloriques? Lesquels? Sont-ils populaires aux États-Unis? Commentez.

B. LISEZ LE PREMIER PARAGRAPHE.

Les forêts africaines regorgent de toutes sortes de gibiers et les habitants de ces régions mangent en général la viande des animaux qui les entourent. Jadis, lorsque les éléphants abondaient dans la région de Nkonzock, on en mangeait aussi. De nos jours, on n'entend plus guère parler de chasse à l'éléphant.

1. Ce paragraphe raconte-t-il les habitudes des Français?
2. De quel produit alimentaire spécifique parle-t-on?
3. Quel est le message principal de ce premier paragraphe?
4. Imaginez la suite du conte.

C. LISEZ LE CONTE EN ENTIER. Cette fois, essayez de déterminer seulement le sens général du conte. Ensuite, répondez aux questions qui suivent.

Pourquoi les hommes ne mangent pas d'éléphant

1   LES FORÊTS africaines regorgent de toutes sortes de gibiers et les habitants de ces régions mangent en général la viande des animaux qui les entourent. Jadis, lorsque les éléphants abondaient dans la région de Nkonzock, on en mangeait aussi. De nos jours, on n'entend plus guère parler de chasse à 5 l'éléphant.

    La légende raconte qu'il fut un temps où hommes, femmes et enfants mangeaient de l'éléphant. Samba, un notable du village, aimé et respecté de tous, menait une double vie. Mais personne n'en savait rien. Bien sûr, il disparaissait de temps en temps pour rendre visite à sa maîtresse, à l'autre bout 10 du village. Mais personne n'aurait rien soupçonné tellement il avait l'air sérieux et honnête.

    Or, ce jour-là, Samba s'en était allé chez sa maîtresse qui lui avait préparé un plat (de la viande d'éléphant) particulièrement savoureux. Samba mangea avec appétit. Il mangea tant et si bien qu'il s'endormit. Lorsqu'il se réveilla, il 15 ne se reconnut plus. Son ventre avait gonflé, ses joues avaient gonflé, ses bras et ses jambes avaient quadruplé de volume. Sa maîtresse, épouvantée, s'en fut en courant. Il voulut sortir de la maison mais la porte était soudain trop petite. Le bruit qu'il causait attira les voisins et en quelques minutes tout le village alerté se précipitait pour observer ce spectacle curieux. Samba continuait de 20 gonfler, il occupa bientôt toute la maison et mourut d'asphyxie.

    C'est depuis ce jour-là que les hommes ne mangent plus d'éléphant.

D. RÉPONDEZ AUX QUESTIONS SUIVANTES.

1. Quel est le sujet du conte?
2. Qui est le personnage principal? Quelle opinion générale a-t-on de cet individu? Comment le savez-vous?
3. Où va ce personnage et qu'est-ce qu'il fait là-bas?
4. Quelle surprise attend Samba quand il se réveille?
5. Quels autres renseignements pouvez-vous mentionner après votre première lecture du conte?
6. Savez-vous maintenant pourquoi les hommes ne mangent plus d'éléphant?
7. Comment votre réaction personnelle à ce conte est-elle influencée par votre propre perspective culturelle?

E. LE PASSÉ SIMPLE   Examinez le texte encore une fois. Trouvez les verbes au passé simple et soulignez-les. Avez-vous reconnu facilement ces formes, ou avez-vous besoin d'étudier plus soigneusement l'appendice A? Quels sont les infinitifs des verbes que vous avez trouvés?

F. MAINTENANT, LISEZ LE CONTE UNE DEUXIÈME FOIS.   Faites encore plus attention aux détails. Les commentaires et questions entre parenthèses vous indiqueront les stratégies que vous pourriez employer. Quand vous aurez fini, faites un résumé du conte.

Pourquoi les hommes ne mangent pas d'éléphant

Les forêts africaines regorgent de toutes sortes de gibiers et les habitants de ces régions mangent en général la viande des animaux qui les entourent.

(You probably had no difficulty understanding where the **habitants** live or what they eat. The word **gibiers** is new. Can you find a synonym later in the sentence? What word does the pronoun **les** refer to? Where do you think the **habitants** find **la viande qu'ils mangent**? Use logic.)

Jadis, lorsque les éléphants abondaient dans la région de Nkonzock, on en mangeait aussi.

(Note the spelling of **abondaient** to help you with the meaning. What is the tense of both **abondaient** and **mangeait**? Do you remember that this tense is used to relate past habitual actions? Does the tense give you any idea as to a possible meaning for **jadis**? What does the pronoun **en** refer to?)

De nos jours, on n'entend plus guère parler de chasse à l'éléphant.

(**De nos jours** contrasts with the meaning of **jadis** in the preceding sentence. Note also the change to the present tense. Both clues should help to clarify any remaining doubts as to the meaning of **jadis**. **Guère** may be a new word for you. However, you know that **ne... plus** is negative. The spelling of **chasse** should give you a clue as to the meaning of **chasse à l'éléphant**, as should the overall context of the story.)

La légende raconte qu'il fut un temps où hommes, femmes et enfants mangeaient de l'éléphant.

(The meaning should be clear. Note the tense again. The word **fut** is in the *passé simple,* a past literary tense of the verb **être**.)

Samba, un notable du village, aimé et respecté de tous, menait une double vie. Mais personne n'en savait rien.

(Find the main elements of the first sentence. Who is Samba? The word **notable** is a cognate. What does the pronoun **en** refer to?)

Bien sûr, il disparaissait de temps en temps pour rendre visite à sa maîtresse, à l'autre bout du village.

(This sentence should pose few problems. What was Samba's habit? Where does his **maîtresse** live? The word **bout** may be new, but by using logic and the word **autre** you can venture a good guess at its meaning.)

Mais personne n'aurait rien soupçonné tellement il avait l'air sérieux et honnête.

(If you replace **tellement** with **parce que**, the meaning may be clearer. What adjectives describe Samba? What contrast does the function word **mais** point out? What do you think the verb **soupçonner** might mean, given the image Samba projected and the activities no one knew about?)

Or, ce jour-là, Samba s'en était allé chez sa maîtresse qui lui avait préparé un plat (de la viande d'éléphant) particulièrement savoureux.

(Note that **ce jour-là** indicates a specific day. You should have no trouble figuring out where Samba went and what his **maîtresse** prepared. To whom does **lui** refer? The word **savoureux** is a near cognate.)

Samba mangea avec appétit. Il mangea tant et si bien qu'il s'endormit. Lorsqu'il se réveilla, il ne se reconnut plus.

(The meaning here should be fairly obvious, given the preceding sentences. Even though the forms of the verbs might have been new to you, you probably recognized their meanings. Note that the verb tense has changed. We are no longer reading about Samba's habits, but about specific events on a particular day. If **s'endormit** is unknown, look for a familiar word within it. It is part of a word family.)

Son ventre avait gonflé, ses joues avaient gonflé, ses bras et ses jambes avaient quadruplé de volume. Sa maîtresse, épouvantée, s'en fut en courant. Il voulut sortir de la maison, mais la porte était soudain trop petite.

(Obviously the unknown word **gonflé** is important, but if you keep moving along, you will discover clues to its meaning. Think about what happened to Samba's **bras et jambes** and why **la porte était soudain trop petite**. The **maîtresse** did something **en courant**, and **épouvantée** describes her. Use your common sense. How would anyone react to what was happening to Samba?)

Le bruit qu'il causait attira les voisins et en quelques minutes tout le village alerté se précipitait pour observer ce spectacle curieux.

(This sentence contains many cognates. The meaning of **attira** should be clear if you continue to read to see what **tout le village** did. To what does **ce spectacle curieux** refer? Note also that although the author has returned to the imperfect tense, it is not used here to relate habit. Why do you think she used it here and at the beginning of the following sentence?)

Samba continuait de gonfler, il occupa bientôt toute la maison, et mourut d'asphyxie. C'est depuis ce jour-là que les hommes ne mangent plus d'éléphant.

(There is that verb **gonfler** again. If you were unsure of its meaning before, it should be very clear now. Just finish the sentence. **Asphyxie** is a cognate. What happened to Samba?)

* * *

When you have finished reading a selection the second time, always attempt to summarize in French, and in your own words, what you have read. You can summarize orally or in writing, according to your own or your teacher's wishes. When you begin the selections in Part II of **Explorations**, the postreading **Vrai / Faux** and **Résumé** exercises will guide you in various ways of summarizing effectively. When you summarize, try to describe the characters and the setting. Think about the order of events. Ask yourself: *Who? What? Why? Where? How? When? To whom?*

READING THE SELECTION A THIRD TIME

If necessary, read the selection a third time in order to fill in any gaps and/or to answer comprehension and discussion questions. Meaning becomes much clearer with repeated reading. You may have to reread only certain passages, or you may not have to reread the selection at all. The difficulty of the text in question and your instructor's assignment and goals will have a great deal to do with how much rereading is necessary. Some comprehension and discussion questions may lead you to search for elements or to formulate interpretations that did not occur to you during your initial readings. In any case, reading the selection thoughtfully and reflectively a third time will undoubtedly enhance your overall appreciation of what you have read.

Most likely, your instructor will not expect you to read a selection three times for a single assignment. Reading first for gist, and then rereading for more information will probably be spaced out over two or three assignments.

Always attempt to formulate a personal reaction or conclusion regarding the selection you have read. Can you find any important message? Is it possible to apply what the author is saying to the world you live in? What is your opinion of the reading? Do you agree or disagree with the characters' behavior? Which character did you like the best or the least, and why? The varied discussion topics at the end of each selection in **Explorations** can help you to make a personal evaluation of what you have read.

Chapter 3

Putting it all together

❧

This chapter serves as a bridge between the very short readings of the two previous chapters and the longer stories of the main body of the text. It presents two more reading selections to give you an additional chance to practice your reading strategy skills for both global comprehension (understanding the gist) and contextual guessing.

SURTOUT, NE TRAVERSE PAS!

INTRODUCTION   *Surtout, ne traverse pas!* is a delightful little story by Pierre Belle-mare (1929–   ) who is both a French writer and a producer for radio and television. It is one of the stories of his collection *Par tous les moyens,* in which *Europ Assistance,* an international rescue organization, is called upon to aid a person in distress. *Europ Assistance* was organized over thirty years ago to help anyone, at any time, anywhere, no matter what the difficulty, country, or language. All of the adventures in *Par tous les moyens* actually took place.

Reading Hint: In French, a dash before a sentence generally indicates direct conversation or a change of speaker. You will be aware almost immediately that in this story you are reading a telephone conversation.

A. AVANT DE LIRE

1. Réfléchissez au **titre,** *Surtout, ne traverse pas!* Essayez de prédire ce qui va se passer dans le conte. Faites appel à votre imagination. Qui parle? À qui? Qu'est-ce qu'on ne doit pas traverser?
2. Considérez les personnages principaux. **Éliane** travaille comme chargée d'assistance dans un bureau pour *Europ Assistance.* Elle reçoit des communications téléphoniques des personnes qui ont besoin d'assistance. Ensuite, elle essaie de trouver les moyens d'aider ces personnes en appelant un médecin

ou la police, etc. **Éric** est un petit garçon qui téléphone à Éliane. Évidemment il a besoin d'assistance. La conversation d'Éric montre un style enfantin. Sa grammaire n'est pas toujours correcte. Parfois il omet le *ne* dans une expression négative ou le sujet d'un verbe.

B. **LISEZ LE CONTE**   sans utiliser le dictionnaire. Votre but est de comprendre le sens général. Continuez à mettre en pratique les stratégies que vous trouvez utiles. Pour vous aider, il y a aussi quelques explications à côté des mots importants. Rappelez-vous qu'il n'est pas nécessaire de comprendre tous les nouveaux mots.

Surtout, ne traverse pas!

ici: glued to the phone

1   L'HISTOIRE est courte. Un moment intense pour Éliane, chargée d'assistance : trente-cinq minutes au cours desquelles elle a vécu, dit-elle, accrochée à un fil.°

17 heures 25.

—Europ Assistance, j'écoute!

5   —Bonjour, madame! C'est vous, le docteur?

Une voix enfantine, tremblante. Des bruits passagers de moteurs.

—Non. Ici ce n'est pas un docteur! C'est une maison qui s'appelle Europ Assistance!

I must have gotten the wrong number.

—Bon, ben ... J'ai dû me tromper de numéro!°

10   —Attends! Tu as besoin d'un docteur?

hang up

—C'est pas pour moi, c'est pour mon papa! Faut que je raccroche,° madame! Je dois appeler le docteur!

—Je peux t'en envoyer un! Où es-tu?

—Sur l'autoroute!

15   —Comment?

—Je suis sur l'autoroute! C'est les voitures qui font du bruit!

phone booth
argent

—Tu es dans une cabine?°

—Oui, mais je n'ai pas beaucoup de sous!°

—Tu peux lire le numéro qui est marqué sur la cabine?

20   Première précaution : savoir où rejoindre la personne qui appelle, en cas de coupure de la communication.

—Ne quitte pas!

switchboard
immediately
operator

On passe la ligne sur le plateau.° Chargée d'assistance : Éliane, trente-cinq ans, maman de deux enfants de six et huit ans. Aussitôt° le numéro relevé par

25   la standardiste° l'intrigue :

1 —Tu es loin de Paris?

—Je sais pas! Pourquoi vous me demandez ça! C'est un docteur que je veux, pour mon papa qui est malade!

—Comment t'appelles-tu?

5 —Éric!

—Qu'est-ce qu'il a ton papa?

—Il a mal au côté! Il est tout blanc et il peut pas se lever!

—Où est-il en ce moment?

—Dans la voiture! Il m'a donné la carte avec le numéro et il m'a dit d'ap-

est-ce 10 peler un docteur! Quand c'est° qu'il vient, le docteur?

—Il faut que je sache où tu es, pour savoir quel docteur est le plus près de toi! Il y a une ville, pas loin?

—Je crois, mais je me rappelle plus le nom.

—Essaie, Éric! Tu es un grand garçon? Quel âge as-tu?

15 —Sept ans, madame!

—Bon. Alors, le nom de cette ville, tu l'as sûrement entendu prononcer par ton papa! C'est là que vous allez?

We were still —Non. On avait encore du chemin.° On allait à Nice.
on the way.
—Il vous restait beaucoup de route à faire?

20 —Je sais pas. Un peu... Montelier, ça existe?

—Non. Il y a Montpellier, mais ce n'est pas sur ton chemin.

—Pourtant, je crois que c'est Montelier... ou Montélie.

—Montélimar, c'est ça?

—Oui, Montélimar. Il y a un docteur, là-bas?

25 —Il y en a plein! Mais il faut me dire où est la voiture de ton papa : les gen-

policemen in country- darmes° vont venir vous chercher!
side or small town
—Mais il n'a rien fait de mal, papa! Il est juste malade!

Éliane se rappelle soudain comme il est difficile de communiquer avec un enfant de cet âge. Elle devrait le savoir! Mais ici, à son lieu de travail, elle a ten-

30 dance à oublier sa vie de maman.

—Écoute, Éric, je me suis trompée. Ce ne sont pas les gendarmes. Ce sont

motorcycle policemen les motards de la police.° Ils sont sympas!
(highway patrol)
—Oui, si c'est eux, je suis d'accord.

Éliane essaie de faire décrire le paysage alentour, de trouver un point de

référence 35 repère° : la voiture se trouve sur l'autoroute, près de Montélimar, mais le petit Éric est incapable de dire si c'est avant ou après la ville.

C'est alors qu'un autre membre de l'équipe reçoit lui aussi un appel : un homme est à un poste téléphonique sur l'autoroute. Il a dû s'arrêter car il souffre de ce qui semble être une crise d'angine de poitrine ou un début d'infarctus.

Au moment de	
Mais / près	
informée	

1 Mais, ce qui l'inquiète, c'est que, lors de° son malaise, il a envoyé son fils contac-
ter Europ Assistance. Or,° l'homme est à la cabine la plus proche° de son véhicule
et son fils n'y est pas. C'est évidemment le père d'Éric. Éliane est mise au courant.°

   —Dis-moi, Éric, cette cabine, elle est loin de la voiture de ton papa?

5   —Non. Tout près. Il y en avait une autre, devant, mais il fallait beaucoup
marcher. Alors, j'ai vu celle-là, j'ai grimpé° dans l'herbe. C'était haut, mais plus
près!

   —Comment ça, haut?

   —Ben oui! Elle est sur le pont,° de l'autre côté!

10   —De l'autre côté de quoi?

   —De l'autoroute, pardi!°

   —Tu... tu as traversé l'autoroute?

   —Évidemment, puisque c'était de l'autre côté! Mais j'ai fait attention!

   —Écoute, Éric. Ton papa nous a téléphoné aussi et je sais où est votre

15 voiture. Les motards vont arriver très vite. Mais...

   —Mon papa! Je veux pas qu'il marche si loin seul! Je vais l'aider!

   —Non! Il va mieux! Ne bouge pas!

   —Si, je vais y retourner!

   —Éric, surtout ne traverse pas!

20   —Je ferai attention, comme en venant!

Éliane imagine ce petit Éric sous les traits de son propre fils, François. Elle le
voit, dans une cabine en haut d'un pont qui traverse l'autoroute, à des centaines de kilomètres d'elle. Elle voit le talus° abrupt, un bout de fossé° et, là-
haut, les voitures et les camions énormes, sur leur lancée en pleine ligne

25 droite. Par le téléphone, elle perçoit le chuintement des pneus° au passage.
On lui signale que le père d'Éric n'est plus en ligne, peut-être victime d'un
nouveau malaise. Heureusement, il a pu être localisé et la police de la route
est prévenue. Mais elle mettra un certain temps à arriver, car l'emplacement
du véhicule est éloigné de la bretelle° d'accès. Éliane retrouve d'instinct les

30 mots qu'il faut. Elle commence à expliquer en termes simples le travail qui est
en train de se faire pour secourir le papa. Les téléphones, les ordinateurs. Intéresser Éric, le captiver, le garder en ligne.

   —Tu sais, si tu étais plus loin, on aurait pu t'envoyer un avion!

   —Oh? Vous avez un avion?

35   —Oui. Tout blanc!

   —Avec combien de moteurs?

   —Deux. Mais ce sont des réacteurs!

   —Vous passez le mur du son?°

C'est étonnant, les facultés d'évasion d'un enfant.

Left margin glosses:
- climbed up
- bridge
- bien sûr
- embankment / ditch
- tires
- ramp
- sound barrier

1 —Eh, madame, on peut faire un tour dans votre avion?

—Ça, c'est difficile! Il est réservé aux médecins, pour les gens en danger. Mais quand tu viendras nous voir, avec ton papa, on te montrera un hélicoptère.

Trente-cinq minutes. Puis, brusquement, Éric interrompt une phrase :

5 —Bon. Faut que je parte, maintenant!

La voix s'évanouit quelques secondes. Puis Éric revient au téléphone.

—Il y a un motard à côté de moi. Il veut que je l'accompagne! Il dit que mon papa va bien!

collapses / sighs   Éliane se tasse° sur sa chaise et soupire.°

10 Mais, au bout du fil, la petite voix insiste :

—Dites, madame... pour l'hélicoptère, c'est promis?

ici: I swear   —Promis, juré,° Éric. Mais, en échange, je veux aussi une promesse!

—Laquelle?

—Si tu te retrouves au bord d'une autoroute, à n'importe quel moment de

15 ta vie, pour n'importe quelle raison, *surtout, ne traverse pas!*

A. RÉSUMÉ   Faites un résumé du conte en finissant les phrases suivantes.

1. Éliane travaille pour...
2. Au commencement du conte elle reçoit un coup de téléphone d'un garçon de _____ ans qui s'appelle...
3. Le petit garçon n'est pas chez lui. Il est dans _____ sur _____ et il a besoin d'un docteur parce que...
4. En cas de coupure de communication, Éliane demande à Éric de...
5. Pour envoyer le docteur le plus près possible Éliane doit savoir...
6. Éric trouve difficile de se rappeler...
7. Cette information importante est révélée quand...
8. Le père d'Éric s'inquiète beaucoup parce que...
9. Quand Éliane demande à Éric si la cabine d'où il téléphone est loin de la voiture de son père, elle est étonnée de découvrir qu'Éric...
10. Quand Éliane dit que les motards vont arriver très vite, Éric veut immédiatement...
11. Essayant de protéger Éric des dangers de l'autoroute, Éliane crie...
12. En attendant l'arrivée des motards, Éliane doit garder Éric en ligne. Pour accomplir ceci, elle lui parle de...
13. Éliane promet de lui montrer _____ s'il promet de ne jamais...
14. Quand les motards arrivent enfin, Éliane a gardé Éric en ligne un total de _____ minutes.

B. RÉACTION PERSONNELLE

1. On ne peut pas toujours prévoir les réactions des enfants. Donnez quelques exemples des réactions d'Éric qui révèlent la patience et la compétence d'Éliane comme chargée d'assistance.

2. Comment le père d'Éric contribue-t-il à l'intrigue du conte?

3. Expliquez comment le cadre *(setting)* de l'autoroute renforce le suspens pour le lecteur.

4. Ce conte est une conversation téléphonique. Comment ce fait contribue-t-il au suspens de l'histoire?

5. L'auteur nous dit qu'Éliane est mère de deux enfants de six et huit ans. À votre avis, quelle est l'importance de ce détail?

6. Que pensez-vous de ce qu'Éliane a fait pour que le garçon reste au téléphone? Que feriez-vous si vous étiez dans la même situation qu'Éliane?

7. Quelle est votre opinion d'un organisme tel qu'*Europ Assistance*? Expliquez.

* * *

Les trois motocyclistes

INTRODUCTION   The second story in this chapter is an excerpt from *La clé sur la porte,* an autobiographical novel by Marie Cardinal, a philosophy professor, writer, and journalist who was born in Algeria in 1929. *La clé sur la porte* recounts the time she spent living in a Paris apartment with her three adolescent children, a time when the key to the apartment remained permanently above the door as a constant open welcome to all of her children's friends and their friends' friends. The book recalls the efforts of a mother to communicate with young people and to understand their choices and problems. In her attempts to relate to her children's generation, Marie Cardinal discovered that modern music provided a commonality of understanding and mutual recognition among young people from extremely varied backgrounds, races, and nationalities. The excerpt which follows is based on an adventure which took place while Marie, her husband, Jean-Pierre Ronfard, their three children, and four of their children's friends were camping in Canada.

A. AVANT DE LIRE

1. Réfléchissez au **titre**, *Les trois motocyclistes.* Quelles pensées ou images vous viennent à l'esprit?

2. Êtes-vous motocycliste? Ce fait a-t-il influencé votre réponse à la première question? Expliquez.

3. Avez-vous jamais fait du camping dans un endroit isolé? Cette expérience était-elle bonne ou mauvaise? Pourquoi?

B. LISEZ LE CONTE   sans l'aide du dictionnaire. Continuez à mettre en pratique les stratégies utiles. Remarquez tous les mots apparentés tels que: **camper, le campeur, le cataclysme, le geyser, la panique, le chrome, la tente, immobile, la dune, le danger, la violence,** etc. Considérez aussi ce que vous savez déjà sur les motocyclistes et le camping.

Les trois motocyclistes

1   Au cours d'un été nous campions au bord d'un lac canadien. La nuit était tombée, nous avions dîné. C'était l'été où Charlotte était amoureuse d'Alain. Nous étions neuf en tout: six adolescents, Jean-Pierre, moi et Dorothée qui avait douze ans. J'avais sommeil. Je les ai laissés autour du feu° et je suis allée

5   dans la tente. Pendant que je me préparais à me coucher j'ai entendu une pétarade° formidable. Nous campions dans le creux° d'une grande dune de sable qui descendait jusqu'à l'eau. Je suis sortie et j'ai vu un spectacle incroyable: trois puissantes motocyclettes qui absorbaient la pente raide° de la dune dans des geysers de sable et un cataclysme de bruit. La panique m'a prise. Je croyais

10   que c'était la police qui venait faire éteindre° notre feu, ou Dieu sait quoi. Quand on vit de l'autre côté de l'Océan on se rend compte qu'*Easy Rider*[1] ce n'est pas une invention et ça fait peur. Les motos se sont arrêtées à dix mètres de notre campement. Ce n'était pas la police mais trois très jeunes hommes, dans les vingt-deux ans, secs,° habillés de cuir noir, avec de gros dessins co-

15   lorés sur leurs blousons. Les machines étaient magnifiques, les flammes faisaient briller leurs chromes par éclats,° les garçons étaient effrayants, dangereux, les yeux froids dans des visages bardés° de casques° et de mentonnières.° J'étais en retrait,° je voyais la scène. Je m'attendais au pire.° Les enfants sentant le danger, leurs pensées probablement pleines des récits

20   quotidiens° de la violence américaine, s'étaient levés. Ils restaient immobiles. Jean-Pierre avait fait un pas° vers eux.

"Hello, good evening."

Pas de réponse. Ils sont venus près du feu. Tout le monde était debout. Cela a duré un moment. Puis les enfants ont commencé à s'asseoir. Les trois moto-

25   cyclistes aussi. Grégoire a pris son banjo, Alain sa guitare. Ils se sont mis à gratter.° Charlotte a fredonné:° "*One more blue and one more gray.*" Les trois motocyclistes ont souri. On a passé des oranges. Alors a suivi une des soirées les plus intéressantes que j'aie vécues ces dernières années. Ils ont raconté qu'ils étaient tous les trois électroniciens, qu'ils habitaient Detroit et que

30   chaque vendredi soir ils partaient sur leurs engins le plus loin possible, à toute vitesse. En général le soir ils essayaient de trouver des campeurs avec un feu allumé pour faire cuire leur dîner. Mais c'était difficile. Ils étaient généralement

---

fire

série d'explosions / hollow

steep slope

extinguish

ici: lean

in bursts
couverts / *helmets*
chin guards / standing back / worst

ici: *daily accounts*
step

jouer / *hummed*

---

1. *Easy Rider:* A 1969 film with Peter Fonda, Dennis Hopper, and Jack Nicholson. In the film, two young misfits undertake a motorcycle trek throughout the Southwest, only to be confronted by violence and bigotry.

insisté

ici: spectacle

reared up / descendaient très rapidement / *fireworks*

1 mal reçus. Les campeurs sont souvent armés et sont dangereux. Ils ont parlé de leur vie, de ce qu'ils voulaient, de ce qu'était l'Amérique pour eux.

Le matin ils ont tenu° à faire la vaisselle et le ménage du camp. Puis, pour nous remercier, ils ont organisé dans les dunes le plus fantastique carrousel.°

5 Leurs motos se cabraient° comme des chevaux, dévalaient° les pentes, faisaient naître des feux d'artifice° de sable, jusqu'à ce que nous les ayons perdus de vue. Ils étaient magnifiques. Je ne sais plus leurs noms. Je les aime beaucoup.

C'était la musique qui avait ouvert les portes.

Exercices

A. **VOCABULAIRE**   Savez-vous définir ces nouveaux mots? Ils sont tous tirés du conte.

1. Au cours d'un été nous campions au **bord** d'un lac canadien. *(Look at the spelling. What part of speech is it? What would be a logical assumption as to meaning?)*
2. Nous campions dans le creux d'une grande dune de **sable** qui descendait jusqu'à l'eau. *(What part of speech is it? Where were they camping?* **Une dune** *is a cognate. What kind of* **dune** *is this?)*
3. Ce n'était pas la police mais trois jeunes hommes,... habillés de **cuir** noir avec de gros dessins colorés sur leurs **blousons**. *(What fabric, color, and article of clothing do we associate with bikers?)*
4. ...les garçons étaient **effrayants**, dangereux, les yeux froids... *(What part of speech is it?* **Dangereux** *is a cognate. How would you feel if confronted by* **trois garçons dangereux**?)*
5. En général le soir ils essayaient de trouver des campeurs avec un feu allumé pour faire **cuire** leur dîner. *(What part of speech is it? What time of day is it? What did they want to* **faire cuire**?)*

B. **RÉPONDEZ EN FRANÇAIS AUX QUESTIONS SUIVANTES.**

1. Identifiez le cadre *(setting)* du conte. Où et quand cette aventure a-t-elle lieu?
2. Qui campait avec l'auteur?
3. Qu'est-ce qui a interrompu la tranquillité de cette nuit au bord d'un lac?
4. Quelles émotions la romancière éprouve-t-elle pendant qu'elle regarde l'arrivée des motocyclistes?
5. Qui a parlé aux motocyclistes? Ont-ils répondu? Qu'ont-ils fait?
6. Qu'est-ce que les enfants ont fait? À quel moment savez-vous que les trois motocyclistes ne sont pas dangereux?
7. Qu'est-ce que les campeurs ont appris des trois motocyclistes?
8. Comment les sentiments de l'auteur envers les trois motocyclistes ont-ils changé? Pourquoi ses sentiments ont-ils changé?
9. Selon vous, que veut dire l'auteur quand elle écrit la dernière ligne du conte.

C. **RÉACTION PERSONNELLE**

1. Pensez-vous que le cadre de cette aventure contribue au suspens de la première partie de l'histoire? Expliquez.   →

2. Dans la première partie du conte, Marie Cardinal avait une opinion stéréotypée des motocyclistes. Quelle était son opinion? Connaissez-vous d'autres stéréotypes? Mentionnez-en quelques-uns. À votre avis, pourquoi les stéréotypes existent-ils?
3. Avez-vous jamais vécu une aventure semblable à celle de Marie Cardinal et sa famille, ou avez-vous jamais éprouvé un fort changement d'opinion à cause d'une certaine expérience? Racontez ce qui s'est passé ou inventez une histoire semblable.

USEFUL LITERARY TERMS

When you discuss or write about the readings in this text, you will need to have some literary terms at your disposal. Some of these terms are cognates or close cognates. Others are false cognates *(FA),* and still others are simply new French words. A list of basic literary terms follows. Study them carefully and refer to the list as necessary.

auteur *m.* / **écrivain** *m.*	author, writer
cadre *m.*	framework, plan, setting
caractère *(FA) m.*	personality, quality, moral strength, disposition
conte *m.* / **histoire** *f.*	tale, story
conte policier *m.*	mystery, detective story
dénouement *m.*	solution, conclusion, winding down of plot
genre *m.*	kind, sort, or style (of writing) (*such as:* **une comédie, un conte, une pièce**, *etc.*)
héros *m.*, **héroïne** *f.*	hero, heroine
intrigue *f.*	plot (of a story or novel, etc.)
lecture *(FA) f.*	reading
ligne *f.*	line of prose
narrateur *m.*, **narratrice** *f.*	narrator
nouvelle *f.*	short story (longer than a **conte**)
œuvre *f.* / **ouvrage** *m.*	work (of literature or art)
personnage *m.*	character in a literary work
protagoniste *m.* / *f.*	main character
roman *m.*	novel
romancier *m.*, **romancière** *f.*	novelist

CONCLUSION

Chapters 1, 2, and 3 have provided you with a variety of suggestions and activities to help you develop a more effective approach to reading. You have read several short selections to practice your predicting and contextual guessing skills, aiming for global understanding, for an overall view. Additional strategies were added to prepare you for more detailed reading. As you continue with the selections in **Explorations,** your instructor's goals and/or your own will determine whether those selections will be read for general comprehension or will be studied in greater depth. You will discover that the format of the following chapters lends itself to either or both approaches.

It is important to understand that the full benefit of the strategies suggested in the first three chapters can be attained only if you continue to use them appropriately as you progress through the text. As was mentioned very early in Chapter 1, it takes both time and practice to develop skill in reading. The first three chapters have explained the strategies and given you the opportunity, through activities, to understand how they can help, but you will need much more practice before you will feel comfortable using them. Since you may find it difficult to remember the wide range of strategies that can help you, a **Recap—Preparing a Reading** outline has been provided for you at the end of Chapter 3 for easy reference.

Each of the chapters in Parts II and III of **Explorations** is divided into five major sections. These five divisions create a chapter format which should remind you to continue practicing the reading strategies presented in Part I. The first section, in English, is a biography of the author of the selection you will read. Your instructor may or may not wish to devote class time to this information. It is provided for you, the student, not as a critical study of the author's style or works, but as a glimpse of various interesting aspects of the author's life. Its purpose is not only to provide background information, but also to help you view the author as a living, breathing, talented individual.

The second division of each chapter is the **Préparation à la lecture.** As you can discern from its title, this section is a crucial one, to be completed **before** you begin the selection itself. It is here that you will find cultural and/or historical background information, as well as other reading hints. There are also exercises to provide continued practice with strategies that will help you to determine the meaning of unknown vocabulary from the reading. Other exercises will present new words and phrases that will be useful for you to learn in order to discuss the reading in class. Working with new vocabulary before you begin the selection will facilitate your comprehension and enable you to use the new words correctly in postreading exercises. Still other exercises will engage your predicting skills by focusing your attention on the title, illustration(s), and genre of the selection. Finally, you will be asked, in the **Expérience personnelle** section, to think about some questions which will help you to focus your thoughts about the topic, activate your personal background knowledge, and relate the topic to your personal experience. A short introduction to the story itself completes this section.

The third division of each chapter is the **Vue panoramique.** It is here that you will find questions which will check your overall (global) comprehension of the selection after you have read it once for gist. If your instructor provides the opportunity for the entire class to share what has been learned after the first reading, you will find that you can add to your own store of information simply by listening to what your class-mates say. This sharing process can also serve to clarify mistaken assumptions about the story so that you can feel more assured that you are "on the right track" when you read the selection a second time.

The fourth division of each chapter is the *reading selection* itself, followed by the fifth and last section, the **Compréhension et Discussion.** Since these exercises call for a more detailed knowledge about what you have read, it is advisable to read the story at least twice before attempting them.

NOUS VOUS INVITONS À DÉCOUVRIR LA LITTÉRATURE FRANCOPHONE! ÊTES-VOUS PRÊT(E)? ALORS... TOURNEZ LA PAGE ET COMMENCEZ! AMUSEZ-VOUS BIEN!

RECAP—PREPARING A READING

I. BEFORE YOU READ THE SELECTION

A. Read the background information.
B. Practice reading strategies via **La préparation à la lecture.**
C. Consider title / illustration / genre—predict, imagine.
D. Think about the general topic to come / Activate personal knowledge via the **Expérience personnelle.**

II. READ THE SELECTION ONCE FOR GIST

A. Read the questions in the **Vue panoramique** section.
B. Read the selection without using the dictionary.

1. Determine global meaning first—View each paragraph as a whole.
2. Continue to predict via topic sentences in paragraphs.
3. Keep moving along—Use the known to help you decode the unknown.
4. Keep the overall subject in mind.
5. Use glosses and footnotes.
6. Allow your personal experience, common sense, and knowledge to help.

C. Answer the **Vue panoramique** questions.

III. WHILE YOU REREAD FOR MORE INFORMATION

A. Tough sentences?

1. Search for main sentence elements—subject / verb / complement.
2. Determine syntax of key words—noun / verb / adjective / adverb.
3. Check tenses to verify time frame.
4. Determine what pronouns refer to.

B. New vocabulary?

1. Is the word crucial to understanding?
2. Is it a cognate? Part of a word family?
3. What part of speech is it?
4. Is it a function word? (Check bookmark)
5. Think **CONTEXT**, not isolated word.

C. Use the dictionary, but sparingly.
D. Do the postreading **Vrai / Faux** and/or **Résumé** exercises to verify the main story line.

IV. WHILE YOU READ A THIRD TIME

A. Pay more attention to detail to add dimension to your understanding.
B. Use the dictionary if needed.
C. Mark troublesome passages to ask about them in class.
D. Prepare the **Questions de compréhension** and react to the reading via topics from the **Réactions orales ou écrites.**

PART II

Each of the chapters in this section is divided into five parts: biographical information about the author of the selection; the **Préparation à la lecture**, with pertinent cultural and/or historical information, a variety of reading hints, and prereading exercises designed to stress the continued use of reading strategies; the **Vue panoramique**, which has questions to help you focus on the gist of the passage after your first, global reading; the reading itself, accompanied by glosses and footnotes; and comprehension exercises and activities to be completed after your second, and perhaps third, reading of the selection.

It is extremely important to study the prereading material before you begin each new selection. It is equally important to make a conscious effort to apply the strategies as you read. By doing so, you will acquire efficient and effective reading habits that will greatly increase your comprehension and your enjoyment of reading in French.

All of the chapters in Part II offer prereading exercises which reinforce the use of reading strategies. For example, you are encouraged to determine the meaning of unknown vocabulary by watching for cognates and word families, and by using the context. You are urged to learn practical and useful vocabulary before reading the selection and to approach the reading from a logical perspective by considering what you may know about its general topic before you begin. Predicting skills are reinforced via exercises which focus on the title, illustration, and genre. In some exercises, hints (given at first in English and later in French) will show you, by example, how you can apply context clues.

As you progress through Part II of **Explorations**, the continued reinforcement of reading strategies will enable you, eventually, to use them on your own without guidance. Remember that the information in Chapters 1–3 is readily available for reference.

Chapter 4

La carte postale

André Maurois *(1885–1967)*

A prolific and versatile author, André Maurois achieved success both in Europe and the United States as a biographer, historian, novelist, essayist, and literary critic. His career spanned almost five decades, and he wrote one of his best works, a biography of Balzac, at the age of eighty. At his death, Maurois was eulogized in a *Time* magazine article as "the official, standard model of the perfect Frenchman, . . . an unabashed Anglophile who became a one-man diplomatic corps to the English-speaking world . . ." Best remembered as the originator of the biographical novel, Maurois studied the pasts of others—Shelley, Disraeli, Byron, Franklin, Eisenhower, Proust—and returned them to life. His literary craftsmanship and lucid prose style also, however, graced the pages of literary reviews for *The New York Times,* and even advice columns on love and marriage for various women's magazines.

Maurois was born Émile Herzog in Elbeuf, near Rouen, where his parents had moved at the close of the Franco-Prussian War in 1871. In later years, he remembered his childhood as a happy one, filled with peaceful days, loving parents, and the world of books. A brilliant student, Maurois received many scholastic prizes throughout his formal education. His professors were quick to recognize and nurture his outstanding talent.

After completing his military service, Maurois entered the family textile business. In 1912, he married Janine de Szymkiewicz. They had three children—a daughter Michelle, who was later to become an author in her own right, and two sons, Gérald and Olivier.

With the outbreak of World War I, Maurois rejoined his old regiment and served as an interpreter and liaison agent with the British. His experiences with the British Army formed the basis of his first novel, *Les silences du colonel Bramble,* published in 1918. Since he was still serving in the army, Maurois had to obtain permission from his superiors to publish the book. They feared that certain English officers might recognize themselves in the book's imaginative and humorous characters and be offended. It was suggested, therefore, that the novel be published under a pseudonym. The author chose the first name André, that of a beloved cousin killed early in the war, and the last name Maurois, that of a small village. Thus Émile Herzog became André Maurois.

After the war, Maurois devoted himself to his writing. When his wife died in 1923, Maurois left Elbeuf and moved to Paris. He married his second wife, Simone de Caillavet, in 1926. She was to become an enormous help to his literary endeavors, and the only individual Maurois would ever trust to help him with his research. Aided by his already fine reputation as an author, Maurois and his wife developed an ever-widening circle of friends, including both the literary and the political giants of the day. A disciplined writer, Maurois established a daily routine. Every morning at 8:00 A.M., he was at his desk in his luxurious apartment in the Bois de Boulogne, dressed for literature in a blue serge suit, a quiet tie, and leather slippers. A perfectionist, he wrote with a fountain pen on unlined white paper.

In 1930, Maurois was invited to lecture at Princeton. He immediately fell in love with the youthful enthusiasm, strength, and openness of life in America. He wrote, "America is not, and never will be, something that is finished, but is a work in progress." Although asked to remain at Princeton permanently, he returned to Paris, drawn by his love for France and the rumblings of war.

In 1938, Maurois was elected to the prestigious Académie française.[1] During World War II, he once again served as a liaison officer with the British. When France fell to Germany, Maurois, disheartened by the capitulation of his government to an armistice agreement, fled to England. Shortly afterwards, he joined his wife in Canada, and from there the two settled in the United States, where he encouraged support for the liberation of France. From 1939 until 1946, Maurois lectured widely in the United States and continued his writing. He became one of the best known interpreters of American and English life and letters for his fellow Frenchmen. After the war, he and his wife returned to Paris, where he continued to pursue his literary career until his death.

PRÉPARATION À LA LECTURE

■ *Les exercices qui suivent ont pour but de vous aider à mettre en pratique les suggestions que nous vous avons présentées dans la première partie du livre. Tous les exemples sont tirés du conte* **La carte postale.**

---

1. **Académie française:** a highly respected institution of forty scholars and writers, founded in 1635 and located in Paris. One of its aims has been to supervise the revision of a comprehensive dictionary of the French language.

Nouveau vocabulaire? Utilisez vos stratégies.

A. MOTS APPARENTÉS   Il est possible qu'un des nouveaux mots que vous rencontrerez dans le conte soit un mot apparenté. *La carte postale* contient environ 70 mots apparentés. En voici huit. Qu'est-ce qu'ils veulent dire? Identifiez la nature de chaque mot... Est-ce un nom, un verbe ou un adjectif? Comment le savez-vous?

la chaîne	la nuance
le départ	l'odeur *f.*
galoper	orné
mobile	protéger

B. FAMILLES DE MOTS   Un des nouveaux mots dans *La carte postale* appartient peut-être à une famille de mots. En voici quelques exemples ci-dessous. Examinez les mots à gauche. Vous les connaissez déjà, n'est-ce pas? Les mots entre parenthèses sont peut-être nouveaux. Essayez de déterminer le sens des mots en caractères gras dans les phrases de droite. Soyez logique. Est-ce que la syntaxe du mot a changé? Comment?

1. merci (remercier)   Je **remerciai** papa...
2. nom (nommer)   ...je le **nommerais** Heinrich.
3. tomber (tombant)   Il... avait préparé pour la nuit **tombante.**

   Tuyau *(Hint)* : La terminaison **-ant** veut souvent dire *-ing* en anglais.

4. jouer (jouet)   Les **jouets** neufs...

   ◆ **même famille :** joueur, jeu

5. sourire (souriant)   Il... admira en **souriant.**

C. PASSÉ SIMPLE   Est-ce que la forme du verbe inconnu est le passé simple? Pour chaque phrase qui suit, (1) identifiez l'infinitif du verbe en caractères gras et (2) mettez le verbe au passé composé. Si vous ne pouvez pas encore reconnaître le passé simple, regardez l'appendice A.

1. Ma mère **quitta** mon père.
2. Nous **restâmes** à Leipzig.
3. Maman **dut** revenir à Moscou.
4. Elle **eut** une conversation.
5. Elle **promit** de m'envoyer chez lui.
6. Je ne **fus** pas déçue.
7. Il ne **put** retrouver les jouets.
8. Le déjeuner me **rendit** malade.
9. Ma Fräulein **vint** me chercher.
10. Je **fis** voir la carte.

D. LISEZ ET RÉFLÉCHISSEZ!   Est-ce que le contexte vous aide? Vous avez lu la première partie du texte et étudié avec soin les suggestions données. Vous avez fait les deux exercices de vocabulaire et vous vous êtes assuré(e) que vous savez reconnaître le passé simple. Maintenant, commencez la lecture d'un paragraphe de *La carte postale*.

Look at the paragraph excerpted from the reading. You will notice that no words are defined. As in Chapter 2, we are going to help you focus your attention on certain strategies and questions that will aid your comprehension of the passage.

The paragraph we have chosen to work with is not the initial paragraph of the story. When you begin to read any selection, you will, of course, always begin at the beginning. Although it may seem illogical to choose a paragraph from the middle of the story, we have done so for two reasons. First, this portion is the most demanding part of the story; second, the passage lends itself well to showing you that you can read and understand French without constantly thumbing through a glossary to find English definitions.

1. First, read the entire paragraph.

Keep moving. Do not look up new words. Remember that after this first reading, you may have only a general idea of the context. You are not expected to understand every word. The story is told from the point of view of a young girl named Nathalie.

> **Papa était un homme très bon, mais d'une maladresse infinie. Tout ce qu'il avait organisé avec tant d'amour échoua. Les jouets neufs ne firent qu'aviver mes regrets de jouets anciens que je réclamai et qu'il ne put retrouver. Le beau déjeuner, mal préparé par des domestiques que ne surveillait plus aucune femme, me rendit malade. Une des fusées du feu d'artifice tomba sur le toit, dans la cheminée de mon ancienne chambre et mit le feu à un tapis. Pour éteindre ce commencement d'incendie, toute la maison dut faire la chaîne avec des seaux et mon père se brûla une main, de sorte que ce jour qu'il avait voulu si gai me laissa le souvenir de flammes terrifiantes et de l'odeur triste des pansements.**

2. Next we will reread together and talk about each sentence.

We will show you how you can determine meaning in context, and how to use what you know to help you understand.

> a.   **Papa était un homme très bon, mais d'une maladresse infinie.**

There should be no problem with the first clause, but in the subordinate clause, you may not know what **maladresse** means. You do know that **papa était bon,** and the **mais** tells you that something that is not altogether **bon** is to follow. The **mal** of **maladresse** is another clue that **quelque chose n'est pas bon.**

b. **Tout ce qu'il avait organisé avec tant d'amour échoua.**

You probably know the verb **échouer,** but if not, keep on using logic. We are still pursuing the **quelque chose qui n'est pas bon.** Therefore you can surmise that what has happened is that **tout n'est pas bon,** and since **tout a échoué,** perhaps **rien n'a réussi.** The next sentence, at first reading, seems complicated.

c. **Les jouets neufs ne firent qu'aviver mes regrets de jouets anciens que je réclamai et qu'il ne put retrouver.**

Your first reading may find you understanding no more than the fact that the sentence has to do with new toys and old toys. That is fine for now. You could surmise at this point that since everything went wrong, whatever is the case with the toys probably failed as well. The next sentence also appears difficult, but is it really?

d. **Le beau déjeuner, mal préparé par des domestiques que ne surveillait plus aucune femme, me rendit malade.**

Le beau déjeuner is the subject. What did it do? Our common sense, as well as the form **préparé,** tells us that we must look elsewhere for the verb. Logic rejects **surveillait,** since a meal cannot watch over anything. The only verb left is **rendit.** You know now that **à cause du beau déjeuner, Nathalie est tombée malade.** The other clause, **mal préparé par des domestiques que ne surveillait plus aucune femme,** is going to give us more information about the meal. This clause becomes manageable once we use logic and our knowledge of basic grammatical structures. Who prepared the meal? That's right— **les domestiques.** Now, what is the subject of the verb **surveillait?** It can't be **que,** for **que** is an object pronoun. It can't be **domestiques,** for the verb **surveillait** has a singular ending. We read on and determine that **femme** is the subject. Let's rearrange the clause to read **aucune femme ne surveillait plus.** You are probably saying, Aha! I don't know what **aucune** means! **Patience!** The **ne... plus** tells you that you are working with a negative construction, therefore **aucune femme ne...** means **qu'il n'y a pas de femme.** It has become clear that **une femme n'a pas surveillé les domestiques et pour cette raison le déjeuner a été mal préparé et Nathalie est tombée malade.**

e. **Une des fusées du feu d'artifice tomba sur le toit, dans la cheminée de mon ancienne chambre et mit le feu à un tapis.**

The first reading tells you that **quelque chose est tombé sur le toit et dans la chambre de Nathalie, puis a fait quelque chose.** If you know what **mettre le feu** means, fine, but if you don't, you are OK. Go on to the next sentence. . .

f. **Pour éteindre ce commencement d'incendie, toute la maison dut faire la chaîne avec des seaux et mon père se brûla une main, de sorte que ce jour qu'il avait voulu si gai me laissa le souvenir de flammes terrifiantes et de l'odeur triste des pansements.**

Are you thinking "**Au secours!** (*Help!*) That's a long sentence, what do I do now?" **Lisez et réfléchissez!** Once you see **incendie** and **flammes,** you know you are dealing with a

→

fire. What would you do with a fire in the house? Obvious answer, therefore you know the meaning of **éteindre**. If you were unsure of the meaning of the phrase **et mit le feu** in the previous sentence, you know now that what fell into the room set fire to something in the room. For the rest of the sentence, draw upon your basic knowledge. You can guess what **faire la chaîne** means. Form a picture in your mind of people working to put out a fire in days gone by.

3. Now reread the entire paragraph.

You should have a fairly good understanding of what has happened. Certainly there are details that you have missed. But remember that you haven't yet read the parts of the story that occur before or after this passage. In addition, you have been reading without the help of the marginal glosses that accompany most of the stories in this book. If you wish, you may look up any remaining words that you feel you must know in order to understand all aspects of the paragraph, or you can wait until you meet this paragraph again within the context of the story.

We hope that this exercise has shown you that logic, reasoning, self-confidence, and a positive approach can help you to understand and enjoy many passages that at first might appear incomprehensible.

Établissons les faits!

A. EXPÉRIENCE PERSONNELLE

■ *Answer the* **Expérience personnelle** *questions before you read the story. Their purpose is to help you to focus your thoughts so that you can approach the reading with a logical frame of reference.*

Qu'est-ce que vous savez avant même de lire ce conte? Faites appel à votre mémoire, à vos expériences personnelles, à vos connaissances, à ce que vous avez lu et à votre logique, en considérant les questions suivantes.

1. Que savez-vous de l'effet du divorce sur les enfants?
2. Comment les enfants réagissent-ils en général au deuxième mariage de leurs parents?

B. LE TITRE ET L'ILLUSTRATION—PRÉDISONS!

■ *These questions will also help you prepare for the reading. They are specific to the story. You will be surprised at how much information you can glean from just the title and illustration.*

1. Qu'est-ce que c'est qu'une carte postale?
2. Pensez-vous qu'une carte postale joue un rôle important dans ce conte? Pourquoi?
3. Combien de personnes y a-t-il dans l'illustration à la page 51?

4. Qui sont-elles, selon vous?
5. Où sont-elles? Comment le savez-vous? Sont-elles contentes?
6. Est-ce que l'action du conte a lieu en 2000? Comment le savez-vous?
7. Qu'est-ce que les personnages de l'illustration sont en train de faire?
8. Qu'est-ce qui a causé l'incendie? Que voyez-vous dans les flammes?
9. Qu'est-ce qui se passe dehors?
10. À votre avis, comment la fusée est-elle entrée dans la chambre?

Introduction au conte

In addition to his biographical novels, Maurois wrote critical essays and historical works. He also wrote many short stories, both for adults and children. Most of his short stories are situated in the bourgeois world he knew best, and he once stated that they may turn out to be the best things he has written. He did not consider the short story to be a minor literary form, stating that "a small canvas by Vermeer is no less beautiful than an immense Rubens." *La carte postale* comes from a collection of short stories entitled *Toujours l'inattendu arrive.* Since Maurois often drew upon his own life and that of his family and friends as subject matter, it is possible that he found the little Nathalie of *La carte postale* in his first wife, Janine, whose French mother had left her Russian father to marry a Swiss diplomat. In this story, Nathalie is recalling a childhood event that formed a lasting impression on her life.

VUE PANORAMIQUE

■ *First, read the* **Vue panoramique** *questions to get an idea of the information you should look for when you read the selection. Then, read the story without looking up any words. Afterward, do the* **Vue panoramique** *questions to check your overall understanding. Then, read the story again for a more in-depth comprehension. Finally, do the postreading exercises.*

Lisez les débuts des phrases qui suivent. Ensuite, lisez le conte. Ne vous servez pas de votre dictionnaire! Après avoir lu le conte, complétez les phrases et répondez aux questions.

1. Les personnages principaux sont...
2. L'action se passe (où?)...
3. Après une longue séparation, la petite Nathalie...
4. Le père de Nathalie essaie d'organiser une journée parfaite pour sa fille, mais...
5. Une fusée cause un incendie dans...
6. Le père de Nathalie lui donne...
7. Qu'est-ce qui vous surprend à la fin du conte?
8. Est-ce que les sentiments de Nathalie changent du début à la fin du conte? Commentez.
9. Quels autres renseignements pouvez-vous ajouter après votre première lecture?

La carte postale

1   J'AVAIS quatre ans, dit Nathalie, quand ma mère quitta mon père pour épouser ce bel Allemand. J'aimais beaucoup papa, mais il était faible et résigné; il n'insista pas pour me garder à Moscou.[1] Bientôt, contre mon gré,° j'admirai mon beau-père.° Il montrait pour moi de l'affection. Je refusais de

5   l'appeler Père; on finit par convenir° que je le nommerais Heinrich, comme faisait ma mère.

Nous restâmes trois années à Leipzig,[2] puis maman dut revenir à Moscou pour arranger quelques affaires. Elle appela mon père au téléphone, eut avec lui une conversation assez cordiale et lui promit de m'envoyer passer une

10   journée chez lui. J'étais émue,° d'abord de le revoir, et aussi de retrouver cette maison où j'avais tant joué et dont je gardais un merveilleux souvenir.

Je ne fus pas déçue.° Le suisse[3] devant la porte, la grande cour pleine de neige ressemblaient aux images de ma mémoire. Quant à° mon père, il avait fait des efforts immenses pour que ma journée fût[4] parfaite. Il avait acheté des

15   jouets neufs, commandé un merveilleux déjeuner et préparé pour la nuit tombante un petit feu d'artifice° dans le jardin.

Papa était un homme très bon, mais d'une maladresse infinie. Tout ce qu'il avait organisé avec tant d'amour échoua.° Les jouets neufs ne firent qu'aviver° mes regrets° de jouets anciens que je réclamai° et qu'il ne put retrouver. Le

20   beau déjeuner, mal préparé par des domestiques que ne surveillait plus aucune femme, me rendit malade. Une des fusées° du feu d'artifice tomba sur le toit, dans la cheminée de mon ancienne° chambre et mit le feu à° un tapis. Pour éteindre ce commencement d'incendie, toute la maison dut faire la chaîne avec des seaux et mon père se brûla une main, de sorte que ce jour

25   qu'il avait voulu si gai me laissa le souvenir de flammes terrifiantes et de l'odeur triste des pansements.°

Quand le soir ma Fräulein[5] vint me rechercher, elle me trouva en larmes.° J'étais bien jeune, mais je sentais avec force les nuances de sentiments. Je savais que mon père m'aimait, qu'il avait fait de son mieux et qu'il n'avait pas

---

Glossary (left margin):

volonté, désir
stepfather
arranger

moved (touched)

disappointed
As for

fireworks (display)

n'a pas réussi / *only served to increase / longing /* (j'ai) demandés
rockets
former / set fire to

bandages

tears

---

1. **Moscou :** *(Moscow)* capitale de la Russie; centre administratif et culturel et grande ville industrielle
2. **Leipzig :** ville d'Allemagne; centre commercial de l'édition; nombreuses industries; université célèbre
3. **le suisse :** portier, concierge d'une grande maison aux XVIIe et XVIIIe siècles. Son costume ressemblait à celui des mercenaires suisses.
4. **fût :** imparfait du subjonctif du verbe **être**, sens de **soit**
5. **Fräulein :** Nathalie avait une gouvernante allemande. (Fräulein = Mademoiselle)

Petit lexique (pour parler de l'illustration)

avoir lieu *to take place* **éteindre** *to extinguish* **incendie** *m. fire*
cheminée *f. fireplace* **feu d'artifice** *m. fireworks display* **se passer** *to happen*
démodé *outdated* **fusée** *f. rocket, firecracker*

pitied (inf. plaindre) /
avoir honte (de) =
to be ashamed (of)

1 réussi. Je le plaignais° et, en même temps, j'avais un peu honte° de lui. Je
voulais lui cacher ces idées, j'essayais de sourire et je pleurais.

Au moment du départ, il me dit que c'était l'usage en Russie de donner à
ses amis, pour Noël, des cartes ornées, qu'il en avait acheté une pour moi et
5 qu'il espérait qu'elle me plairait. Quand je pense aujourd'hui à cette carte, je
sais qu'elle était affreuse.[6] En ce temps-là j'aimais, je crois, cette neige pailletée°

spangled

stars / glued faite de borate de soude,[7] ces étoiles° rouges collées° derrière un transparent
bleu de nuit et ce traîneau° qui, mobile sur une charnière de carton,° semblait
sleigh / cardboard galoper hors de la carte. Je remerciai papa, je l'embrassai et nous nous sé-
hinge 10 parâmes. Depuis il y a eu la Révolution[8] et je ne l'ai jamais revu.

---

6. **affreuse** : *Try to determine the meaning of this word as you read on in the story. The next sentence contains a description of* **la carte postale**. *On the first reading, it is not necessary to understand every word.*

7. **borate de soude** : *borax, a chemical compound with many industrial and other uses (Here the borax crystals are used on the card to simulate snow.)*

8. **la Révolution** : la Révolution de 1917 en Russie

1　　Ma Fräulein me ramena jusqu'à l'hôtel où étaient ma mère et mon beau-père.
Ils s'habillaient pour dîner chez des amis. Maman, en robe blanche, portait un

necklace / evening attire

grand collier° de diamants. Heinrich était en habit.° Ils me demandèrent si je
m'étais amusée. Je dis sur un ton de défi que j'avais passé une journée admirable

5　　et je décrivis le feu d'artifice sans dire un seul mot de l'incendie. Puis, sans doute

faire voir = montrer

comme preuve de la magnificence de mon papa, je fis voir° ma carte postale.

　　　Ma mère la prit et, tout de suite, éclata de rire :

　　　—Mon Dieu! dit-elle. Ce pauvre Pierre n'a pas changé... Quelle pièce pour
le musée des Horreurs!

leaned

10　　Heinrich, qui me regardait, se pencha° vers elle, le visage fâché :

　　　—Allons, dit-il à voix basse, allons... Pas devant cette petite.

　　　Il prit la carte des mains de ma mère, admira en souriant les paillettes de
neige, fit jouer le traîneau sur sa charnière et dit :

　　　— C'est la plus belle carte que j'aie jamais vue; il faudra la garder avec soin.

15　　J'avais sept ans, mais je savais qu'il mentait, qu'il jugeait comme maman
cette carte affreuse,[9] qu'ils avaient raison tous deux et que Heinrich voulait,
par pitié, protéger mon pauvre papa.

ripped

　　　Je déchirai° la carte et c'est depuis ce jour que j'ai détesté mon beau-père.

* * *

■　*Maintenant, retournez à la section* **Vue panoramique** *et répondez aux questions.*

COMPRÉHENSION ET DISCUSSION

A. VRAI / FAUX

En vous basant sur le texte, décidez si les phrases suivantes sont vraies ou fausses.
Corrigez les phrases fausses. Ne vous contentez pas d'utiliser ou de supprimer les
mots négatifs. Les phrases suivent l'ordre des événements du conte.

EXEMPLE:　　Quand Nathalie avait quatre ans, sa mère a quitté son père et s'est
　　　　　　　mariée avec un beau Russe.

　　　　　　　Faux. Quand Nathalie avait quatre ans, sa mère a quitté son père
　　　　　　　et s'est mariée avec un **bel Allemand.**

---

9. **affreuse** : *The meaning of this word should now be clear. Did you guess correctly that it means "frightful, ugly, or atrocious?"*

1. Quand Nathalie avait quatre ans, sa mère a quitté son père et s'est mariée avec un beau Russe.
2. Après trois ans, la mère de Nathalie est rentrée à Moscou pour voir son premier mari.
3. La mère de Nathalie a arrangé une réunion entre Nathalie et son père.
4. Le père de Nathalie avait acheté de nouveaux jouets pour elle.
5. Le père de Nathalie a préparé un déjeuner qu'elle a beaucoup aimé.
6. Le feu d'artifice a réussi.
7. Le père de Nathalie lui a donné une carte postale très ornée.
8. Nathalie a dit à sa mère qu'elle avait passé une journée affreuse.
9. La mère de Nathalie a admiré la carte postale.
10. Heinrich a dit que la carte postale était très jolie.
11. À la fin de l'histoire, Nathalie a mis le feu à la carte postale.
12. Nathalie a vu son père trois ans plus tard.

B. RÉSUMÉ

Faites un résumé du conte. Formez des phrases complètes en utilisant les éléments donnés et en ajoutant des détails supplémentaires. Faites les changements nécessaires.

EXEMPLE: avoir... ans / quitter / épouser

Quand Nathalie avait quatre ans, sa mère a quitté son père pour épouser un bel Allemand.

1. avoir... ans / quitter / épouser
2. rester / années / Leipzig
3. retourner / Moscou / les affaires
4. passer / une journée
5. père / faire des efforts pour
6. tout / échouer
7. une fusée / mettre le feu / le tapis
8. se brûler / l'incendie
9. la Fräulein / venir chercher / en larmes
10. le père / donner / la carte postale
11. la Fräulein / ramener / l'hôtel
12. faire voir
13. éclater de rire
14. Heinrich / admirer
15. déchirer / depuis / détester

C. QUESTIONS DE COMPRÉHENSION

■ *Before you answer the* **Questions de compréhension,** *ask yourself two questions: (1) Did you realize that the* **Vrai / Faux** *and* **Résumé** *exercises have identified for you the important facts of the story, as well as much of the vocabulary you will need to discuss it? (2) Do*

→

you need to read the story again—to reinforce your comprehension and to review vocabulary—before answering the content questions?

Écrivez en français les réponses aux questions suivantes. Formulez vos propres réponses. Ne copiez pas les phrases du texte. Les questions suivent l'ordre des événements du conte. Le petit lexique qui suit vous aidera à formuler vos réponses.

Petit lexique

avoir honte (de) *to be ashamed (of)*
blâmer *to blame*
cacher *to hide*
confus(e) *confused*
domestique *m./f. servant*
échouer *to fail*

éclater de rire *to burst out laughing*
faire de son mieux *to do one's best*
mentionner *to mention*
mettre le feu à *to set fire to*
plaindre *to pity*

pleurer *to cry*
protéger *to protect*
rendre malade *to make sick*
se moquer de *to make fun of*
souvenir *m. memory*
pleurer *to cry*

---

1. Quelle était l'attitude de Nathalie envers son beau-père?
2. Où habitait le père de Nathalie? Où habitait Nathalie après le second mariage de sa mère?
3. Décrivez le père de Nathalie.
4. Quel âge avait Nathalie quand elle est retournée à Moscou?
5. Pourquoi Nathalie était-elle contente de passer une journée chez son père?
6. Quels préparatifs le père de Nathalie a-t-il faits pour amuser sa petite fille?
7. Pourquoi les nouveaux jouets n'ont-ils pas plu à Nathalie?
8. Pourquoi le déjeuner n'a-t-il pas réussi?
9. Qu'est-ce qui s'est passé pendant le feu d'artifice?
10. Comment était Nathalie quand la Fräulein l'a retrouvée?
11. Quels sentiments Nathalie éprouvait-elle envers son père?
12. Qu'est-ce que Nathalie a pensé de la carte postale au moment où son père la lui a donnée? Et quand elle a grandi?
13. À l'hôtel, comment Nathalie a-t-elle décrit sa journée?
14. Quelle réaction sa mère a-t-elle eue quand elle a vu la carte postale? Qu'est-ce que Heinrich a pensé de cette réaction?
15. Qu'est-ce que Heinrich a suggéré de faire de la carte? Pourquoi l'avait-il admirée?
16. Pourquoi, selon vous, Nathalie a-t-elle déchiré la carte à la fin du conte? Pourquoi a-t-elle détesté Heinrich?

D. RÉACTIONS ORALES OU ÉCRITES

Synthèse du texte

1. Faites oralement un portrait du père de Nathalie. Cherchez dans le conte tout ce qui le décrit, et ajoutez vos propres impressions.

2. Décrivez Nathalie du point de vue de ses réactions et de sa maturité. Est-ce que les enfants de sept ans que vous connaissez auraient réagi de la même façon que Nathalie? Soyez spécifique. (***Système-D: Grammar:*** adjective agreement and position; **Vocabulary:** personality)

3. Recréez la scène finale qui se déroule entre Nathalie, sa mère et son beau-père. Utilisez le dialogue du conte et imaginez ce qu'ils auraient pu dire d'autre. Faites attention à bien représenter le caractère, les attitudes et les gestes des trois personnages.

Réaction personnelle

1. Imaginez que vous êtes le père de Nathalie. Quels seraient vos sentiments après le départ de votre fille?

2. C'est le lendemain de la visite de Nathalie chez son père. Heinrich et la mère de Nathalie parlent de Pierre (le père de Nathalie). Imaginez cette conversation. Qu'est-ce qu'ils disent de Pierre? Sont-ils du même avis tous les deux? Mentionnent-ils Nathalie? Comment cette conversation se termine-t-elle?

3. Bien des années ont passé. Nathalie est grand-mère. Sa petite-fille, dont les parents ont divorcé, lui rend visite après avoir passé une journée avec son père. Elle est très malheureuse car sa mère et son beau-père ont fait des remarques peu flatteuses sur son père. Nathalie se souvient bien de sa jeunesse. Qu'est-ce qu'elle dit pour consoler et conseiller sa petite-fille?

4. Si vous aviez été soit Heinrich, soit la mère de Nathalie, auriez-vous réagi de la même façon qu'eux? Précisez. À votre avis, est-ce que Nathalie avait de bonnes raisons de détester son beau-père? Justifiez vos réponses. (***Système-D: Grammar:*** sequence of tenses with *si*; **Phrases:** hypothesizing; weighing the evidence)

5. Quand vous étiez petit(e), avez-vous offert à vos parents quelque chose dont vous étiez très fier (fière)—un cadeau que vous aviez fait vous-même, un objet que vous aviez trouvé... ? Comment vos parents ont-ils réagi en voyant votre cadeau?

6. Nous avons tous, comme Nathalie, des souvenirs d'incidents plus ou moins frappants qui se sont déroulés au cours de notre enfance. Décrivez un tel souvenir. Qui a joué un rôle au cours de cet incident? Qu'est-ce que cette personne a fait ou n'a pas fait? Et vous, qu'avez-vous fait? Quelle émotion associez-vous à cet incident? À votre avis, pourquoi cet incident reste-t-il profondément gravé dans votre mémoire?

Réponses aux exercices

In this chapter only, possible answers for the postreading exercises are provided in order to guide you. Compare your answers with those given. You will probably discover that your answers vary somewhat for certain questions. Do not assume that yours are wrong, as there may be several correct possibilities. If you find that the content of your answer varies significantly, or if you wish to verify your grammar or structure, ask your instructor for help.

A. VRAI / FAUX

True / False exercises appear in many chapters. Their purpose is to help you check your comprehension of the events. Note that in most cases only a word or a short phrase needs to be changed to make a false statement true. Note also that many of the statements are paraphrases in simpler French. These paraphrases may help you with your **Résumé** and/or **Questions de compréhension**.

1. **Faux.** Quand Nathalie avait quatre ans, sa mère a quitté son père et s'est mariée avec un **bel Allemand.**
2. **Faux.** Après trois ans, la mère de Nathalie est rentrée à Moscou pour **arranger ses affaires.**
3. **Vrai.** La mère de Nathalie a arrangé une réunion entre Nathalie et son père.
4. **Vrai.** Le père de Nathalie avait acheté de nouveaux jouets pour elle.
5. **Faux. Les domestiques** ont préparé un déjeuner **qui a rendu Nathalie malade.**
6. **Faux.** Le feu d'artifice **a échoué.**
7. **Vrai.** Le père de Nathalie lui a donné une carte postale très ornée.
8. **Faux.** Nathalie a dit à sa mère qu'elle avait passé une journée **admirable.**
9. **Faux.** La mère de Nathalie **a trouvé la carte postale affreuse.**
10. **Vrai.** Heinrich a dit que la carte postale était très jolie.
11. **Faux.** À la fin de l'histoire, Nathalie **a déchiré** la carte postale.
12. **Faux.** Nathalie **n'a jamais revu son père.**

B. RÉSUMÉ

Every chapter has some form of **résumé.** The purpose of this exercise is to help you paraphrase the story, using your own sentence structure and the new vocabulary. In some chapters, word clues provide the main sentence elements in the order of the story itself, to help you recall what occurred. In this exercise you are not asked to include descriptions, interpretations, or too many details, but to formulate a general story outline. Once again, your sentences may vary from those given. You should always try to do this exercise on your own, without looking back to or copying from the story you have read.

1. Quand Nathalie avait quatre ans, sa mère a quitté son père pour épouser un Allemand.
2. Nathalie, sa mère et son beau-père sont restés trois années à Leipzig.
3. La mère de Nathalie est retournée à Moscou pour arranger des affaires.
4. Nathalie a passé une journée avec son père.
5. Son père a fait des efforts pour organiser une journée parfaite pour elle.

6. Tout a échoué.
7. Une fusée a mis le feu au tapis.
8. Son père s'est brûlé (la main) dans l'incendie.
9. La Fräulein est venue chercher Nathalie, qui était en larmes.
10. Le père de Nathalie lui a donné une carte postale.
11. La Fräulein a ramené Nathalie à l'hôtel.
12. Nathalie a fait voir la carte postale à sa mère et à son beau-père.
13. Sa mère a éclaté de rire (quand elle a vu la carte).
14. Heinrich a admiré la carte.
15. Nathalie a déchiré la carte, et depuis ce jour-là, elle a détesté son beau-père.

NOTE: Whether you do the Vrai / Faux and Résumé exercises in class or at home, the practice they offer in terms of both vocabulary and content will help you to prepare for class discussions.

C. QUESTIONS DE COMPRÉHENSION

Always try to answer these questions by using your own sentence structure and incorporating the new vocabulary whenever possible. When the sentences in the story are clear and simply worded, you may find that your own answer correlates closely with them. When the answer is embedded in long and complex sentences in the text, however, always try to simplify and paraphrase. NEVER copy long, difficult sentences as your answers. This is not the way you speak and you will probably not remember or perhaps even understand what you have written.

After you write each answer, reread the question and try to give the answer orally, without looking at your paper. This is a good way to check your paraphrasing and comprehension. Working orally on your own will also make it easier for you to discuss the questions during class with your book closed, and without having to read your written answer.

Following you will find two answers for every question. On the left are the sentences from the story that provide responses. They reflect how many students copy word for word, often without understanding what they are writing. On the right are shorter, simply-worded answers. (The French that appears in parentheses is optional or additional information.) Note that the **passé simple** is replaced by the **passé composé** in the second set of answers. Your instructor will help you to determine which of the two tenses to use. Remember that there can be several ways to answer some of the questions. Check with your instructor when you are unsure. Refer to the **Vrai / Faux** and **Résumé** sentences for help when necessary. Some questions require interpretation—you will not always find the answers per se in the text itself.

1. Contre son gré, Nathalie admirait son beau-père. Il montrait pour elle de l'affection. Elle refusait de l'appeler Père; on finit par convenir qu'elle le nommerait Heinrich, comme faisait sa mère.

1. (Contre son gré,) Nathalie admirait son beau-père parce qu'il lui montrait de l'affection. Elle le nommait Heinrich au lieu de Père.

2. Le père de Nathalie habitait à Moscou. Après le second mariage de sa mère, Nathalie habitait à Leipzig.

3. Le père de Nathalie était faible et résigné; il n'insista pas pour la garder à Moscou.

4. Nathalie avait sept ans quand elle est retournée à Moscou.

5. Nathalie était émue, d'abord de revoir son père, et aussi de retrouver cette maison où elle avait tant joué et dont elle avait gardé un merveilleux souvenir.

6. Le père de Nathalie avait fait des efforts immenses pour que cette journée fût parfaite. Il avait acheté des jouets neufs, commandé un merveilleux déjeuner et préparé un petit feu d'artifice dans le jardin.

7. Les jouets neufs ne firent qu'aviver ses regrets de jouets anciens qu'elle réclama et que son père ne put retrouver.

8. Le beau déjeuner, mal préparé par des domestiques que ne surveillait plus aucune femme, rendit Nathalie malade.

9. Une des fusées du feu d'artifice tomba sur le toit, dans la cheminée de son ancienne chambre et mit le feu à un tapis. Pour éteindre ce commencement d'incendie, toute la maison dut faire la chaîne avec des seaux et son père se brûla une main.

10. Quand, le soir, la Fräulein vint rechercher Nathalie, elle la trouva en larmes.

2. *same (The question itself guides you to form your own answer.)*

3. Le père de Nathalie était faible et résigné.

4. *same (The question guides you to figure out her age and form your own answer.)*

5. Nathalie était contente parce qu'elle aimait son père et parce qu'elle allait voir son ancienne maison.

6. Le père de Nathalie avait acheté des jouets pour elle. Il avait commandé un déjeuner spécial et préparé un feu d'artifice.

7. Nathalie préférait ses vieux jouets, mais son père n'a pas pu les retrouver.

8. Les domestiques ont mal préparé le déjeuner, et Nathalie est tombée malade.

9. Une fusée est tombée sur le toit et dans la cheminée et a mis le feu au tapis. Le père de Nathalie s'est brûlé la main dans l'incendie.

10. Nathalie était en larmes.

11. Nathalie était bien jeune, mais elle sentait avec force les nuances de sentiments. Elle savait que son père l'aimait, qu'il avait fait de son mieux, et qu'il n'avait pas réussi. Elle le plaignait et, en même temps elle avait un peu honte de lui. Elle voulait lui cacher ses idées, elle essayait de sourire et elle pleurait.

12. Quand Nathalie pense aujourd'hui à cette carte, elle sait qu'elle était affreuse. En ce temps-là, elle aimait la carte.

13. Elle dit sur un ton de défi qu'elle avait passé une journée admirable, et elle décrivit le feu d'artifice sans dire un mot de l'incendie, et, comme preuve de la magnificence de son père, elle fit voir la carte.

14. Sa mère la prit, et tout de suite, éclata de rire. Elle dit : «Quelle pièce pour le musée des Horreurs!» Heinrich a dit : «Pas devant la petite!»

15. Heinrich a suggéré à Nathalie de garder la carte avec soin. Nathalie avait sept ans, mais elle savait qu'il mentait, qu'il jugeait comme sa mère cette carte affreuse, qu'ils avaient raison tous deux et que Heinrich voulait, par pitié, protéger son pauvre papa.

16. Nathalie savait que son beau-père mentait, qu'il jugeait comme sa mère cette carte affreuse, qu'ils avaient raison tous deux, et que Heinrich voulait, par pitié, protéger son pauvre papa.

11. Nathalie aimait son père et savait qu'il avait fait de son mieux. Mais parce que tout avait échoué, elle le plaignait et avait un peu honte de lui. (Elle a essayé de lui cacher ses sentiments.)

12. Au moment où Nathalie a reçu la carte postale, elle l'a trouvée belle. Plus tard, elle a compris que la carte était affreuse.

13. Nathalie a dit qu'elle avait passé une journée admirable. (Elle n'a pas mentionné que tout avait échoué.)

14. Sa mère a éclaté de rire quand elle a vu la carte. Heinrich a trouvé cette réaction cruelle.

15. Heinrich a suggéré à Nathalie de garder la carte (avec soin). Il a admiré la carte pour ne pas montrer à Nathalie ses vrais sentiments et, par pitié, pour protéger son père.

16. *This question asks for your personal interpretation. There is no one correct answer. You will note that the answer at the left consists of words copied from the text. It does not answer the question.*

NOTE: Which set of answers most closely resembles yours?

Chapter 5

Une abominable feuille d'érable sur la glace

 ## Roch Carrier   *(1937–)*

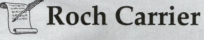

At a recent Québec Library Association conference in Montréal, about 180 delegates crowded into the Roch Carrier luncheon to listen to the famous author. Carrier is not only one of French Canada's most important and popular novelists but is also one of the most widely read *Québécois* writers in English Canada. Several of Carrier's novels, considered classics, are used in schools and universities throughout the world, both in French and in English. Some have been translated into a number of other languages as well. In addition to his fame as a novelist, Carrier is well known as a dramatist, short story writer, poet, and screenwriter. As an educator and writer, he is frequently invited to lecture in many countries and has been the recipient of numerous awards and honors.

An excellent raconteur, Carrier regaled his listeners at the Montréal conference with stories about his beginnings. In the small Québec village where this "very bright kid"[1] grew up, there was nothing—no library, no books. Young Carrier lived in a world defined by his room at home and by the church, where "God was the reference librarian of whom all questions about important things should be asked." "Because there was nothing to do," he said, "I developed excellent skills as an observer. I would run after a bee, a grasshopper, an old man, and make it an object of study."

Residing near the United States border, Carrier was exposed to the English language through 1950s American television. Despite poor signal reception which resulted in barely discernible, snowy images on the screen, the men and boys would gather in the local restaurant to watch the only television set in the village. One night an English-speaking blond woman appeared on television. Roch realized that only by learning

---

1. All quotations are the words of Roch Carrier.

English could he know what this "blond apparition" was saying. Fascinated by the books he read in learning English, he became an avid reader. He observed, however, that the books "were all written by old gentlemen who had been dead a long time. I assumed that all writers were dead men from England or France. Then I discovered Hemingway and realized that writers could be North American and still alive, and that maybe I could be a writer, too."

The Carrier family (originally stonecutters and church builders, hence the name—*carrier*—quarryman, and *roche*—rock) had left France to settle in Québec in 1657. At the beginning of the 1960s Carrier left home to study in the land of his ancestors. The young man, eager to satisfy his endless curiosity about history and people, traveled and made friends with students from many countries. "I discovered the diversity and complexity of the world," he stated, "I discovered its richness."

At the same time, French-Canadian students were already discussing Québec separatism, dreaming of an independent Québec where everybody would be fused together by the same culture. Although some of Carrier's youthful writings led people to label him a separatist, he says he was not. He knew that Québec had problems, but he didn't believe that it had to "jump out of Canada" to solve them. "When you live in a land of such opportunities, you don't emigrate elsewhere!"

Whereas separatists clamored to restrict the use of English, claiming that English signs were masking the "French face" of Montréal, Carrier's feelings for Québec were tempered with an internationalism which has led him to raise his children to be fluent in both English and German as well as their native French. He is proud that his daughter travels the world and communicates with people in many countries, thanks to the ten or more languages she has mastered. Carrier has said, "The greatest privilege I have experienced was to become a father. The second one was certainly to learn a second language."

In 1970 the author earned a *doctorat ès lettres* from the University of Paris, realizing one of his father's dreams. Georges Carrier's other dream, that of seeing his son a prime minister, was not fulfilled. Perhaps Roch Carrier's lack of enthusiasm for a career in politics can be attributed to an experience from his youth. At the age of 16 or 17, as a true patriot and eager to please his father, he took part in an election rally. He addressed the crowd and, carried away with enthusiasm, made promises that no one refuted and that no one had any intention of keeping. "My feeling of guilt for having lied to people was so intense that ever since, I have run away when I hear the word politics." Having learned that politics often uses language to disguise the truth, he chose to pursue a career in literature, convinced that literature makes a much better use of language.

Roch Carrier has dealt successfully with many genres and many themes, including war, sexual repression, and political corruption. More recently, he has begun writing for children, thus gaining an entire new generation of fans. He is convinced that his writing for children has made the rest of his work much stronger. "Kids are very demanding readers.

They don't stand for stuff that's no good or shouldn't be there, (but) adults will put up with a bad story because maybe they read someplace that it was supposed to be great."

Some of Carrier's best-known works are *Jolis deuils* (1964), a novel which was awarded *le Prix littéraire de la Province de Québec*; *La guerre, yes sir*, written first as a novel in 1968, later as a play, and adapted for the cinema in 1972; *Les enfants du bonhomme dans la lune* which received *le Grand Prix littéraire de la ville de Montréal* in 1980; *Prières d'un enfant très, très sage* (1988); *Le plus long circuit* (1993); and *Le petit homme tornade* (1996).

📖 Préparation à la lecture

Renseignements généraux

A. PUNCTUATION   Remember that in French, a dash before a sentence generally indicates direct conversation or a change of speaker.

—J' pourrai jamais porter cet uniforme-là. *(A young boy is speaking.)*

—Mon garçon, tu vas d'abord l'essayer! *(His mother responds.)*

B. CONVERSATIONAL FRENCH   Conversational French frequently exhibits differences, usually understandable, from the written, formal language. In the dialogue of this chapter's story, you will notice:

a.   The **e** is sometimes omitted from the pronoun **je**, even before a consonant.

J' porterai jamais cet uniforme-là.

b.   The **u** of **tu** is frequently omitted.

T'es pas Maurice Richard.

c.   The **ne** of a negative expression is omitted, while the second part of the negative (**pas**, **jamais**, etc.) is retained.

J'pourrai **jamais** porter ça.

C'est **pas** ce qu'on se met sur le dos qui compte...

C. FUTURE, CONDITIONAL, AND IMPERFECT TENSES   You may wish to review the formation of the future, conditional, and imperfect tenses so that you can recognize them in the story. Remember that the future tense is translated as *will* or *shall* + verb. (**J'porterai jamais...** = I *will [shall]* never *wear* . . .). The conditional tense is always translated by *would* + verb (il **aurait besoin** de moi... = he *would need* me . . .). The imperfect tense can relate a progressive past action (il **parlait** can mean *he was speaking*) or a habitual past action (il **parlait** can also mean *he used to speak*). The imperfect tense is also used for past descriptions. (**Les hivers de mon enfance étaient des saisons longues...**) All three of these tenses, in addition to the **passé simple**, are used in this chapter's reading.

Nouveau vocabulaire? Utilisez vos stratégies.

A. MOTS APPARENTÉS   Il est possible qu'un des nouveaux mots soit un mot apparenté. Dans la colonne de gauche ci-dessous se trouvent quelques mots apparentés tirés d'*Une abominable feuille d'érable sur la glace*. Ils diffèrent très peu de leurs équivalents anglais. Trouvez dans la colonne de droite les mots qui leur correspondent logiquement. Faites attention à l'usage du mot. Remplacez un infinitif par un infinitif, un adjectif par un adjectif, etc. S'il y a un mot anglais que vous ne connaissez pas, servez-vous de votre dictionnaire. De cette façon vous enrichirez à la fois votre vocabulaire anglais et votre vocabulaire français.

1. le combat
2. abominable
3. lacer
4. l'enthousiasme
5. la calligraphie
6. triomphant
7. s'approcher
8. les débris
9. se manifester
10. inclus
11. la manière
12. dévorer

a. la passion
b. se montrer
c. victorieux
d. manger avidement
e. le style
f. la bataille
g. avancer
h. contenu
i. horrible
j. attacher
k. l'écriture
l. les ruines, les fragments

B. FAMILLES DE MOTS   Est-ce qu'un des nouveaux mots dans *Une abominable feuille d'érable sur la glace* appartient à une famille de mots? En voici quelques exemples. On peut parfois apprendre plusieurs mots en apprenant un seul nouveau mot. Par exemple :

1. Si le nom **terre** veut dire *earth*, que veut dire le verbe **terrasser**?

    Les triomphants Canadiens avaient l'habitude de **terrasser** régulièrement les Maple Leafs de Toronto.
    - ◆ **même famille:** déterrer, la terrasse, le territoire, terrestre

2. Si le nom **feuille** veut dire *leaf*, que veut dire le verbe **feuilleter**?

    Elle commença de **feuilleter** le catalogue.

3. Si le verbe **punir** veut dire *to punish*, que veut dire le nom **punition**?

    L'école était une sorte de **punition**.

4. Si le verbe **patiner** veut dire *to skate*, que veut dire le nom **patinoire**?

    Les vrais combats (de hockey) se gagnaient sur la **patinoire**.
    - ◆ **même famille:** les patins, le patinage

5. Si l'adjectif **triste** veut dire *sad*, que veut dire le nom **tristesse**?

    Je peux dire que j'ai, ce jour-là, connu une très grande **tristesse**.
    - ◆ **même famille:** tristement, attrister

C. LISEZ ET RÉFLÉCHISSEZ! Est-ce que le contexte vous aide? Lisez les phrases suivantes tirées d'*Une abominable feuille d'érable sur la glace*, sans consulter le dictionnaire. Essayez de déterminer le sens des mots en caractères gras. Puis, choisissez **a, b** ou **c** selon l'idée générale de la phrase.

1. Nous vivions en trois **lieux** : l'école, l'église et la patinoire.

   a. maisons   b. villes   c. endroits

   Tuyau *(Hint) : Did you use logic to determine first what could not be the answer, in order to arrive at the correct response? The verb* **vivre** *should be an additional clue.*

2. Nous **découpions** dans les journaux toutes ses photographies.

   a. regardions   b. détachions   c. admirions

   Tuyau : *You might say that all of the answers are logical. You are correct, but the word* **découper** *gives you a clue. Think of word families.*

3. Nous peignions nos cheveux à la manière de Maurice Richard et, pour les tenir en place, nous utilisions une sorte de **colle**, beaucoup de **colle**.

   a. quelque chose pour laver les cheveux
   b. quelque chose pour brosser les cheveux
   c. quelque chose pour garder les cheveux en place

   Tuyau : *Did you realize you needed the information in the preceding phrases? What do people use to hold their hair in place? Why would the meaning "barrette" or "clip" not work here?*

4. Tous nous **arborions** au dos le très célèbre numéro 9.

   a. portions   b. dormions   c. regardions

   Tuyau : *The sentence tells you that the action was taking place on the* **dos** *and that it involved the* **numéro 9**. *Did these elements help you?*

Établissons les faits!

A. EXPÉRIENCE PERSONNELLE

■ *Remember to answer these questions before you read the story. They will help you to focus your thoughts so that you can approach the reading with a logical frame of reference.*

1. Vous intéressez-vous aux sports? À quel(s) sport(s)? Comme joueur ou spectateur?
2. Quand vous étiez plus jeune, aviez-vous un héros ou une héroïne—quelqu'un que vous vouliez imiter? Qui était cette personne? Pourquoi l'admiriez-vous?
3. Quels sujets sont souvent à la base des disputes entre les parents et leurs enfants?

B. LE TITRE ET L'ILLUSTRATION—PRÉDISONS!

■ *Remember that answering these questions before you read the story will also help you. You will be surprised at how much specific information the title and illustration reveal about the story.*

1. D'après son titre, avez-vous l'impression que le conte est basé sur : a. un souvenir heureux; b. un souvenir satisfaisant; c. un mauvais souvenir?
2. Vous savez maintenant le sens du mot **feuille**. Selon le titre, où est la feuille? À votre avis, s'agit-il d'une vraie feuille—une feuille qui est tombée d'un arbre?
3. L'illustration à la page 68 dépeint une scène importante du conte. Regardez cette illustration. Qui voyez-vous? Où sont-ils? Que font-ils?
4. Quel âge ont ces personnes?
5. Remarquez-vous une différence entre les uniformes? Expliquez.
6. Selon vous, pourquoi est-ce qu'un des garçons porte un uniforme qui est différent des autres? Imaginez pourquoi ce garçon ne joue pas.
7. À votre avis, quel est le rôle de l'homme? Quelle est sa profession?
8. Associez l'illustration au titre.

Introduction au conte

Une abominable feuille d'érable sur la glace comes from a collection of short stories entitled *Les enfants du bonhomme dans la lune,* published in 1979. The stories are told from the perspective of a young boy growing up in rural Québec and are partly autobiographical. Although this collection is not overtly political, Roch Carrier's French-Canadian identity can be seen in many of the stories.

In the introduction to *Les enfants du bonhomme dans la lune,* Carrier explains how he came to choose the title for the book. When he was a small child just learning to read French, his teacher would write a letter of the alphabet on the board and have the children pronounce it dozens of times. She would then create amusing sentences containing many examples of words that used the same letter. One day she taught the children the letter "i." After the children chorused its pronunciation many times, the teacher added, *"i c'est le bruit que fait la souris grise qui rit en voyant la scie du bonhomme dans la lune qui scie du bois; i-i-i-i-i c'est le bruit de la scie et de la souris du bonhomme dans la lune."* That evening as little Roch examined the round shining moon from his window on a clear night, he immediately sighted the "man in the moon" with his mouse and saw. Listening closely, he also heard quite distinctly the noise of the saw, *i-i-i-i!* Later in life, faced with a manuscript that had as yet no title, he decided to call his book *Les enfants du bonhomme dans la lune.* He was, after all, writing about his childhood, and about a generation of children who still believed in the *bonhomme dans la lune.*

You will soon discover that the sport of hockey is at the center of the action of *Une abominable feuille d'érable sur la glace.* Ice hockey was developed in Canada around 1855. The first formal ice hockey rules were formulated at McGill University in Montréal in 1870. The Montréal team won the first Stanley Cup match in 1893. Although the first professional hockey team was formed at Houghton, Michigan, in 1903, the National Hockey League originated in Montréal in 1917. The Montréal Canadiens have been part of the NHL since that time. The Toronto Maple Leafs, from the English-speaking area of Canada, joined the NHL in 1942.

Over the years, the Toronto Maple Leafs and the Montréal Canadiens have been fierce rivals in the Stanley Cup finals several times. Each of these teams not only boasts of having some of the finest hockey players in the NHL, but also represents a separate and distinct part of its country—a country with a long history of division between its French and English identities. The Montréal Canadiens have won the Stanley Cup championship more often than any other professional hockey team, and because of the team's ties to the history and development of the sport, were proud to bring the Cup "home to Montréal" on the hundredth anniversary of the competition in 1993.

Maurice Richard of the Montréal Canadiens played on the first NHL All-Star Team in 1947. He ranks among the leading goal scorers in NHL history, with 544 regular season goals. His skating speed and fast shots earned him the nickname "Rocket." Born in Montréal, Richard played for the Montréal Canadiens from 1942 until 1960, helping his team win eight Stanley Cup championships.

⚐ VUE PANORAMIQUE

■ *Be sure to read the following questions before you begin the story. After you have read the story once for gist, check your overall understanding with the* **Vue panoramique** *questions.*

Maintenant, lisez les questions qui suivent. Réfléchissez-y pendant que vous lisez le conte pour la première fois. Vous répondrez à ces questions après avoir lu le conte.

1. Qui est le narrateur du conte? Quels autres personnages influencent l'action?
2. Où se passe l'action?
3. Des trois lieux où les garçons vivaient en hiver, leur favori était
   a. l'école.   b. l'église.   c. la patinoire.
4. De quel sport s'agit-il dans ce conte?
5. Qui est le héros des garçons?
6. Qu'est-ce qui cause un problème pour le narrateur?
7. Quel est le problème?
8. Quels autres renseignements pouvez-vous mentionner après votre première lecture du conte?

📖 Une abominable feuille d'érable sur la glace

1   LES HIVERS de mon enfance étaient des saisons longues, longues. Nous vivions en trois lieux : l'école, l'église et la patinoire; mais la vraie vie était sur la patinoire. Les vrais combats se gagnaient sur la patinoire. La vraie force apparaissait sur la patinoire. Les vrais chefs se manifestaient sur la patinoire. L'école
5   était une sorte de punition. Les parents ont toujours envie de punir les enfants

place / matchs
formuler / *As for*
dreamed
ici : dans

1 et l'école était leur façon la plus naturelle de nous punir. De plus, l'école était un endroit° tranquille où l'on pouvait préparer les prochaines parties° de hockey, dessiner° les prochaines stratégies. Quant à° l'église, nous trouvions là le repos de Dieu : on y oubliait l'école et l'on rêvait° à la prochaine partie de

5 hockey. À travers° nos rêveries, il nous arrivait de réciter une prière : c'était pour demander à Dieu de nous aider à jouer aussi bien que Maurice Richard. Tous, nous portions le même costume que lui, ce costume rouge, blanc, bleu des Canadiens de Montréal, la meilleure équipe de hockey au monde; tous, nous peignions nos cheveux à la manière de Maurice Richard et, pour les tenir

10 en place, nous utilisions une sorte de colle, beaucoup de colle. Nous lacions nos patins à la manière de Maurice Richard, nous mettions le ruban gommé[1]

hockey sticks

sur nos bâtons° à la manière de Maurice Richard. Nous découpions dans les journaux toutes ses photographies. Vraiment nous savions tout à son sujet.

whistle

Sur la glace, au coup de sifflet° de l'arbitre, les deux équipes s'élançaient

would grab

15 sur le disque de caoutchouc; nous étions cinq Maurice Richard contre cinq autres Maurice Richard à qui nous arrachions° le disque; nous étions dix joueurs qui portions, avec le même brûlant enthousiasme, l'uniforme des

sported

jersey

ici : petit / *full of holes*

Canadiens de Montréal. Tous nous arborions° au dos le très célèbre numéro 9.

Un jour, mon chandail° des Canadiens de Montréal était devenu trop

20 étroit;° puis il était déchiré ici et là, troué.° Ma mère me dit : «Avec ce vieux chandail, tu vas nous faire passer pour pauvres!» Elle fit ce qu'elle faisait chaque fois que nous avions besoin de vêtements. Elle commença de feuilleter le catalogue que la compagnie Eaton nous envoyait par la poste chaque année. Ma mère était fière.° Elle n'a jamais voulu nous habiller au magasin

proud

suit

25 général; seule pouvait nous convenir° la dernière mode du catalogue Eaton.[2] Ma mère n'aimait pas les formules de commande incluses dans le catalogue; elles étaient écrites en anglais et elle n'y comprenait rien. Pour commander mon chandail de hockey, elle fit ce qu'elle faisait d'habitude; elle prit son papier à lettres et elle écrivit de sa douce calligraphie d'institutrice° : «Cher Mon-

elementary school teacher

30 sieur Eaton, auriez-vous l'amabilité de m'envoyer un chandail de hockey des Canadiens pour mon garçon qui a dix ans et qui est un peu trop grand pour son âge, et que le docteur Robitaille trouve un peu trop maigre? Je vous envoie trois piastres° et retournez-moi le reste s'il en reste. J'espère que votre em-

dollars (Can.)

packaging

ballage° va être mieux fait que la dernière fois.»

---

1. **ruban gommé** : *Many hockey players tape the blade and/or grip of their hockey sticks in uniquely individualized ways. The tape helps to prevent the sticks from splitting.*
2. **seule... Eaton** : *Change the word order of the clause. What is the subject of* **pouvait convenir**? *(Eaton's is a well-known Toronto-based department store.)*

disappointments

1   Monsieur Eaton répondit rapidement à la lettre de ma mère. Deux semaines plus tard, nous recevions le chandail. Ce jour-là, j'eus l'une des plus
grandes déceptions° de ma vie! Je puis dire que j'ai, ce jour-là, connu une très
grande tristesse. Au lieu du chandail bleu, blanc, rouge des Canadiens de
5 Montréal, M. Eaton nous avait envoyé un chandail bleu et blanc, avec la feuille
d'érable au devant, le chandail des Maple Leafs de Toronto. J'avais toujours
porté le chandail bleu, blanc, rouge des Canadiens de Montréal; tous mes
amis portaient le chandail bleu, blanc, rouge; jamais, dans mon village,
quelqu'un n'avait porté le chandail de Toronto, jamais on n'y avait vu un
10 chandail des Maple Leafs de Toronto. De plus, l'équipe de Toronto se faisait
terrasser régulièrement par les triomphants Canadiens. Les larmes aux yeux, je
trouvai assez de force pour dire :

    —J'porterai jamais cet uniforme-là.

    —Mon garçon, tu vas d'abord l'essayer! Si tu te fais une idée sur les choses
15 avant de les essayer, mon garçon, tu n'iras pas loin dans la vie...

pulled down

slipped
flatten (plat = *flat*) /
   wrinkles
chest

    Ma mère m'avait enfoncé° sur les épaules le chandail bleu et blanc des
Maple Leafs de Toronto et déjà, j'avais les bras enfilés° dans les manches. Elle
tira le chandail sur moi et s'appliqua à aplatir° tous les plis° de cette abominable feuille d'érable sur laquelle, en pleine poitrine,° étaient écrits les mots
20 Toronto Maple Leafs. Je pleurais.

LE VICAIRE
(L'ARBITRE)

LA PATINOIRE

1   —J'pourrai jamais porter ça.

—Pourquoi? Ce chandail-là te va bien... Comme un gant...

—Maurice Richard se mettrait jamais ça sur le dos...

—T'es pas Maurice Richard. Puis, c'est pas ce qu'on se met sur le dos qui

5   compte, c'est ce qu'on se met dans la tête.

—Vous me mettrez pas dans la tête de porter le chandail des Maple Leafs

de Toronto.

Ma mère eut un gros soupir° désespéré et elle m'expliqua :

sigh

—Si tu gardes pas ce chandail qui te fait bien, il va falloir que j'écrive à M.

10   Eaton pour lui expliquer que tu veux pas porter le chandail de Toronto. M.

Eaton, c'est un Anglais; il va être insulté parce que lui, il aime les Maple Leafs

de Toronto. S'il est insulté, penses-tu qu'il va nous répondre très vite? Le prin-

temps va arriver et tu auras pas joué une seule partie parce que tu auras pas

voulu porter le beau chandail que tu as sur le dos.

15   Je fus donc obligé de porter le chandail des Maple Leafs. Quand j'arrivai à la

patinoire avec ce chandail, tous les Maurice Richard en bleu, blanc, rouge s'ap-

prochèrent un à un pour regarder ça. Au coup de sifflet de l'arbitre, je partis

prendre mon poste habituel. Le chef d'équipe vint me prévenir° que je ferais

informer

plutôt partie de la deuxième ligne d'attaque. Quelques minutes plus tard, la

20   deuxième ligne fut appelée; je sautai sur la glace. Le chandail des Maple Leafs

pesait sur mes épaules comme une montagne. Le chef d'équipe vint me dire

d'attendre; il aurait besoin de moi à la défense, plus tard. À la troisième pé-

riode, je n'avais pas encore joué; un des joueurs de défense reçut un coup de

bâton sur le nez, il saignait;° je sautai sur la glace : mon heure était venue!

was bleeding

25   L'arbitre siffla; il m'infligea une punition. Il prétendait° que j'avais sauté sur la

(FA) claimed

glace quand il y avait encore cinq joueurs. C'en était trop! C'était trop injuste!

C'était de la persécution! C'est à cause de mon chandail bleu! Je frappai

mon bâton sur la glace si fort qu'il se brisa.° Soulagé,° je me penchai° pour ra-

s'est cassé / Feeling
better / leaned
over

masser les débris. Me relevant, je vis le jeune vicaire, en patins, devant moi :

30   —Mon enfant, ce n'est pas parce que tu as un petit chandail neuf des

Maple Leafs de Toronto, au contraire des autres, que tu vas nous faire la loi.

Un bon jeune homme ne se met pas en colère. Enlève tes patins et va à l'église

demander pardon à Dieu.

Avec mon chandail des Maple Leafs de Toronto, je me rendis° à l'église, je

je suis allé

35   priai Dieu; je lui demandai qu'il envoie au plus vite des mites° qui viendraient

moths

dévorer mon chandail des Maple Leafs de Toronto.

***

■ *Maintenant que vous avez lu le conte, retournez à la section* **Vue panoramique** *et répon-*
dez aux questions.

☌ Compréhension et discussion

A. vrai / faux

En vous basant sur le texte, décidez si les phrases suivantes sont vraies ou fausses. Corrigez les phrases fausses. Ne vous contentez pas d'utiliser ou de supprimer les mots négatifs. Les phrases suivent l'ordre des événements du conte.

1. En hiver, les jeunes garçons du conte aimaient jouer au hockey.
2. Le lieu préféré des enfants était l'école.
3. Les garçons portaient tous le même costume, l'uniforme des Canadiens de Toronto.
4. Quand les garçons jouaient au hockey, leur arbitre était Maurice Richard.
5. Un jour, la mère du narrateur a découvert que le chandail de son fils était trop étroit.
6. Elle est allée en ville lui acheter un chandail neuf au magasin Eaton.
7. Le chandail neuf avait un bâton de hockey sur le devant.
8. Le garçon ne voulait pas porter son chandail neuf parce qu'un de ses amis avait le même chandail.
9. Sa mère a essayé de le convaincre d'abandonner le hockey.
10. Quand le garçon est arrivé au match de hockey suivant, il portait le chandail des Maple Leafs de Toronto.
11. Pendant la partie, le garçon a reçu un coup de bâton sur le nez, et il s'est mis en colère.
12. Le garçon, furieux, a frappé son bâton très fort et l'a brisé.
13. Comme punition, le vicaire l'a envoyé à l'église demander pardon à Dieu.
14. À l'église, le garçon a demandé à Dieu de lui envoyer Maurice Richard, qui l'aiderait à jouer au hockey mieux que ses amis.

B. questions de compréhension

■ *Do you need to reread the story before answering the following questions? The* **Vrai / Faux** *exercise has provided you with an outline of the main events, but the questions which follow will require a more in-depth comprehension.*

Écrivez en français les réponses aux questions suivantes. Formulez vos propres réponses. Ne copiez pas les phrases du texte. Les questions suivent l'ordre des événements du conte. Le petit lexique qui suit vous aidera à formuler vos réponses.

Petit lexique

au devant *on the front*
bâton *m. ici: hockey stick*
chandail *m. jersey*
coup *m. blow*
déchiré *torn*
équipe *f. team*
faire la loi *to make the rules*

frapper *to strike, hit*
lacer *to tie, lace up*
penser à *to think about*
permettre *to allow*
persécuter *to persecute*
prier à *to pray to*

rêver à *to dream about*
saigner *to bleed*
se mettre en colère
    to become angry
taille *f. size*
troué *tattered, full of holes*

1. Le narrateur écrit qu'en hiver, pendant son enfance, ses amis et lui vivaient en trois lieux : l'école, l'église et la patinoire. Comment a-t-il décrit ces trois lieux? Quel rapport y avait-il entre les trois?
2. Qui était le héros des garçons? Comment imitaient-ils ce héros?
3. Pourquoi la mère du narrateur a-t-elle acheté un chandail neuf pour son fils? Où l'a-t-elle trouvé?
4. Pourquoi sa mère n'aimait-elle pas les formules de commande dans le catalogue? Qu'est-ce qu'elle a fait pour commander le chandail?
5. Dans la lettre que la mère a écrite, quels renseignements importants manquaient? Quels renseignements n'étaient pas nécessaires?
6. Pourquoi le garçon a-t-il été déçu et triste quand son chandail neuf est arrivé?
7. Deux équipes de hockey professionnelles sont mentionnées dans ce conte. Lesquelles? Quelles différences y avait-il entre leurs uniformes? Quelle équipe les garçons préféraient-ils?
8. Pourquoi le garçon et sa mère se sont-ils disputés au sujet du chandail neuf?
9. Pourquoi la mère n'a-t-elle pas voulu rendre le chandail neuf à la compagnie Eaton?
10. Quand le garçon, portant son chandail neuf, est arrivé à la partie de hockey suivante, comment les autres joueurs ont-ils réagi? Et le chef d'équipe? Pourquoi?
11. Pourquoi le garçon a-t-il sauté sur la glace pendant la troisième période? Pourquoi l'arbitre l'a-t-il puni?
12. Pourquoi le garçon a-t-il trouvé cette punition injuste? Comment a-t-il montré sa colère?
13. Qu'est-ce que le jeune vicaire a demandé au garçon de faire? Comment le vicaire a-t-il justifié la punition? Que pensez-vous de son explication?
14. Quand le garçon est allé à l'église, qu'est-ce qu'il a demandé à Dieu de faire?

C. RÉACTIONS ORALES OU ÉCRITES

Synthèse du texte

1. Le hockey joue un rôle central dans le conte. Dressez une liste de tous les mots dans le conte qui font partie du vocabulaire lié au hockey. Ensuite, essayez de donner une définition en français de chaque mot.
2. Le narrateur du conte est un jeune garçon de dix ans. Pensez-vous que ses actions et ses attitudes soient typiques des garçons de son âge? Basez votre réponse sur le conte et justifiez votre opinion.
3. Trouvez dans le conte les indications que la logique d'une mère ne correspond pas toujours à celle de son enfant. Pensez-vous que les actions et les paroles de la mère du narrateur soient typiques des mères en général? Expliquez votre réponse.
4. Le garçon se sent persécuté à cause de son chandail bleu. Selon vous, a-t-il raison? Justifiez votre réponse.
5. Il est évident dans le conte que l'auteur préfère le Canada français au Canada anglais. Cherchez tout ce qui renforce cette préférence et expliquez ce que vous trouvez.

Réaction personnelle

1. Le narrateur a dit que pendant son enfance, les trois lieux les plus importants pour ses amis et lui étaient l'école, l'église et la patinoire. Pendant votre enfance, quels étaient les trois lieux les plus importants pour vous? Pourquoi? Lequel était le plus important des trois? Pourquoi?

2. Ceux qui travaillent avec les jeunes disent qu'il est très important pour les jeunes d'être membres d'un groupe. À votre avis, ont-ils raison? Pourquoi ou pourquoi pas? Comment le groupe peut-il influencer les actions de l'individu?

3. Le conflit des générations a-t-il déjà causé des problèmes dans votre vie ou dans celle d'un(e) de vos ami(e)s? Précisez.

4. Quand vous étiez plus jeune, qui étaient vos meilleurs amis? Que faisiez-vous d'habitude ensemble? Avez-vous jamais eu une expérience comme celle du narrateur—un incident où vos amis vous ont rejeté(e) parce que vous n'aviez pas fait comme eux? Si oui, expliquez. Comment cet incident vous a-t-il influencé(e)? (*Système-D:* **Grammar:** compound past tense *passé composé*, imperfect tense *imparfait*; **Phrases:** describing the past; talking about habitual actions; **Vocabulary:** upbringing)

5. Est-ce que les jeunes d'aujourd'hui ont des héros? Si oui, qui sont leurs héros et pourquoi sont-ils admirés? Sinon, pourquoi pas? Est-ce que les héros d'hier et d'aujourd'hui diffèrent? À votre avis, pourquoi?

6. Avec des camarades de classe, préparez la scène entre la mère et le garçon du conte—la scène où la mère essaie de convaincre son fils de porter le chandail neuf.

   a. La première fois, jouez la scène selon le texte.

   b. La deuxième fois, jouez la scène comme vous l'imaginez si une situation semblable existait entre vous et votre mère.

Chapter 6

L'autre femme

Colette *(1873–1954)*

When Colette died in 1954 at the age of eighty-one, she was a national celebrity. The French government accorded her the rare honor of a state funeral, and her public filed past her coffin for two days following the ceremony. On a plaque affixed to her apartment in the heart of the city, the city of Paris had the following words inscribed: "Here lived, here died, Colette, whose work is a window wide-open on life." The people of France felt a personal bereavement for this woman, whom they referred to as *notre grande Colette.*

Sidonie Gabrielle Colette was born January 28, 1873, in the village of Saint-Sauveur-en-Puisaye. Her childhood was extremely happy, with loving parents whom she adored. Nature played a principal role in the life of the young Colette. Her mother, Sido, whom Colette considered the most important person in her life, knew and loved the woods with its plants, flowers, and animals, and transmitted to her daughter a sensitivity to them and to their beauty. Colette's passion for all forms of life remained with her and was an integral part of her writing in the years that followed. Family pets were accepted as members of Colette's household, just as they had been in the home of her parents. As a young girl, Colette read voraciously, but gave no indication of ever wanting to write.

Colette's childhood paradise was lost when financial difficulties forced the sale of family possessions at a public auction, followed by a move to the nearby town of Châtillon-Coligny. It was here that Colette met Henry Gauthier Villars. At eighteen, Colette was pretty, yet tomboyish, with flashing eyes and two incredibly long braids. She was also precocious, clever, and desperately anxious to fall in love. Villars, thirty-two, was a distinguished Parisian writer and man-about-town. A brilliant conversationalist, he charmed Colette's provincial family. Under the pseudonym Willy, he wrote music criticism, gossip columns, scientific studies, serious historical works, and light libertine novels. In 1893, Colette and Willy married and went to live in Paris in Willy's dark and gloomy bachelor apartment on the Left Bank. Colette realized quickly that the marriage was a mistake. She discovered that beneath his veneer of charm, Willy was vain, egotistical, and an unprincipled self-promoter hungry for celebrity. Feeling betrayed by her husband's womanizing, Colette regarded the years she spent with him as a time of loneliness and despair.

Upon one of the many occasions when funds were low, Willy suggested to his wife that she write down some of her memories of her schooldays. The thought of writing about Saint-Sauveur and reliving those happy days appealed to her. When the work was finished, she presented it to Willy. In 1900, *Claudine à l'école* appeared under Willy's name. The book was enormously successful. The character of Claudine enjoyed the popularity of today's film stars, and Willy's reputation thrived. In the next three years, literally forced by her husband to continue writing, Colette produced three more Claudine novels. All were signed by Willy, although by this time the literary world was aware that Colette was the real author. In spite of the fact that Willy was an excellent writing master, much of his own literary output was the work of ghostwriters.

In 1904, Colette published *Dialogue de bêtes* under her name, Colette Willy. Two years later she left Willy and settled for the first time in her own apartment, with her dog and cat. After her divorce from Willy, Colette appeared on the Paris stage as a mime, traveled all over France with a theatrical touring company, and at the same time continued to publish a book a year. She was now becoming a well-known figure in Paris literary and theatrical life. Her sexual tastes created an aura of scandal in her own time. Colette matter-of-factly accepted her intimate relationships with both men and women as part of her life. She refused to judge or deny herself or others on the basis of preconceived morality.

Colette began contributing regularly to *Le Matin*, one of the influential Paris newspapers of the period. She was a reporter and later literary editor at a time when the profession was dominated by men. In 1912, she married the handsome, gallant, and intelligent Henry de Jouvenel, editor of *Le Matin*. Their daughter Colette, called *Belgazou* in her mother's writings, was born in 1913. This marriage was also doomed to failure.

In 1925, Colette met Maurice Goudeket, seventeen years her junior. He was her lover for ten years, her husband for nineteen, and her perfect companion, her *meilleur ami*, for the rest of her life. During this period Colette wrote magazine articles on food and fashion, opened a beauty salon in Paris, and spent five years (1933–1938) as a drama critic. During World War II she broadcast to America and wrote a weekly column about the occupation of France. Her articles, a unique chronicle of the war years in Paris, provided encouragement to the battered morale of the French people. During these troubled times, Colette also wrote one of her most lighthearted books, *Gigi*, which was later to become an Oscar-winning movie and a hit musical on Broadway.

Colette's final years were spent in constant pain. She was confined to a wheelchair, suffering acutely from arthritis. In spite of her infirmity she continued to write, always preoccupied with life and love, never with death—not even her own. Even as a sick old woman, practically paralyzed, she retained her endless desire to taste life to the fullest. Nearing death, her gaze locked upon the violent beauty of a thunderstorm outside her window, she spoke her last words to her husband: *Regarde, Maurice! Regarde!*

📖 Préparation à la lecture

Nouveau vocabulaire? Utilisez vos stratégies.

A. mots apparentés   Il est possible que le nouveau mot soit un mot apparenté. Voici quelques mots apparentés tirés de *L'autre femme*. Pour montrer que vous les comprenez, utilisez chaque mot dans une phrase.

l'armoire *f.*	l'incompatibilité *f.*
dubitative	l'indulgence *f.*
la félicité	interroger
furtive	la lassitude
immodeste	le visage
incandescent	

■ *Ne confondez pas le nom **incompatibilité** et l'adjectif **incompatible**.*

B. familles de mots   Est-ce qu'un des nouveaux mots de *L'autre femme* appartient à une famille de mots? Étudiez les mots en caractères gras dans les phrases suivantes. Dans chaque mot, soulignez la partie que vous connaissez déjà. Essayez ensuite de déterminer la signification du nouveau mot dans chaque phrase.

1. Il contempla la mer **décolorée** de midi, le ciel presque blanc...

   Tuyau : Le préfixe **dé-** veut dire souvent *removed from*.
   ◆ **même famille :** la coloration, colorier, tricolore

2. Alice riait parfois trop haut, et Marc (s'occupait de son apparence), **élargissant** les épaules...
   ◆ **même famille :** largement, la largesse, la largeur

3. Alice **s'éventait** avec irritation, et jetait de brefs regards sur la femme en blanc...
   ◆ **même famille :** ventiler, le vent, la ventilation, venteux

C. lisez et réfléchissez!   Est-ce que le contexte de la phrase vous aide? Essayez de déterminer le sens des mots en caractères gras en vous servant du contexte de la phrase entière.

1. (Au restaurant) ...il y a encore une table contre la **baie** si madame et monsieur veulent profiter de la vue.

   Tuyau : Dans un restaurant, où est-ce qu'on s'assoit pour profiter de la vue? Est-ce que l'orthographe (*spelling*) ou le son (*sound*) du nouveau mot vous aide?

2. (Alice veut s'asseoir contre la baie, mais Marc) fit «ch...tt» tout bas, en la regardant fixement, et l'**entraîna** vers la table du milieu.

   Tuyau : Est-ce que Marc veut s'asseoir où Alice veut s'asseoir? Que doit-il faire pour qu'Alice aille à l'autre table?

→

3. Alice... **lança** dans leur ordre logique les questions inévitables.

> **Tuyau :** Soyez logique! Le complément *(direct object)* de **lança** est **questions inévitables.**

4. ...elle rougit de plaisir... elle **vouait** à son mari une gratitude éclatante.

> **Tuyau :** Est-ce que le sujet de la phrase (**elle**) est triste ou contente? Quel est le complément d'objet direct du verbe inconnu?

5. Il **souffla** de la fumée par les narines *(nostrils)*.

> **Tuyau :** Vous connaissez le verbe **fumer.** Que veut dire le nom **fumée?** Que fait le sujet de la phrase?

D. VOCABULAIRE—FACILITEZ VOTRE COMPRÉHENSION! Étudiez les expressions et mots suivants, tirés de *L'autre femme*, avant de lire le conte.

VERBES

chuchoter	to whisper
(ch...tt!)	(sh!)
empêcher	to prevent
gaspiller	to waste, squander
gêner	to bother, annoy
profiter de	to take advantage of
vouloir bien	to be willing

ADJECTIFS

coupable	guilty, culpable
fier (fière)	proud, haughty
surmené	overworked, overtired

EXPRESSIONS

avoir bonne (mauvaise) mine	to look well (ill)
bien (mal) élevé	well- (ill-) bred; well- (ill-) mannered
froncer les sourcils	to frown
hausser les épaules	to shrug one's shoulders
mettre le couvert	to set the table
(le couvert)	(place setting)
Qu'est-ce que tu as?	What's the matter (with you)?
Qu'est-ce qu'il y a?	What's the matter?

EXERCICE Vérifiez votre compréhension. Lisez les phrases suivantes. Complétez chacune des phrases avec un mot ou une expression de la liste précédente. N'oubliez pas de faire les changements nécessaires.

1. Le juge a trouvé le criminel _____ du vol de 2 000 francs (334 euros).

2. M. Boucton a un patron très sévère qui le force à travailler douze heures par jour. Le pauvre M. Boucton est vraiment _____.

3. Nicole essaie de faire ses devoirs dans la salle de séjour. Ses frères regardent la télé et jouent aux cartes. Tout ce bruit la _____ beaucoup.

4. Le dîner est prêt. Mme Desjardins a préparé l'omelette, et sa fille _____ dans la salle à manger.

5. Après une année difficile à l'université, Monique est partie en vacances. Elle s'est reposée pendant deux semaines et se sent beaucoup mieux. Maintenant elle _____.

6. J'aurais dû étudier pour l'examen, mais j' _____ mon temps à regarder une émission stupide à la télé.

7. Ces enfants n'obéissent jamais à leurs parents. Ils se battent souvent et refusent de se coucher à l'heure. Ils sont _____.

8. Elle n'a pas réussi à ce cours. Ses mauvaises notes l' _____ d'obtenir son diplôme.

9. Mme Thierry montre des photos de ses enfants à tout le monde. Elle est très _____ de leurs accomplissements.

10. Jérôme n'a pas compris la leçon. Au lieu de répondre aux questions de son professeur, il _____.

Établissons les faits!

A. EXPÉRIENCE PERSONNELLE

1. Êtes-vous pour ou contre le mariage? Expliquez votre réponse.
2. Le divorce, êtes-vous pour ou contre? Commentez.
3. Quelle serait votre réaction si vous rencontriez pour la première fois l'ancienne *(former)* femme (ou l'ex-mari) de votre époux (épouse)?

B. LE TITRE ET L'ILLUSTRATION—PRÉDISONS! Examinez l'illustration à la page 79 et répondez aux questions suivantes.

1. Où a lieu cette scène?
2. Trouvez les deux personnages principaux. Utilisez votre imagination et parlez d'eux.
3. Selon vous, à quelle époque se passe cette scène? En 1900? En 2000? Expliquez.
4. Pensez au titre. Il y a plusieurs femmes dans l'illustration. Laquelle est «l'autre femme», selon vous?
5. À votre avis, quel est le thème du conte?

Introduction au conte

L'autre femme est un des contes de la collection *La femme cachée*. Quoique Colette n'ait pas écrit un grand nombre de contes, ses talents littéraires s'adaptent bien à ce genre. Ses contes sont courts. L'intrigue est simple. L'auteur choisit un seul incident, le situe dans un cadre limité et introduit deux ou trois personnages. Ensuite cette grande observatrice peint avec finesse et subtilité le caractère de ces protagonistes. Colette est extrêmement sensible à la psychologie féminine, et son génie se manifeste surtout dans son traitement des femmes et de l'amour.

Son style est concis, mais Colette accorde une énorme importance à certains détails. Il n'y a rien de superflu. Chaque mot, chaque geste, chaque moment de silence même a son importance et mérite attention. Très adroitement, l'auteur amène le lecteur à une conclusion, ou parfois, comme dans *L'autre femme,* le laisse libre de choisir sa propre conclusion.

VUE PANORAMIQUE

Lisez le conte pour la première fois sans vous servir du dictionnaire. Ensuite, répondez brièvement aux questions suivantes.

1. Comment s'appellent les deux personnages principaux?
2. Où l'action du conte a-t-elle lieu?
3. Qui est «l'autre femme» dans le conte? Parle-t-elle aux autres personnages?
4. Quels adjectifs choisiriez-vous pour décrire les réactions des deux protagonistes à la présence de l'autre femme?
5. Comparez les sentiments des deux protagonistes au début et à la fin du conte.
6. Quels autres détails pouvez-vous mentionner après votre première lecture?

L'autre femme

1   DEUX couverts? Par ici, monsieur et madame, il y a encore une table contre la baie, si madame et monsieur veulent profiter de la vue.

     Alice suivit le maître d'hôtel.

     —Oh! oui, viens, Marc, on aura l'air de déjeuner sur la mer dans un
5 bateau...

     Son mari la retint° d'un bras passé sous le sien.[1]

     —Nous serons mieux là.

     —Là? Au milieu de tout ce monde?° J'aime bien mieux...

     —Je t'en prie,° Alice.

10   Il resserra son étreinte° d'une manière tellement significative qu'elle se retourna;°

     —Qu'est-ce que tu as?

(glosses in left margin)

l'a arrêtée

crowd
ici : S'il te plaît
tightened his grip
turned around

---

1. **le sien** : pronom possessif qui remplace **son bras**

1   Il fit «ch...tt» tout bas, en la regardant fixement, et l'entraîna vers la table du milieu.

   —Qu'est-ce qu'il y a, Marc?

   —Je vais te dire, chérie. Laisse-moi commander le déjeuner. Veux-tu des
shrimp 5 crevettes?° ou des œufs en gelée?[2]

   —Ce que tu voudras, tu sais bien.

   Ils se sourirent, gaspillant les précieux moments d'un maître d'hôtel sur-
was perspiring   mené, atteint d'une sorte de danse nerveuse,[3] qui transpirait° près d'eux.

   —Les crevettes, commanda Marc.[4] Et puis les œufs bacon. Et du poulet
10 froid avec une salade de romaine. Fromage à la crème?[5] Spécialité de la maison? Va pour la spécialité. Deux très bons cafés. Qu'on fasse déjeuner mon
chauffeur,[6] nous repartons à deux heures. Du cidre? Je me méfie[7]... Du champagne sec.

---

2. **œufs en gelée** : *(eggs in aspic) An entrée served before the main course, this typically
French dish consists of hard-boiled eggs served in an unflavored gelatin mold.*
3. **atteint... nerveuse** : Le maître d'hôtel, fatigué et nerveux, attend leur décision impatiemment.
4. Dans ce paragraphe, le maître d'hôtel et Marc se parlent. Les questions de Marc sont
ses réactions aux suggestions du maître d'hôtel.
5. **fromage à la crème** : *This is a whipped, white, creamy cheese served after the meal. Because it is generally very bland, the restaurant has probably added chives or spices to it to
make it a* **spécialité.**
6. **Qu'on... chauffeur** : Marc demande que quelqu'un s'occupe du repas de son chauffeur, qui ne déjeune pas avec eux.
7. **Je me méfie** : *French cider is alcoholic (hard cider). Because of its continuing fermentation,
and its sometimes unsettling effect on the stomach, Marc is wary of ordering it. What is known
as cider in the United States is called* **jus de pomme** *in France.*

sighed / changé de place	1 Il soupira° comme s'il avait déménagé° une armoire, contempla la mer décolorée de midi, le ciel presque blanc, puis sa femme qu'il trouva jolie sous un
chapeau plat / *hanging veil*	petit chapeau de Mercure° à grand voile pendant.°
imagine!	—Tu as bonne mine, chérie. Et tout ce bleu de mer te fait les yeux verts, 5 figure-toi!° Et puis tu engraisses, en voyage... C'est agréable, à un point, mais à un point!...
avec vanité / ici : poitrine (*bosom*) / *leaning*	Elle tendit orgueilleusement° sa gorge° ronde, en se penchant° au-dessus de la table : —Pourquoi m'as-tu empêchée de prendre cette place contre la baie?
n'a pas pensé	10 Marc Séguy ne songea pas° à mentir. —Parce que tu allais t'asseoir à côté de quelqu'un que je connais. —Et que je ne connais pas? —Mon ex-femme. Elle ne trouva pas un mot à dire et ouvrit plus grands ses yeux bleus.
	15 —Quoi donc, chérie? Ça arrivera encore. C'est sans importance.
capacité de parler	Alice, retrouvant la parole,° lança dans leur ordre logique les questions inévitables : —Elle t'a vu? Elle a vu que tu l'avais vue? Montre-la moi. —Ne te retourne pas tout de suite, je t'en prie, elle doit nous surveiller... Une
sans chapeau	20 dame brune, tête nue,° elle doit[8] habiter cet hôtel... Toute seule, derrière ces enfants en rouge... —Oui. Je vois.
Screened / *wide-brimmed*	Abritée° derrière des chapeaux de plage à grandes ailes,° Alice put regarder celle qui était encore, quinze mois auparavant,° la femme de son mari. «In-
avant	25 compatibilité», lui racontait Marc. «Oh! mais là... incompatibilité totale! Nous
comme des	avons divorcé en° gens bien élevés, presque en amis, tranquillement, rapidement. Et je me suis mis à t'aimer, et tu as bien voulu être heureuse avec moi. Quelle chance qu'il n'y ait, dans notre bonheur, ni coupables, ni victimes!»
ici : coiffée / ici : *straight*	La femme en blanc, casquée° de cheveux plats° et lustrés où la lumière de
brillait / ici : *highlights*	30 la mer miroitait° en plaques° d'azur, fumait une cigarette en fermant à demi
sedately	les yeux. Alice se retourna vers son mari, prit des crevettes et du beurre, mangea posément.° Au bout d'un moment de silence : —Pourquoi ne m'avais-tu jamais dit qu'elle avait aussi les yeux bleus? —Mais je n'y ai pas pensé!
kissed / *basket*	35 Il baisa° la main qu'elle étendait vers la corbeille° à pain et elle rougit de plaisir.
pas raffinée (*earthy*)	Brune et grasse, on l'eût trouvée[9] un peu bestiale,° mais le bleu changeant de ses

---

8. **doit** : Il est probable qu'elle habite...
9. **brune... trouvée** : Si elle avait été brune et grasse, on l'aurait trouvée...

wavy

ici : *profonde*

1 yeux, et ses cheveux d'or ondés,° la déguisaient en blonde frêle et sentimentale. Elle vouait à son mari une gratitude éclatante.° Immodeste sans le savoir, elle portait sur toute sa personne les marques trop visibles d'une extrême félicité.

Ils mangèrent et burent de bon appétit, et chacun d'eux crut que l'autre
5 oubliait la femme en blanc. Pourtant, Alice riait parfois trop haut, et Marc

s'occupait de son apparence physique / sitting up straight

soignait sa silhouette,° élargissant les épaules et redressant la nuque.° Ils attendirent le café assez longtemps, en silence. Une rivière incandescente, reflet étiré du soleil haut et invisible, se déplaçait lentement sur la mer, et brillait d'un feu insoutenable.[10]

10 —Elle est toujours là, tu sais, chuchota brusquement Alice.

—Elle te gêne? Tu veux prendre le café ailleurs?

—Mais pas du tout! C'est plutôt elle qui devrait être gênée! D'ailleurs, elle

ici : *beaucoup*

n'a pas l'air de s'amuser follement,° si tu la voyais...

—Pas besoin. Je lui connais cet air-là.

style

15 —Ah! oui, c'était son genre?°

Il souffla de la fumée par les narines et fronça les sourcils :

—Un genre... Non. À te parler franchement, elle n'était pas heureuse avec moi.

—Ça, par exemple!...

delightful

20 —Tu es d'une indulgence délicieuse,° chérie, une indulgence folle... Tu es un amour, toi... Tu m'aimes... Je suis si fier, quand je te vois ces yeux... oui, ces yeux-là... Elle... Je n'ai sans doute pas su la rendre heureuse. Voilà, je n'ai pas su.

—Elle est difficile!

fanned herself
cane (chair) back

Alice s'éventait° avec irritation, et jetait de brefs regards sur la femme en
25 blanc qui fumait, la tête appuyée au dossier de rotin,° et fermait les yeux avec un air de lassitude satisfaite.

Marc haussa les épaules modestement :

admitted / pity

—C'est le mot, avoua°-t-il. Que veux-tu? Il faut plaindre° ceux qui ne sont jamais contents. Nous, nous sommes si contents... N'est-ce pas, chérie?

30 Elle ne répondit pas. Elle donnait une attention furtive au visage de son mari,

ruddy / thick / ici : streaked

coloré,° régulier, à ses cheveux drus,° faufilés° çà et là de soie blanche, à ses mains courtes et soignées. Dubitative pour la première fois, elle s'interrogea :

«Qu'est-ce qu'elle voulait donc de mieux, elle?»

s'informait

Et jusqu'au départ, pendant que Marc payait l'addition, s'enquérait° du
35 chauffeur, de la route, elle ne cessa plus de regarder avec une curiosité envieuse la dame en blanc, cette mécontente, cette difficile, cette supérieure...

---

10. **Une... insoutenable** : (phrase descriptive) N'oubliez pas que le restaurant est près de la mer. Le reflet du soleil formait une lumière brillante sur l'eau.

COMPRÉHENSION ET DISCUSSION

A. VRAI / FAUX

En vous basant sur le texte, indiquez si les phrases suivantes sont vraies ou fausses. Corrigez les phrases fausses. Ne vous contentez pas d'utiliser ou de supprimer les mots négatifs.

1. Le maître d'hôtel veut placer Marc et Alice à une table au milieu du restaurant.
2. Alice veut s'asseoir à la table suggérée par le maître d'hôtel.
3. Alice ne comprend pas pourquoi Marc semble nerveux.
4. Marc commande des crevettes et Alice commande du porc.
5. Alice veut savoir pourquoi ils ne se sont pas assis à la table contre la baie.
6. Marc explique que la vue n'est pas bonne.
7. Alice a de la difficulté à ne pas regarder l'ex-femme de Marc.
8. L'ex-femme de Marc a les cheveux blonds et porte un petit chapeau.
9. Marc et sa première femme ont divorcé pour cause d'incompatibilité.
10. Le divorce a été long et difficile.
11. La présence de l'autre femme amuse Alice.
12. Marc avoue qu'il n'était pas heureux avec sa première femme.
13. Marc pense qu'Alice et lui sont très contents ensemble.
14. À la fin du conte, Alice regarde l'autre femme. Elle la trouve supérieure.

B. RÉSUMÉ

Faites un résumé du conte en finissant les phrases suivantes.

1. Marc et Alice arrivent...
2. Le maître d'hôtel suggère...
3. Marc retient Alice et l'entraîne...
4. Marc et Alice gaspillent...
5. Marc commande...
6. Marc explique à Alice qu'elle allait s'asseoir...
7. Alice veut retourner pour...
8. Marc et sa première femme ont divorcé...
9. Pendant le déjeuner Marc... et Alice...
10. Marc pense qu'Alice est gênée et offre...
11. Alice dit que l'ex-femme n'a pas l'air de...
12. Marc avoue qu'il n'a pas su...
13. Quand Marc demande à Alice s'ils sont contents, Alice...
14. Pendant que Marc paie l'addition, Alice...

C. QUESTIONS DE COMPRÉHENSION

Écrivez en français les réponses aux questions suivantes. Formulez vos propres réponses. Ne copiez pas les phrases du texte. N'oubliez pas de consulter le vocabulaire à la page 76. Le petit lexique qui suit vous aidera à formuler vos réponses.

Petit lexique

avoir l'air + *adj.* *to look,*
  seem + adj.
bondé *crowded*
curieux *curious*
domestique *m./f. servant*
dubitatif *doubtful*
engraisser *to gain weight*
exigeant *demanding*

jaloux *jealous*
occupé *busy*
perplexe *confused, uncertain*
rejeter *to reject*
rendre heureux *to make happy*
rire trop haut *to laugh too*
  loudly
s'amuser *to have a good time*

se méfier de *to be wary,*
  suspicious of
se mélanger *to mix*
se préoccuper de *to be*
  concerned, worried about
surpris *surprised*
tomber malade *to get sick*
transpirer *to sweat*

1. Quelle table le maître d'hôtel offre-t-il à Marc et à Alice? Pourquoi?
2. Où Marc entraîne-t-il Alice? Quelle est la réaction d'Alice?
3. Décrivez le maître d'hôtel. Pourquoi est-il nerveux?
4. Pourquoi le chauffeur ne déjeune-t-il pas avec Marc et Alice? Où pensez-vous qu'il déjeune?
5. Pourquoi Marc ne commande-t-il pas de cidre?
6. Qu'est-ce que Marc pense d'Alice?
7. Comment Alice réagit-elle quand elle découvre que l'autre femme est dans ce restaurant? Soyez précis(e).
8. Où est l'autre femme? Avec qui est-elle? Qu'est-ce qu'elle fait?
9. Comment et pourquoi Marc et sa première femme ont-ils divorcé?
10. Selon vous, pourquoi semble-t-il important à Alice que l'autre femme ait les yeux bleus?
11. Comment savez-vous que Marc et Alice pensent à l'autre femme pendant le repas?
12. Comment l'auteur nous révèle-t-elle qu'à ce point Alice est très heureuse avec Marc?
13. Pourquoi Marc offre-t-il à Alice de prendre le café ailleurs? Comment réagit-elle à cette suggestion?
14. Finalement, qu'est-ce que Marc avoue au sujet de son rapport avec sa première femme?
15. Pourquoi Alice ne répond-elle pas quand Marc lui demande s'ils sont contents?
16. À la fin du conte, Alice regarde l'autre femme et la trouve «mécontente, difficile et supérieure». Selon vous, qu'est-ce qu'Alice veut dire?

D. RÉACTIONS ORALES OU ÉCRITES

Synthèse du texte

1. Qu'est-ce que Colette nous dit de ces trois personnages? Ne considérez pas ce qui est suggéré ou implicite. Quels sont les faits que vous savez sur...
   a. Alice?
   b. Marc?
   c. l'autre femme?

→

2. Pendant ce déjeuner au restaurant, un changement a eu lieu dans l'attitude d'Alice envers Marc et envers leur mariage. Quel changement a eu lieu? À quel moment? Pourquoi? (Pensez à l'attitude d'Alice au début, au milieu et à la fin du conte.) Justifiez votre réponse.

3. Colette nous révèle le caractère et la personnalité de ses personnages à travers leurs gestes, leurs conversations et leurs opinions. Quel portrait psychologique de Marc est-ce qu'elle nous fait découvrir?

4. Ce conte a été écrit en 1924. Les attitudes, les modes, etc., ont bien changé depuis. Dans ce conte trouvez...
   a. ce qu'on considérerait démodé aujourd'hui.
   b. ce qu'on aurait désapprouvé en 1924, mais qu'on accepte facilement aujourd'hui.

Réaction personnelle

1. Il y a des qualités et des caractéristiques que l'on attribue typiquement aux femmes. Lesquelles? Il y en a d'autres que l'on attribue typiquement aux hommes. Lesquelles? Que pensez-vous des stéréotypes? Pourquoi existent-ils? Pensez-vous qu'Alice agisse selon le stéréotype dit «typiquement féminin»? Précisez.

2. À votre avis, comment sera le mariage de Marc et d'Alice dans trois ans? Expliquez. (*Système-D:* **Grammar:** future tense; *futur;* **Phrases:** expressing an opinion)

3. Imaginez qu'Alice et l'autre femme se rencontrent et qu'elles aient l'occasion de se parler. Rapportez leur conversation.

4. Colette ne nous révèle que peu de choses à propos de l'autre femme dans ce conte. D'après vous, pourquoi a-t-elle divorcé d'avec Marc? À quoi pense-t-elle pendant la scène au restaurant? A-t-elle vu Marc et Alice? Pourquoi est-elle à l'hôtel? Quelle sorte de vie mène-t-elle maintenant? Est-elle mariée? Est-elle heureuse?

5. L'autre femme téléphone à Alice et lui apprend quelque chose de terrible au sujet de Marc. Que dit l'autre femme? Que fait alors Alice? Pourquoi? (*Système-D:* **Phrases:** talking on the telephone; advising; **Vocabulary:** telephone problems)

6. Vous êtes le chauffeur de Marc. Vous êtes son employé depuis longtemps, bien avant même son premier mariage. Alors que vous déjeunez dans la cuisine avec les autres employés, qu'est-ce que vous leur racontez sur votre patron et ses femmes?

Chapter 7

Le passant charitable

Félix Leclerc *(1914–1988)*

The personal popularity of Félix Leclerc—author of stories, fables, plays, and memoirs; songwriter, poet, and troubadour par excellence—is simply but excellently expressed in a cover blurb for one of his novels: "*Félix Leclerc n'a pas besoin d'être présenté. Il est lui. Beaucoup plus qu'un célèbre, un grand Québécois.*"

Leclerc was born August 2, 1914, in La Tuque, a small village in the Laurentian mountains of the province of Québec. The sixth of eleven children, young Félix was reared in a musical ambiance. He was scarcely aware that every household did not have a violin, cello, piano, and guitar, or that all children did not spend their evenings gathered around the piano singing. Leclerc's love of music came from his mother. The dispenser of peace, dreams, courage, and confidence, she developed her children's awareness of the world around them. His father was a man of energy and solidity whose livelihood was dependent upon the land. Félix grew up surrounded by the raftsmen and lumbermen who worked for his father. In the Leclerc household could be heard the strains of Schubert harmonizing incongruously with the sounds made by the sharpening of axes and buzzing of saws.

Young Félix left his childhood behind when he departed from the family home at the age of fourteen to attend secondary school in Ottawa. He later attended the university there. Upon his return to Québec, he began a lengthy period searching for his true identity. An independent soul and a wanderer at heart, Leclerc spent his twenties and early thirties feeling the need to escape from the cares of daily life and to shake off the yoke of responsibility to others, but requiring also long periods of work, the companionship of friends, and a return to familiar terrain.

Leclerc spent three years as an announcer at *Radio-Québec*. He then returned to his family (now farmers), where he helped out as a cattleman, or as his father, who enjoyed coining words, used to say, a *bœuf-man*. Félix amused the household with his buffoonery and caused his parents to wonder what was to become of their *enfant prodigue*. In the evenings, to everyone's delight, he would sit on the staircase and sing his songs, accompanying himself on the guitar that he had learned to play in Québec. At this point in his life Leclerc made the decision to become a troubadour—free from any rules, advice, or restrictions, able to sing what was in his heart. For Leclerc, song was a necessity. It was like bread—one could do without it, but not for long.

Leclerc worked as a *scripteur* (scriptwriter) and announcer for the Canadian Broadcasting Company in Trois Rivières (1937–1939) and Montréal (1939–1943). He became a popular performer, acting in several series, reading his stories and poems, and singing his own songs. He was the precursor of the French-Canadian *chansonniers,*[1] who have become internationally renowned. In 1942, Leclerc joined the *Compagnons de Saint-Laurent,* an itinerant theater group for which he wrote plays, acted, and sang.

Although he married (1942) and had a child (1945), Leclerc continued his peregrinations. In 1950, he was offered the opportunity to go to France, where he made his debut in Paris as a folksinger. He was to realize later that the theater in which he appeared was one of the most famous music halls in the world. Dressed in a plaid shirt and accompanied by his guitar, Leclerc captivated the public with his full-bodied baritone voice and his strange Canadian accent. An instant success, he continued to perform and soon began to record. Leclerc's wife and son joined him in France, where they remained for several years. Known as *Le Canadien*, he toured eleven countries in Europe and the Near East.

Félix Leclerc has been acclaimed by the public and has been honored with many awards. He was completely at ease, whether he was directing his creativity to poetry, song, narration, or theater. His style of writing is spontaneous, fresh, and uncomplicated without being naive. The author's love of nature and folklore, his lighthearted attitude, and his delightful sense of humor are evident in his works.

📖 PRÉPARATION À LA LECTURE

The language of the Québec province

The language spoken by 6,000,000 people in the province of Québec is French, but it is not a carbon copy of the French of the *métropole* (mother country). A vigorous and expressive speech, Canadian French is firmly established as the daily language of the *Québécois*, even though more than 200 years have passed since Canada was ceded to the British. It is a French enriched by many words and expressions for which there

---

1. **chansonnier** : (variety singer) one who composes or improvises satirical songs or monologues and who performs in cabarets

are no standard French equivalents. Terms referring to plants, animals, and fish indigenous to Canada cannot be found in standard French dictionaries such as the *Larousse* or the *Robert.* Various aspects of winter life, the milieu in which the *Québécois* live, certain measurements and foods, and many other terms specific to Canada simply cannot be expressed as well by the French of France.

The entire French-speaking population of Canada, as well as approximately 2,000,000 Franco-Americans, is descended from fewer than 10,000 original colonists who, speaking the different dialects of their native French provinces, emigrated to New France between 1608 and 1700. The constant threat of Indian attacks, coupled with other rigors of colonial life, forced these colonists to band together and embrace a common language that leveled both differences in dialects and class distinctions in the space of only three generations. As a result, Canadian French was standardized at a time when fully half of the population of France itself was not yet speaking the same language. Early visitors from France were astounded to find such homogeneity of speech. When Canada was ceded to the British in 1763, direct contact with French influence came to an end. The French Canadians, however, clung obstinately to their language as the outward manifestation of their national identity and as the most vital expression of their existence. They continue to do so today.

Cut off from its parent stock by events of history, Canadian French reveals two major tendencies. On the one hand, it is archaic, retaining words, expressions, and pronunciations that disappeared long ago from standard French. An example, three centuries old, is the French-Canadian word *berlander,* meaning "to loaf." (The modern French word is *flâner.*) On the other hand, Canadian French is highly innovative, borrowing vocabulary from its English-speaking neighbors and often creating a syntax unknown to the French of France.

The various Indian tongues had little influence on Canadian French. Words adopted from native American Indian languages were limited to terms referring to objects for which no adequate French term existed, such as *babiche* (a rawhide thong for lacing snowshoes) and *mitasse* (a leather legging).

Since the early 1800s, attempts have been made to "purify" Canadian French of anglicisms. Rural Québec retains more of the archaic terms, while the larger cities embrace a heavier mix of French and English. As is always the case, however, the people themselves determine which direction the language will take, and the language of Québec continues to evolve, providing a rich and colorful basis for the novels, poetry, plays, short stories, and song lyrics of modern French Canada.

Communicating in Québec

English-speaking students are not always aware of the influence of their own language on the language of another country. A complete list of French-Canadian vocabulary words that come from English roots would be far too long to include here. A few examples are given in the following list. The *Québécois* words[1] appear on the left. Note the pronunciation where indicated. The standard French equivalents appear on the right.

1.	adidou	bonjour
2.	botcher	mal faire un travail
3.	Chadape! *(interjection)*	Taisez-vous! Finissez! En voilà assez!
4.	la clause-pine	la pince à linge
5.	feeler *(pron. filer)*	se sentir
	Je ne feele pas b'en.	
6.	knock-offer *(pron. nâque-âfer)*	arrêter de travailler
7.	la moppe	le balai éponge
8.	la sauce-pan	la casserole
9.	tchopper	couper en morceaux, hacher
10.	le tchopsabsorbeur	l'amortisseur (de voiture)
11.	Too much! *(pron. tou motche)*	Fantastique! Super!
12.	le windshield *(pron. ouinshile)*	le pare-brise

Utilisez vos stratégies

A. FAMILLES DE MOTS   Est-ce qu'un nouveau mot dans *Le passant charitable* appartient à une famille de mots? Étudiez les mots en caractères gras dans les phrases suivantes. Pour chaque mot, soulignez la partie que vous connaissez déjà. Essayez ensuite de déterminer la signification du nouveau mot dans chaque phrase. Expliquez votre raisonnement.

1. Ordinairement le **laitier** met les bouteilles là, mais ce matin, il les a mises là.
2. Il **se déchausse** et va pour frapper (la fenêtre) avec son soulier.
    ◆ **même famille** : le chausseur, la chaussure, la chaussette
3. Ah! j'ai **piétiné** vos fleurs!
4. Décor : **Devanture** de maison; porte extérieure; une fenêtre...
5. La femme se montre la tête. (Elle porte son) **déshabillé** du matin.
    ◆ **même famille** : s'habiller, le déshabillage, l'habillement
6. Parce que son cousin est mort, le passant, vêtu de noir, va à un **enterrement**.
    ◆ **même famille** : la terre, le terrain, enterrer

B. LISEZ ET RÉFLÉCHISSEZ!   Lisez les phrases suivantes, tirées du *Passant charitable*, sans consulter le dictionnaire. Essayez de déterminer le sens des mots en caractères gras en vous servant du contexte de la phrase entière. Ensuite, écrivez le mot, votre idée de la définition de ce mot et ce qui vous a aidé(e). Soyez spécifique.

1. Un coup de vent referme la porte dans son dos... (Elle **fouille** dans ses poches.) Pas de clef...

---

1. The **Québécois** vocabulary was found in *Dictionnaire de la langue québécoise* (1980) and its supplement (1981), compiled by Léandre Bergeron (VLB Editeur).

Mot _____ Définition _____

Tuyau(x) _____

2. Je dis que c'est une **serrure** Yale; la **serrure** américaine. Terribles, les Améri-cains, pour fermer les portes!

Mot _____ Définition _____

Tuyau(x) _____

3. Attendez, ça va **effrayer** les enfants. (Elle leur parle...) Gloria, Danton, n'ayez pas peur, mes trésors!

Mot _____ Définition _____

Tuyau(x) _____

4. Vous vous êtes coupé?... Ça **saigne**... Avez-vous un mouchoir?

Mot _____ Définition _____

Tuyau(x) _____

C. VOCABULAIRE—FACILITEZ VOTRE COMPRÉHENSION! Étudiez ces mots et expressions, tirés du *Passant charitable,* avant de lire la saynète (courte pièce).

NOMS

la boue	mud
la caserne	barracks
la clef	key
les dégâts	damage
l'échelle *f.*	stepladder
l'escabeau *m.*	step stool
le gâchis	mess, disorder
le pompier	fireman

VERBES

effrayer	to frighten
fouiller	to rummage, search
lancer	to hurl
soulever	to lift

EXPRESSIONS

à la guerre comme à la guerre	[one must] take things as they come
un coup de vent	a gust of wind
se mettre à quatre pattes	to get down on all fours
perdre la boule (*fam.*)	to lose one's head
rire jaune	to force a laugh, to give a sickly smile
sauter aux yeux	to be self-evident, obvious
tirer quelqu'un d'embarras	to help someone out of a difficulty

EXERCICE   Vérifiez votre compréhension en complétant les phrases suivantes.

1. Il pleuvait. Le petit Marc est tombé dans le jardin. Maintenant il est couvert de

   a. pattes.   c. boue.
   b. boule.   d. fleurs.

2. Les photos que Suzanne voulait étaient sur le réfrigérateur. Parce qu'elle était petite, elle est allée chercher

   a. un pompier.   c. une clef.
   b. un escabeau.   d. un livre.

3. Quand on est dans une situation difficile, on doit réfléchir sérieusement. On ne doit pas

   a. sauter aux yeux.   c. se mettre à quatre pattes.
   b. être intelligent.   d. perdre la boule.

4. Pour trouver sa clef, il

   a. a fouillé dans ses poches.   c. a soulevé l'escabeau.
   b. a lancé son soulier.   d. est allé à la caserne.

5. La tempête a dévasté le quartier entier. Après, on a vu partout

   a. des coups de vent.   c. des bouteilles de lait.
   b. de grands dégâts.   d. des jolies fleurs.

6. Comment? Vous ne comprenez pas le problème? C'est facile! La solution

   a. confond tout le monde.   c. rit jaune.
   b. saute aux yeux.   d. se déchausse.

7. Cette émission est vraiment trop violente pour les enfants. Elle va les

   a. effrayer.   c. tirer d'embarras.
   b. lancer.   d. enchanter.

8. Elle ne savait pas la réponse et se sentait humiliée. Quand les autres étudiants se sont moqués d'elle, elle

   a. s'est mise à quatre pattes.   c. a téléphoné aux pompiers.
   b. a chanté «La Marseillaise».   d. a ri jaune.

Établissons les faits!

A. EXPÉRIENCE PERSONNELLE

1. Préférez-vous lire un livre, assister à une pièce tirée de ce livre ou voir un film basé sur ce livre? Expliquez.
2. Tout le monde fait des bêtises de temps en temps. On oublie souvent de faire quelque chose d'important, ou on dit quelque chose de stupide. Racontez un incident où vous vous êtes senti(e) assez bête à cause de votre propre stupidité.

3. Aimez-vous aider les autres? Vous êtes-vous jamais trouvé(e) dans une situation compromettante parce que vous avez aidé quelqu'un? Expliquez.

B. LE TITRE ET L'ILLUSTRATION—PRÉDISONS!   Avez-vous l'impression que vous avez déjà vu ce titre et cette illustration? Vous avez raison. Relisez Chapitre 1, page 7, pour vous rafraîchir la mémoire. Associez le titre à l'illustration, et donnez libre cours à votre imagination.

Introduction au conte

Le passant charitable se trouve dans *Le p'tit bonheur*, un livre de 12 saynètes écrit par Leclerc en 1959. Puisque c'est la seule saynète dans ***Explorations,*** il faut vous signaler de faire attention à certains aspects qui différencient une pièce ou une saynète d'un conte. N'oubliez pas que les œuvres dramatiques sont écrites pour offrir des plaisirs visuels aussi bien qu'auditifs. Lisez bien toutes les indications scéniques *(stage directions)*. Répétez le dialogue à haute voix. Essayez de jouer les rôles vous-même afin d'être sûr(e) de comprendre tout ce qui se passe et surtout d'apprécier l'effet dramatique. Le langage de cette saynète n'est pas du tout littéraire ou érudit. C'est le parler familier des Québécois ordinaires en train de poursuivre leurs activités quotidiennes. Certains éléments de cette langue familière sont facilement identifiables. Quelques mots et constructions grammaticales diffèrent beaucoup de ce que l'on étudie quand on apprend le français à l'école. Par exemple :

1. On utilise **y a** ou **y a pas** quand on veut dire **il y a** ou **il n'y a pas**. (**Y a pas un voisin... ?**)
2. **Ça** s'utilise très souvent pour remplacer une chose ou une idée. (**Ça saigne...**)
3. Quelques expressions montrent encore l'influence du vieux français des ancêtres des Québécois. **Y** est souvent ajouté à **c'est** ou à un verbe, donnant le sens de **n'est-ce pas** ou **si**. (**C'est-y-bête...** veut dire **C'est bête, n'est-ce pas?** ou **C'est si bête!**)

VUE PANORAMIQUE

Répondez brièvement aux questions suivantes.

1. Quel genre de saynète est-ce? une tragédie? une aventure?...
2. Quels sont les personnages de la saynète?
3. Où se passe la plus grande partie de l'action?
4. Quel événement est à la base de l'action de la saynète?
5. Pourquoi l'auteur a-t-il intitulé la saynète *Le passant charitable?*
6. Qu'est-ce que les deux personnages principaux essaient de faire?
7. Quels adjectifs choisiriez-vous pour décrire la fin de la saynète?

Le passant charitable

Attention : Tout ce qui est en *italique* et entre parenthèses se rapporte aux indications scéniques. Il est essentiel de les lire pour bien comprendre et apprécier les actions, les pensées et les émotions des personnages.

Personnages :

ELLE

LE PASSANT

LE MARI

(Décor : devanture de maison; porte extérieure; une fenêtre près de la porte; des fleurs sous la fenêtre)

ELLE

1   *(Elle ouvre la porte par en dedans.° On voit sa main qui tâte° l'air pour prendre les bouteilles de lait. Mais les bouteilles de lait sont à l'autre coin du perron.° La femme se montre la tête. Déshabillé¹ du matin. Elle regarde s'il y a quelqu'un, descend les marches et va prendre ses deux bouteilles de lait. Clic! Un coup de vent*
5   *referme la porte dans son dos. Elle est prise.)*

de l'intérieur /
touche afin
d'explorer
petit escalier
extérieur qui
mène à la porte

---

1. **déshabillé** : négligé léger et souvent transparent que l'on porte dans l'intimité, chez soi

bien
stupidité

panics / ici : to reach

"get-up" /
    especially since

malicious gossips

lambs

If the neighbors
    should see me! /
    devil / Help!

break (it) in

1   MON DIEU! *(Elle essaie la porte.)* Mon Dieu! La porte! Que c'est bête! *(Elle essaie.)* La porte est refermée. Doux Jésus! *(Elle pose ses deux bouteilles pour essayer la porte à deux mains.)* Ma pauvre tête! *(Elle essaie encore.)* Ben° non, c'est pas possible! Qu'est-ce que je vais faire? Seigneur! Ah! bêtise!° Il me fal-

5   lait ça,² pour commencer ma journée! *(Elle fouille dans ses poches.)* Pas de clef... mais je vais devenir folle. Je ne peux pas aller chez le voisin, mes petits sont en dedans. *(Elle regarde et s'affole.° Elle essaie de rejoindre° la fenêtre sans succès.)* C'est-y bête, une bêtise bête comme celle-là. *(Elle réfléchit.)* Ne perdons pas la boule. *(Elle essaie encore.)* Aller au restaurant appeler mon

10   mari? Je ne peux pas me montrer dans cette tenue,° d'autant que° c'est mieux qu'il sache rien de ça. Seigneur, si quelqu'un me voyait dans ce quartier de mauvaises langues°... Ah ben! ça va bien! *(Elle crie à ses petits par la fenêtre.)* Gloria... ! Danton... ! pouvez-vous venir m'ouvrir, mes agneaux?° C'est-y bête, le plus vieux n'a pas deux ans! S'il faut que les voisins me voient!° Au diable°

15   les voisins! *(Elle crie tout en secouant la porte.)* Hé! Au secours,° ne soyez pas inquiets les enfants, maman est prisonnière dehors. Police! Ça le fait exprès, il y a personne! Je voudrais me voir morte! Il faut que je la³ défonce.° Je vais pourtant me trouver un moyen. Bon, voilà un homme. *(Elle s'enroule dans son déshabillé.)*

LE PASSANT

20   *(Vêtu de noir, va à un enterrement. Traverse la scène, l'œil sur sa montre. Il semble pressé.)*
     Oh! Mon dernier autobus!

ELLE

Pardon, monsieur.

LE PASSANT

Madame.

ELLE

25   Oui, je suis emprisonnée dehors. En venant chercher mes bouteilles, la porte s'est refermée derrière moi, je suis prise.° *(Elle rit jaune.)*

ici : trapped

LE PASSANT

Oui? C'est que je me rends à un enterrement...

---

2. **Il... ça :** J'avais besoin de ça... (Elle parle d'un ton sarcastique.)
3. **la :** la porte

ELLE

1   Excusez-moi. *(Elle regarde ailleurs.)*

LE PASSANT

(Il regarde l'heure.) Mais je peux vous sacrifier trois minutes.

ELLE

Merci. Ordinairement le laitier met les bouteilles là, mais ce matin, il les

ici : managed   a mises là. Je ne sais pas comment j'ai fait mon compte° pour ne pas

5   m'apercevoir...

LE PASSANT

Oui   Ouais.° Pas grave. Avez-vous la clef?

ELLE

...

LE PASSANT

Avez-vous essayé la porte de derrière?

ELLE

Pensez bien que j'y serais allée. Elle est condamnée depuis huit ans. Jamais

you might as well say   10   on passe par là, autant dire° qu'il n'y en a pas.

LE PASSANT

Ouais.

ELLE

Mon Dieu!

LE PASSANT

examine bien   Énervons-nous pas.[4] C'est une affaire de rien. *(Il sonde° la porte.)* Bien fermée. C'est un Yale.[5]

ELLE

15   Comment?

LE PASSANT

Extraordinaires   Je dis que c'est une serrure Yale; la serrure américaine. Terribles,° les Améri-
cains, pour fermer les portes!

---

4. **Énervons-nous pas!** : Ne nous énervons pas!
5. **Yale** : *the most secure key-operated locking device known at the time, invented in 1865 by the American Linus Yale, Jr. (1821–1868)*

ELLE

Whatever it may be

semblable

1   Que ce soit ce que ça voudra,° je voudrais surtout rentrer; mais avez-vous déjà vu une histoire pareille?°

LE PASSANT

door handle

(Il réfléchit. Il sonde la porte. Il force la poignée.°) Ç'a craqué!

ELLE

Tant mieux! Allez-y, cassez tout, je vous donne pleins pouvoirs. Ce que c'est

5   qu'une main d'homme![6] *(Elle rit jaune.)* Je vous remercie bien des fois.

(Pause)

(Temps.°) L'avez-vous?

LE PASSANT

donnent l'impres-
sion de

Pas moyen. Les serrures Yale font semblant de° céder mais...

ELLE

C'est-y embêtant, c'est-y embêtant...

LE PASSANT

Voyons, voyons, c'est un détail, prenez votre temps, on en a vu des pires.

ELLE

10   La fenêtre?

LE PASSANT

marche en arrière

(Il s'en recule° pour mieux la voir.) La fenêtre! Je vois une fenêtre d'ouverte au deuxième. Vous n'avez pas d'échelle?

ELLE

Non.

LE PASSANT

Y a personne en dedans?

ELLE

15   Oui.

LE PASSANT

Ah?

ELLE

Mes deux bébés, c'est tout.

---

6. **Ce... d'homme!** : *It's really great to have a man around! (free translation)*

LE PASSANT

That leaves 1 Ouais. Reste° la fenêtre ici. *(Il y va en faisant attention aux fleurs.)*

ELLE

"give it all you've got" Faites pas attention aux fleurs, allez-y, foncez°...

LE PASSANT

Ça m'a l'air fermé par en dedans.[7] C'est bien fait ces fenêtres-là, c'est du

plywood / dovetail *fly-wood,*° quel beau travail! Queue d'aronde!°
(carpentry term)

ELLE

5 Je comprends, monsieur, mais seigneur doux Jésus, pressons s'il vous plaît.

LE PASSANT

Y a pas un voisin qui aurait une clef, quelque chose? Un concierge qui...

ELLE

Non. Nous sommes propriétaires de la maison. Je suis ma propre
concierge.[8]

LE PASSANT

Que pensez-vous de l'idée des pompiers? Je peux aller les chercher, un

hop 10 saut° quatre rues plus bas, et c'est la caserne au complet qui...

ELLE

S'il y avait moyen de ne pas alerter tout le quartier. Je ne suis pas dans une
tenue pour...

LE PASSANT

presque / pane Ouais. Il faudrait quasiment° casser un carreau° dans ce cas-là, je ne vois
(of glass) pas d'autres moyens malgré mon imagination, puis le temps passe...

ELLE

smash (it) to pieces! 15 Je vous donne la permission... mais certainement, émiettez,° allez-y, allez-y...

LE PASSANT

pebble *(Il cherche un caillou.°)*

ELLE

Vous voulez une bouteille?

---

7. **Ça... dedans** : La fenêtre me semble être fermée de l'intérieur.

8. **concierge** : personne qui a la garde d'un immeuble, d'une grande maison (La femme
parle d'un ton sarcastique parce que c'est elle qui s'occupe de sa maison.)

LE PASSANT

Don't be so excited.

1   Non, non! Surtout pas d'énervement.° J'ai horreur de l'énervement. On va réussir, croyez-moi. La question, toute simple en elle-même, est de rejoindre le carreau avec mon pied. *(Il essaie.)*

ELLE

removing

En ôtant° votre soulier...

LE PASSANT

5   Très juste. Vous me surprenez. Vous avez de l'idée, vous.

ELLE

harebrained

Oui, m'enfermer dehors, je n'ai pas fini de me faire traiter de tête de lièvre.°

LA PASSANT

(Il se déchausse et va pour frapper avec son soulier. Elle l'arrête.)

ELLE

grand bruit

Attendez, ça va effrayer les enfants. *(Elle leur parle par la serrure.)* Gloria, Danton, n'ayez pas peur, mes trésors! Ça va faire du vacarme,° mais c'est rien.
10   *(Elle chante «Argentine».)* Allez-y, vous!

LE PASSANT

Pourquoi vous chantez?

ELLE

Pour leur faire accroire[9] que tout est bien à ces pauvres petits... allez, partez!

LE PASSANT

(Il casse la vitre. Temps.)

ELLE

Bravo! Ça y est! Vous vous êtes coupé?

LE PASSANT

(Can.) laissé tomber

15   C'est rien. *(Temps.)* J'ai échappé° mon soulier en dedans.

ELLE

Ça saigne, montrez donc, avez-vous un mouchoir? *(Elle lui prend son mouchoir et lui enroule autour de la main.)*

---

9. **accroire** : de **à** et **croire**; employé seulement dans **faire accroire** qui signifie **laisser croire une chose fausse**

ici : fenêtre / se
précipite sur /
latch / stretches

LE PASSANT

1   Merci. Mon damné châssis,° toi... *(Il fonce à° la fenêtre.)* Ah! j'ai piétiné vos fleurs! *(Il essaie de rejoindre le fermoir° par en dedans. Il s'étire.°)* Il est au diable le fermoir, c'est pas des farces.

ELLE

Étirez-vous encore un peu, vous y touchez, là! *(Il s'étire. Il échappe ses*
5   *lunettes.)* Vous avez laissé tomber vos lunettes. *(Elle les ramasse.)* Est-ce qu'elles étaient cassées comme ça?

LE PASSANT

(Il les reprend.) Oui, je les ai achetées cassées. Ça fait rien, c'étaient des vieilles lunettes.

ELLE

Mon Dieu! Quel matin! *(Il essaye à nouveau.)* Courage, c'est un détail de
10   pouces;[10] on approche, on y touche, l'avez-vous?

LE PASSANT

witness

Je ne peux pas rejoindre le faiseux,[11] mais vous êtes témoin° de la volonté que j'y mets. *(Il revient.)* Il faudrait que je me soulève. J'ai écrasé vos fleurs... ah! quel gâchis! Ah! c'est dommage!

ELLE

N'y pensez pas, voyons.

LE PASSANT

15   Vous n'avez pas une échelle, certain?

ELLE

bumps

Mais j'ai un escabeau dans la cuisine. *(Elle se précipite pour aller le chercher et se cogne° sur la porte.)* Ah! seigneur, je suis découragée, vraiment!

LE PASSANT

*même si je dois /
petits*

Énervons-nous pas, ma p'tite dame. À la guerre comme à la guerre. Je vais vous tirer d'embarras, c'est promis, dussé-je° y laisser d'autres menus° arti-
20   cles... ma montre, mon stylo, mon peigne...

---

10. **pouces** : *(inches)* **C'est un détail de pouces** veut dire qu'il s'agit d'une très petite distance.
11. **faiseux** : Ce mot canadien signifie un individu qui cherche des querelles. Le passant personnifie le fermoir qui lui cause beaucoup de difficultés.

ELLE

1   À moins que moi, j'essaie, monsieur, qu'en dites-vous? J'ai le bras plus mince, enlevez-vous donc un instant.

LE PASSANT

Vous n'êtes pas assez grande. Il faudrait un banc, ça saute aux yeux, un simple banc.

ELLE

5   Tout ça dans la cuisine.

LE PASSANT

À moins... ah! je l'ai! À moins...

ELLE

À moins...

LE PASSANT

N'y voyez que mon désir d'en finir,[12] à moins que je vous soulèverais dans mes bras, à cette hauteur-là, à peu près.

ELLE

10   *(Elle est gênée.)* Ouais.

LE PASSANT

On essaye-t-y?

ELLE

À la guerre comme à la guerre. *(Il ne sait pas trop comment la prendre. Il la prend. La soulève mal. Elle a peur de tomber.)* Mon Dieu, tenez-moi, je ne suis

hummingbird pas un colibri° pour me tenir dans le vide toute seule.

LE PASSANT

soiled 15   *(Il la dépose.)* J'ai tâché° votre déshabillé! Ah! vraiment... *(Il regarde l'heure.)*

ELLE

C'est rien, sainte histoire![13] Allez chercher la police, je vais vous attendre.

---

12. **N'y... finir** : *Believe me, it's only because I want to get this over with . . .(free translation)*
13. **sainte histoire** : une exclamation inoffensive. L'équivalent français serait **belle histoire** ou **belle affaire**, avec le sens de **ça ne fait rien**.

LE PASSANT

Move back!

1   Puis mon enterrement! *(Il se fâche.)* Tirez-vous!° C'est rentrer dans cette
maison-là que vous voulez, hein? Elle est à vous cette maison-là hein? Elle fait

It (the house) is being stubborn! / manteau
bill

sa têtue,° hein? Laissez-moi faire. *(Ce disant, il enlève son paletot,° son chapeau,
sa veste, se met à quatre pattes dans la boue et les fleurs.)* Vous m'enverrez le
5 compte.° Mon beau p'tit châssis de *fly-wood* têtu, on va voir.

ELLE

Qu'est-ce que vous faites?

LE PASSANT

Sur mon dos. J'ai trouvé le banc. Montez-y.

ELLE

    S'il fallait que les voisins m'aperçoivent. C'est solide? *(Elle essaie de monter*

perdre l'équilibre
grabs
hold tight
soft, weak

sur lui.) Je ne suis pas capable, j'ai trop peur de basculer.° *(Elle se fâche à son
10 tour, l'empoigne° et le met debout.)* Venez ici. Faut en finir. Levez-moi, doux
Jésus, levez-moi dans vos bras, puis tenez-moi, on va l'avoir; mais serrez,° je
trouve que vous avez la main molle° pour un homme de votre âge.

LE PASSANT

(Enragé, il la prend à pleins bras, la soulève avec misère.)

LE MARI

(Il est arrivé entre temps et les observe, derrière.) Qu'est-ce qui se passe? *(Pe-*
15 *tit ballet des deux. Lui qui se cache derrière la femme.)* Roméo et Juliette? Tu y
vas, Georgianna! Tu te payes° une jolie partie de plaisir pendant mon absence!

you treat yourself to

Rentre donc. *(Il prend la clef qui était au-dessus de la porte. Ouvre la porte.)*

ELLE

Stupéfaite

(Assommée.°) Non, mais écoute Murphy, je ne le savais pas; je te certifie
qu'on ne joue pas de Shakespeare. J'étais prise dehors, la porte s'est refermée,
20 monsieur a eu l'obligeance...

LE MARI

Prends-tu ta promenade en chemisette tous les matins, comme ça? Rentre
donc. *(Elle rentre en pleurant.)* Puis toi, Roméo?

LE PASSANT

Puis moi? Ben, j'ai cassé mes lunettes, je me suis coupé une main, je suis
plein de boue, j'ai manqué mon dernier autobus.

LE MARI

dollars (Can.)

1   *(Il examine les dégâts.)* Ouais, ouais, ouais. Ça vaut bien dix piastres,° ce châssis-là, hein? Le fermoir, cinq, hein? Puis mes fleurs, encore cinq, tranquille-

ici : *easily*

ment° : des bégonias du Sud! Puis le scandale. Rentre donc qu'on fasse nos comptes, Roméo...

LE PASSANT

5   Écoutez, vous allez me rendre à bout de patience, j'ai sacrifié l'enterrement

to help out of a jam

d'un cousin pour dépanner° votre femme...

LE MARI

collar

(Un colosse, il prend le PASSANT *par le collet° et le rentre de force. Le* PAS-SANT, *fatigué, se laisse faire. Temps.)*

LE PASSANT

(Ressort en refermant son porte-monnaie.) Il m'a laissé un billet d'autobus,

10   c'est toujours ça! *(Il hésite, regarde la rue, se regarde et demande par la fenêtre :)* Pardon, est-ce que je peux ravoir mon soulier, s'il vous plaît? Hai!... mon soulier! *(Pas de réponse. Il s'en va.)*

LE MARI

(Il sort et lui lance le soulier dans le dos, dédaigneusement.)

RIDEAU

🔍 COMPRÉHENSION ET DISCUSSION

A. RÉSUMÉ

Complétez le résumé de la saynète avec les termes de la liste suivante en faisant les changements nécessaires. Quelques mots sont utilisés deux fois.

l'autobus	l'échelle	la poignée
la boue	effrayer	le pompier
la bouteille	l'enfant	saigner
le carreau	l'enterrement	la serrure
la caserne	le fermoir	soulever
cassé	la fleur	le soulier
chanter	fouiller	tâter
la clef	lancer	tomber
un coup de vent	les lunettes	trois
les dégâts	la main	vêtu
le déshabillé	se mettre à quatre	
au-dessus	pattes	

→

Au commencement de la saynète une porte s'ouvre et on voit une main qui ____ l'air. C'est une femme qui cherche les _____. Parce qu'elle ne les trouve pas, elle sort de la maison pour les prendre. Mais un ____ __ ____ referme la porte et elle ne peut pas rentrer. Elle _____ dans ses poches mais elle n'a pas de ____. Ses deux _____ sont dans la maison, mais ils sont trop petits pour l'aider. C'est le matin et elle porte son _____.

Un homme passe. Il est ____ de noir. Il est pressé parce qu'il va à un _____. Il offre d'aider la femme, de lui sacrifier _____ minutes. L'homme examine la _____ et trouve que c'est une Yale. L'homme force la _____, mais elle ne cède pas. Pourquoi ne pas entrer par la fenêtre ouverte au deuxième? On n'a pas d'_____ pour y monter. Donc, il n'y a que la fenêtre ici. L'homme veut faire attention aux _____ qui poussent sous la fenêtre, mais la femme lui dit de ne pas s'en occuper. La femme rejette l'idée d'envoyer l'homme chercher les _____ qui sont dans leur _____ assez près de la maison. Donc il faut casser un _____ de la fenêtre. L'homme décide de frapper la fenêtre avec son _____. La femme a peur que le bruit puisse _____ ses enfants. Pour les rassurer elle commence à _____. Le pauvre homme se coupe la main qui commence à _____. Il continue à avoir des problèmes avec le _____. Afin de le toucher, il s'étire et il laisse tomber ses _____. La femme remarque qu'elles sont _____. Elle dit qu'elle a le bras plus mince que lui et qu'elle peut essayer. Hélas, elle n'est pas assez grande. Il lui faut un banc. L'homme offre de la _____ dans ses bras. Ça ne marche pas. Puis il __ ___ _ _____ _____ et lui dit de monter sur son dos, mais elle a peur de _____. Encore une fois il la _____.

Le mari arrive et les voit. Il est furieux. Il prend la clef qui était __ - _____ de la porte et il ouvre la porte. Le pauvre homme a cassé ses _____, s'est coupé la ____, est plein de ____ et a manqué son dernier _____. Mais le mari ne voit que les _____. Le pauvre passant n'a même pas son _____. Il le demande au mari qui le lui _____ dans le dos.

B. QUESTIONS DE COMPRÉHENSION

Donnez en bon français les réponses aux questions suivantes. N'utilisez pas le langage familier de la pièce en formulant vos réponses. N'oubliez pas de consulter le vocabulaire à la page 89. Le lexique qui suit vous aidera aussi à formuler vos responses.

Petit lexique

à côté de *beside*
aider *to help*
amant(e) *m./f. lover*
au-dessus de *above*
au premier (deuxième) étage
    on the first (second) floor
dehors *outside*

être couvert de *to be covered with*
être pris(e) *to be caught, trapped*
fermoir *m. latch*
laisser tomber *to drop*
manquer *to miss*

négligé *m. négligé*
n'importe quoi *anything at all*
piétiner *to trample*
rejoindre *to reach*
se couper *to cut oneself*
tenir *to hold*

1. Décrivez l'événement qui commence l'action de la saynète. Donnez des détails.

2. La femme pense à plusieurs possibilités pour se tirer d'embarras. Quelles sont ces possibilités? Qu'est-ce qu'elle essaie de faire?

3. La femme voit un passant. Qu'est-ce qu'elle lui explique? Qu'est-ce qu'elle veut qu'il fasse?

4. Quelle sorte de serrure le passant découvre-t-il quand il examine la porte? Pourquoi cette découverte pose-t-elle un problème?

5. La femme dit au passant qu'elle lui donne «pleins pouvoirs». Qu'est-ce que cela veut dire?

6. Pourquoi va-t-il être difficile d'entrer par la seule fenêtre ouverte?

7. Quelle fenêtre le passant va-t-il essayer d'ouvrir?

8. Qui le passant veut-il aller chercher? Pourquoi la femme n'aime-t-elle pas cette idée?

9. Pourquoi le passant se déchausse-t-il?

10. Qu'est-ce qui arrive au passant quand il casse la fenêtre? Qu'est-ce qu'il perd?

11. Qu'est-ce que le passant essaie d'atteindre? Qu'est-ce qui arrive aux fleurs? et à ses lunettes?

12. Puisqu'il n'y a ni échelle, ni escabeau, ni banc, qu'est-ce que le passant va faire pour les remplacer? Est-ce que ça réussit?

13. Qui arrive? Que font les deux autres pendant que cette troisième personne les observe?

14. Quelle conclusion Murphy tire-t-il de ce qu'il voit?

15. Quelle découverte incroyable étonne la femme et le passant?

16. Qu'est-ce que Murphy demande au passant de faire? Pourquoi cette demande est-elle injuste?

17. À la fin de la saynète, le passant est en très mauvais état. Expliquez pourquoi. Reçoit-il ce dont il a besoin?

C. RÉACTIONS ORALES OU ÉCRITES

Synthèse du texte

1. Dans *Le passant charitable* la femme est, bien sûr, extrêmement vexée. Trouvez ce qu'il y a dans la saynète qui souligne son énervement (mots, gestes, expressions...). Comment auriez-vous réagi dans cette situation?

2. Décrivez le passant d'un point de vue psychologique. Est-il timide ou courageux? A-t-il le sens de l'humour ou est-il très sérieux? Est-il gêné par la situation ou non? Justifiez votre réponse.

3. Avec deux autres étudiants, interprétez les trois rôles du *Passant charitable* et présentez la saynète en classe.

Réaction personnelle

1. Est-ce qu'il vous est déjà arrivé une histoire semblable? Est-ce que c'est déjà arrivé à quelqu'un que vous connaissez? Racontez ce qui s'est passé.

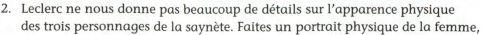 2. Leclerc ne nous donne pas beaucoup de détails sur l'apparence physique des trois personnes de la saynète. Faites un portrait physique de la femme,

du passant et du mari selon votre imagination. (Si vous préférez, dessinez les trois.) (*Système-D:* **Phrases:** describing people; **Grammar:** possessive adjectives [summary])

3. Imaginez que vous êtes à Hollywood et que vous êtes chargé(e) de distribuer les rôles pour un film. On vous présente le scénario du *Passant charitable*. Qui voyez-vous dans chaque rôle? Pourquoi?

4. «Le passant charitable» ne s'est pas arrêté pour aider Georgianna. Comment a-t-elle réussi finalement à entrer dans la maison? Est-elle allée à la caserne des pompiers? Est-elle allée dans le restaurant? A-t-elle alerté les voisins?

5. Imaginez que *Le passant charitable* est le premier épisode d'une série de «sit-com» à la télé. Écrivez une scène qui pourrait par la suite servir d'épisode.
   a. Georgianna essaie de s'innocenter des accusations de Murphy.
   b. Murphy et le passant se présentent devant un juge et chacun plaide son cas.
   c. Le passant tombe amoureux de Georgianna et lui écrit une lettre que Murphy découvre.
   d. (Inventez vous-même un épisode.)

6. Georgianna est exaspérée et décide qu'elle en a assez de la tyrannie de Murphy. Elle fait ses valises et va chez sa mère. Qu'est-ce qu'elle lui dit? Quel conseil sa mère lui donne-t-elle?

7. Imaginez que vous êtes journaliste et que vous décidez d'interviewer le passant. Posez-lui des questions et imaginez ses réponses.

8. Une voiture en panne est arrêtée au bord de l'autoroute. Quelqu'un attend près de la voiture. Personne ne s'arrête pour aider la personne en difficulté. Que faites-vous? Pourquoi? Vous arrêteriez-vous pour aider une femme? Pour aider un homme? Décrivez le scénario.

Chapter 8

Vérité et Mensonge

 **Birago Diop** *(1906–1989)*

Birago Diop was born in 1906 at Ouakam, near Dakar, Sénégal, a West African country which gained its independence from France in 1960. Birago and his brothers grew to adulthood in Dakar, amidst an extended African family whose elders gathered in the evenings to share stories while the children, fascinated, listened quietly in the shadows. In the preface of his *Contes d'Amadou Koumba*, Diop states: "As a child, I slaked my thirst, I listened to many words of wisdom, and I have preserved a few." This simply worded sentence reveals much about those factors which shaped Birago Diop as an author and as a man: his endless quest to gather the folktales and moral teachings of his people; his respect and love for the wisdom of the elders and for his African heritage; his desire to preserve the African oral literary tradition in writing; and his gentle modesty.

Throughout most of his adult life, Diop pursued two careers, one as a veterinarian and the other as a writer. His choice of vocations was influenced by his two brothers. Massyla, 21 years older, wrote both poetry and prose. Youssoupha, six years older, a brilliant young man whom Diop affectionately called the *toubab* (white man, Westerner) of the family, was not only successful in medicine but was also greatly interested in African history and folklore. Stimulated by the examples of both brothers, young Birago excelled in both science and literature at his *lycée*. Since the works of French African writers were neglected at the *lycée*, Diop searched for and studied, on his own, the few texts of African literature that he could find.

After he received his *baccalauréat* in 1928, Diop fulfilled his obligatory military service as a nurse in the military hospital in Saint-Louis, Sénégal. Afterwards, since Africans were discouraged from pursuing conventional medical studies by the French colonial authorities, Diop decided to study for a career in veterinary medicine. Leaving Sénégal for France, he studied at the *École Nationale Vétérinaire* in Toulouse, from which he received his doctorate in 1933.

While in Paris, Diop encountered many African writers who were involved in African awareness groups. One of them, Léopold Sédar Senghor, who would later help to lead Sénégal to independence and become its first president, was a leader of the *négritude* movement. This literary movement rejected the idea that black Africans should be assimilated into the French culture and instead asserted the value of black culture and heritage. Mentored by Senghor and inspired by the *négritude* movement, Diop began to write poetry, some of which appeared in Senghor's publications of French African writers.

It was also in Paris that Diop met Marie-Louise Pradère, an accountant whom he married in 1934. When he returned to French West Africa in the late 1930s with his white French wife, his stepfather, a Moslem leader and Islamic scholar in Dakar, had to defend Diop's choice of bride before a family tribunal. In spite of the fact that his family considered his marriage "a fall from grace," Diop and his wife remained happily married. They had two children, Renée and Andrée.

Between 1934 and 1960, Diop worked for the Sénégal government as a veterinarian. Aside from two brief returns to Paris, Diop preferred to spend the remainder of his life in the Africa he loved. As head of government cattle inspection in Sénégal and Mali, he traveled widely, often into remote areas of the interior. From the elders and storytellers of West Africa, he painstakingly gathered material that would later appear in his collections of folktales. While visiting an uncle, Diop met Amadou Koumba N'Gom, an old *griot* (storyteller) from his mother's family. During his many meetings with the *griot*, Diop acquired a vast repertoire of fables and anecdotes which he began to record in written form during the early 1940s. Out of respect for Koumba, Diop credited the old *griot* as the source of many of his tales, although in reality they came from many different storytellers.

While serving as head of zoological technical services in the Ivory Coast, Diop was able to publish some of his stories in anthologies. His first collection, *Contes d'Amadou Koumba,* was finally published in 1947 and met with immediate success, winning the *Grand Prix Littéraire de l'Afrique Occidentale Française.* His second collection, *Les nouveaux contes d'Amadou Koumba* (1958), was equally successful, and his third, *Contes et lavanes* (1963), received the *Grand Prix de l'Afrique Noire.* All three collections of short stories, numbering over 50, contain a mix of moral teachings and folktales, fantasy and reality, gentle humor and sharp satire. They also reveal superb writing skills, highly perceptive observations of human nature, an ability to preserve the tone and substance of the oral literary tradition in written form, and a profound love for Africa. Although Diop wrote in French, he was somehow able to capture the flavor and style of the tales which had heretofore been preserved only in the memories of the village *griots*.

Diop's attempt to retire in 1960 was interrupted when Senghor called upon him to serve as Sénégal's ambassador to Tunisia. In his later years, he combined private practice as a veterinarian with work for various writers' organizations and publishers. The recipient of numerous prestigious awards both for his government service and for his writing, Diop finally retired and founded a veterinary clinic in Dakar. John D. Erickson, in his book *African Fiction in French South of the Sahara* (1979), states that many writers made pilgrimages to Diop's clinic to speak with the respected author. "There they found a gentle old man with a young mind, a warm sense of humor, and a moving love of animals, human and otherwise."

Although he also wrote poetry, plays, and three volumes of *Mémoires* (an autobiography), Diop is best remembered as the first writer to introduce into French literature the rich sources of African folklore. The critic Joyce Hutchinson praised Diop's stories as "not just children's tales, not just sociological or even historical material, but a work of art, part of Africa's cultural heritage."

PRÉPARATION À LA LECTURE

THE CONSTRUCTION *FAIRE* + INFINITIVE   This is a causative construction in which the subject of **faire** is not performing the action but is causing it to be performed by someone else. The construction means *to cause, make, have someone do something,* or *to have something done.* The verb **faire** can be in any tense and the infinitive is usually positioned directly after **faire**.

L'eau **fait pousser** les fleurs.   *The water **makes** the flowers **grow**.*
J'**ai fait chanter** les enfants.   *I **had** the children **sing**.*

This story contains several examples of the **faire** causatif. Do you understand its meaning in the following sentences?

1. C'est le chef qui donne ou qui **fait donner** à chacun sa part...
2. Il te **fera appeler** bientôt.
3. Fène **fit bâtir** une case *(hut)* au-dessus de la tombe.
4. Indique-moi qui... tu veux que je **fasse revenir**.

Utilisez vos stratégies

A. MOTS APPARENTÉS   Il est possible qu'un nouveau mot soit un mot apparenté. Dans les phrases suivantes, tirées de *Vérité et Mensonge,* trouvez les mots apparentés et soulignez-les. Ne soyez pas surpris(e) de voir plus d'un mot apparenté dans quelques-unes des phrases. Prenez le temps de comprendre chacun de ces mots.

1. La maîtresse de maison veut que son mari mette à la porte les étrangers impertinents.
2. Vous êtes des insolents, dit le vieillard.
3. Les résultats ne sont pas bien brillants jusqu'ici.
4. Je commence à croire que si tu plais au bon Dieu, les hommes ne t'apprécient pas.
5. Ils ne savaient pas d'où venaient les cris et les lamentations.
6. Va dire au roi qu'il y a un étranger qui peut ressusciter des personnes mortes.
7. Il fit bâtir une case *(hut)* au-dessus de la tombe de la favorite.
8. Tes ancêtres et leurs ancêtres veulent revenir au monde.

B. FAMILLES DE MOTS   Est-ce que le nouveau mot appartient à une famille de mots? Etudiez les mots en caractères gras dans les phrases suivantes. Dans le nouveau mot, soulignez la partie que vous connaissez déjà. Essayez ensuite de déterminer la signification du nouveau mot dans chaque phrase.

1. Fène-le-Mensonge avait **grandi** et appris beaucoup de choses.
2. Dans un bol dont la **propreté** n'était pas certaine, la maîtresse de maison leur donna de l'eau...
3. La femme revient, accompagnée d'un **vieillard** qui conduit les voyageurs dans une belle case.
    ◆ **même famille :** vieux, vieillir
4. Il sortit de la case et **s'adossa** fortement à la porte.
5. (L'homme dit...) Sortez de ce village, partez tout de suite. Et les voyageurs, **malchanceux**, continuèrent leur voyage.
6. Bour se tourna vers ses **conseillers**, et ses **conseillers** le regardèrent.
    ◆ **même famille :** le conseil, conseiller *(verbe)*

C. LISEZ ET RÉFLÉCHISSEZ!   Est-ce que le contexte vous aide? Essayez de déterminer le sens des mots en caractères gras en vous servant du contexte de la phrase entière.

1. Ils marchèrent longtemps. Au milieu du jour, ils entrèrent dans la première maison du village qu'ils **atteignirent**.

    Mots _____ Définition _____
    Tuyau(x) _____

2. Une femme est arrivée tout en larmes. Deug lui a demandé: «Pourquoi ces cris et ces **pleurs**?»

    Mot _____ Définition _____
    Tuyau(x) _____

3. Une marmite *(pot)* pleine de riz **bouillait** (sur le feu).

    Mot _____ Définition _____
    Tuyau(x) _____

4. Voici un bon repas. Demain je vous en apporterai un meilleur. **Le lendemain** le repas sera encore plus copieux, et **le surlendemain** vous aurez un repas magnifique.

    Mot _____ Définition _____
    _____ _____
    Tuyau(x) _____

5. D'abord, que veux-tu comme prix de ce que tu vas faire? **s'enquit** le roi quand Fène-le-Mensonge fut devant lui.

    Mot _____ Définition _____
    Tuyau(x) _____

Établissons les faits!

A. EXPÉRIENCE PERSONNELLE

1. Y a-t-il des moments dans votre vie où vous hésitez entre la vérité et le mensonge? Dans quelles situations? Dans votre cas, est-ce la vérité ou le mensonge qui a tendance à gagner? Pourquoi?

2. Aux États-Unis, il y a actuellement une renaissance de l'intérêt dans l'art de *storytelling.* Aimez-vous raconter des contes pour divertir vos amis, ou aimez-vous mieux en écouter? Quel genre de contes préférez-vous raconter ou écouter?

3. À votre avis, comment la présentation orale d'un conte diffère-t-elle de la présentation écrite?

4. Vous connaissez probablement quelques fables. Qu'est-ce qui caractérise les fables que vous connaissez? Est-ce que ce sont des histoires vraies? Expliquez.

B. L'ILLUSTRATION—PRÉDISONS! Regardez l'illustration à la page 112, et répondez aux questions suivantes.

1. Qui voyez-vous?
2. Où sont-ils?
3. Pensez-vous que les deux individus près du puits habitent dans le village? Commentez.
4. Décrivez la femme qui arrive. Imaginez pourquoi elle est si agitée.
5. Dans l'illustration, il y a certains objets numérotés. D'après vous, à quoi sert chacun de ces objets?
6. Qu'est-ce que vous savez de la vie dans un village africain?

Introduction au conte

Le jeune Birago Diop écoutait avec passion les contes que sa grand-mère lui racontait. Certains étaient terrifiants, d'autres surnaturels et d'autres étaient tout simplement pleins de joie. La culture africaine a été enrichie par cette tradition orale, qui transmet l'histoire et le folklore africains de génération en génération. Grâce à ses contes, Birago Diop, devenu homme, nous passe cette tradition. Il écrit en français, langue apprise à l'école depuis la période coloniale et l'une des langues officielles du Sénégal indépendant, mais il met cette langue au service de l'affirmation de son identité africaine.

Vérité et Mensonge vient du livre *Les contes d'Amadou Koumba*, contes que Diop attribue à Amadou Koumba, le vieux griot de son village. Le griot est une personne spéciale dans le village. Conteur, chanteur, acteur, généalogiste, gardien et protecteur de légendes, traditions et superstitions populaires, c'est incontestablement un artiste. Accompagné de son kora *(lute)*, son balafong *(xylophone)* et son tam-tam *(drum)*, le griot recrée l'action de ses contes au moyen des gestes et de la mimique nécessaires pour maintenir l'intérêt de ceux qui l'écoutent. Il amuse mais en même temps il instruit. Bien que le cadre de ses contes soit purement africain, les leçons morales qu'il partage soulignent souvent des caractéristiques humaines universelles, parfois avec un humour doux et d'autres fois avec une satire acerbe.

Diop regrette que ses contes écrits ne recréent pas l'ambiance authentique de la tradition orale, qu'ils n'aient pas la voix, la verve et la mimique de son vieux griot. Mais Diop est trop modeste. Bien qu'il prétende n'être que l'interprète d'Amadou Koumba, c'est le grand talent de l'écrivain Diop qui nous parle.

En Afrique Noire, la séparation entre la vie et la mort et entre la réalité et l'imagination n'est pas distincte. Les Africains sont ouverts au surnaturel et acceptent les génies et la magie tout naturellement. Inversement, dans le monde occidental, les contes mystérieux de génies, de forêts enchantées et du surnaturel appartiennent plutôt à l'univers des enfants.

Quand vous lirez *Vérité et Mensonge*, essayez de retrouver l'innocence d'un enfant. Écoutez les sons du tam-tam, les chants et les voix des autres auditeurs. Et vous aussi, participez.

VUE PANORAMIQUE

Répondez brièvement aux questions suivantes.

1. Comment s'appellent les deux personnages principaux? Comment leurs noms annoncent-ils le thème général du conte?
2. Avant de partir en voyage ensemble, quelle décision les deux amis ont-ils prise? Pourquoi? Ont-ils pu se tenir à cette décision?
3. Fène-le-Mensonge et Deug-la-Vérité sont-ils bien ou mal traités dans les villages qu'ils visitent? Expliquez.
4. Lequel des deux personnages semble contrôler l'autre? Comment le savez-vous?
5. Est-ce la vérité ou le mensonge qui semble triompher à la fin?
6. À votre avis, est-ce que l'auteur veut nous communiquer un message? Expliquez.
7. Qu'est-ce qui vous a frappé(e) pendant ou après votre première lecture?
8. Quels autres détails pouvez-vous mentionner après votre première lecture?

Vérité et Mensonge

ne savait pas

ici : Par conséquent

Certains

plus

1   Fène-le-Mensonge avait grandi et appris beaucoup de choses. Il en ignorait° beaucoup d'autres encore, notamment que l'homme—et la femme encore moins—ne ressemblait en rien au bon Dieu. Aussi° se trouvait-il vexé et se considérait-il comme sacrifié chaque fois qu'il entendait dire : «Le bon
5   Dieu aime la Vérité!» et il l'entendait souvent. D'aucuns° disaient, bien sûr, que rien ne ressemble davantage° à une vérité qu'un mensonge; mais le plus grand nombre affirmait que la Vérité et le Mensonge étaient comme la nuit et le jour. Voilà pourquoi le jour où il partit en voyage avec Deug-la-Vérité, Fène-le-Mensonge dit à sa compagne de route :

1   —C'est toi que Dieu aime, c'est toi que les gens préfèrent sans doute, c'est donc à toi de parler partout où nous nous présenterons. Car si l'on me reconnaissait, nous serions mal reçus.

Ils partirent de bon matin et marchèrent longtemps. Au milieu du jour, ils

5   entrèrent dans la première maison du village qu'ils atteignirent.[1] Il leur fallut demander à boire après qu'ils eurent salué. Dans une calebasse[2] dont la propreté n'était pas des plus certaines, la maîtresse de maison leur donna de l'eau

lukewarm   tiède° à faire vomir une autruche.[3] De manger il ne fut point question, cependant une marmite pleine de riz bouillait à l'entrée de la case.[4] Les voyageurs

stretched out / shade /   10   s'étendirent° à l'ombre° du baobab[5] au milieu de la cour° et attendirent le bon
open area

Dieu, c'est-à-dire la chance, et le retour du maître. Celui-ci arriva au crépus-
twilight   cule° et demanda à manger pour lui et pour les étrangers.

swallow ("wolf down")   —Je n'ai encore rien de prêt, dit la femme, qui n'avait pu à elle seule avaler° tout le contenu de la marmite.

15   Le mari entra dans une grande colère, non pas tant pour lui, qui cependant avait grand-faim, ayant travaillé la journée durant au grand soleil des champs,°
fields
ici : *guests*   mais à cause de ses hôtes° inconnus qu'il n'avait pu honorer (comme doit
worthy   le faire tout maître digne° de ce nom) et qu'on avait laissés le ventre vide. Il demanda :

20   —Est-ce là le fait d'une bonne épouse? Est-ce là le fait d'une femme généreuse? Est-ce là une bonne ménagère?

agreed   Fène-le-Mensonge, prudent et comme convenu,° ne dit pas un mot, mais
rester silencieuse   Deug-la-Vérité ne pouvait pas se taire.° Elle dit sincèrement qu'une femme
welcoming   digne du nom de maîtresse de maison aurait dû être plus accueillante° pour

25   des étrangers et devait toujours avoir tout préparé pour le retour de son époux.

Alors la femme se mit dans une colère folle, et, menaçant d'ameuter tout le village,[6] intima à son mari l'ordre de mettre à la porte ces étrangers impertinents
were interfering   qui s'occupaient de son ménage et se mêlaient° de donner des conseils, sans

---

1. **atteignirent** : le passé simple du verbe **atteindre** *(to reach)*
2. **calebasse** : *a hollowed-out gourd (from the calabash tree) used as a container for eating or drinking* (Voir l'illustration, p. 112
3. **faire... autruche** : *to make an ostrich vomit* (C'est-à-dire, l'eau tiède était terriblement mauvaise.)
4. **case** : *a mud hut with a thatched roof; a common dwelling in sub-Saharan African villages* (Voir l'illustration, p. 112)
5. **baobab** : *a giant African tree with an enormous trunk (often 30 to 50 feet in diameter). It bears a foot-long fruit called monkey bread (*pain de singe*) which dangles from a long, ropy stem. The pulp of the monkey bread is used for food or as a flavoring for cool drinks. The bark and leaves of the tree have medicinal value; and paper, cloth, and rope are made from its bark fibers. Tradition states that the village* griot *must be buried in the hollowed-out trunk of a baobab tree.* (Voir l'illustration, p. 112)
6. **menaçant... village** : *threatening to stir up the whole village*

1. la case
2. le puits
3. la calebasse
4. le baobab
5. la marmite

immédiatement

1 quoi elle s'en retournerait sur l'heure° chez ses parents. Force fut au pauvre mari, qui ne se voyait pas sans femme (même mauvaise ménagère) et sans cuisine du fait de deux étrangers, de deux passants qu'il n'avait jamais vus, qu'il ne verrait peut-être jamais plus de sa vie, de dire aux voyageurs de continuer leur che-

5 min. Oubliaient-ils donc, ces voyageurs malappris, que la vie n'était pas du cous-cous,[7] mais qu'elle avait besoin cependant d'émollient?[8] Avaient-ils besoin de

crudely

dire aussi crûment° les choses![9]

Fène et Deug continuèrent donc leur voyage, qui avait si mal commencé. Ils marchèrent encore longtemps et arrivèrent dans un village, à l'entrée

découper en morceaux / *bull slaughter*

10 duquel ils trouvèrent des enfants occupés à débiter° un taureau° bien gras qu'ils venaient d'abattre.° En entrant dans la maison du chef du village, ils y virent des enfants qui disaient à celui-ci :

—Voici ta part, en lui présentant la tête et les pieds de l'animal.

Mais

Or,° depuis toujours, depuis N'Diadine N'Diaye,[10] dans tous les villages

15 habités par les hommes, c'est le chef qui donne ou qui fait donner à chacun sa part, et qui choisit la sienne—la meilleure.

---

7. **la vie... du couscous** : *Life was not a bowl of cherries. (free translation)* **Le couscous** *is an African food made from wheat which is steam cooked and served with meat, vegetables, and spicy sauces.*

8. **mais... émollient** : Parce que la vie était difficile, les voyageurs auraient dû savoir que la maîtresse de maison avait besoin de mots plus encourageants.

9. **Oubliaient-ils... choses** : *These thoughts refer to* Deug-la-Vérité *and* Fène-le-Mensonge.

10. **N'Diadine N'Diaye** : *a famous village chief*

1 —Qui pensez-vous donc qui commande dans ce village? demanda le chef aux voyageurs.

Prudemment, Fène-le-Mensonge garda le silence et n'ouvrit pas la bouche; et Deug-la-Vérité fut bien obligée, comme convenu, de donner son avis :

colère

5 —Selon toute apparence, dit-elle, ce sont ces enfants.

—Vous êtes des insolents, dit le vieillard en courroux.° Sortez de ce village, partez, partez tout de suite, sans quoi vous n'en sortirez plus. Allez-vous-en, allez-vous-en!

Et les voyageurs, malchanceux, continuèrent leur chemin.

10 En route, Fène dit à Deug :

responsabilité

—Les résultats ne sont pas bien brillants jusqu'ici, et je ne sais pas s'ils seront meilleurs si je continue à te laisser plus longtemps le soin° de nos affaires. Aussi, à partir de maintenant, c'est moi qui vais m'occuper de nous deux. Je com-

excessivement

mence à croire que, si tu plais au bon Dieu, les hommes ne t'apprécient pas

unaware

15 outre mesure.°

Ignorant° comment ils seraient reçus au village dont ils approchaient et d'où venaient des cris et les lamentations, Deug et Fène s'arrêtèrent au puits

ici : *any dwelling / were quenching their thirst*

avant d'entrer dans une demeure quelconque° et se désaltéraient,° lorsque survint une femme tout en larmes.

slave / queen

20 —Pourquoi ces cris et ces pleurs? demanda Deug-la-Vérité.

—Hélas, dit la femme (c'était une esclave°), notre reine° favorite, la plus jeune des femmes du roi, est morte depuis hier, et le roi a tant de peine qu'il

kill himself

veut se tuer° pour aller rejoindre celle qui fut la plus aimable et la plus belle de ses épouses.

25 —Ce n'est qu'à cause de cela que l'on crie tant?[11] demanda Fène-le-Mensonge. Va dire au roi qu'il y a au puits un étranger qui peut ressusciter des personnes mortes même depuis longtemps.

est partie

sheep

L'esclave s'en fut° et revint un moment après, accompagnée d'un vieillard qui conduisit les voyageurs dans une belle case où ils trouvèrent un mouton°

30 rôti entier et deux calebasses de couscous.

—Mon maître, dit le vieillard, vous envoie ceci et vous dit de vous reposer de votre long voyage. Il vous dit d'attendre; il te fera appeler bientôt.

Le lendemain, on apporta aux étrangers un repas encore plus copieux, et le surlendemain de même. Mais Fène feignit[12] d'être en colère et impatient; il

35 dit aux messagers :

—Allez dire à votre roi que je n'ai point de temps à perdre ici, et que je vais reprendre mon chemin, s'il n'a pas besoin de moi.

---

11. **Ce... tant :** Rappelez-vous que **ne... que** n'est pas une forme négative.
12. **feignit :** le passé simple du verbe **feindre** *(to feign, pretend)*

possessions

équipé / hoe / huff
and puff / faire de
grands efforts

dug
scarcely

rose up
jostled, pushed

ancêtres

were taking a turn
for the worse

avoid

1   Un vieillard revint lui dire :

—Le roi te demande. Et Fène le suivit, laissant Deug-la-Vérité dans la case.

—D'abord, que veux-tu comme prix de ce que tu vas faire? s'enquit le roi lorsqu'il fut devant lui.

5   —Que peux-tu m'offrir? répliqua Fène-le-Mensonge.

—Je te donnerai cent choses de toutes celles que je possède dans ce pays.

—Cela ne me suffit pas, estima Fène.

—Dis alors ce que tu désires toi-même, proposa le roi.

—Je veux la moitié de tous tes biens.°

10   —C'est entendu, accepta le roi.

Fène fit bâtir une case au-dessus de la tombe de la favorite et y entra seul, muni° d'une houe.° On l'entendit souffler° et ahaner,° puis, au bout d'un temps très long, il se mit à parler, d'abord doucement, ensuite à très haute voix, comme s'il se disputait avec plusieurs personnes; enfin, il sortit de la case

15   et s'adossa fortement à la porte :

—Voilà que la chose se complique, dit-il au roi. J'ai creusé° la tombe, j'ai réveillé ta femme, mais à peine° était-elle revenue à la vie et allait-elle sortir de sous terre,[13] que ton père, réveillé lui aussi, l'a prise par les pieds en me disant : «Laisse là cette femme. Que pourra-t-elle te donner? Tandis que si je

20   reviens au monde, je te donnerai toute la fortune de mon fils.» Il n'avait pas fini de me faire cette proposition que son père surgit° à son tour et m'offrit tous tes biens et la moitié de ceux de son fils. Ton grand-père fut bousculé° par le grand-père de ton père, qui me proposa tes biens, les biens de ton père, les biens de son fils et la moitié de sa fortune. Lui non plus n'avait pas fini de

25   parler que son père arriva, tant et si bien que tes ancêtres et les aïeux° de leurs ancêtres sont maintenant à la sortie de la tombe de ta femme.

Bour-le-Roi regarda ses conseillers, et les notables regardèrent le roi. L'étranger avait bien raison de dire que les choses se gâtaient.° Bour regarda Fène-le-Mensonge, et les vieux le regardèrent. Que fallait-il faire?

30   —Pour te tirer d'embarras, pour t'éviter° d'avoir trop à choisir, dit Fène-le-Mensonge, indique-moi seulement qui, de ta femme ou de ton père, tu veux que je fasse revenir.

—Ma femme, dit le roi, qui aimait plus que jamais la favorite et qui avait toujours eu peur du roi défunt dont il avait, aidé des notables, précipité la mort.

35   —Évidemment, évidemment! répliqua Fène-le-Mensonge. Seulement voilà, c'est que ton père, lui, m'offre le double de ce que tu m'as promis tout à l'heure.

---

13. à peine... terre : *This phrase is not a question. Inversion is used after* à peine.

ici : se séparait

guessed

1   Bour se tourna vers ses conseillers, et ses conseillers le regardèrent et re-gardèrent l'étranger. Le prix était fort, et que servirait-il au roi de revoir sa femme la plus aimée s'il se dépouillait° de tous ses biens? Serait-il encore roi? Fène devina° la pensée du roi et celle des notables :

5   —À moins, dit-il, à moins que tu ne[14] me donnes, pour laisser ta femme où elle est actuellement, ce que tu m'avais promis pour la faire revenir.

    —C'est assurément ce qu'il y a encore de mieux et de plus raisonnable, firent en chœur les vieux notables qui avaient contribué à la disparition du vieux roi.

let . . .

aussi

10   —Qu'en dis-tu, Bour? demanda Fène-le-Mensonge.

    —Eh bien! que° mon père, le père de mon père et les pères de leurs pères restent où ils sont, et ma femme pareillement,° dit le roi.

    C'est ainsi que Fène-le-Mensonge, pour n'avoir fait revenir personne de l'autre monde, eut la moitié des biens du roi, qui, d'ailleurs, oublia bien vite sa

15 favorite et prit une autre femme.

COMPRÉHENSION ET DISCUSSION

A. VRAI / FAUX

En vous basant sur le texte, indiquez si les phrases suivantes sont vraies ou fausses. Corrigez les phrases fausses. Ne vous contentez pas d'utiliser ou de supprimer les mots négatifs.

1. Selon la majorité des personnes, le bon Dieu aime la vérité.
2. Un jour Fène-le-Mensonge et son amie Deug-la-Vérité partent en voyage, et Fène-le-Mensonge décide que Deug-la-Vérité parlera pour les deux.
3. Après avoir longtemps marché, ils s'arrêtent au premier village où une maîtresse de maison leur donne une calebasse de riz.
4. Quand le maître de maison rentre à la maison après son travail, il n'y a plus de riz dans la marmite.
5. Le mari se met en colère contre sa femme parce qu'elle a donné tout le riz aux étrangers.
6. Le maître de maison décide que sa femme lui est plus importante que les deux voyageurs.
7. Fène-le-Mensonge et Deug-la-Vérité continuent leur voyage et s'arrêtent à un village où des enfants vendent la viande d'un taureau.
8. Les enfants présentent la tête et les pieds du taureau au chef du village.

                                                   →

14. **ne** : *sans valeur négative; généralement omis dans la langue parlée*

9. D'habitude c'est le chef du village qui donne les parts de l'animal aux autres et qui choisit la meilleure part pour lui-même.

10. Selon Deug-la-Vérité, c'est le chef qui commande dans ce village.

11. Le vieux chef est enragé parce que les deux voyageurs refusent de manger chez lui.

12. En route encore une fois, Fène-le-Mensonge décide que ce sera lui qui s'occupera maintenant de leurs affaires.

13. Après un moment, ils s'arrêtent pour se reposer à l'ombre d'un baobab.

14. Une femme s'approche. Elle pleure parce que la reine favorite est morte et que le roi de son village est désolé.

15. Fène-le-Mensonge dit qu'il sait ressusciter les morts.

16. Fène-le-Mensonge dit qu'il ressuscitera la reine si Bour-le-Roi lui donne tous ses biens.

17. Fène-le-Mensonge et Deug-la-Vérité creusent la tombe de la reine favorite et la réveillent.

18. L'affaire se complique. Selon Fène-le-Mensonge, les ancêtres du roi lui donneront une plus grande fortune que celle promise par le roi si Fène-le-Mensonge les fait revenir au monde.

19. Pour résoudre cette situation compliquée, Fène-le-Mensonge fait revenir la reine et tous les ancêtres.

20. À la fin, Fène-le-Mensonge est riche, et le roi a sa femme favorite avec lui.

B. QUESTIONS DE COMPRÉHENSION

Répondez en français aux questions suivantes. Formulez vos propres réponses. Ne copiez pas les phrases du texte. Le lexique qui suit vous aidera à formuler vos réponses.

Petit lexique

avoir honte (de) to be ashamed (of)
biens m. pl. possessions
commander to be in charge
critiquer to criticize
être bien (mal) traité to be well (badly) treated

faire partir quelqu'un to make someone leave
insulter to insult
moitié f. half
nourriture f. food
offre m. offer
offrir to offer

perte f. loss
précédent m. preceding one
précipiter to hasten
ressusciter to bring back to life
traitement m. treatment
tuer to kill
vengeance f. revenge

---

1. Comment Fène-le-Mensonge se sent-il quand il entend dire que le bon Dieu aime la vérité?

2. Pourquoi est-ce que Fène-le-Mensonge décide que Deug-la-Vérité devrait parler pour eux deux pendant leur voyage?

3. Comment les deux voyageurs sont-ils traités dans le premier village où ils s'arrêtent? Soyez précis(e).

4. Pourquoi le maître de maison se fâche-t-il contre sa femme? Pourquoi sa femme se fâche-t-elle contre les deux voyageurs?

5. Qu'est-ce que cette maîtresse de maison demande à son mari de faire? Pourquoi son mari le fait-il?

6. Pourquoi Fène-le-Mensonge et Deug-la-Vérité sont-ils obligés de quitter très vite le deuxième village? Expliquez ce qui se passe.

7. Parce que leur voyage va mal, quelle suggestion Fène-le-Mensonge fait-il?

8. Dans le troisième village, une femme s'approche d'eux. Comment explique-t-elle ses larmes?

9. Qui offre de remédier à la situation? Comment?

10. Comment les deux voyageurs sont-ils traités dans ce troisième village? Précisez.

11. Expliquez le pacte entre Fène-le-Mensonge et Bour-le-Roi.

12. Comment est-il possible que Fène cache ses actions aux autres gens du village?

13. Selon Fène-le-Mensonge, pourquoi la résurrection de la reine morte se complique-t-elle?

14. Si Fène fait revenir le père de Bour, qu'est-ce que le père de Bour lui donnera?

15. Pourquoi Bour-le-Roi n'a-t-il pas voulu que Fène-le-Mensonge fasse revenir son père?

16. Comment Fène-le-Mensonge a-t-il dupé Bour-le-Roi?

C. RÉACTIONS ORALES OU ÉCRITES

Synthèse du texte

1. Selon vous, Fène-le-Mensonge a-t-il raison quand il dit que «le bon Dieu aime la vérité»? Comment les trois exemples dans le conte démontrent-ils que les hommes n'apprécient pas toujours la vérité que Dieu aime.

2. Comment la décision de Bour-le-Roi à la fin du conte révèle-t-elle le côté pratique de sa personnalité?

3. Ce conte révèle certaines habitudes et coutumes de la culture africaine traditionnelle. Faites-en une liste. Ensuite, comparez ces habitudes à ce que vous savez de votre propre culture.

4. Il est évident que tout ce qui se passe dans ce conte n'est pas réel. Trouvez les éléments du surnaturel que vous avez remarqués. Selon vous, comment ces éléments contribuent-ils à l'intrigue du conte?

5. On accepte normalement le fait que la vérité est préférable au mensonge. Cependant, c'est le mensonge qui semble triompher à la fin du conte. Si ce conte veut enseigner une leçon de morale, comment pouvez-vous expliquer cette fin intrigante? Selon vous, quel message l'auteur essaie-t-il de communiquer au lecteur? Pensez aux événements spécifiques du conte. (*Système-D:* **Grammar:** subjunctive; **Phrases:** linking ideas; sequencing events)

Réaction personnelle

1. Dans le premier paragraphe de ce conte, l'auteur écrit que «rien ne ressemble davantage à une vérité qu'un mensonge». Ensuite il écrit que «la Vérité et le Mensonge étaient comme la nuit et le jour». Avec quel point de vue êtes-vous d'accord? Pourquoi? Justifiez votre réponse.

2. Le griot africain utilise des gestes et des mimiques quand il raconte un conte. Il doit garder l'intérêt de ses auditeurs qui ont probablement entendu le même conte plusieurs fois. Avec des camarades de classe, transformez ce conte écrit en une présentation orale. Pensez à ce que vous pouvez ajouter comme gestes, actions, musique, etc.

3. Vous êtes Deug-la-Vérité. Vous dites toujours la vérité. Créez des réponses que vous pouvez accepter mais qui seront aussi acceptables pour
   a. le maître de maison et pour sa femme (du premier village), et
   b. le chef du deuxième village.
   Ensuite, imaginez comment l'action du conte changera avec ces nouvelles réponses.

4. Vous êtes Fène-le-Mensonge. Quelle réponse auriez-vous donnée à la question du mari du premier village : «Est-ce là le fait d'une bonne épouse?» Et à la question du chef du deuxième village : «Qui pensez-vous donc qui commande dans ce village?» Comment vos réponses auraient-elles changé la suite de l'action?

5. Dans ce conte les noms des protagonistes reflètent leurs caractères. Choisissez deux ou trois adjectifs pour décrire Fène-le-Mensonge et deux ou trois adjectifs pour décrire Deug-la-Vérité. Justifiez votre choix.

6. Dans ce conte, Fène-le-Mensonge est un homme et Deug-la-Vérité est une femme. Pensez-vous qu'il y ait une (des) raison(s) pour ceci? Si oui, quelle(s) raison(s)?

7. Croyez-vous que le folklore et la science puissent coexister au vingt-et-unième siècle? Justifiez votre réponse.

Chapter 9

D'un cheveu

 **Jean Giraudoux** *(1882–1944)*

Jean Giraudoux, novelist, diplomat, dramatist, lecturer, and critic, was born in Bellac in the Limousin[1] to a family of the *petite bourgeoisie.* Although he lived in Bellac only until he was seven years old, his attachment to his birthplace lasted throughout his life.

Even in the earliest years of Giroudoux's education, learning was his greatest love. He was a brilliant student at the *lycée* and, later, at the *École Normale Supérieure.* He seemed to be destined for a literary career, but that was not to be his first professional undertaking. Instead, he traveled extensively, tried his hand at journalism, and then entered the field of diplomacy.

In 1905, Giraudoux won a scholarship that permitted him to travel widely in Europe. In 1906, he came to the United States as a lecturer in French at Harvard University. Returning to Paris the following year, he worked briefly as a journalist for the newspaper *Le Matin*. It was in Paris that he met Bernard Grasset, who later became his publisher.

Giraudoux made his literary debut in 1909 with the witty and frivolous *Provinciales*, a collection of his *contes* and *nouvelles*—many of which had appeared earlier in various journals.

In 1910, while attached to the Ministry of Foreign Affairs, Giraudoux began to pursue the double career of *haut fonctionnaire* (diplomat) and writer. He served in World War I, was wounded, and later was awarded the Cross of the Legion of Honor. Giraudoux then returned to Harvard, this time as an instructor in military science. During this stay in the United States, he collected information that led to *Amica America*, said to be one of the most sympathetic books ever written about the United States. To him, America reflected an enthusiasm, an optimism, and an idealism that he admired.

---

1. **Limousin :** a former province in central France

Upon his return to postwar France, Giraudoux married, and in 1919 his son, Jean-Pierre, was born. Appointed head of the Press and Information Service of the Ministry of Foreign Affairs in 1924, Giraudoux continued in the field of diplomacy. At the same time, he was furthering his literary development, now as a novelist. During this period, Giraudoux met Louis Jouvet, a well-known actor on both stage and screen. Through Jouvet, Giraudoux discovered, at the age of forty-six, his true vocation—the theater. From novelist and statesman, he was to become one of the leaders in the renaissance of the French theater that took place during the 1930s. Giraudoux sought to return dignity to the theater and to awaken in the viewer an interest in serious problems and eternal truths. The themes of intellectual honesty and the futility of war often recur in Giraudoux's theatrical works. He believed that "*Le spectacle est la seule forme d'éducation morale ou artistique d'une nation.*"

In 1936, while serving as inspector general of diplomatic and consular posts, Giraudoux wrote *Pleins Pouvoirs*, which contained his projects of reform for France and analyzed France as he knew it just before the outbreak of World War II. Although *Pleins Pouvoirs* is in some ways discouraging and pessimistic, placing responsibility in the hands of the French people themselves, it demonstrates Giraudoux's faith in the destiny of France.

At the beginning of World War II, Giraudoux served in the French government as chief of propaganda and censorship, a post for which his intellectual integrity and unorthodox views made him unsuited. He retired in 1941, and spent his remaining years writing for the theater and the cinema. His best-known works include *Amphitryon 38* (1929), *Sodome et Gomorrhe* (1943), and *La guerre de Troie n'aura pas lieu* (1935). At his death in January 1944, he left two important plays, *La Folle de Chaillot* and *L'Apollon de Bellac*.

PRÉPARATION À LA LECTURE

Renseignements généraux

INVERSION   This story contains many examples of verb forms that are inverted with a subject pronoun. When inversion follows direct discourse to indicate who said what, it is not to be viewed as an interrogative form.

> **EXEMPLES :** La preuve indéniable, expliqua-t-il...
> Je vois ce que c'est, dit-il.

Although the first-person subject pronoun, **je**, is rarely inverted with its verb in conversation, this form is often encountered in literary French.

> **EXEMPLES :** Ce n'est pas un cheveu, dis-je.
> Ce qu'il sent? murmurai-je.

CULTURE   As you read this story, you will meet characters who dress, speak, and, in general, behave quite differently from individuals who live today.

At the time this story was written, it was fashionable to wear boots (*bottes, bottines*) that buttoned with a button-hook (*un tire-bouton*). According to Giraudoux, the English often favored open shoes or shoes that tied with laces.

One used to measure amounts of wine or alcohol by the thickness of a man's finger. Thus one would drink "a finger" (*un doigt*) of wine or whisky. In *D'un cheveu*, the characters are served both Bordeaux, a red wine, and Chablis, a white wine.

Your understanding may also be helped by the explanation that at one point in this story, Sherlock holds his wineglass close to his eye to simulate a loupe. A loupe is a small magnifying glass used by a jeweler or watchmaker. The loupe is shaped to fit snugly against the eye socket, leaving the user's hands free.

Utilisez vos stratégies

A. MOTS APPARENTÉS   Il est possible que certains des nouveaux mots soient des mots apparentés. Voici quelques mots apparentés tirés de *D'un cheveu*. Certains d'entre eux ne font pas partie du vocabulaire courant. Trouvez dans la colonne de droite l'équivalent logique de chaque mot apparenté. Si vous avez de la difficulté, consultez votre dictionnaire anglais.

1. l'adversaire *m./f.*	a. distingué
2. le badinage	b. une personne qui converse avec une autre
3. la commisération	c. irréfutable
4. déférent	d. la compassion
5. dissimuler	e. opposé
6. éminent	f. suggérer sans dire expressément
7. exécrable	g. une conversation légère, pas sérieuse
8. indéniable	h. abominable
9. insinuer	i. respectueux
10. l'interlocuteur *m.*	j. donner une idée fausse
11. inverse	k. l'ennemi

B. FAMILLES DE MOTS   Est-ce que le nouveau mot appartient à une famille de mots? On peut élargir son vocabulaire en apprenant un seul nouveau mot. En lisant *D'un cheveu*, vous remarquerez que les mots de la **même famille** se trouvent aussi dans le texte.

1. Si le verbe **éternuer** veut dire *to sneeze*, que veut dire **éternuement?**

    Je profitai des facilités... pour diriger un **éternuement** dans la direction du cheveu...
    ◆ **même famille :** rééternuer

2. Si le nom **bouton** veut dire *button*, que veut dire le verbe **reboutonner?**

    Vos bottines sont à demi **reboutonnées.**
    ◆ **même famille :** un tire-bouton, boutonner

3. Vous savez le sens de l'adjectif **long.** Que veut dire le verbe **allonger?**

    ... il... **allongea** la main vers moi...

4. Si le nom **rêve** veut dire *dream,* que veut dire le verbe **rêver?**

    Mon ami **rêvait** bien...

    ◆ **même famille :** la rêverie

5. Vous comprenez le verbe **battre.** Que veut dire le nom **battement?**

    Le temps passait en raison inverse du **battement** de mon cœur.

C. LISEZ ET RÉFLÉCHISSEZ!   Est-ce que le contexte vous aide? Lisez les phrases sui-vantes sans consulter le dictionnaire. Essayez de déterminer le sens des mots en carac-tères gras en vous servant du contexte de la phrase entière. Qu'est-ce qui vous a aidé(e)? Soyez spécifique.

1. Sherlock posa [le mouchoir] sur la table et **s'abîma** à nouveau dans ses contemplations.
2. Mon cœur, en quatrième vitesse, **ronflait** au milieu de ce silence comme un moteur.
3. Sherlock **respira** le mouchoir, et l'approcha délicatement de mon nez. —Qu'est-ce qu'il sent? demanda-t-il.
4. ... [le] cheveu... **ondoya** comme un serpent sans... quitter la table.
5. ... Sherlock... me fixait toujours avec les yeux du boa qui va **engloutir** son bœuf.
6. Je conclus... en caressant fiévreusement mon revolver... Quelle bêtise de ne jamais le **charger!**

D. VOCABULAIRE—FACILITEZ VOTRE COMPRÉHENSION!   Étudiez ces mots et ex-pressions tirés du conte avant d'en commencer la lecture.

NOMS

le frisson	shiver, shudder
la nappe	tablecloth
la perruque	wig
le piège (tendre un piège)	trap, snare (to set a trap)

VERBES

avaler	to swallow
balbutier	to stammer, stutter
en vouloir à quelqu'un	to bear (hold) a grudge against someone
éviter	to avoid, evade
ignorer	to be unaware of, not to know
se méfier (de)	to mistrust, be suspicious (of)
se pencher	to lean (over), bend, stoop
plaisanter	to joke, jest

EXERCICE   Maintenant, vérifiez votre compréhension. Complétez les phrases suivantes avec huit des mots de la liste précédente.

1. Voilà un homme que je déteste. Je l' _____ à toute occasion.
2. Ma meilleure amie aime beaucoup amuser les autres. Elle _____ tout le temps.
3. Il _____ au juge qui l'a mis en prison.
4. Quand le prof m'a posé cette question, j'ai été tellement choqué que je _____ une réponse assez bête.
5. Nous _____ des gens qui font des promesses exagérées.
6. Les étudiants n'ont pas étudié parce qu'ils _____ que le prof allait donner un examen.
7. La police a tendu un _____ pour arrêter le voleur.
8. Une _____ blonde complète mon costume pour le Mardi Gras.

Établissons les faits!

A. EXPÉRIENCE PERSONNELLE

1. Aimez-vous lire des romans policiers? Pourquoi ou pourquoi pas?
2. Quand vous lisez un roman policier, à quoi faites-vous attention?
3. Qu'est-ce que vous savez de Sherlock Holmes? Soyez spécifique. À quel auteur avez-vous l'habitude de l'associer?
4. Vous êtes-vous jamais trouvé(e) dans une situation où vous aviez peur que quelqu'un découvre une faute que vous aviez commise? Expliquez.

B. LE TITRE ET L'ILLUSTRATION—PRÉDISONS!

1. Vous savez maintenant que le conte qui suit est une sorte de mystère. Quel rôle *un cheveu* pourrait-il jouer dans un mystère?
2. Décrivez la scène représentée dans l'illustration à la page 126. Croyez-vous que cette scène se passe aujourd'hui? Expliquez votre réponse.
3. À votre avis, qui est le personnage qui fume une pipe? Sur quoi basez-vous votre réponse?
4. Contrastez l'apparence, l'attitude et les vêtements des deux hommes.
5. À votre avis, de quoi les hommes parlent-ils? Est-ce une conversation sérieuse ou frivole?

Introduction au conte

Parce qu'on a tendance à n'associer Giraudoux qu'à des œuvres sérieuses et à des pièces de théâtre, beaucoup de ses lecteurs, même parmi les plus fidèles, ignorent le fait qu'il a aussi écrit des contes. Giraudoux a écrit la plupart de ses contes au début de sa carrière, et nombre d'entre eux ont paru d'abord dans les journaux. *D'un cheveu*, publié dans le journal *Le Matin* du 9 novembre 1908, parodie un conte policier comme ceux de Conan Doyle, créateur du détective Sherlock Holmes. Le conte révèle une facette différente du talent de Giraudoux, et souligne son sens de l'humour.

D'un cheveu est un mystère, mais c'est un mystère assez unique. Le lecteur comprend dès le début pourquoi le narrateur a peur que ses actions soient découvertes par l'éminent détective. Chaque nouvel indice (*clue*) signalé par Sherlock intensifie le suspens aussi bien que l'humour de la situation. Pendant que vous lisez ce conte, notez comment l'auteur, par son choix de mots et ses descriptions amusantes, parodie le conte policier typique. Remarquez aussi que Giraudoux fait souvent allusion au théâtre, son premier amour.

VUE PANORAMIQUE

Répondez brièvement aux questions suivantes.

1. Quels sont les deux personnages principaux?
2. Pour ces deux hommes, quelle est l'importance de la première phrase du conte?
3. Où se déroule la presque totalité de l'action?
4. Au cours du conte, qu'est-ce que le détective essaie de déterminer?
5. Quel adjectif choisiriez-vous pour décrire l'état mental du narrateur? Pourquoi avez-vous choisi cet adjectif?
6. Choisissez un adjectif pour décrire le détective et expliquez pourquoi vous l'avez choisi.
7. Associez le titre du conte à l'enquête du détective.
8. Le détective résoud-il son mystère? Expliquez.
9. À la fin du conte, le narrateur est-il content ou désolé? Commentez.
10. Quels autres détails pouvez-vous mentionner après votre première lecture?

D'un cheveu

1 JE sortais des bras de Mme Sherlock Holmes, quand je tombai, voilà ma veine,° sur son époux.

ici : luck

—Hé! bonjour! fit l'éminent détective. On dîne avec moi? Voilà des siècles qu'on ne vous a vu!

s'est montré

5 Quelque chose de mon émotion transparut° sur mon visage. Sherlock sourit finement:

—Je vois ce que c'est, dit-il, Monsieur[1] va chez une amie.

Si je disais non, j'avais l'air de faire des mystères. Si je disais oui, j'avais l'air de vouloir l'éviter.° Je répondis donc, peut-être un peu précipitamment, que

avoid

10 l'amie en question pouvait parfaitement attendre; que, si je n'arrivais pas à

---

1. **Monsieur** : réfère ici au narrateur

1 huit heures, ce serait à neuf, et que, d'ailleurs, si elle n'était pas contente, je
ne rentrerais pas du tout.

stared at

Sherlock, pour toute réponse, posa les mains sur mes épaules, me fixa,° et dit :

stammer

—Ne bafouillez° pas, cher.[2] Je vous avais tendu un piège. Vous sortez d'un
5 rendez-vous!

stood on end

Un frisson parcourut mon corps et sortit par mes cheveux, qui se dressèrent.°

heureusement

Par bonheur,° il ajouta :

no more joking

—Mais trêve de plaisanterie.° Allons au restaurant. Désolé de ne pas vous
emmener chez moi, mais on ne m'y attend pas. La bonne a son jour.[3]

10 Je[4] me crus sauvé. Mon ami rêvait bien sur son potage, mais je mettais ses
rêveries sur le compte de quelque professionnel du vol à la tire[5] et du

*vagrancy / kicked /
ankle*

vagabondage° spécial.[6] Soudain, du pied, il cogna° légèrement ma cheville.°

—Voilà la preuve, fit-il.

recommençait

Cela le reprenait.°

15 —La preuve indéniable, la preuve irréfutable, expliqua-t-il, que vous sortez
bien d'un rendez-vous : vos bottines sont à demi reboutonnées, ou[7] vous avez
été surpris en flagrant délit,[8] hypothèse inadmissible, car une main de femme
noua à loisir votre cravate, ou[7] votre amie appartient à une famille où l'on
n'use point du tire-bouton, une famille anglaise, par exemple.

20 J'affectai de sourire.

hairpins

—Toute femme, insinuai-je, a des épingles à cheveux.° Une épingle à cheveux
remplace avantageusement un tire-bouton.

—Votre amie n'en a pas, laissa-t-il tomber. Vous ignorez peut-être que certaines Anglaises ont formé une ligue contre les épingles à cheveux. D'ailleurs,
25 sans chercher si loin, les femmes qui portent perruque ne s'en servent pas. Je
suis payé pour le savoir.[9] Ma femme est du nombre.

—Ah! fis-je.

Il s'amusait évidemment à me torturer. De plus, l'imbécile m'avait placé
dos à la fenêtre, et il en venait un courant d'air qui me pénétrait jusqu'aux

*bone marrow
lace*

30 moelles.° J'éternuai. En tirant mon mouchoir, j'en fis tomber un second,
orné de dentelles,° un peu plus grand qu'une feuille et un peu moins grand

---

2. **cher** : *a term of address such as "old friend" or "dear man"*
3. **La... jour** : La bonne *(maid)* ne travaille pas ce jour-là; elle a congé.
4. **Je** : Remarquez qu'à ce moment-ci la scène change, et les deux hommes sont en train de dîner au restaurant.
5. **professionnel... tire** : *pickpocket*
6. **Mon... spécial** : Le narrateur suppose que Sherlock réfléchit à son travail de détective.
7. **ou... ou** : *either . . . or*
8. **en... délit** : *in flagrante delicto (legal term), in the act*
9. **Je... savoir** : Le travail de Sherlock l'oblige à remarquer les petits détails.

plunged

be betrayed

whistled softly /
  je suis devenu
  silencieux
ici : mouches

relief

1   que ma main. Sherlock le posa sur la table, et s'abîma° à nouveau dans ses contemplations.

—C'est un mouchoir de femme, prononça-t-il enfin.

Puis il sourit.

5   —Enfant! fit-il. Vous vous laissez trahir° par un mouchoir. Depuis Iago et Othello, ce genre d'accessoires n'appartient plus qu'à l'opérette.[10] Mais je ne veux pas être indiscret. Me permettez-vous de l'examiner?

—Vous pouvez, balbutiai-je bêtement; il est propre.

Je sifflotai° pour me donner une contenance,[11] puis,... je me tus.° On aurait 10   entendu voler les mouches.[12] Mais les sales bêtes,° intimidées, s'en gardaient bien. Mon cœur, en quatrième vitesse, ronflait au milieu de ce silence comme un moteur. Sherlock but un doigt de bordeaux, en rebut un second doigt, et posa un des siens, l'index, sur le mouchoir.

—C'est la femme de quelqu'un qui se méfie et qui est malin, fit-il. Il n'a pas 15   d'initiales.

J'avalai de soulagement° deux grands verres d'eau. Sherlock respira le mouchoir, et l'approcha délicatement de mon nez.

---

10. **Depuis... opérette** : *In Shakespeare's* Othello, *Iago obtains a handkerchief belonging to Othello's wife Desdemona, and uses it to convinvce Othello of her infidelity. Sherlock tells the narrator that this "handkerchief business" is no longer seen except perhaps in musical comedy.*
11. **Je... contenance** : *(a good front)* Le narrateur veut faire semblant d'être calme et rassuré.
12. **On... mouches** : Comment exprime-t-on cette même idée en anglais?

1 —Qu'est-ce qu'il sent? demanda-t-il...

—Ce qu'il sent? murmurai-je.

Heureusement, Sherlock n'écoute pas ses interlocuteurs. Les questions qu'il leur pose sont des réponses qu'il se fait.

5 —Pour moi, raisonna-t-il, il ne sent rien. C'est donc un parfum auquel je suis habitué. Celui du Congo,[13] par exemple : celui de ma femme.

threshing machine

rolling mill / vise / was crushing

Ceux qui n'ont jamais été pris dans une machine à battre° ou passés au laminoir° ne pourront jamais concevoir quel étau° broyait° mon cœur. Je me penchai sur mon assiette et essayai de me trouver de l'appétit... Sherlock con-
10 tinuait à me fixer.

—Un cheveu, fit-il.

Je me penchai vers son assiette.

leek

—Ce n'est pas un cheveu, dis-je. Du poireau,° sans doute.

thumb / manteau / thread

Sans répondre, il se leva, allongea la main vers moi et me présenta, entre le
15 pouce° et l'index, après avoir cueilli sur le col de mon paletot,° un fil° doré,

silky

soyeux,° souple, bref un de ces cheveux qui font si bien sur l'épaule de l'a-
mant, quand toutefois la tête de l'aimée est au bout.

—Eh bien, dit-il, qu'est-ce que cela?

aspects

—Ça, fis-je, d'un ton que j'aurais voulu indifférent, mais qui malgré moi

avantages

20 prenait des allures° provocantes, vous l'avez dit vous-même, c'est un cheveu!

Il le posa sur la nappe blanche. Je profitai des facilités° que me donnaient le courant d'air et la rêverie de mon bourreau,[14] pour diriger un éternuement dans la direction du cheveu qui s'éleva, ondoya comme un serpent sur sa

tail

queue,° sans pourtant, l'infâme,[15] quitter la table.

25 —Rééternuez, commanda Sherlock Holmes, qui avait perçu évidemment

stratagème

mon manège.°

Je la[16] trouvai mauvaise.

ici : insistez

—Si vous tenez à° ce que j'éternue, protestai-je, éternuez vous-même.

Il éternua. Le cheveu s'éleva, ondoya (voir plus haut).

is sticking

30 —C'est bien un cheveu de perruque, conclut-il, la racine colle!°

Le cheveu était retombé en travers et nous séparait comme un cadavre. Il me paraissait plus long encore mort que vivant.

Sherlock vida son verre et s'en saisit comme d'une loupe, malgré mes ef-

pour

forts pour lui verser° un chablis, d'ailleurs exécrable.

35 —C'est bien un cheveu de ma femme, dit-il.

---

13. **Congo** : *a particular scent of perfume*
14. **bourreau** : *(executioner)* De qui le narrateur parle-t-il?
15. **l'infâme** : se réfère ici au cheveu *(the wretched thing)*
16. **la** : *it (that is, Sherlock's demand)*

1 Je dissimulai ma terreur sous le voile d'un aimable badinage.

—Eh! eh! marivaudai-je,[17] Mme Sherlock est jolie. Vous me flattez.

Il me regarda d'un air de commisération.

fréquenté   —Pauvre ami, fit-il, une Irlandaise[18] qui a traîné° tous les bars.

lentement 5 La mort valait mieux que l'incertitude. Je n'aime pas mourir à petit feu.° Surtout en présence d'un garçon stupide qui vous écoute en vous servant. Je congédiai l'intrus dans les règles.[19]

—Et vous, fis-je en me levant et en fixant Sherlock, expliquez-vous!

C'était prendre le taureau par les cornes. Mais j'aurais fait plus encore. Mon

10 adversaire, d'ailleurs, ne sourit pas de son ironie déférente.

—En deux mots, dit-il. Vous sortez d'un rendez-vous et vous vous troublez à ma vue, donc, vous avez intérêt à ce que je ne connaisse pas celle qui vous

donne   prodigue° ses faveurs. Vos bottines sont défaites, donc... vous ne les avez pas reboutonnées. C'est le jour où ma bonne s'absente et laisse ma femme seule.

15 Vous sortez avec un mouchoir qui appartient à ma femme. Je trouve sur votre épaule un cheveu de sa plus belle perruque. Donc...

Mes yeux ne firent qu'un tour. Le temps passait en raison inverse du battement de mon cœur.

—Donc, reprit Sherlock, qui me fixait toujours avec les yeux du boa qui va

20 engloutir son bœuf... Donc, concluez vous-même.

collapsing   Je conclus en me renversant° sur mon fauteuil et en caressant fiévreuse-

grip   ment la crosse° de mon revolver, un excellent browning[20] à douze coups. Quelle bêtise de ne jamais le charger!

—Donc... dit Sherlock froidement (avouez-le, mon pauvre ami, je ne vous

25 en veux pas). Vous êtes l'ami de ma bonne![21]

—Garçon, criai-je. Où diable vous cachez-vous! Il y a une heure que je vous appelle! Apportez du champagne!

Jean Cordelier et Ch. Aivrard.[22]

---

17. **marivaudai-je** : *The verb* **marivauder** *(to speak in an excessively affected and refined manner) is derived from the name of the 18th-century dramatist* **Marivaux,** *who wrote many comedies. The narrator is imitating this style.*
18. **Irlandaise** : Vous saurez à la fin du mystère à qui Sherlock pense ici.
19. **Je... règles** : *I dismissed the intruder politely.* Qui est cet intrus?
20. **browning** : un pistolet automatique utilisé pendant les deux Grandes Guerres; inventé par l'Américain John Moss Browning (1855–1926)
21. *See footnote 18.*
22. Étant rédacteur littéraire pour le journal *Le Matin,* Giradoux introduisit de temps en temps un de ses propres contes, souvent sous d'autres signatures.

COMPRÉHENSION ET DISCUSSION

A. RÉSUMÉ

Choisissez **a**, **b** ou **c** afin d'obtenir une phrase correcte selon le texte. Quand vous aurez fini, relisez toutes les phrases. Vous découvrirez qu'elles forment un résumé du conte.

Dans la rue

1. Quand Sherlock Holmes a rencontré le narrateur, le narrateur sortait d'un rendez-vous avec

   a. sa propre femme.   c. la maîtresse de Sherlock.
   b. la femme de Sherlock.

2. Sherlock a invité le narrateur à

   a. dîner avec lui.   c. dîner avec Mme Holmes.
   b. se battre en duel.

3. Le narrateur

   a. a refusé l'invitation.   c. a accepté l'invitation.
   b. a fait attendre son amie.

4. En disant que le narrateur allait chez une amie, Sherlock a admis qu'il lui avait tendu

   a. une trêve.   b. une preuve.   c. un piège.

5. Sherlock voulait dîner au restaurant parce que

   a. sa femme ne savait pas cuisiner.   c. sa femme était malade.
   b. la bonne avait congé ce jour-là.

Au restaurant

6. En mangeant son potage, Sherlock réfléchissait

   a. à son travail.   c. à la fidélité de Mme Holmes.
   b. au rendez-vous du narrateur.

7. Sherlock a annoncé soudain qu'il avait la preuve que le narrateur

   a. sortait d'un rendez-vous.
   b. avait été surpris en flagrant délit.
   c. avait une amie qui appartenait à une famille anglaise.

8. Le narrateur, le dos à la fenêtre, avait froid et il

   a. a éternué.   b. a ronflé.   c. a siffloté.

9. En cherchant son mouchoir, le narrateur a fait tomber

   a. un mouchoir de femme.   c. une épingle à cheveux.
   b. un éternuement.

10. Pour faire semblant d'être calme, le narrateur

   a. a ronflé.   b. a éternué.   c. a siffloté.

→

11. Le narrateur était gêné
    a. à cause du grand silence.
    b. parce que Sherlock buvait trop de vin.
    c. parce que les mouches volaient près de son assiette.

12. Sherlock a découvert que le mouchoir qu'il examinait avait l'odeur d'un parfum
    a. très rare.   b. de sa femme.   c. des opérettes.

13. En fixant son attention sur son compagnon, Sherlock a trouvé un cheveu
    a. sur son assiette.
    b. dans la perruque de sa femme.
    c. sur le manteau du narrateur.

14. Sherlock a mis le cheveu
    a. dans son mouchoir.   b. sur la nappe.   c. dans sa poche.

15. Le narrateur a éternué cette fois pour
    a. pousser le cheveu de la table.
    b. terminer la conversation.
    c. dissimuler sa terreur.

16. Sherlock a annoncé que le cheveu était un cheveu
    a. de sa femme.   b. d'un cadavre.   c. d'une Irlandaise.

17. Le narrateur a congédié le garçon
    a. parce qu'il préférait l'Irlandaise du bar.
    b. parce qu'il ne voulait pas que le garçon écoute la conversation.
    c. parce que le garçon avait servi un très mauvais chablis.

18. Le narrateur, exaspéré, a demandé à Sherlock de
    a. sortir.   b. prendre le taureau par les cornes.   c. s'expliquer.

19. Le narrateur était très nerveux parce que
    a. son cœur battait très vite.
    b. Sherlock résumait ses conclusions sur l'affaire du rendez-vous.
    c. le boa avalait un bœuf devant ses propres yeux.

20. Sherlock a annoncé qu'il savait que le narrateur
    a. était l'ami de sa bonne.
    b. était l'ami de sa femme.
    c. prodiguait trop souvent ses faveurs.

B. QUESTIONS DE COMPRÉHENSION

Répondez en français aux questions suivantes. Formulez vos propres réponses. Ne copiez pas les phrases du texte. Le lexique qui suit vous aidera à formuler vos réponses.

Petit lexique

accuser *to accuse*
avoir une aventure *to have an affair*
célébrer *to celebrate*
coller *to stick*
conduite *f. conduct*
donner l'impression de *to give the impression of*

être habitué à *to be used to*
être mal à l'aise *to be uncomfortable*
éveiller *to arouse, awaken*
faire semblant de *to pretend*
nouer *to tie (a knot)*
parcourir *to run through*
réfléchir à *to think, reflect about*

remarquer *to notice*
siffloter *to whistle*
soulagé *relieved*
tuer *to kill*

Dans la rue

1. Le narrateur est-il content de rencontrer son ami Sherlock Holmes? Expliquez.
2. Quand Sherlock dit au narrateur qu'il sait que ce dernier va chez une amie, pourquoi le narrateur réfléchit-il à sa réponse?
3. Sherlock annonce qu'il sait que le narrateur sort d'un rendez-vous. Quelle est la réaction du narrateur? Pourquoi?

Au restaurant

4. Au commencement du repas, Sherlock ne semble pas faire attention au narrateur. À quoi le narrateur attribue-t-il les rêveries de Sherlock?
5. Sherlock remarque qu'il a la preuve que le narrateur sort d'un rendez-vous. De quelle preuve parle-t-il?
6. Qu'est-ce qui amène Sherlock à sa conclusion que les amants n'ont pas été surpris en flagrant délit?
7. Quand le narrateur éternue et tire son mouchoir de sa poche, un autre mouchoir en tombe aussi. Décrivez ce dernier mouchoir.
8. Décrivez l'état mental du narrateur pendant que Sherlock examine le mouchoir.
9. Après avoir examiné le mouchoir, quelles observations Sherlock fait-il?
10. Pourquoi Sherlock demande-t-il au narrateur de sentir le mouchoir? De quelle importance est le parfum?
11. Sherlock trouve ensuite un cheveu. Où? Décrivez-le. Quel est le rapport entre ce cheveu et le mouchoir?
12. Pourquoi le narrateur décide-t-il de diriger un éternuement dans la direction du cheveu? Ce geste aide-t-il le narrateur? Expliquez votre réponse.
13. Le cheveu vient-il de la tête du narrateur? D'où vient-il?
14. Quand Sherlock examine le cheveu, quelle est sa conclusion?
15. Qui est l'Irlandaise dont parle Sherlock?
16. Quand Sherlock fait un résumé de tous les détails qu'il a remarqués, qu'est-ce que le narrateur est prêt à faire? Pourquoi?
17. Quelle est la conclusion de Sherlock à la fin du conte?
18. Choisissez un adjectif pour décrire le narrateur à la fin du conte. Justifiez votre choix.

C. RÉACTIONS ORALES OU ÉCRITES

Synthèse du texte

1. Quels détails ont conduit Sherlock à sa conclusion? De la liste suivante, indiquez ceux qui sont importants selon vous. Expliquez vos choix.

   le dîner au restaurant   les bottines du narrateur
   les épingles à cheveux   le cheveu
   la perruque de Mme Holmes   la bonne
   le Congo   le mouchoir du narrateur
   la nappe   le mouchoir de dentelle
   le serpent boa   les mouches
   le bordeaux   le garçon

2. Qu'a fait ou dit le narrateur pour paraître innocent? À votre avis, le narrateur s'est-il trahi par ses actions? Soyez spécifique. Sherlock s'est-il aperçu des intentions du narrateur? Expliquez.

3. Faites le portrait physique et psychologique du narrateur en vous basant sur le texte. N'hésitez pas à ajouter vos propres impressions. (*Système-D:* **Phrases:** writing about characters; writing an essay)

4. Vous avez lu que ce conte est une parodie. Pensez-vous que Giraudoux ait réussi à amuser le lecteur? Justifiez votre réponse en tirant des exemples du conte.

Réaction personnelle

1. Imaginez que vous êtes à Hollywood et que vous êtes chargé(e) de distribuer les rôles pour un film basé sur *D'un cheveu.* À votre avis, quels acteurs interprèteraient le mieux les rôles du narrateur et de Sherlock? Justifiez vos choix.

2. Ce que vous savez de Sherlock Holmes a-t-il été confirmé par ce conte? Quelles différences et/ou similarités avez-vous remarquées? Si vous cherchiez à résoudre quelque cas difficile, quel Sherlock engageriez-vous, celui de Giraudoux ou celui de Conan Doyle?

3. Si vous aviez été le narrateur, comment auriez-vous réagi dans la même situation?

4. Imaginez que Sherlock a découvert la vérité, c'est-à-dire que le narrateur et Mme Holmes étaient amants. Créez une autre conclusion pour le conte.

5. Vous êtes Mme Holmes. Sherlock pense que vous êtes la maîtresse de son ami, mais il n'en est pas sûr. Il vous a dit qu'il a certains indices (*clues*), et vous devez vous innocenter. Imaginez le dialogue.

6. Avant que Sherlock annonce sa conclusion, le narrateur exprime son émotion en partageant avec le lecteur sa pensée: «Le temps passait en raison inverse du battement de mon cœur.» Que veut dire cette phrase, et quelle est son importance ici? Vous êtes-vous déjà trouvé(e) dans une situation où vous auriez pu dire la même chose? Sinon, un(e) de vos ami(e)s vous a peut-être raconté une expérience personnelle. Expliquez la situation et comment elle a été résolue.

Entracte 1

La poésie

❧

AU théâtre les entractes séparent les actes de la pièce. Les spectateurs ont un petit temps de repos pour «digérer» ce qu'ils ont vu et pour parler d'autre chose. Pourquoi ne pas introduire un entracte dans un texte littéraire?

Quittons à présent la prose pour lire un peu de poésie. Ces quelques poèmes ne vous donneront qu'un minuscule aperçu de la poésie d'expression française. Il ne s'agit pas ici d'étudier en profondeur ce genre d'expression, mais tout simplement de lire les poèmes, de les comprendre et d'en tirer quelque plaisir.

Les poèmes qui suivent ont été choisis pour vous montrer que la poésie n'est ni toujours difficile ni toujours obscure. Lisez-les à haute voix. Écoutez bien ce que vous dites. Pensez aux messages et aux sentiments exprimés. Laissez la magie des vers vous faire réfléchir, rire ou pleurer!

Jacques Prévert *(1900–1977)*

Né dans une famille d'origines modestes en 1900, Jacques Prévert est devenu un des poètes les plus populaires de France avec la publication de son premier livre de poésie, *Paroles*, en 1946. Déjà connu pour ses films (*Le jour se lève, Les visiteurs du soir, Les enfants du paradis*), ses chansons et son œuvre théâtrale, Prévert a réussi à attirer par ses poèmes des lecteurs de toutes les classes sociales. L'explication de son succès se trouve peut-être dans son don de pouvoir partager et exprimer les émotions et les aspirations des gens ordinaires d'une manière éloquente mais simple. C'était un poète du peuple qui s'exprimait dans la langue du peuple. Il parlait aux gens de ce qui faisait leur monde, leur vie de tous les jours. Selon Joël Sadeler dans son livre *À travers Prévert*, Prévert «... est le poète fraternel des travailleurs, le poète amoureux de la femme, le poète tendre de l'enfance. Et c'est pourquoi tant d'hommes et de femmes, tant de jeunes se reconnaissent en lui et dans ses poèmes».[1]

---

1. Joël Sadeler, *À travers Prévert*, © 1975

Le succès de *Paroles* (où se trouvent *Le cancre* et *Paris at night*) s'est renouvelé avec la sortie d'autres recueils comme *Histoires* (1946), *Spectacle* (1951)—où l'on trouve *Les enfants qui s'aiment*—, *Le grand bal du printemps* (1951), *La pluie et le beau temps* (1955), *Fatras* (1966) et *Choses et autres* (1972).

Parmi les thèmes variés (l'amour, la souffrance, l'injustice, la guerre, la famille, etc.) choisis par Prévert, l'enfance restait particulièrement chère au poète. Touché par le langage naïf et maladroit des enfants, et par leur spontanéité, leurs rêves et leur humour, Prévert semble être toujours «du côté des faibles, des opprimés, des mal-aimés. Les enfants sont souvent ceux qui subissent le plus durement les contraintes de la vie quotidienne, école, parents, misère, guerre, etc., avec pour seule défense le rêve».[1] *Le cancre* (*The Dunce*) montre très bien cette complicité familière entre le poète et l'enfant.

Le cancre

1	Il dit non avec la tête
	mais il dit oui avec le cœur
	il dit oui à ce qu'il aime
	il dit non au professeur
5	il est debout
	on le questionne
	et tous les problèmes sont posés
	soudain le fou rire le prend
	et il efface tout
numbers 10	les chiffres° et les mots
	les dates et les noms
traps, pitfalls	les phrases et les pièges°
	et malgré les menaces du maître
jeers, hoots	sous les huées° des enfants prodiges
15	avec des craies de toutes les couleurs
	sur le tableau noir du malheur
	il dessine le visage du bonheur.

QUESTIONS

1. Prévert ne suit pas la forme traditionnelle de la poésie. Qu'est-ce qui manque dans ce poème?
2. Identifiez «Il». Quelle semble être son attitude envers l'école?
3. Qu'est-ce que cet élève est en train de faire au moment où «le fou rire le prend»? D'après vous, pourquoi commence-t-il à rire?

---

1. Joël Sadeler, *À travers Prévert*, © 1975

4. Que fait l'élève après que «le fou rire le prend»? De quels «pièges» parle Prévert?
5. Qu'est-ce que c'est qu'un enfant prodige?
6. Comment le maître et les enfants prodiges réagissent-ils aux actions du cancre?
7. Dans le vers «sur le tableau noir du malheur», pourquoi Prévert a-t-il choisi le mot «malheur»?
8. Qu'est-ce que l'élève dessine sur le tableau noir?
9. La sympathie du poète s'adresse-t-elle au cancre ou aux autres? Comment le savez-vous?
10. Prévert semble-t-il glorifier les actions du cancre ou y a-t-il un autre message pour le lecteur? Expliquez.

RÉACTION PERSONNELLE

1. Ce poème, comme beaucoup des poèmes de Prévert, raconte une histoire. Écrivez un petit conte basé sur le poème. Identifiez le cancre. Comment s'appelle-t-il? Pourquoi est-il un cancre? Pourquoi fait-il ce qu'il fait dans le poème? Comment s'appelle le maître? Décrivez-le. Comment réagit-il aux actions du cancre? Comment votre conte se termine-t-il?
2. Quand vous pensez à l'école primaire, quelles images vous viennent à l'esprit? Faites-en une liste. Ensuite, choisissez trois de ces images et expliquez pourquoi vous vous les rappelez. Quelles émotions s'attachent à ces images?

Les enfants qui s'aiment

Le poème suivant était à l'origine une chanson que Prévert avait écrite pour le film *Les portes de la nuit*. Elle a été mise en musique par Joseph Kosma et chantée par Yves Montand. Les enfants utilisent souvent leur imagination pour rendre acceptable la réalité de la vie. Quand ils grandissent, ils trouvent souvent leurs rêves dans l'amour.

1   Les enfants qui s'aiment s'embrassent debout
Contre les portes de la nuit

point (at)   Et les passants qui passent les désignent du doigt°
Mais les enfants qui s'aiment
5   Ne sont là pour personne

shadow   Et c'est seulement leur ombre°
Qui tremble dans la nuit
Excitant la rage des passants

scorn   Leur rage leur mépris° leurs rires et leur envie
10   Les enfants qui s'aiment ne sont là pour personne
Ils sont ailleurs bien plus loin que la nuit
Bien plus haut que le jour

dazzling   Dans l'éblouissante° clarté de leur premier amour.

QUESTIONS

1. Où s'embrassent «les enfants qui s'aiment»? Sont-ils vraiment des enfants?
2. Quand les passants passent, comment réagissent-ils? Expliquez leurs différentes réactions.
3. Prévert écrit que «les enfants qui s'aiment ne sont là pour personne». Où sont-ils selon le poète? Selon vous?
4. Prévert condamne-t-il les actions des «enfants qui s'aiment»? Pourquoi ou pourquoi pas?

RÉACTION PERSONNELLE

1. Pouvez-vous expliquer pourquoi le premier amour est si spécial? Commentez sur l'aspect magique du «premier amour».
2. Comment réagiriez-vous si vous voyiez un jeune couple s'embrasser dans un endroit public? Pourquoi?
3. Développez un dialogue entre deux personnes qui passent à côté «des enfants qui s'aiment». Identifiez ces deux personnes. Qui sont-elles? Quel âge ont-elles? Quelles sont leurs professions? Sont-elles mariées? Que se disent-elles des enfants qu'elles voient? Pourquoi ont-elles ces opinions?

Paris at night

Pour Prévert l'amour était très important parce qu'il représentait «la plus grande forme de bonheur qu'offre la vie». Le poète s'est intéressé aux joies naturelles et simples de l'amour dans le petit poème qui suit. C'est aussi une chanson chantée par Yves Montand.

> Trois allumettes une à une allumées dans la nuit
> 1   La première pour voir ton visage tout entier
> La seconde pour voir tes yeux
> La dernière pour voir ta bouche
> Et l'obscurité tout entière pour me rappeler tout cela
> 5   En te serrant dans mes bras.

QUESTIONS

1. Selon vous, qui parle—un homme ou une femme?
2. Quel est le sujet du poème?

RÉACTION PERSONNELLE

1. Relisez *Paris at night* et *Les enfants qui s'aiment* pour les comparer et les contraster. Pensez, par exemple, au traitement du sujet, à ce qui se passe et aux émotions que vous avez éprouvées. Lequel de ces deux poèmes préférez-vous? Pourquoi?

2. Prévert utilise le mot **allumette**, un objet assez ordinaire, pour «allumer» l'amour du narrateur. Dans la liste suivante, choisissez un objet et composez un petit poème d'amour basé sur cet objet comme symbole.

un stylo	une bague	un soleil
une fleur	un bonbon	un lac

Guillaume Apollinaire *(1880–1918)*

Né à Rome, fils naturel d'un père italien et d'une mère polonaise, Guillaume Apollinaire a mené une vie peu conventionnelle. Élevé à Monaco, il a appris le français, langue du pays qu'il devait adopter plus tard comme le sien. Son éducation éclectique, ses lectures diversifiées, ses voyages et ses expériences lors de la Première Guerre mondiale ont influencé ce poète bohémien. Ses deux recueils de poésie, *Alcools* (1913) et *Calligrammes* (1918), lui ont assuré un succès de longue durée.

Le pont Mirabeau, plus traditionnel que ses autres poèmes, rappelle la souffrance personnelle du poète. Le poème, publié dans *Alcools*, date de 1912, époque de la rupture progressive avec sa maîtresse Marie Laurencin. Le pont Mirabeau, un des nombreux ponts qui traversent la Seine à Paris, mène au quartier où habitait Marie. Apollinaire a écrit ce poème pour exorciser le sentiment d'abandon qui le hantait quand Marie l'a quitté.

Le pont Mirabeau

flows

1 Sous le pont Mirabeau coule° la Seine
Et nos amours
Faut-il qu'il m'en souvienne[1]
La joie venait toujours après la peine

5 Vienne la nuit sonne l'heure[2]
Les jours s'en vont je demeure

Les mains dans les mains restons face à face
Tandis que sous
Le pont de nos bras passe

wave

10 Des éternels regards l'onde° si lasse[3]

Vienne la nuit sonne l'heure
Les jours s'en vont je demeure

---

1. **Faut-il... souvienne** : Est-ce qu'il faut que je me souvienne de (nos amours)?
2. **Vienne... l'heure** : Le subjonctif exprime *Let night come . . . Let the hour sound.*
3. **Des... lasse** : L'onde si lasse des éternels regards

1 L'amour s'en va comme cette eau courante
L'amour s'en va
Comme la vie est lente
Et comme l'Espérance est violente

5 Vienne la nuit sonne l'heure
Les jours s'en vont je demeure

Passent les jours et passent les semaines
Ni temps passé
Ni les amours reviennent
10 Sous le pont Mirabeau coule la Seine

Vienne la nuit sonne l'heure
Les jours s'en vont je demeure

QUESTIONS

1. Sur quel événement de sa vie Apollinaire a-t-il basé ce poème?
2. Qu'est-ce que la Seine symbolise pour le poète? Quels mots et quelles phrases renforcent ce symbole?
3. Pourquoi Apollinaire répète-t-il «je demeure» quatre fois?
4. Expliquez les deux vers : «La joie venait toujours après la peine» et «Et comme l'Espérance est violente».
5. Selon vous, pourquoi le poète n'a-t-il pas utilisé de ponctuation?

RÉACTION PERSONNELLE

Imaginez que Marie Laurencin ait écrit une lettre à Apollinaire expliquant pourquoi elle ne l'aime plus. Rédigez cette lettre.

Les calligrammes d'Apollinaire

Dans ses *Calligrammes* (images faites de mots), Apollinaire a montré sa volonté d'être un poète original, dans la forme aussi bien que dans le fond. Il a abandonné la structure linéaire de la poésie en faveur d'un concept de simultanéité. D'après la disposition des mots sur le papier, le lecteur peut voir immédiatement l'objet ou le thème qui les a inspirés. À l'origine, Apollinaire a choisi le titre «vers figurés» pour ces poèmes. Ensuite il a eu l'intention d'en faire publier cinq (y compris *Cœur Couronne et Miroir*) comme «idéogrammes lyriques» dans un petit recueil intitulé *Et moi aussi je suis peintre*, en 1914. La Première Guerre mondiale a interrompu la publication de ce petit livre, mais les cinq poèmes ont paru en 1918 dans le volume *Calligrammes, Poèmes de la paix et de la guerre (1913–1916)*.

Cœur Couronne et Miroir

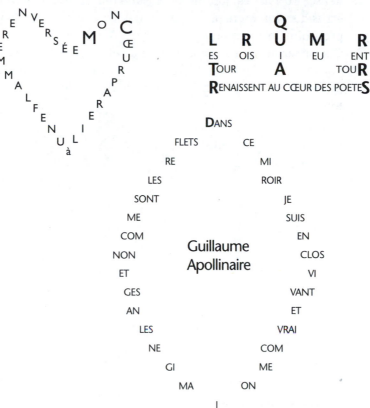

Guillaume
Apollinaire

QUESTIONS

1. Quels sont les mots dans le «Cœur»? Écrivez-les dans un ordre plus traditionnel.
   a. Pourquoi, selon vous, Apollinaire a-t-il dessiné un cœur avec ces mots?
   b. Quelle autre image «renversée» y a-t-il dans ce calligramme?
   c. Y a-t-il un message dans les mots de ce calligramme? Expliquez.

2. Quels sont les mots dans la «Couronne»? Écrivez-les dans un ordre plus traditionnel.
   a. Qui porterait une couronne comme celle-ci?
   b. Faut-il attribuer une signification particulière au fait que quelques-unes des lettres sont des lettres majuscules? Laquelle?
   c. Expliquez le message du calligramme.

3. Quels sont les mots dans le «Miroir»? Écrivez-les dans un ordre plus traditionnel.
   a. Qui est «enclos» dans le «Miroir»?
   b. Comment le poète se décrit-il? Pourquoi n'est-il pas comme «un reflet»?
   c. Comment Apollinaire va-t-il rester «vivant» et «vrai»?

RÉACTION PERSONNELLE

1. Relisez l'un des calligrammes. Ensuite relisez les mêmes mots que vous avez écrits dans un ordre plus traditionnel. Quelle présentation vous a le plus impressionné(e)? Pourquoi?

2. Choisissez un mot de la liste suivante et essayez de composer un calligramme. Vous pouvez, si vous le désirez, choisir votre propre mot. Rappelez-vous que la phrase que vous écrivez doit, en quelque manière, refléter le dessin que vous faites.

serpent   bouteille   soleil
couteau   papillon   bougie

PART III

The chapters in Part III follow the same basic format as do those in Part II. You will notice several differences, however. By now, you should be aware of how **mots apparentés** and **familles de mots** can help you to determine vocabulary meaning, and you should be able to recognize many such words on your own. These exercises, therefore, have been replaced by other kinds of vocabulary practice. For example, you will have the opportunity to work with useful new words and expressions, specially selected from the readings, before you begin each story. The exercises provide practice with the new vocabulary in contexts different from those of the readings. You are encouraged to use the new vocabulary as much as possible in postreading exercises. This repeated, contextually grounded practice will enable you to increase your vocabulary base and will enhance your ability to discuss the stories orally in class.

You should also now be aware that the title, illustration, and genre provide material for predicting content. It is assumed, given the extensive practice in Part II of **Explorations**, that you no longer need to be told to continue using your predicting skills. The **Expérience personnelle** section, which helps you both to focus in a general way on the topic of the reading and to activate your personal background knowledge, is still provided in each chapter.

The **Lisez et réfléchissez!** exercise, which helps you to determine word meaning from context, is also present in each chapter of Part III. However, hints are no longer given. Although you now know the importance of reading strategies, you may not yet be at a point in your reading skill development where you can apply them automatically. Before you begin this section of the text, review the various reading techniques presented in Chapters 1–3. Try to use them as is appropriate in each new selection that you read. Keep reminding yourself that self-discipline now will lead to greater reading success later.

Some of the chapters in Part III contain introductory historical and/or cultural information that will enhance your appreciation of the reading. Both the reading selections themselves and the comprehension exercises which follow them gradually become more challenging as your skills increase.

Chapter 10

La vie conjugale

Michelle Maurois (1914–)

Michelle Maurois is the daughter of author André Maurois and his wife, Janine de Szymkiewicz. Her mother was educated in England, and her father had served with the British Army. André Maurois, an admirer of all things English and American, was determined that his daughter should speak English before French. He hired an English nurse, and then an English governess to care for Michelle. Even family members spoke to her in English. Thus, although Michelle spent her early childhood near Paris, and in Elbeuf in the province of Normandy, she spoke little French until she entered school at the age of six. She has commented that, as a student, she must have disappointed her father because she was never first in her class, only second, third, fourth, or fifth! Michelle preferred listening to a Brandenburg concerto while eating marshmallows, or doing a 1000-piece puzzle, to studying.

André Maurois always treated his daughter as an adult, and when she was only seven years old, little Michelle collaborated with him on a book for children. Every morning she would go to his office with her notebook. Seated with her chair next to his, she would seriously present her own ideas and criticize his. She writes that she doesn't remember much about herself at age seven or eight, whether she was happy or sad, open or shy, amusing or boring, but she does remember that she was called "Miss No" because she answered "No" to almost all orders she received. As an adult, she admits that she still reacts negatively at times, "*en esprit de contestation, c'est un réflexe.*" Perhaps it was this tendency to argue, to be her own person, which led the seven-year-old Michelle to write, in association with her father, *Le pays de trente-six mille volontés*. The expression *trente-six mille volontés* means "doing just what you wish," and Poucette, as her mother called Michelle, imagined and described a magic world in a country called Meïpe, where children could do exactly as they pleased. Each year her father gave her ten percent of the book's profits. She recalls that she found it much more pleasurable to spend that money than any other sum she was given.

Michelle's mother was frequently ill, and her poor health led to her early death in 1923. André Maurois later married Simone de Caillavet. With her father and Simone, also a writer, Michelle grew up in a literary climate. Marcel Proust and Anatole France, as well as many other renowned writers of the time, were family friends.

From the age of fifteen Michelle kept a diary, and from the observations she recorded she was able later to draw forth ideas for her stories. Her first short story, *Le ris de veau (The Sweetbread)*, written just after the end of World War II, was later incorporated into a collection of short stories. An English translation of the collection was published in the United States in 1958 and was well received by the critics.

Michelle Maurois had many interests, and even though early in her schooling she showed a special aptitude for literature, she found it difficult to decide upon a career. At one time she considered being a painter, then a designer, and later she was intrigued by psychopathology. She married in 1938, at which time André Maurois described her as being serious, thoughtful, and reserved, with the grace of her mother and the shyness and reticence of her father.

In 1950, Michelle accompanied her husband when his work called him to New York. During the two years they lived there she worked for the magazine *Vogue* and spent many hours enjoying the cultural offerings of the city. She has traveled extensively to Japan, China, and India, and has spent her later years in Paris with her second husband.

Michelle Maurois has published more than a dozen books, including stories, novels, and essays. Among them are several collections of short stories, including *La table des matières* (1948) and *L'accord parfait* (1953); a novel, *Les grandes personnes* (1966); and a book of memories of her childhood, *Le carillon de Fénelon* (1972). In 1982, *L'encre dans le sang,* a chronicle of the life of her father's second wife and family, was published. It was followed, in 1990, by the second volume of the saga, *Déchirez cette lettre.*

PRÉPARATION À LA LECTURE

Renseignements généraux

A. PUNCTUATION   As you know, in French a dash before a sentence generally indicates direct conversation or a change of speaker.

—Tu as une jolie robe, Yolande, dit-il.
—Mais tu la vois depuis des années, dit sa femme.

Guillemets are usually simple quotation marks. However in this story they are used to indicate the comments that Hubert, the husband, makes silently to himself.

«Que se passe-t-il? se demanda Hubert... »

B. NEGATIVE CONSTRUCTIONS   This story contains many negative constructions. Review them before you begin this chapter by consulting Appendix B.

Utilisez vos stratégies

A. LISEZ ET RÉFLÉCHISSEZ!   Lisez les phrases suivantes tirées de *La vie conjugale*. Déterminez le sens des mots en caractères gras en vous servant du contexte de la phrase entière.

1. Si tu **te bourres** de gâteaux avant le dîner, évidemment tu te coupes l'appétit.
2. Yolande sait très bien... **rajeunir** (ses vêtements).
3. Les femmes ont un... **don** pour créer des drames là où il n'y en a pas.
4. Tu as une jolie robe, Yolande... la couleur est très **seyante.**
5. ...quand je reçois des clients, je vais au restaurant, je représente ma **société.**
6. Yolande revint avec les cannellonis. Ils avaient **pris un coup de feu** et étaient légèrement **noircis.**

B. PRÉDISONS!   Ci-dessous, vous trouverez les premières lignes de *La vie conjugale*. (a) Lisez d'abord le paragraphe; (b) ensuite, pensez à ce que vous avez appris (Quels personnages sont mentionnés? Que font-ils? etc.); (c) enfin, essayez de prédire comment le conte va continuer.

Hubert introduisit sa clef dans la serrure au moment précis où la sonnerie du téléphone retentissait. Il referma doucement la porte. Yolande, dans sa chambre à coucher qui donnait sur l'entrée, décrocha le récepteur et dit :

—Allô, Yvette?... Oui, je suis seule... Il n'est pas encore de retour.

Hubert, enlevant lentement son manteau, écouta.
—Oh! [je vais] très mal... dit Yolande.

C. VOCABULAIRE—FACILITEZ VOTRE COMPRÉHENSION!   *La vie conjugale* est riche en vocabulaire très utile, le vocabulaire de tous les jours. Étudiez ces mots et expressions avant de commencer la lecture.

VERBES ET EXPRESSIONS

deviner	to guess
éprouver	to feel, experience
jeter un coup d'œil	to glance
n'importe quoi	anything (at all)

    (donc, que veulent dire **n'importe qui, n'importe où, n'importe quand?**)

oser	to dare
se vanter	to brag

NOTE: Ne confondez pas...
plaindre *(to pity)* avec **se plaindre** *(to complain)*
douter *(to doubt)* avec **se douter (de/que)** *(to suspect)*
à l'aise *(comfortable, a person)* avec **confortable** *(comfortable, a thing)*

éprouver + nom *(to feel or experience an emotion or sensation)* avec **se
sentir + adjectif ou adverbe** *(to feel—mentally or physically)*.

> Il **éprouve** une tristesse profonde.
> Je **me sens** triste (bien, mal, etc.).

EXERCICE Maintenant, vérifiez votre compréhension. Dans les phrases suivantes,
remplacez les blancs par un verbe ou une expression de la liste précédente. Faites
tous les changements nécessaires.

1. Cette femme a engagé un détective parce qu'elle _____ que son mari
   a une maîtresse.
2. Les enfants timides ne _____ jamais contrarier leurs parents stricts.
3. La semaine des examens, les étudiants _____ une nervosité générale,
   et ils _____ toujours très fatigués.
4. Quand elle parle en public, cette dame est très nerveuse. Elle n'est jamais
   _____ .
5. En _____ sur la lettre, Claire n'a vu que la signature.
6. Nous _____ les gens qui ont perdu toutes leurs possessions dans
   l'incendie.

ADJECTIFS DE PERSONNALITÉ

adroit	skillful
dégoûté	disgusted
dépensier (dépensière)	extravagant
espiègle	mischievous
étonné	astonished
exigeant	demanding, hard to please
gentil (gentille)	nice, kind
rassuré	reassured
sensé	sensible, levelheaded
stupéfait	astounded

NOTE: Ne confondez pas...
sensé *(sensible)* avec **sensible** *(FA) (sensitive)*

EXERCICE Vérifiez votre compréhension. Dans les phrases suivantes, remplacez
les blancs par un adjectif de personnalité de la liste précédente. Attention à l'accord!

1. Tu deviens très _____, Suzanne! Tu as acheté trop de cadeaux pour tout le
   monde.
2. Il y a des enfants très _____ qui font n'importe quoi pour gêner leurs parents.
3. Nathalie a vérifié toutes ses réponses, et _____ qu'elle avait fait de son mieux,
   elle a rendu l'examen au professeur.
4. Robert est vraiment _____. Il peut réparer n'importe quoi.
5. Mme Duchez est très _____. Elle m'a prêté sa nouvelle voiture parce que la
   mienne était en panne.

6. Les profs à l'université sont _____. Ils donnent trop d'examens et trop de devoirs.

7. Complètement _____, Jacques a regardé, bouche ouverte, les chiffres sur son billet de loterie. Il avait gagné!

Établissons les faits!

Expérience personnelle

1. À votre avis, qu'est-ce qui cause la rupture d'un mariage? Que feriez-vous pour l'éviter si vous étiez marié(e)?

2. Pour vous, qu'est-ce qu'un bon mariage?

3. Si un(e) ami(e) a un problème et refuse d'en parler, comment réagissez-vous en général? Quel rôle votre imagination joue-t-elle dans une telle situation? Expliquez.

Introduction au conte

La vie conjugale vient du livre *L'accord parfait,* écrit par Michelle Maurois en 1953. Bien des personnages introduits par l'auteur dans ses contes appartiennent à la bourgeoisie. Maurois s'intéresse surtout aux femmes et à leurs attitudes et émotions vis-à-vis de l'amour et de la vie de famille. Dans *La vie conjugale*, nous faisons la connaissance de Yolande et d'Hubert, mariés, avec deux enfants. Nous passons une soirée chez eux, mais pour Hubert, la soirée n'est pas une soirée comme les autres. Maurois a créé pour le lecteur deux personnages dont les personnalités sont très humaines et plausibles. En lisant, vous pourrez peut-être comparer ces deux personnages à des individus que vous connaissez.

VUE PANORAMIQUE

Répondez brièvement aux questions suivantes.

1. Quels sont les personnages principaux? Qu'est-ce que vous savez d'eux?
2. Ces personnages parlent-ils beaucoup ensemble?
3. Où l'action a-t-elle lieu?
4. Décrivez ce qui se passe dans l'illustration, p. 149. Quelle est l'importance de cette scène?
5. Pourquoi Hubert est-il perplexe?
6. Qu'est-ce qu'Hubert essaie de faire pendant le conte?
7. Est-ce que le dilemme est résolu à la fin?
8. Pourquoi *La vie conjugale* est-il un bon titre?
9. Y a-t-il quelque chose d'autre qui vous a frappé(e) et que vous voudriez mentionner après cette première lecture du conte?

La vie conjugale

lock

opened onto / lifted

plus mauvais

inflammation de
l'oreille interne

(*v.* retenir) ont
immobilisé /
threshold

"I look terrible"

worries

1   HUBERT introduisit sa clef dans la serrure° au moment précis où la sonnerie du téléphone retentissait. Il referma doucement la porte. Yolande, dans sa chambre à coucher qui donnait sur° l'entrée, décrocha° le récepteur et dit:

— Allô, Yvette?... Oui, je suis seule... Il n'est pas encore de retour.

5   Hubert, enlevant lentement son manteau, écouta.

—Oh! très mal... dit Yolande. Si tu savais dans quel état je suis... Oh! non, je te raconterai demain: c'est pire° que tout ce que tu peux imaginer.

«Que se passe-t-il? se demanda Hubert, demeuré immobile dans l'antichambre. Pourquoi ne pouvait-on jamais être tranquille? Un des enfants

10 avait-il encore une otite° ou une menace d'appendicite? Pourvu que[1] Yolande n'ait pas, une fois de plus, trouvé le moyen de se disputer avec sa belle-mère![2] Le résultat de l'amour que lui portaient[3] ces deux femmes n'était que disputes et jalousies; cela devenait infernal!»

— Oui, oui, disait Yolande. Maman a gardé les enfants... Oh! tu es gentille.

15 Si je ne t'avais pas, je ne sais pas ce que je deviendrais!

«Comment, si elle n'avait pas Yvette? Et moi alors?» se dit Hubert. Et il se prépara à entrer dans la pièce, mais les paroles de Yolande le retinrent° sur le seuil.°

—Il faut que je te quitte, mon dîner est sur le feu; si mes cannellonis[4] sont brûlés, cela n'arrangera rien... Non, on ne le devine pas trop.[5] Je me suis

20 baigné les yeux à l'eau de rose. Oh! j'ai une sale tête,° mais on ne peut pas voir que j'ai pleuré... Et d'ailleurs, il[6] ne s'aperçoit jamais de rien.

Cette fois, Hubert, furieux, quitta l'entrée et se dirigea vers la chambre des enfants. Ce n'était apparemment pas d'eux que venaient[3] les soucis° de Yolande. Tout allait bien de ce côté. Ils dînaient en pyjama, et l'intérêt qu'ils

25 consacrèrent à leur père fut vite remplacé par l'attention qu'ils portaient à une crème au chocolat, baignant des poires cuites.[7]

---

1. **Pourvu que** : ici : J'espère que (Rappel : Cette conjonction signifie d'habitude *provided that.*)

2. **belle-mère** : la mère d'Hubert (*This word can mean "mother-in-law" or "stepmother"*; **beau-père** *can mean "father-in-law" or "stepfather."*)

3. **portaient / venaient** : *Be careful. What is the subject?*

4. **cannellonis:** *an Italian pasta dish of large-sized macaroni stuffed with meat or cheese and baked in tomato or cream sauce*

5. **On ne le devine pas trop** : *You can't really tell. (free translation)* Qu'est-ce qu'on ne devine pas?

6. **il** : Qui ne s'aperçoit jamais de rien?

7. **une crème... cuites** : un dessert typiquement français

was simmering

on top of everything else

petit cahier de poche (pour les notes)
cheated on, deceived

1   Hubert gagna le salon sans aller à la cuisine dire bonsoir à Yolande et jeter un coup d'œil, comme il en avait l'habitude, sur ce qui mijotait.°

«Qu'a-t-il pu arriver? se demanda-t-il. Et Yolande veut me le cacher par-dessus le marché.° Ce doit être encore une histoire d'argent; elle devient très 5 dépensière. Il m'avait bien paru qu'elle inaugurait hier un chapeau neuf. Je n'ai rien osé dire, parce que je n'étais pas sûr. Celui de l'année dernière semblait encore très bien.

«Pourtant je lui donne suffisamment d'argent pour la maison... D'ailleurs il faut dire qu'elle se plaint rarement et je reconnais que je ne mange pas mal 10 chez moi. Est-ce parce que je suis rentré trop tard hier soir? Nina avait caché ma montre pour me retenir; elle est tellement espiègle, cette chère Nina... Elle inventerait n'importe quoi pour me garder un quart d'heure de plus... Mais Yolande ne peut se douter de rien; j'ai toujours pris des précautions... J'emporte des mouchoirs en papier pour enlever le rouge, je suis sûr que peu de 15 maris ont ces attentions. Je ne note jamais un rendez-vous dans mon carnet,° mes lettres arrivent et restent au bureau. Sait-on jamais? Les gens éprouvent un malin plaisir à prévenir les épouses qu'elles sont trompées.° Nina elle-même, a fait l'autre jour, devant ma femme, quelques allusions inutiles... Mais je suis persuadé que Yolande n'a rien compris, elle me croit un saint!

collars	1 «À moins que ce ne soit[8] à cause de cette histoire de cols° de chemise ce matin? Il est inadmissible que mes cols ne soient pas impeccables... Yolande n'a rien d'autre à faire que de tenir cette maison.»
footsteps / apron waist / heureux	Des pas° résonnèrent. Yolande, vêtue d'une robe en jersey gris, un tablier° 5 de nylon plissé autour de la taille,° entra d'un air enjoué.° Son maquillage était au point, l'ordonnance de ses cheveux parfaite.
forehead	—Bonsoir, Hubert, dit-elle en tendant à son mari son front° à baiser. Je ne t'ai pas entendu rentrer.
	Hubert examina avec attention le visage de Yolande. Aucune trace de 10 larmes ne se voyait.
	—Bonsoir, dit-il.
souci	Et il attendit. Elle allait sûrement lui expliquer, lui raconter quelque catastrophe secondaire, quelque ennui° imaginaire.
	—Je vais coucher les enfants et j'apporte le potage, dit Yolande.
such a / talent	15 Il se plongea dans son journal et décida d'avance de ne rien prendre au tragique. Les femmes ont un tel° don° pour créer des drames là où il n'y en a pas. Lui était équilibré, sensé, savait accorder à chaque problème la place qu'il méritait.
	Quelques instants plus tard, il se mit à table. Yolande vint le rejoindre en 20 portant la soupière.
	—As-tu passé une bonne journée? demanda-t-elle du même ton que les autres soirs.
	—Fatigante, dit Hubert.
	Elle préférait visiblement attendre un moment plus favorable. Peut-être, 25 pendant le dîner...
	—Journée très fatigante! répéta-t-il. Et toi?
laundry / ironed / réparé / household linens (FA) lecture	Depuis dix ans, il posait[9] cette question mais n'écoutait pas la réponse. C'était monotone. Yolande avait fait la lessive,° repassé° et raccommodé° le linge,° cherché les enfants à l'école, ou amené chez leur grand'mère, fait répéter leurs 30 leçons, été dans les magasins. Parfois, elle se rendait à une conférence° avec Micheline, à une exposition avec Yvette. Ces temps derniers, Yvette semblait la favorite. Yolande l'avait vue au moins trois fois cette semaine.
	Hubert disait : «Bien, bien.» Et les jours où il ne plongeait pas définitivement son nez dans son journal, il racontait heure par heure ce qui s'était passé au bu-

---

8. **À... soit :** (*unless it might be*) *Here the* **ne** *does not indicate a negative idea. In literary French,* **ne** *alone is sometimes used after certain conjunctions and verbs that require the subjunctive.*

9. **posait :** *Note the use of the imperfect and past perfect tenses in this and the following paragraph. Hubert is relating what usually transpired during the dinner conversation. He is not referring to this particular day.*

electric blankets	1 reau, combien tout allait mal, le rôle prépondérant des couvertures chauffantes° dans l'industrie française. Tout allait mal, mais Hubert avait impressionné tout le
handled the problem / ici: compagnie	monde, mis le holà,° sauvé la situation de la maison.° Il s'était rendu chez le directeur et avait dit : «Moi, à votre place... »

5 Mais aujourd'hui, quand Yolande répondit :

—J'ai passé deux heures au Louvre pendant que maman emmenait les enfants patiner.

Il questionna :

—Avec qui as-tu été au Louvre?

10 Il ne comprenait jamais cette manie d'aller dans des musées que l'on connaissait, à des expositions déjà visitées.

—Seule, répondit Yolande surprise.

—Quelle idée! Et qu'as-tu vu?

ceiling

—Le département égyptien, puis la salle étrusque. Le plafond° de Braque[10]

15 ne me plaît pas. Il ne va pas du tout avec le style de la salle...

difficulté

Yolande répondait sans gêne° aux questions. Elle semblait à l'aise, souriante.

—Tu n'as rencontré personne? demanda Hubert.

earrings

—Non, dit-elle en jouant avec ses boucles d'oreilles.°

Hubert demeura perplexe. Il avait apporté à table les journaux du soir, mais

unfolding

20 sans les déplier° comme de coutume. À quoi pouvait-elle faire allusion au téléphone? se demandait-il. Ce doit être une histoire de robe ratée. Yolande con-

faisait

fectionnait° tous ses vêtements elle-même et réussissait à toujours paraître élégante. Il fallait essayer de diriger la conversation de ce côté-là.

—Tu as une jolie robe, Yolande, dit-il.

fabric
wear out

25 —Mais tu la vois depuis des années, dit sa femme stupéfaite. Le tissu° commence d'ailleurs à s'user.° Tiens, regarde.

elbow / repair

Et elle souleva le coude° pour montrer une reprise.°

«Ce n'est pas très adroit, se dit Hubert. Elle va encore me demander de l'argent... »

agréable

30 —Elle semble encore très bien et la couleur est très seyante,° dit-il.

Yolande leva les yeux, de plus en plus étonnée. Hubert ne l'avait pas habituée aux compliments.

«Ma première idée devait être juste, pensa Hubert. Elle a dépensé trop d'ar-

bill

gent. C'est comme Nina, j'ai payé hier une facture° incroyable. Évidemment,

35 une actrice doit s'habiller à la dernière mode, attirer l'attention, tandis que ma

sans être remarquée

femme peut être discrète, passer inaperçue°... D'ailleurs, Yolande sait très bien

---

10. **Georges Braque** (1882–1963) : peintre français contemporain; un des grands peintres de natures mortes *(still lifes)*

utiliser / colorer

ici : compagnie,
entreprise /
threadbare
fold, crease

crumpled

finissait

course (of a meal)

(*v.* atteindre)
affecting / upset

affecté

Mais

compétition

cared for

average

1 tirer parti de° ses vieilles affaires, rajeunir un tailleur, teindre° une robe. Moi, c'est différent, quand je reçois des clients, je vais au restaurant, je représente ma société.° Mes costumes ne doivent pas être élimés.»°

—As-tu repassé le pli° de mon pantalon bleu marine? demanda-t-il soudain.

5 —Pas encore, dit Yolande, mais je le ferai après dîner.

—Si je ne te l'avais pas rappelé maintenant, j'aurais donc mis demain matin mon costume fripé.°

Yolande ne répondit pas. Quel ennui pouvait-elle avoir? Elle n'y faisait pas la plus petite allusion, elle semblait aussi enjouée que de coutume, mais 10 n'achevait° pas son potage.

—N'as-tu pas faim? questionna Hubert.

—J'ai mangé un éclair à cinq heures passées.

—Si tu te bourres de gâteaux avant le dîner, évidemment tu te coupes l'appétit.

15 Cela aussi paraissait bien étonnant. Que sa femme soit entrée seule dans une pâtisserie manger un gâteau, ce n'était guère dans ses habitudes.

Yolande se leva pour aller chercher le plat° suivant. Puisqu'elle ne parlait pas, ses soucis seraient-ils donc inavouables? Un secret qu'elle aurait promis de garder concernant une de ses amies? Yolande prenait l'amitié à cœur. Un mal- 20 heur atteignant° quelqu'un de sa famille la bouleversait.° Un instant, une idée traversa l'esprit d'Hubert. «Si elle portait intérêt à un autre homme? Mais il en rit à la seconde même, presque à haute voix. Yolande, regarder quelqu'un d'autre? Qui? Marcel? Non, il est trop maniéré.° André? Il est si prétentieux... Il faudrait que par un côté au moins, se dit Hubert, il fût[11] mieux que moi. Or,° je 25 crois que sans me vanter, il est difficile d'entrer en concurrence° avec moi. Physiquement, je suis bien... Pas trop... Les hommes beaux sont tous idiots! Non, je suis bien... Ni trop grand, ni trop petit. J'ai de beaux yeux, dit Nina, des mains extraordinaires et soignées° d'une manière exceptionnelle; je vais d'ailleurs chez la manucure une fois par semaine. Il me reste beaucoup de 30 cheveux pour mon âge. Je suis plus intelligent que la moyenne.° Je m'intéresse aux arts, j'emmène ma femme au théâtre de temps en temps, je ne refuse pas d'aller voir les grandes expositions, je lis les prix littéraires... »[12]

Yolande revint avec les cannellonis. Ils avaient pris un coup de feu et étaient légèrement noircis. Hubert se servit d'un air dégoûté.

—C'est du charbon, dit-il.

---

11. **il fût** : *To whom does this* **il** *refer?* **Fût** *is the imperfect subjunctive of the verb* **être**. *It has the meaning of "would be" here.*

12. **prix littéraires** : Chaque année plusieurs prix sont décernés (*awarded*) aux meilleurs livres—le Prix Goncourt, le Prix Femina, etc. Hubert se flatte de lire les livres qui reçoivent ces prix.

estimé	1 Et il se replongea dans ses pensées. «Je suis bien coté° au bureau. Je puis of-
approprié	frir à Yolande un appartement convenable.° Nous possédons une petite
ici : Bien sûr	voiture. Évidemment,° je ne l'autorise pas à la conduire... Mais elle a vraiment
	tout ce qu'une femme peut souhaiter... Elle adore s'occuper de la cuisine et
ici : parfaits, beaux	5 du ménage. Je lui ai donné deux enfants réussis°... Je fais l'amour avec elle
	tous les... enfin suffisamment!... Elle n'est d'ailleurs pas exigeante. Et pourtant
	il paraît que je suis un amant exceptionnel! Nina me le disait encore tout à
	l'heure, et elle a de l'expérience!... »
was crushing / *crumbs*	Hubert regarda Yolande qui écrasait° dans son assiette des miettes° de
	10 cannellonis.
	—Ne manges-tu pas? demanda-t-il.
	—Je n'ai décidément pas faim, dit-elle.
	Serait-elle malade? Et si elle avait été chez un médecin qui lui aurait révélé
(v. atteindre) stricken	qu'elle était atteinte° d'une maladie grave. «Non, pensa Hubert, ma femme
scratch	15 ne me le cacherait pas. Elle me signale la moindre égratignure,° Yolande aime
	trop se faire plaindre. D'ailleurs elle a bonne mine. Quant aux enfants, ils se
	portent à merveille et comme ils tiennent de° moi, ils travaillent bien.»
take after	Hubert avait passé en revue tous les motifs graves; il ne pouvait s'arrêter à
	rien. Cependant il entendait encore la voix angoissée : «Si tu savais dans quel
(v. s'agir de) il était *question*	20 état je suis!» Non, sa première idée lui paraissait décidément juste : il s'agis-
	sait° d'un de ces petits enfantillages féminins dont Yolande n'osait même pas
l'informer	lui faire part.°
noble, extraordinaire	Il serait sublime° de générosité et pour la consoler, il l'emmènerait au
	cinéma afin de lui changer les idées. Et cependant, il désirait se coucher tôt
	25 car il était fatigué.
	—Yolande, veux-tu sortir? Voir un film?
	—C'est très gentil de ta part, dit Yolande. Mais tu sais que je n'aime pas
	laisser les enfants seuls... Une autre fois...
	—Comme tu voudras.
	30 Et Hubert, rassuré, déplia le journal.

COMPRÉHENSION ET DISCUSSION

A. VRAI / FAUX

En vous basant sur le texte, indiquez si les phrases suivantes sont vraies ou fausses. Corrigez les phrases fausses. Ne vous contentez pas d'utiliser ou de supprimer les mots négatifs.

1. Quand Hubert rentre, sa femme parle au téléphone dans la cuisine.
2. Yvette est la sœur de Yolande.

→

3. Yolande fait savoir à Yvette qu'elle a de graves problèmes.
4. Hubert écoute la conversation entre Yolande et Yvette et devient perplexe.
5. Hubert pense qu'un des enfants est peut-être malade.
6. Hubert va à la cuisine voir ce que Yolande prépare pour leur dîner.
7. Selon Hubert, Yolande se plaint beaucoup.
8. Nina est la maîtresse d'Hubert.
9. Selon Hubert, Yolande ne peut pas se douter de sa liaison avec Nina.
10. Quand Yolande entre dans le salon, elle est en larmes.
11. Hubert est sûr que sa femme exagère ses drames.
12. Hubert dit qu'il a passé une journée formidable.
13. Hubert travaille pour une société qui fabrique des ordinateurs.
14. Yolande dit à son mari qu'elle est allée au Louvre avec Yvette.
15. Yolande porte une robe qu'elle vient d'acheter.
16. Hubert est sûr que sa femme s'intéresse à un autre homme.
17. Hubert décide finalement que les soucis de Yolande ne sont pas importants puisqu'elle n'en parle pas.
18. À la fin de cette histoire, Hubert est toujours inquiet.

B. RÉSUMÉ

Faites un résumé du conte. Formez des phrases à l'aide des éléments donnés en faisant les changements nécessaires, puis donnez des détails supplémentaires.

1. Yolande / parler / téléphone
2. Hubert / écouter
3. Yolande / aller / mal
4. Hubert / ne pas savoir
5. Yolande / terminer la conversation / dîner
6. Hubert / enfants / qui
7. Hubert / essayer / deviner
8. Yolande / se plaindre / rarement
9. Selon Hubert / se douter de / Nina
10. Yolande / entrer / avoir bonne mine
11. Hubert / examiner / visage
12. attendre / explication
13. Hubert / décider / femmes / créer / drames
14. Hubert / poser / questions
15. Yolande / répondre / gêne
16. Hubert / se demander / s'intéresser à / homme
17. décider / emmener / cinéma
18. fin / rassuré / journal

C. QUESTIONS DE COMPRÉHENSION

Répondez en français aux questions suivantes. Formulez vos propres réponses. Essayez de ne pas copier les phrases du texte. N'oubliez pas de consulter le vocabulaire aux pages 145 et 146. Le lexique qui suit vous aidera aussi à formuler vos réponses.

Petit lexique

à la mode *in fashion, in style*
aller mal *to feel badly, awful*
créer *to create*
enfantillage *m. childishness*
enlever *to take off, remove*

entrer en concurrence avec *to compete with*
faire la lessive *to do the laundry*
s'occuper de *to take care of*
raccommoder *to mend*

rater *to ruin*
repasser *to iron*
sonner *to ring*
tenir de *to take after, resemble*
usé *worn out*

1. Que fait Yolande quand Hubert rentre chez lui?
2. Pourquoi Yolande croit-elle qu'elle est seule dans l'appartement?
3. Comment va Yolande?
4. Quelle heure est-il? Comment le savez-vous?
5. Que font les enfants?
6. Pourquoi Hubert est-il rentré trop tard le soir précédent?
7. Qui est Nina? Que fait Hubert pour cacher à Yolande l'existence de Nina?
8. Décrivez Yolande quand elle rejoint son mari dans le salon.
9. Quelle explication Hubert attend-il? La reçoit-il?
10. Pourquoi Hubert décide-t-il de ne pas s'inquiéter?
11. En quoi consistent les travaux ménagers (*household tasks*) de Yolande?
12. Yolande et Hubert sont-ils des nouveaux mariés? Comment le savez-vous?
13. D'habitude, comment Hubert décrit-il sa journée à sa femme? En quoi la conversation d'aujourd'hui est-elle différente?
14. Comment Yolande a-t-elle passé la journée? Avec qui?
15. Pourquoi Hubert dit-il à Yolande qu'elle a une jolie robe? Pourquoi Yolande est-elle stupéfaite?
16. Selon Hubert, comment est-il obligé de s'habiller? Pourquoi? Et sa femme? Pourquoi? Et Nina? Pourquoi?
17. Selon Hubert, il est impossible que Yolande s'intéresse à un autre homme. Pourquoi?
18. Hubert pense que Yolande a tout ce qu'une femme peut souhaiter. Comment se justifie-t-il?
19. Pourquoi Hubert pense-t-il que sa femme peut être malade? Pourquoi décide-t-il qu'elle ne l'est pas?
20. Pourquoi Hubert propose-t-il d'emmener Yolande au cinéma? Qu'est-ce qu'il préférerait faire?
21. Décrivez Hubert à la fin du conte. Pourquoi ne s'inquiète-t-il plus?
22. Quel message Michelle Maurois essaie-t-elle de nous transmettre? En d'autres termes, qu'est-ce qui manque dans ce mariage?

D. QUI PARLE?

Imaginez que les phrases suivantes font partie du conte. Identifiez le personnage qui aurait pu prononcer chaque phrase.

1. «Je dois me dépêcher. Il va rentrer bientôt.»
2. «Est-ce qu'il sait où tu es allée?»
3. «Ce collier de diamants est magnifique, chéri! Achète-le-moi.»
4. «Les enfants me ressemblent. Ils sont beaux, intelligents et disciplinés.»
5. «Pourquoi ne peut-il pas voir que tout ne va pas bien?»
6. «Ne t'inquiète pas! Je serai toujours là si tu veux m'en parler.»
7. «J'aurais dû rester au bureau!»
8. «L'exposition était excellente.»

E. RÉACTIONS ORALES OU ÉCRITES

Synthèse du texte

1. Hubert est très égoïste. Cherchez des exemples de cet égoïsme dans le conte.
2. Hubert essaie de découvrir le sujet de la conversation entre Yolande et Yvette. Dressez une liste des différentes possibilités imaginées par Hubert et expliquez pourquoi il les rejette.

Réaction personnelle

1. Vous êtes féministe. Que pensez-vous d'Hubert? Trouvez dans le texte des remarques qui vous mettent en colère.
2. Vous êtes Yolande. Vous parlez au téléphone avec Yvette. Décrivez votre mariage avec Hubert. Expliquez la raison pour laquelle vous avez pleuré.
3. Si vous étiez la femme d'Hubert (ou le mari de Yolande), que feriez-vous dans la situation décrite dans le conte?
4. Michelle Maurois nous dit tout ce que pense Hubert, mais elle ne nous révèle pas les pensées de Yolande. Pourquoi Maurois a-t-elle choisi de raconter le conte sous cet angle? Est-ce que cela influence votre opinion de ces deux personnages? Comment?
5. Dix années ont passé. Décrivez la vie conjugale de Yolande et d'Hubert.
6. Hubert et Yolande, Yvette et Nina sont invités à la même soirée. Avec des camarades de classe préparez un sketch. Imaginez ce qui se passe, ce qu'ils font, ce qu'ils se disent, comment ils sont habillés, etc.
7. Pensez au rapport entre Yolande et Hubert en termes psychologiques. Lequel a le plus d'influence dans le mariage? Comment cette influence s'exerce-t-elle? Yolande et Hubert se livrent-ils à des jeux psychologiques l'un avec l'autre? Lesquels?
8. Que représente pour vous «le mariage idéal»? Quels sont les bons et les mauvais côtés du mariage? Selon vous, que doivent faire les deux partenaires pour qu'un mariage réussisse?

Chapter 11
Le pavillon de la Croix-Rousse

Georges Simenon *(1903–1989)*

The literary career of Georges Simenon is truly astonishing. At the time of his death on September 4, 1989, over six hundred million copies of his books had been sold worldwide, ranking him among the twentieth century's most prolific and widely read authors. The precise number of his works is difficult to ascertain, since Simenon used seventeen pseudonyms at the start of his career. His first novel, *Au pont des arches,* was published when he was sixteen. Between 1929 and 1972, he produced from two to thirteen novels each year as well as countless short stories and articles. Although critics have often relegated his work to the realm of light entertainment, Simenon's powerful narrative skill and profound psychological insight have combined to grip the world's imagination for many years. His books have been translated into forty-seven languages and published in thirty-nine countries. Over fifty movies and several television series based on his novels have continued to assure his popularity.

Georges Joseph Christian Simenon was born in Liège, Belgium, on February 13, 1903, to a modest, working-class family. His mother, tormented by an intense fear of poverty and a grasping need for security, considered her family superior to the mediocrity of the *petite bourgeoisie* and harbored constant resentment against the life she was forced to lead. In striking contrast, Simenon's father displayed the calm contentment of a man at peace with himself—a man with simple tastes, quiet courage, and serene dignity. Simenon's parents and other family members provided many of the character traits later found in his novels, and his family profoundly influenced his perception of humanity.

In 1907, Simenon's mother began to take in boarders—primarily students from Poland and Russia—to supplement the family income. These students introduced the young Simenon to the study of medicine and psychology, providing him with a taste for the psychological treatment of his characters and the foundation of a biological expertise that would later surface in his stories.

A brilliant student, Simenon left school to go to work at fifteen, when his father became ill. After a brief stint as an apprentice pastry chef and a job at a local library, he was hired as a cub reporter by the *Gazette de Liège.* In 1922, he moved to Paris and began a self-imposed, lifelong literary apprenticeship. Having had one novel published, he began writing short stories for *Le Matin*, a Parisian newspaper.

An experienced yachtsman, Simenon traveled throughout Europe via canal and river. His extensive sojourns furnished the settings, characters, and events for the novels and articles that he continued to produce at an astounding pace.

In 1940, mistakenly informed that he had less than two years to live, Simenon began to write a series of letters about his childhood to his two-year-old son. Later, these pages were incorporated into the autobiographical novel *Pédigrée* (1948).

In 1945, Simenon traveled to the United States, where he lived and wrote until 1957. During this time, he divorced his wife of twenty-seven years to marry a French Canadian, the mother of three of his four children. In 1973, Simenon retired to Lausanne, Switzerland, where he began to write observations and reflections about his life in an attempt to analyze for the world the man who was Georges Simenon. His last published work, *Mémoires intimes*, is an homage to his daughter, Marie-Jo.

Simenon's mystery stories

Short crime reports published in the newspapers often supplied the subjects of Simenon's mysteries. Weaving these factual elements into a setting inspired by his travels, and combining character traits from individuals observed in his past, Simenon used his encyclopedic memory and sense of compassion to reconstruct the human reality of life's dramas.

Simenon's language is simple, clear, realistic, and vivid—free of cumbersome description and philosophical, religious, or political discussion. His writing style is accessible to all and yet capable of conveying extreme and varied emotions. Simenon's stories allow the reader to glimpse both the sweet small joys and the tragic anguish of the ordinary person's everyday life.

Le pavillon de la Croix-Rousse is one of Simenon's earliest stories. He had not yet developed the character of Maigret, the intuitively perceptive and calmly sympathetic French detective for whom Simenon later became most famous. Maigret mysteries compete for popularity with Sherlock Holmes stories among mystery lovers. Simenon's Maigret, however, does not display the scientific genius of Arthur Conan Doyle's Holmes. In the Maigret mysteries, the reader is rarely misled by false clues, and the solution to the crime almost never hinges on the discovery of a mysterious bloodstain. Instead, Maigret stumbles toward the solution of the crime in a manner that would appall the English sleuth, but which appeals to the reader by virtue of its very human clumsiness. Maigret listens, waits, and observes. His clues are words, gestures, expressions, sounds, and smells. Not as interested in the *how* or the *who* as in the *why* of crime, he seeks to remove the barriers between himself and the criminal in order to understand the reasons that drive an ordinary man to the other side of the law. Rather than judge, he sympathizes. Transcending the usual limitations of crime fiction, Simenon paints a unique and sensitive portrait of ordinary French life through the eighty-four novels and fifteen short stories that feature Maigret.

Through the characters of both the narrator and Leborgne in *Le pavillon de la Croix-Rousse,* the reader will be able to glimpse some of the characteristics that Simenon later developed more fully in his detective Maigret.

Among Simenon's other works are: *Le chien jaune* (1930), *L'affaire Saint-Fiacre* (1932), *Le testament Donadieu* (1936), *Les trois crimes de mes amis* (1937), *La pipe de Maigret* (1945), *Trois chambres à Manhattan* (1946), *Les volets verts* (1950), and *Un homme comme un autre* (1975).

📖 PRÉPARATION À LA LECTURE

Utilisez vos stratégies

LISEZ ET RÉFLÉCHISSEZ! Lisez les phrases suivantes tirées du *Pavillon de la Croix-Rousse*. Ne consultez pas votre dictionnaire. Essayez de déterminer le sens des mots en caractères gras en vous servant du contexte de la phrase entière.

1. Ses cheveux blonds, généralement **pommadés**, étaient en désordre.
2. Quant à son visage... les **traits** étaient agités par des tics nerveux.
3. Je m'avançai jusqu'au milieu de la chambre. Je **me débarrassai** de mon chapeau et de mon manteau.
4. Dix minutes exactement **s'écoulèrent**, aussi désagréables que possible.
5. En passant devant le miroir, il vit son image,... Il rectifia le **nœud** de sa cravate.
6. ...la vérité serait toujours facile à découvrir si des idées préconçues ne vous **faussaient** pas le jugement!
7. Une lampe du premier étage... n'a pas tardé à **s'éclairer**.

Établissons les faits

EXPÉRIENCE PERSONNELLE

1. Quand un journaliste décrit un crime dans le journal ou à la télévision, quels faits mentionne-t-il?
2. Dans le conte *D'un cheveu*, le lecteur connaît la vraie situation; il a donc un avantage sur le détective. En lisant *Le pavillon de la Croix-Rousse*, le lecteur résoud le crime en même temps que la police. À votre avis, est-ce que cela rend la lecture plus intéressante? Pourquoi ou pourquoi pas? →

3. Essayez-vous de résoudre le mystère avant la fin? Pouvez-vous vous discipliner, ou êtes-vous de ceux qui se précipitent aux dernières pages pour trouver la clef du mystère?

4. Selon vous, y a-t-il des personnes qui soient poussées par les circonstances de leurs vies à commettre des crimes? Précisez.

Introduction au mystère

En 1929, Georges Simenon a écrit «la série 13» : *Les 13 mystères, Les 13 énigmes* et *Les 13 coupables.* Le succès de cette série a encouragé Simenon à développer plus tard le personnage de Maigret.

Le pavillon de la Croix-Rousse se trouve dans *Les 13 mystères.* Simenon nous présente Joseph Leborgne, le protagoniste du livre entier. Joseph Leborgne n'est pas agent de police. C'est un homme assez timide qui a horreur du sang et des complications de la vie. Il a environ trente-cinq ans; il est petit, mince et extrêmement soigné. Il habite un hôtel où il prend d'habitude ses repas dans sa chambre. Le lecteur ne sait rien de son passé. Simenon n'explique pas pourquoi cet homme a choisi de mener une existence solitaire, fasciné par les histoires du monde criminel, absorbé dans la tâche d'éclaircir pour lui-même et pour la police les crimes les plus déconcertants.

Dans le conte qui suit, Leborgne est en train de résoudre un crime. Il travaille chez lui. L'action commence quand un visiteur arrive chez Leborgne. C'est le visiteur qui narre les événements.

VUE PANORAMIQUE

Répondez brièvement aux questions suivantes.

1. De quel genre de conte s'agit-il?
2. Quels sont les personnages principaux? Identifiez en quelques mots les rôles qu'ils jouent.
3. Dans quelle ville se passe le crime?
4. Où sont Leborgne et le visiteur?
5. Quel crime a été commis?
6. Qu'est-ce que Leborgne essaie de faire?
7. Quel adjectif choisiriez-vous pour décrire l'attitude de Leborgne? Pourquoi? Quel adjectif choisiriez-vous pour décrire le visiteur?
8. Leborgne trouve-t-il immédiatement la solution du mystère?
9. Est-ce que c'est Manchard qui est la victime?
10. Quels autres renseignements pouvez-vous mentionner après votre première lecture du mystère?

Le pavillon de la Croix-Rousse

en arrière

hair cream / straight
and stiff / stood
on end
fatigué

surly

You sure know when
to show up! /
grumbled
ici : cas difficile

clever, disarming

est situé

surveillaient
attentivement
ici : (verbe)
représente

ici : affirmer

1   JE N'AVAIS jamais vu Joseph Leborgne travailler et j'eus un mouvement de recul° quand j'entrai chez lui ce jour-là.

Ses cheveux blonds, généralement pommadés, étaient en désordre. Et, comme la brillantine° les rendait raides,° ils se dressaient° sur sa tête.

5   Quant à son visage, il était pâle, tiré.° Et les traits étaient agités par des tics nerveux.

Il me lança un regard hargneux° et je fus sur le point de sortir. Mais, comme je le voyais penché sur un plan, la curiosité fut la plus forte. Je m'avançai jusqu'au milieu de la chambre. Je me débarrassai de mon chapeau et

10   de mon manteau.

«Vous tombez bien,° vous!» gronda°-t-il alors.

Ce n'était pas encourageant. Je balbutiai :

«Une belle affaire?°

—Vous pouvez le dire! Regardez ce papier-là...

15   —C'est le plan d'une villa, ou plutôt d'un pavillon?...[1]

—Vous êtes subtil!° Un enfant de quatre ans l'aurait deviné. Vous connaissez le quartier de la Croix-Rousse,[2] à Lyon?

—J'y suis passé.

—Bon! Le pavillon se dresse° dans un des coins les plus déserts de ce

20   quartier, qui ne brille déjà pas par l'animation de ses rues.

—Que représentent ces croix noires, dans le jardin et sur la route?

—Des agents.

—Hein! Ils ont été tués?

—Qui vous parle de cela? Les croix représentent des agents qui étaient en

25   faction° à ces différents endroits pendant la nuit du 8 au 9... La croix plus épaisse que les autres figure,° elle, le brigadier Manchard... »

Je n'osais plus prononcer une parole ni faire un mouvement. Je sentais qu'il valait mieux ne plus interrompre Leborgne, qui avait pour le plan les mêmes regards furieux que pour moi.

30   «Eh bien, vous ne me demandez pas pourquoi les agents étaient là, au nombre de six pendant la nuit du 8 au 9? Vous allez peut-être prétendre° que vous l'avez deviné?»

---

1. **pavillon** : C'est une petite maison de banlieue dans un jardin ou dans un parc. Une villa est d'habitude une maison de campagne plus élégante.
2. **Croix-Rousse** : un quartier à Lyon (ville située au sud-est de Paris) qui veut dire *Red Cross* (Ne le confondez pas avec la Croix-Rouge, organisme d'entraide et de secours dont le comité international se réunit à Genève.)

(*v.*) se taire	
jour qui précède / ici : courte lettre	
mis en garde	
to act / alerter / *the person involved*	
en plus / *attic*	
Someone other than	
sortie	
à partir de ce moment ici : surveillance	
pétrole	
skeleton key	
agrippées	

1 Je me tus.°

«Ils étaient là parce que la police de Lyon avait reçu la veille° le billet° suivant:

Le docteur Luigi Ceccioni sera assassiné, en son domicile, dans la nuit du 8 au
9 courant.

5 —Et le docteur avait été averti?° demandai-je enfin.

—Non! Comme Ceccioni était un exilé italien et comme il semblait plus que probable qu'on se trouvait en présence d'une affaire politique, la police a préféré prendre ses dispositions° sans prévenir° l'intéressé.°

—Et il a été tué quand même?

10 —Attendez! Le docteur Ceccioni, âgé de cinquante ans, habitait seul ce pavillon lamentable. Il faisait lui-même son ménage et il prenait un repas par jour, celui du soir, dans un restaurant italien du quartier. Le 8, vers dix-neuf heures, il a quitté son domicile, comme d'habitude, pour se rendre au restaurant. Et le brigadier Manchard, un des meilleurs policiers de France, élève, par

15 surcroît°, du docteur Locard,[3] a visité le pavillon de la cave au grenier.° Il a acquis la certitude que personne ne s'y cachait et qu'il était impossible d'y entrer autrement que par les portes et les fenêtres visibles de l'extérieur. Donc, pas de souterrain ni de fantaisie de ce genre. Pas de roman[4]... Vous entendez?»

Et Leborgne semblait m'accuser de faire de la fantaisie, alors que je me gar-

20 dais bien d'émettre la moindre opinion.

«Personne dans le pavillon! Et rien que deux portes et trois fenêtres à garder! Un autre que° le brigadier Manchard se fût contenté[5] de monter la garde en compagnie d'un seul agent. Il en a mobilisé cinq, un par issue,° et il est resté lui-même sur les lieux. À vingt et une heures, la silhouette du docteur

25 s'est profilée dans la rue. Il est rentré chez lui, *absolument seul*. Une lampe au premier étage, où il avait sa chambre, n'a pas tardé à s'éclairer. Et dès lors° la veille° des policiers a commencé. Pas un n'a dormi! Pas un n'a quitté son poste! Pas un n'a perdu de vue le point précis qu'il était chargé de surveiller! Manchard faisait des rondes de quart d'heure en quart d'heure. Vers trois

30 heures du matin, la lampe à pétrole du premier étage a fini par s'éteindre lentement, comme si elle eût manqué[6] de combustible.° Le brigadier a hésité. Il a fini par se décider à entrer, en se servant d'un rossignol.° Au premier étage, dans sa chambre, assis sur le bord de son lit, ou plutôt à demi couché, les deux mains crispées° sur la poitrine, le docteur Luigi Ceccioni était mort! Il

---

3. **Locard** : Émile Locard, célèbre criminologiste français
4. **Donc... roman** : *Leborgne is explaining that there is nothing other than what has been stated. There are no underground passages nor any other romantic, fictional explanations.*
5. **se fût contenté** : plus-que-parfait du subjonctif : sens de **se serait contenté**
6. **eût manqué** : plus-que-parfait du subjonctif : sens d'**avait manqué**

1 était tout habillé. Il avait encore son manteau sur le dos. Son chapeau avait
roulé par terre. Sa chemise et ses vêtements étaient imbibés° de sang° et ses
mains en étaient inondées. Il avait reçu une balle de *browning 6 millimètres* à
moins d'un centimètre au-dessus du cœur.»

5 Je regardai Joseph Leborgne avec stupeur. Je vis sa lèvre° frémir.°

«Personne n'est entré! Personne n'est sorti! gronda-t-il. J'en réponds°
comme si j'avais monté la garde moi-même, car je connais le brigadier Manchard. Et n'allez pas penser qu'on ait trouvé un revolver dans la maison. *Il n'y
en avait pas!* Ni visible, ni caché! Ni dans la cheminée, ni même dans l'égout,°

10 qui fut vidé! Ni dans le jardin, ni nulle part!°... Autrement dit, une balle a été
tirée° dans un local où il n'y avait personne d'autre que la victime et où ne se
trouvait aucune arme! Quant aux fenêtres, elles étaient closes. La balle n'a pas
été tirée du dehors, car elle eût brisé° les vitres.° Au surplus, la portée° d'un revolver n'est pas suffisante pour que l'assassin ait pu tirer par-dessus le cordon

15 d'agents sans que ceux-ci fussent alertés. Regardez le plan! Dévorez-le des
yeux! Et vous rendrez la vie à ce pauvre brigadier Manchard, qui ne dort plus
et qui se considère presque comme un assassin.»

Je risquai timidement :

«Que savez-vous de Ceccioni?

20 —Qu'il a été riche jadis.° Qu'il a très peu exercé la médecine, mais que, par
contre, il s'est beaucoup occupé de politique, ce qui l'a forcé à s'exiler.

—Marié? Célibataire?

—Veuf. Un seul enfant, un fils, qui fait actuellement° ses études en Argentine.

—De quoi vivait-il à Lyon?

25 —De tout et de rien. De vagues subsides qu'il recevait de ses amis politiques. De consultations qu'il donnait parfois aux plus pauvres gens de la
colonie italienne.

—On a volé° quelque chose dans le pavillon?

—Il n'y a aucune trace de vol.»

30 Je ne sais pourquoi, j'eus à ce moment envie de rire. Il me sembla soudain que
quelque mystificateur d'envergure° s'était amusé à préparer à Joseph Leborgne
une affaire invraisemblable,[7] afin de lui donner une leçon de modestie.

Il remarqua que mes lèvres s'allongeaient. Et, saisissant le plan, il alla s'en-
foncer° avec rage dans son fauteuil.

35 «Quand vous aurez trouvé quelque chose, vous me le direz!» grogna°-t-il
encore.

---

7. **Il... invraisemblable :** *The narrator is amused to think that a greater intelligence has finally challenged the somewhat arrogant Leborgne with a crime he cannot solve.*

Glossary (left margin):

drenched / blood

lip / trembler
Je garantis cela

sewer
anywhere
shot, fired

aurait cassé /
fenêtres / range

autrefois

(FA) at present

pris sans permission

de grande
intelligence

plonger
growled

1 —Je ne trouverai certainement rien avant vous!

—Merci! laissa-t-il tomber sèchement.

Je commençai à bourrer ma pipe. Je l'allumai, sans craindre la colère de mon compagnon, puisque aussi bien° elle[8] était déjà au paroxysme.°

5 «Je vous demanderai seulement de rester tranquille et de respirer moins fort», articula-t-il encore.

Dix minutes exactement s'écoulèrent, aussi désagréables que possible. Malgré moi, j'évoquais les croix noires qui, sur le plan, figuraient des agents.

Et l'invraisemblance de cette histoire, qui m'avait d'abord fait rire, com-
10 mençait à m'angoisser.

En somme, il ne s'agissait pas, en l'occurrence,° de psychologie ni de flair, mais de géométrie.

«Ce Manchard n'a jamais servi de médium à un hypnotiseur?»[9] questionnai-je soudain.

15 Joseph Leborgne ne se donna pas la peine de répondre.

«Ses ennemis politiques sont nombreux à Lyon?»

Il haussa les épaules.

«Et il est prouvé que son fils est bien en Argentine?»

Cette fois, il se contenta de me retirer la pipe de la bouche et de la jeter sur
20 la cheminée.

«Vous avez le nom de chacun des agents?»

Il me tendit une feuille de papier sur laquelle je lus : «Jérôme Pallois, vingt-huit ans, marié; Jean-Joseph Stockman, trente et un ans, célibataire; Armand Dubois, vingt-six ans, marié; Hubert Trajanu, quarante-trois ans, divorcé; Ger-
25 main Garros, trente-deux ans, marié.»

Je relus trois fois ces lignes. Les noms étaient dans l'ordre dans lequel les agents étaient disposés autour de l'immeuble, en commençant par la sentinelle de gauche.

Je finis par m'écrier, sentant que j'étais prêt aux suppositions les plus
30 loufoques° :

«C'est impossible!»

Et je regardai Joseph Leborgne. Je fus stupéfait de m'apercevoir que celui-ci, blême,° les paupières cernées,° les lèvres amères° un instant plus tôt, se dirigeait en souriant vers un pot de confiture.

35 En passant devant le miroir, il vit son image, parut scandalisé par le pli° incongru que ses cheveux avaient pris. Il les peigna avec soin. Il rectifia le nœud de sa cravate.

---

en tout cas / au plus haut degré

in this case

absurdes

pâle / eyes with dark circles / tight-lipped
ici : apparence

---

8. **elle** : c'est-à-dire, sa colère
9. **Ce... hypnotiseur** : *The narrator asks if Manchard has ever sought the aid of a hypnotist.*

1   C'était de nouveau le Joseph Leborgne habituel, et, tout en cherchant une

spoon / goûter avec plaisir

cuiller° pour déguster° son horrible confiture de feuilles de je ne sais quoi,[10] il m'adressa un sourire sarcastique :

«Comme la vérité serait toujours facile à découvrir si des idées préconçues

5   ne vous faussaient pas le jugement! soupira-t-il. Vous venez de dire : «C'est impossible!... » Eh bien... »

***

J'ATTENDAIS la contradiction. J'y étais résigné.

«Eh bien, c'est impossible, en effet! Et voilà ce qu'il suffisait d'admettre dès

10   le début. On n'a pas tiré dans le pavillon! Il n'y avait pas de revolver, ni d'assassin dans la chambre!

—Mais alors?...

—Alors, Luigi Ceccioni est arrivé avec sa balle dans la poitrine, tout simple-

toutes les raisons

ment. Cette balle, j'ai tout lieu° de croire qu'il l'a tirée lui-même... Il était

pointer son revolver

15   médecin... Il savait où il devait viser° pour ne pas provoquer une mort bru-

ici : soudaine

tale,° mais pour se permettre de marcher encore pendant un certain temps.»

Joseph Leborgne ferma les yeux.

«Tenez! Imaginez le pauvre homme sans espoir... Il n'a qu'un fils... Celui-ci étudie, mais son père ne peut plus lui envoyer de l'argent... Ceccioni con-

ici : *insurance policy*

20   tracte une assurance° sur la vie au profit de l'enfant. Il faut maintenant qu'il

suspecter

meure... Et cela sans qu'on puisse le soupçonner° de suicide, sinon la compagnie ne paierait pas... »

—Il convoque en quelque sorte la police...

—Celle-ci le voit rentrer chez lui où il n'y a pas d'arme *et l'y trouve mort*

25   *quelques heures plus tard...*

massage

«Il lui a suffi, une fois assis au bord de son lit, de masser° sa poitrine, afin de faire pénétrer la balle plus profondément, de lui faire toucher le cœur... »

J'eus un involontaire cri d'angoisse. Mais Leborgne ne bougeait plus. Il ne s'inquiétait plus de moi.

30   Ce n'est que huit jours plus tard qu'il me montra un télégramme du brigadier Manchard.

bruises / *wound*

«Autopsie révèle ecchymoses° autour blessure° et traces pression des doigts. Stop.—Vous prie instamment me donner votre avis.»[11]

«Vous avez répondu?»

plein de reproches

35   Il me fixa d'un air réprobateur.° Et il conclut :

«Pas la peine que ce pauvre homme soit mort pour rien! La compagnie d'assurances est au capital de quatre cents millions!»

---

10. **son... quoi** : *his horrible jam made of I don't know what kind of leaves*
11. **Autopsie... avis** : *Dans un télégramme, des mots (articles, etc.) sont omis pour assurer la brièveté.*

COMPRÉHENSION ET DISCUSSION

A. VRAI / FAUX

Examinez chaque dessin, trouvez des éléments faux et rectifiez-les. Le vocabulaire à côté de chaque illustration peut vous aider.

MOTS UTILES
assis
debout
sembler
sourire

L'ARRIVÉE CHEZ LEBORGNE

MOTS UTILES
cercle *m.*
croix *f.*
mener
surveiller
toit *m.*

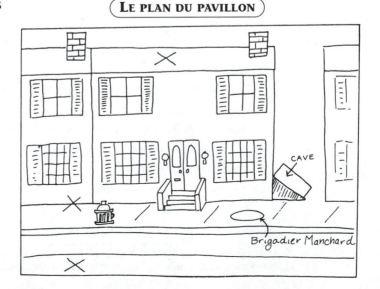

LE PLAN DU PAVILLON

MOTS UTILES
allumé
avertir
balle *f.*
cambrioler
éteint
fermé
ouvert
pendre
propre
tenir

LA SCÈNE DU CRIME

B. RÉSUMÉ

Les phrases suivantes sont vraies, mais elles ne suivent pas l'ordre du conte. Remettez-les dans l'ordre correct.

1. Un homme arrive chez Joseph Leborgne.
2. La police a reçu un billet qui annonce qu'on va assassiner le docteur Luigi Ceccioni le 8 du mois courant.
3. Manchard monte la garde avec cinq agents de police.
4. Vers trois heures du matin, la lampe s'éteint lentement.
5. Leborgne est en train d'examiner un plan.
6. Ceccioni a agi de cette manière pour que son fils puisse recevoir l'argent de son assurance.
7. Leborgne décide de ne pas révéler le secret de Ceccioni à la police.
8. Leborgne commence l'explication de l'affaire du docteur Ceccioni.
9. À vingt et une heures, le docteur rentre tout seul et allume une lampe dans sa chambre.
10. La police n'avertit pas le docteur.
11. Le brigadier Manchard entre dans le pavillon et découvre que Ceccioni est mort, une balle tout près du cœur.
12. Finalement Leborgne sourit et explique que Ceccioni lui-même a arrangé le crime.
13. Le 8 du mois, Ceccioni sort, comme d'habitude, pour dîner au restaurant.
14. Manchard vérifie qu'il n'y a dans la maison ni revolver ni aucune trace de vol.
15. Le brigadier Manchard examine le domicile de Ceccioni et s'assure que la maison est complètement vide.

C. QUESTIONS DE COMPRÉHENSION

Répondez en français aux questions suivantes. Formulez vos propres réponses. Essayez de ne pas copier les phrases du texte. Le lexique qui suit vous aidera à formuler vos réponses.

Petit lexique

allumer *to light*
arranger à l'avance *to arrange in advance*
avis *m. opinion*
se cacher *to hide*
crispé *clenched, gripped*
se douter de *to suspect*

s'éteindre *to go out (light, fire)*
être couvert de *to be covered with*
masser *to massage, rub*
plan *m. map*
résoudre *to solve*
    p.p. **résolu** *solved*

sans être vu *without being seen*
soigné *well-groomed*
surveiller *to conduct surveillance*
tirer une balle *to fire a bullet*
viser *to point*

---

1. Quand le visiteur est arrivé chez Joseph Leborgne, pourquoi a-t-il été surpris?
2. Pourquoi le visiteur a-t-il eu envie de sortir? Qu'est-ce qui l'a décidé à rester chez Leborgne?
3. Que faisait Joseph Leborgne quand le visiteur est entré chez lui?
4. Quelle est la signification des croix noires? Pourquoi l'une des croix est-elle plus épaisse que les autres?
5. Dans quelle partie de Lyon se trouve le pavillon dont parle Leborgne? Décrivez ce quartier.
6. Quel était le contenu du message que la police avait reçu la veille? Qu'est-ce que Manchard a fait après avoir lu ce message?
7. Qui était le docteur Ceccioni? Décrivez-le. (Quelle était sa nationalité? Pourquoi était-il en France? Comment gagnait-il sa vie? Était-il marié? Avait-il des enfants? etc.)
8. Qu'est-ce que Ceccioni a fait le 8, vers dix-neuf heures?
9. Qu'est-ce que le brigadier Manchard a fait pendant l'absence de Ceccioni? De quoi voulait-il être certain?
10. Pourquoi Manchard a-t-il monté la garde avec cinq agents au lieu de deux ou trois?
11. À quelle heure le docteur est-il rentré chez lui? Avec qui était-il? Une fois dans le pavillon, qu'a-t-il fait?
12. Qu'est-ce que Manchard a remarqué vers trois heures du matin? Qu'est-ce qu'il a décidé de faire? Comment a-t-il pu entrer dans le pavillon?
13. Décrivez Ceccioni quand Manchard l'a découvert. Soyez précis(e).
14. Pourquoi le crime était-il tellement mystérieux? Quels étaient les seuls faits connus?
15. Le visiteur a-t-il su résoudre le crime? Quelle était son opinion à ce sujet?
16. Comment l'attitude de Leborgne a-t-elle changé pendant que le visiteur réfléchissait au crime? Pourquoi?

17. Comment Leborgne a-t-il expliqué le crime? (Quand la balle a-t-elle été tirée et par qui? Qu'est-ce que le docteur a fait pour ne pas provoquer une mort subite? Pourquoi Ceccioni avait-il préparé sa mort à l'avance?)
18. Qu'est-ce que Leborgne a reçu huit jours plus tard? Qu'est-ce que Manchard lui a demandé?
19. Pourquoi Leborgne n'a-t-il pas révélé le secret de Ceccioni à la police?

D. RÉACTIONS ORALES OU ÉCRITES

Synthèse du texte

1. Parlez de Joseph Leborgne. Décrivez-le physiquement et psychologiquement. Comme Simenon révèle le caractère de ses personnages à travers leurs gestes, leurs attitudes, leurs mots et leurs goûts, vous devez faire attention aux moindres détails. Quelle est votre opinion de Leborgne?
2. Expliquez la phrase : «Comme la vérité serait toujours facile à découvrir si des idées préconçues ne vous faussaient pas le jugement.» Quel rapport cette phrase a-t-elle avec ce mystère? De temps en temps, tout le monde a des idées préconçues qui faussent le jugement. Relatez une situation où :
   a. des idées préconçues ont faussé votre jugement ou
   b. des idées préconçues vous ont affecté(e).

Réaction personnelle

1. Même sans une description physique du visiteur, nous avons l'impression de le connaître. Essayez de le décrire. (Quel âge a-t-il? À quoi s'intéresse-t-il? Est-il marié? A-t-il des enfants? Quelle est sa profession? etc.) Comment le visiteur a-t-il fait la connaissance de Leborgne? Quels rapports existent entre les deux? Sont-ils amis? Pourquoi Simenon n'a-t-il pas donné de nom au visiteur? Pourquoi ne l'a-t-il pas décrit?
2. Qu'est-ce que vous pensez du suicide de Ceccioni? Que pensez-vous du fait que le taux de suicides augmente dans la société actuelle? Selon vous, quelles en sont les raisons? Pensez-vous qu'un suicide puisse être justifié? Donnez des arguments justifiant votre opinion.
3. Vous êtes détective privé. Quelqu'un vous engage pour faire des recherches sur le passé de Leborgne. Après une longue enquête, vous réussissez. Racontez ce que vous avez appris. (Avez-vous découvert quelque chose qui puisse expliquer pourquoi Leborgne cherche aussi passionnément à résoudre les crimes?)
4. Vous êtes Ceccioni. Avant de vous suicider, vous écrivez une dernière lettre à votre fils en Argentine. Qu'est-ce que vous lui dites? Lui révélez-vous ce que vous allez faire? Pourquoi ou pourquoi pas? Quels sont les derniers conseils que vous lui donnez?
5. Quand et comment le fils de Ceccioni apprend-il la nouvelle de la mort de son père? (Qui la lui révèle—Leborgne, Manchard?) Comment est-ce que le fils réagit? A-t-il déjà reçu l'argent de l'assurance? Si oui, l'a-t-il dépensé? Comment?
6. Si vous aviez été Joseph Leborgne, auriez-vous révélé vos conclusions à la police? Donnez vos raisons.

Chapter 12

Aux champs

Guy de Maupassant *(1850–1893)*

Henri-René-Albert-Guy de Maupassant was born to an upper-middle-class family living near the coastline in northwestern Normandy. His childhood was spent in comfortable country surroundings, which contributed to his sturdy appearance and his lifelong love of the sea. His early contacts with the local peasants and fishermen provided the basis for many of his later stories. Guy's father was something of an idle and self-indulgent dandy with aristocratic tastes. His mother, of a neurotic and possessive nature, was endowed with a profound intellectual awareness and literary sensibility. Guy was to develop characteristics reminiscent of both his parents as he grew to adulthood.

By the time Guy was ten, his parents were living apart. His early education was handled informally by his mother and a local priest. In 1863, he was sent to a nearby Catholic boarding school. Although described as a diligent, polite, and quiet student, he was unhappy in the stifling atmosphere of the school.

In 1868, Guy left home to finish his studies in Rouen. His mother continued to nurture her son's literary talents and her own dreams for his future as a great author. Through her efforts, Maupassant met Louis Bouilhet, an established poet who guided the younger man's early attempts at writing.

During the Franco-Prussian War in 1870, Maupassant served in the French militia. His observations of the sadly demoralized state of the French army, the naive but sincere patriotism of the peasants, and the self-serving complacency of the middle class appeared in later stories.

After the war, Maupassant was employed as a clerk, first at the Ministry of the Navy and later at the Ministry of Education. Between 1870 and 1880, his life in Paris showed three diverse aspects. As a conscientious clerk, he led a dull and lonely existence, swallowed up in the bureaucracy of civil service and depressed by a latent cynical pessimism toward life. The dark mood of his weekdays contrasted sharply with the frivolous and bawdy life he indulged in on Saturdays. Evenings and Sundays were spent writing. Due to his mother's influence, Maupassant developed a unique friendship with Flaubert, the author of *Madame Bovary* and a respected man of letters. It was Flaubert who encouraged Maupassant to be realistic and selective in his writing and to develop a concise and pure style. He also introduced the young author to the world of editors and publishers as well as to other literary giants of the day.

In 1880, Maupassant's short story *Boule-de-Suif* appeared in print. Heralded as a great success, it was to serve as his stepping-stone to fame and fortune. Between 1880 and 1890, Maupassant wrote 300 short stories and six novels. Resigning from his job at the Ministry, he traveled widely. His literary efforts earned him a respectable income, and his growing fame admitted him to the exotic world of late 19th century high society. His attempts to find peace and relaxation were countered, however, by the constant pressure of debts and the deterioration of his health.

When his brother died in an insane asylum in 1887, Maupassant assumed the financial responsibility for his brother's family as well as for his aged and infirm mother. From 1889 on, he himself was never free of pain and debilitating bouts of blindness. The effects of the venereal disease he contracted in his youth began to undermine his sanity, already disturbed by constant recourse to pain-killing drugs. His efforts to write were constantly interrupted by consultations with doctors, who prescribed ineffective cures. In 1892, after a suicide attempt, he was committed to a private clinic, where he died, insane, in 1893.

Maupassant's brief literary career is a reflection of his life and the French society of the late 19th century. Possessed of an eternally pessimistic outlook with regard to the human condition, his work nevertheless reveals a keen sense of observation and a detached objectivity. He painted life as he saw it, unafraid of describing its mediocrity with sober realism. Whether his subjects are Norman peasants, bureaucrats, prostitutes, or newspapermen, his masterful storytelling technique and the simplicity of his style make his world come alive for the reader. The greatest tribute to his talent is the enduring timelessness of his appeal.

Most of Maupassant's works were originally published in newspapers and periodicals and later were collected into volumes. Among his novels are: *Une vie* (1883), *Bel-Ami* (1885), and *Pierre et Jean* (1888). His volumes of short stories include: *La Maison Tellier* (1881), *Mademoiselle Fifi* (1882), *Les contes de la bécasse* (1883), and *Miss Harriet* (1884).

📖 PRÉPARATION À LA LECTURE
Renseignements généraux

A. **THE PROVINCIAL DIALECT OF *AUX CHAMPS***   The setting of *Aux champs* is nine-teenth century Normandy, Maupassant's native province. At the time the author wrote the story, French social classes were distinct and separate, and it was only the wealthy, upper class that was privileged to send its children to schools and universities.

Some of the characters of *Aux champs* are Norman peasants who speak the local dialect, or *patois*. Maupassant has represented their dialogue as it was spoken, thus enhancing the flavor and color of the milieu, and heightening the realism of his portrayal of this lowest of the French social classes.

Maupassant generally inserted the *patois* in a context which rendered it understand-able, even to the uninitiated reader. In addition, as with any language or dialect, there are observable patterns which can aid your comprehension.

Note the following:

1. Vowels (and even consonants) are frequently dropped and replaced by apos-trophes. It will be clear from the context that **prend'e** is **prendre**; **m'n** is **mon**; **J'dis** is **Je dis**; **s'rait** is **serait**; etc.

2. It is very common for an uneducated person to use the **nous** form of the verb with **je**. **Vous voulez que j'vous vendions...** is **Vous voulez que je vous vende...**

3. **Mé** means **moi**, so what does **té** mean?

4. **C'est-i** often replaces the form **C'est**, as in the question, **C'est-i té?**

5. The **ne** of negative expressions is usually dropped. **Vas-tu pas nous r'procher... ?**

6. Other differences become clear as you read. For example:

dans quéqu'z'ans	means	**dans quelques ans**
c't'éfant	means	_____
J'sieus pas riche	means	_____
V'là c'que j'serais	means	_____

B. **NEGATIVE *NE... POINT*:**   This very strong negative occurs several times in *Aux champs*. For this and other negatives, you might wish to refer again to Appendix B.

C. **SYNONYMS**   The language of *Aux champs* is colorful and interesting, not only because of the use of the local *patois,* but also because Maupassant possessed an enormous vocabulary and took pleasure in the use of a wide variety of syn-onyms. In this story, the author uses many different words to refer to the concept of children and homes. You do not need to add these words to your active vocabulary, but it will be helpful to acquaint yourself with them before you begin to read the story.

POUR LES MAISONS :

la chaumière	small thatched house or cottage
le ménage	household or family
la demeure	dwelling, home
la masure	hovel, tumbledown cottage

POUR LES ENFANTS :

la marmaille	group of little kids
les mioches	urchins
le moutard	little kid
le (la) gamin(e)	kid, youngster
le marmot	toddler
le fieu	boy, son
le gars	lad, young fellow

Utilisez vos stratégies

LISEZ ET RÉFLÉCHISSEZ!   Les phrases suivantes sont tirées d'*Aux champs*. Lisez-les sans consulter le dictionnaire. Vous avez sans doute remarqué que très souvent, dans **une** phrase, il y a plus d'un mot que vous ne connaissez pas. Vous trouverez dans cet exercice des phrases où vous vous servirez du contexte pour déterminer le sens de plusieurs mots.

1. Les deux paysans **besognaient** dur sur la terre pour élever tous leurs petits.
2. Chaque maison avait quatre enfants. Les deux **aînés** avaient six ans, et les deux **cadets** avaient quinze mois environ.
3. Les enfants étaient assis devant la table en bois, **vernie** par cinquante ans d'usage… tout le monde mangeait… la mère **empâtait** elle-même le petit.
4. Elle courut aux enfants, prit un des deux derniers, et **l'enlevant** dans ses bras, elle le **baisa** passionnément sur ses joues sales… Elle revint la semaine suivante, prit **le moutard** dans ses bras et le **bourra** de gâteaux.
5. Et il rentra dans sa maison, où **retentissait** la voix indignée de sa femme.
6. On posait devant eux l'assiette de pain **molli** dans l'eau où avaient **cuit** les pommes de terre.

Établissons les faits!

EXPÉRIENCE PERSONNELLE

1. À votre avis, la société américaine est-elle divisée en classes sociales différentes? Si oui, lesquelles? Qu'est-ce qui différencie une classe sociale d'une autre?
2. Quelles caractéristiques particulières (bonnes et/ou mauvaises) est-ce que le mot **paysan** évoque pour vous? Et le mot **aristocrate**?   →

3. Connaissez-vous une famille avec beaucoup d'enfants? La vie de cette famille diffère-t-elle de celle d'une famille où il n'y a qu'un ou deux enfants? Expliquez votre réponse.

4. Que pensez-vous de l'adoption? À votre avis, pourquoi un parent permettrait-il à une autre personne d'adopter son enfant?

Introduction au conte

Entre 1880 et 1890, Maupassant a écrit à peu près 300 contes qu'il a publiés d'abord dans des revues ou des journaux, et ensuite rassemblés, presque chaque année, dans un ou deux volumes. *Aux champs* est un conte du recueil *Les contes de la bécasse*, publié en 1883.

Maupassant est très connu pour ses contes normands, dont *Aux champs* est un bon exemple. Il avait une connaissance intime de la Normandie et de ses paysans, pêcheurs, chasseurs et bourgeois, qu'il avait connus par une fréquentation quotidienne. Inspiré par une anecdote ou un incident, témoigné personnellement ou raconté par un autre, Maupassant basait d'habitude ses contes sur la réalité de la vie qui l'entourait. Il choisissait un décor limité, comme le petit village normand d'*Aux champs*. En révélant soigneusement certaines caractéristiques typiques des classes sociales qu'il décrivait, Maupassant présentait la couleur locale du milieu et de ses habitants.

Après avoir lu et compris l'histoire d'*Aux champs*, réfléchissez un peu à ce que l'auteur vous a dit de la société qu'il a peinte avec tant de succès.

VUE PANORAMIQUE

Répondez brièvement aux questions suivantes.

1. Quels sont les personnages qui peuplent *Aux champs*?
2. Tous les personnages appartiennent-ils à la même classe sociale?
3. Où se déroule l'action du conte?
4. Au début du conte, quelles ressemblances y a-t-il entre les deux familles paysannes?
5. Pourquoi la jeune femme s'est-elle arrêtée pour jouer avec les enfants?
6. Les deux familles paysannes sont-elles restées amies pendant tout le conte? Pouvez-vous expliquer pourquoi ou pourquoi pas?
7. Êtes-vous conscient(e) du passage du temps dans le conte?
8. La fin du conte est-elle heureuse ou triste?
9. Quels autres renseignements pouvez-vous ajouter après votre première lecture du conte?

Aux champs

A Octave Mirbeau.

hill
travaillaient
fertile
would swarm about

1   LES DEUX chaumières étaient[1] côte à côte, au pied d'une colline,° proches d'une petite ville de bains.[2] Les deux paysans besognaient° dur sur la terre féconde° pour élever tous leurs petits. Chaque ménage en avait quatre. Devant les deux portes voisines, toute la marmaille grouillait° du matin au soir. Les 5 deux aînés avaient six ans et les deux cadets quinze mois environ; les mariages, et ensuite, les naissances s'étaient produites à peu près simultanément dans l'une et l'autre maison.

ici : enfants / *heap*
(ici : *of children*)

    Les deux mères distinguaient à peine leurs produits° dans le tas;° et les deux pères confondaient tout à fait. Les huit noms dansaient dans leur tête, se 10 mêlaient sans cesse; et, quand il fallait en appeler un, les hommes souvent en criaient trois avant d'arriver au véritable.[3]

---

1. **étaient :** Remarquez l'usage de l'imparfait dans les quatre premiers paragraphes du conte. L'imparfait indique parfois la description, et souligne parfois les actions habituelles, traduites en anglais par *used to* ou *would* + verbe.
2. **ville de bains :** *a spa town; a town with warm mineral springs which, when used for bathing, are reputed to have a beneficial effect on one's health. (The word* **spa** *comes from the Belgian resort town of Spa.)*
3. **les hommes... véritable :** C'est-à-dire, les hommes criaient trois noms avant d'arriver au nom de l'enfant qu'ils cherchaient.

1   La première des deux demeures, en venant de la station d'eaux de Rolleport,[4] était occupée par les Tuvache, qui avaient trois filles et un garçon;
l'autre masure abritait° les Vallin, qui avaient une fille et trois garçons.

sheltered

    Tout cela vivait péniblement de soupe, de pommes de terre et de grand air.
5 À sept heures, le matin, puis à midi, puis à six heures, le soir, les ménagères
réunissaient leurs mioches pour leur donner la pâtée,° comme des gardeurs

coarse food

d'oies assemblent leurs bêtes. Les enfants étaient assis, par rang d'âge, devant
la table en bois, vernie° par cinquante ans d'usage. Le dernier moutard avait à
peine la bouche au niveau de la planche.° On posait devant eux l'assiette

ici : worn smooth, shiny / ici : table (wooden plank) softened / cooked cabbage / ici : tous les enfants would feed

10 pleine de pain molli° dans l'eau où avaient cuit° les pommes de terre, un
demi-chou° et trois oignons; et toute la lignée° mangeait jusqu'à plus faim.[5]
La mère empâtait° elle-même le petit. Un peu de viande au pot-au-feu,[6] le dimanche, était une fête pour tous; et le père, ce jour-là, s'attardait au repas en
répétant : «Je m'y ferais bien tous les jours.»[7]

15   Par un après-midi du mois d'août, une légère voiture[8] s'arrêta brusquement
devant les deux chaumières, et une jeune femme, qui conduisait elle-même,
dit au monsieur assis à côté d'elle : «Oh! regarde, Henri, ce tas d'enfants! Sont-
ils jolis, comme ça, à grouiller dans la poussière!»°

dust, dirt

    L'homme ne répondit rien, accoutumé à ces admirations qui étaient une
20 douleur° et presque un reproche pour lui.

affliction, souffrance

    La jeune femme reprit :

    «Il faut que je les embrasse! Oh! comme je voudrais en avoir un, celui-là, le
tout-petit.»

    Et, sautant de la voiture, elle courut aux enfants, prit un des deux derniers,
25 celui des Tuvache, et, l'enlevant dans ses bras, elle le baisa passionnément sur
ses joues sales, sur ses cheveux blonds frisés° et pommadés de terre, sur ses

curly

menottes° qu'il agitait pour se débarrasser des caresses ennuyeuses.

mains d'enfant

    Puis elle remonta dans sa voiture et partit au grand trot. Mais elle revint la
semaine suivante, s'assit elle-même par terre, prit le moutard dans ses bras, le
30 bourra de gâteaux, donna des bonbons à tous les autres; et joua avec eux
comme une gamine, tandis que son mari attendait patiemment dans sa frêle°

flimsy

voiture.

---

4. **station... Rolleport** : ville de bains (Voir *footnote 2*.)
5. **jusqu'à plus faim** : *assez pour satisfaire son appétit*
6. **pot-au-feu** : *mets composé de viande de bœuf bouillie avec des légumes*
7. **Je... jours** : *Je pourrais m'habituer à ce repas tous les jours.*
8. **voiture** : *Ne confondez pas cette voiture avec une auto moderne! Ici, c'est simplement un véhicule tiré par des chevaux.*

1   Elle revint encore, fit connaissance avec les parents, reparut tous les jours, les poches pleines de friandises° et de sous.°

Elle s'appelait Mme Henri d'Hubières.[9]

Un matin, en arrivant, son mari descendit avec elle; et, sans s'arrêter aux
5 mioches, qui la connaissaient bien maintenant, elle pénétra dans la demeure des paysans.

Ils étaient là, en train de fendre du bois° pour la soupe; ils se redressèrent tout surpris, donnèrent des chaises et attendirent. Alors la jeune femme, d'une voix entrecoupée,° tremblante, commença :

10 «Mes braves° gens, je viens vous trouver parce que je voudrais bien... je voudrais bien emmener avec moi votre... votre petit garçon... »

Les campagnards,° stupéfaits et sans idée, ne répondirent pas.

Elle reprit haleine° et continua.

«Nous n'avons pas d'enfants; nous sommes seuls, mon mari et moi... Nous
15 le garderions... voulez-vous?»

La paysanne commençait à comprendre. Elle demanda :

«Vous voulez nous prend'e Charlot? Ah ben non, pour sûr.»

Alors M. d'Hubières intervint :

«Ma femme s'est mal expliquée. Nous voulons l'adopter, mais il reviendra
20 vous voir. S'il tourne bien, comme tout porte à le croire,[10] il sera notre héritier. Si nous avions, par hasard, des enfants, il partagerait également avec eux. Mais s'il ne répondait pas à nos soins, nous lui donnerions, à sa majorité, une somme de vingt mille francs, qui sera immédiatement déposée en son nom chez un notaire. Et, comme on a aussi pensé à vous, on vous servira° jusqu'à
25 votre mort une rente° de cent francs par mois. Avez-vous bien compris?»

La fermière s'était levée, toute furieuse.

«Vous voulez que j'vous vendions Charlot? Ah! mais non; c'est pas des choses qu'on d'mande à une mère, ça! Ah! mais non! Ce s'rait une abomination.»

L'homme ne disait rien, grave et réfléchi; mais il approuvait sa femme d'un
30 mouvement continu de la tête.

Mme d'Hubières, éperdue,° se mit à pleurer, et se tournant vers son mari, avec une voix pleine de sanglots,° une voix d'enfant dont tous les désirs ordinaires sont satisfaits, elle balbutia :

"goodies" / pennies

splitting wood

hésitante
bonnes

paysans
caught her breath

ici : donnera
(FA) revenu (income)

très agitée,
* bouleversée*
sobs

---

9. **d'Hubières** : La préposition **de** devant un nom patronymique signifie souvent que la famille appartient ou appartenait à la noblesse. Cette préposition s'appelle **la particule nobiliaire.**

10. **S'il... croire** : *If he turns out well, as everything would lead us to believe... (free translation)*

1   «Ils ne veulent pas, Henri, ils ne veulent pas!»

Alors ils firent une dernière tentative.

«Mais, mes amis, songez à l'avenir de votre enfant, à son bonheur, à... »

ici : puis

La paysanne, exaspérée, lui coupa la parole :

5   «C'est tout vu, c'est tout entendu, c'est tout réfléchi... Allez-vous-en, et pi,° que j'vous revoie point par ici. C'est-i permis d'vouloir prendre un éfant comme ça!»

Alors Mme d'Hubières, en sortant, s'avisa qu'ils étaient deux tout-petits,[11] et elle demanda à travers ses larmes, avec une ténacité de femme volontaire et

headstrong and spoiled

10   gâtée,° qui ne veut jamais attendre :

«Mais l'autre petit n'est pas à vous?»

Le père Tuvache répondit :

«Non, c'est aux voisins; vous pouvez y aller, si vous voulez.»

Et il rentra dans sa maison, où retentissait la voix indignée de sa femme.

slices

ici : were spreading

15   Les Vallin étaient à table, en train de manger avec lenteur des tranches° de pain qu'ils frottaient° parcimonieusement avec un peu de beurre piqué au couteau, dans une assiette entre eux deux.

M. d'Hubières recommença ses propositions, mais avec plus d'insinuations, de précautions oratoires, d'astuce.[12]

troublés

20   Les deux ruraux hochaient la tête en signe de refus; mais quand ils apprirent qu'ils auraient cent francs par mois, ils se considérèrent, se consultant de l'œil, très ébranlés.°

Ils gardèrent longtemps le silence, torturés, hésitants. La femme enfin demanda :

très sérieux

25   «Qué qu't'en dis, l'homme?»[13]

ici : mauvais

Il prononça d'un ton sentencieux° :

«J'dis qu'c'est point méprisable.»°

Alors Mme d'Hubières, qui tremblait d'angoisse, leur parla de l'avenir du petit, de son bonheur et de tout l'argent qu'il pourrait leur donner plus tard.

30   Le paysan demanda :

«C'te rente de douze cents francs, ce s'ra promis d'vant l'notaire?»[14]

M. d'Hubières répondit :

«Mais certainement, dès demain.»

---

11. **s'avisa... tout-petits** : a remarqué qu'il y avait **deux** tout-petits
12. **mais... d'astuce** : *but being careful and shrewd enough to use exactly the right words and arguments to get what he wanted (free translation)*
13. **Qué... l'homme?** : Qu'est-ce que tu en dis, mon mari?
14. **ce... l'notaire** : *It will be handled legally? (free translation)*

ici : il

tapping her foot

ici : un contrat légal

obliging

(FA) criant fort

ici : petit objet
   curieux ou
   décoratif

ici : insultes

*unnatural /
   dirty business*

darling

région

tempting / s'est

quoted

cesse

vivaient
   modestement /
   ici : interminable

1   La fermière, qui méditait, reprit :

«Cent francs par mois, c'est point suffisant pour nous priver du p'tit ; ça° travaillera dans quéqu'z'ans c't'éfan ; i nous faut cent vingt francs.»

Mme d'Hubières, trépignant° d'impatience, les accorda tout de suite ; et,

5   comme elle voulait enlever l'enfant, elle donna cent francs en cadeau pendant que son mari faisait un écrit.° Le maire et un voisin, appelés aussitôt, servirent de témoins complaisants.°

Et la jeune femme, radieuse, emporta le marmot hurlant,° comme on emporte un bibelot° désiré d'un magasin.

10   Les Tuvache, sur leur porte, le regardaient partir, muets, sévères, regrettant peut-être leur refus.

On n'entendit plus du tout parler du petit Jean Vallin. Les parents, chaque mois, allaient[15] toucher leurs cent vingt francs chez le notaire ; et ils étaient fâchés avec leurs voisins parce que la mère Tuvache les agonisait

15   d'ignominies,° répétant sans cesse de porte en porte qu'il fallait être dénaturé° pour vendre son enfant, que c'était une horreur, une saleté,° une corromperie.

Et parfois elle prenait en ses bras son Charlot avec ostentation, lui criant, comme s'il eût compris :

20   «J't'ai pas vendu, mé, j't'ai pas vendu, mon p'tiot.° J'vends pas m's éfants, mé. J'sieus pas riche, mais vends pas m's éfants.»

Et, pendant des années et encore des années, ce fut ainsi chaque jour ; chaque jour des allusions grossières qui étaient vociférées devant la porte, de façon à entrer dans la maison voisine. La mère Tuvache avait fini par se croire

25   supérieure à toute la contrée° parce qu'elle n'avait pas vendu Charlot. Et ceux qui parlaient d'elle disaient :

«J'sais ben que c'était engageant,° c'est égal, elle s'a° conduite comme une bonne mère.»

On la citait ;° et Charlot, qui prenait dix-huit ans, élevé dans cette idée

30   qu'on lui répétait sans répit,° se jugeait lui-même supérieur à ses camarades, parce qu'on ne l'avait pas vendu.

Les Vallin vivotaient° à leur aise, grâce à la pension. La fureur inapaisable° des Tuvache, restés misérables, venait de là.[16]

---

15. Remarquez encore une fois l'usage de l'imparfait dans la section qui suit pour indiquer l'habitude, la répétition des actions pendant des années.

16. **Les Vallin... de là :** Parce que les Vallin recevaient 120 francs par mois des d'Hubières, les Vallin vivaient mieux que les Tuvache. Ce fait rendait les Tuvache, toujours pauvres et misérables, furieux.

travailler dur

1   Leur fils aîné partit au service. Le second mourut; Charlot resta seul à peiner° avec le vieux père pour nourrir la mère et deux autres sœurs cadettes qu'il avait.[17]

    Il prenait vingt et un ans, quand, un matin, une brillante voiture s'arrêta de-
5 vant les deux chaumières. Un jeune monsieur, avec une chaîne de montre en or, descendit, donnant la main à une vieille dame aux cheveux blancs. La vieille dame lui dit :

    «C'est là, mon enfant, à la seconde maison.»

aprons

    Et il entra comme chez lui dans la masure des Vallin.

hearth

10   La vieille mère lavait ses tabliers,° le père, infirme, sommeillait près de l'âtre.° Tous deux levèrent la tête, et le jeune homme dit :

astounded / émotion

    «Bonjour, papa; bonjour, maman.»

    Ils se dressèrent, effarés.° La paysanne laissa tomber d'émoi° son savon dans son eau et balbutia :

15   «C'est-i té, m'n éfant? C'est-i té, m'n éfant?»

    Il la prit dans ses bras et l'embrassa, en répétant : «Bonjour, maman.» Tandis que le vieux, tout tremblant, disait, de son ton calme qu'il ne per-dait jamais : «Te v'là-t'il revenu, Jean?»[18] Comme s'il l'avait vu un mois auparavant.

deputy mayor

20   Et, quand ils se furent reconnus, les parents voulurent tout de suite sortir le fieu dans le pays pour le montrer. On le conduisit chez le maire, chez l'adjoint,°

threshold

chez le curé, chez l'instituteur.

    Charlot, debout sur le seuil° de sa chaumière, le regardait passer.

    Le soir, au souper, il dit aux vieux :

25   «Faut-il qu'vous ayez été sots pour laisser prendre le p'tit aux Vallin!»[19]

    Sa mère répondit obstinément :

    «J'voulions point vendre not' éfant.»

    Le père ne disait rien.

    Le fils reprit :

30   «C'est-il pas malheureux d'être sacrifié comme ça.»[20]

    Alors le père Tuvache articula d'un ton coléreux:

    «Vas-tu pas nous r'procher d' t'avoir gardé?»[21]

---

17. Il semble que Maupassant ait oublié qu'il avait écrit, au début du conte, que la famille Tuvache avait trois filles et un garçon.
18. **Te... Jean?** : *So you're back, Jean?*
19. **Faut-il... Vallin!** : *You were stupid to let them take the Vallin kid! (free translation)*
20. **C'est-il... ça** : *Isn't it a shame to have been sacrificed like that? (The tone is very sarcastic here.)*
21. **Vas-tu... gardé?** : Ne vas-tu pas nous reprocher de t'avoir gardé? (*The father, angered, is also speaking sarcastically, as if to ask what other faults Charlot has found.*)

ici : le fait que /
nothings

groaned

was spilling

1 Et le jeune homme, brutalement:

«Oui, j'vous le r'proche, que° vous n'êtes que des niants.° Des parents comme vous ça fait l'malheur des éfants. Qu'vous mériteriez que j'vous quitte.»

La bonne femme pleurait dans son assiette. Elle gémit° tout en avalant des

5 cuillerées de soupe dont elle répandait° la moitié:

«Tuez-vous donc pour élever d's éfants!»

Alors le gars, rudement :

«J'aimerais mieux n'être point né que d'être c'que j'suis. Quand j'ai vu l'autre, tantôt, mon sang n'a fait qu'un tour.[22] Je m'suis dit:—v'là c'que j'serais

10 maintenant.»

Il se leva.

«Tenez, j'sens bien que je ferais mieux de n'pas rester ici, parce que j'vous le reprocherais du matin au soir, et que j'vous ferais une vie d'misère. Ça,[23]

shattered

voyez-vous, j'vous l'pardonnerai jamais!»

15 Les deux vieux se taisaient, atterrés,° larmoyants.

Il reprit :

«Non, c't'idée-là,[24] ce serait trop dur. J'aime mieux m'en aller chercher ma

célébraient

vie aut' part.»

Il ouvrit la porte. Un bruit de voix entra. Les Vallin festoyaient° avec l'enfant

stamped

20 revenu.

"You stupid jerks!"

Alors Charlot tapa° du pied et, se tournant vers ses parents, cria :

«Manants, va!»°

Et il disparut dans la nuit.

(31 octobre 1882)

COMPRÉHENSION ET DISCUSSION

A. VRAI / FAUX

En vous basant sur le texte, indiquez si les phrases suivantes sont vraies ou fausses. Corrigez les phrases fausses. Ne vous contentez pas d'utiliser ou de supprimer les mots négatifs.

1. Les deux familles paysannes, les Tuvache et les Vallin, vivaient comme si elles n'étaient qu'une famille.
2. Chaque famille avait deux enfants.
3. Les familles mangeaient du pot-au-feu avec un peu de viande tous les jours.

→

---

22. **mon sang... tour :** J'ai été immédiatement furieux.
23. **ça :** c'est-à-dire, le fait que ses parents l'aient gardé
24. **c't'idée-là :** l'idée de rester chez ses parents

4. Un après-midi, une voiture s'est arrêtée devant les deux chaumières, et une jeune femme en est descendue pour voir les enfants.

5. Cette même femme est revenue plusieurs fois avec des friandises pour les petits, et elle jouait avec eux comme si elle avait leur âge.

6. Le jeune couple a enfin demandé aux Tuvache la permission d'adopter leur petit Charlot.

7. Mme d'Hubières voulait adopter un enfant parce que sa fille n'avait pas d'amis.

8. Mme Tuvache a refusé l'offre parce que Mme d'Hubières ne lui a pas offert assez d'argent.

9. M. Tuvache, qui voulait les cent francs par mois promis par M. d'Hubières, a demandé à sa femme de réfléchir.

10. En sortant de chez les Tuvache, Mme d'Hubières a découvert un deuxième tout petit garçon qui appartenait aux Vallin.

11. M. et Mme d'Hubières sont allés chez les Vallin, mais cette fois c'est M. d'Hubières qui a parlé aux parents.

12. Les Vallin ont accepté l'offre de cent francs par mois en échange de leur fils, Jean.

13. Le petit Jean Vallin, très content et rêvant de friandises, est parti avec sa nouvelle mère, Mme d'Hubières.

14. Les Vallin ont suivi avec intérêt tous les détails de la nouvelle vie de leur petit Jean.

15. Au cours des années suivantes, les Vallin ont subi l'ostracisme du village à cause des insultes de la mère Tuvache.

16. La mère Tuvache se vantait de ne pas avoir vendu son petit Charlot.

17. Quand Charlot avait vingt et un ans, Jean Vallin est retourné dans le village.

18. Les Vallin avaient peur que leurs voisins voient Jean, maintenant très riche.

19. Charlot a remercié ses parents de l'avoir gardé chez eux.

20. À la fin du conte, Charlot a quitté sa famille pour qu'ils aient une bouche de moins à nourrir.

B. RÉSUMÉ

Dans l'exercice **Vrai / Faux**, vous avez corrigé toutes les phrases fausses. Vous avez à présent vingt phrases correctes. Relisez-les, et vous découvrirez que vous avez un résumé du conte. Maintenant, pour enrichir ce résumé de base, ajoutez des détails supplémentaires que vous considérez comme essentiels ou intéressants.

C. QUESTIONS DE COMPRÉHENSION

Répondez en français aux questions suivantes. Formulez vos propres réponses. Essayez de ne pas copier les phrases du texte.

1. Décrivez les deux familles paysannes. (Comment s'appelaient-elles? Où habitaient-elles? Combien d'enfants avaient-elles? Comment gagnaient-elles leurs vies?)

2. Maupassant parle des deux familles comme s'il n'y en avait qu'une. Comment renforce-t-il cette impression?

3. Comment le lecteur sait-il que les deux familles étaient très pauvres?

4. Un après-midi, M. et Mme d'Hubières se sont arrêtés chez les Tuvache. Qu'est-ce qui a attiré la jeune femme? Quel désir a-t-elle exprimé? Qu'est-ce qu'elle a fait?

5. Comment Mme d'Hubières s'est-elle assurée de l'amitié des enfants après cette première visite?

6. Quelle demande Mme d'Hubières a-t-elle enfin faite aux Tuvache? Pourquoi? Comment sa demande a-t-elle été reçue?

7. Comment M. d'Hubières a-t-il essayé de convaincre les Tuvache de permettre l'adoption de leur petit Charlot?

8. Comment Mme Tuvache a-t-elle répondu à l'offre de M. d'Hubières?

9. Pour faire la même demande à la famille Vallin, la tactique du couple a changé. Comment? La nouvelle tactique a-t-elle réussi? À votre avis, pourquoi?

10. Comment la mère Tuvache s'est-elle comportée pendant les années suivantes? Comment ses actions ont-elles influencé les relations entre les deux familles paysannes?

11. Avec le passage du temps, la vie des deux familles a subi des changements. Comparez la vie des Vallin et celle des Tuvache pendant ces années.

12. Alors qu'il devenait adulte, quelle sorte de vie menait Charlot? Pourquoi se croyait-il supérieur à ses camarades?

13. Vingt ans après son départ du village, Jean Vallin a rendu visite à ses vrais parents. Comment les Vallin ont-ils réagi en voyant leur fils?

14. Pendant que Jean était avec ses parents, qu'est-ce qui se passait dans la chaumière des Tuvache? Précisez.

15. Comment le conte s'est-il terminé? (Qu'est-ce que Charlot a fait et pourquoi?)

D. RÉACTIONS ORALES OU ÉCRITES

Synthèse du texte

1. Discutez la situation financière des familles du conte—les Tuvache, les Vallin et les d'Hubières. Justifiez votre réponse en citant des détails tirés du conte.

2. Les Tuvache étaient très pauvres. À votre avis, est-ce que leur attitude envers leur pauvreté a changé au cours des années? Expliquez.

3. L'auteur décrit Mme d'Hubières comme une femme gâtée *(spoiled)* «dont tous les désirs sont satisfaits». Citez les actions, les réactions et les mots de Mme d'Hubières qui justifient cette description. Ensuite, donnez votre réaction personnelle à l'égard de Mme d'Hubières.

4. Aimez-vous Mme Tuvache? Analysez son caractère, tel qu'il est présenté par Maupassant. Justifiez votre réponse.

5. Expliquez les rôles que M. Tuvache, M. Vallin et M. d'Hubières jouent dans ce conte. Contrastez leurs rôles avec ceux de leurs femmes.

6. Discutez l'effet du dialecte normand employé par les Vallin et les Tuvache. Selon vous, est-ce que Maupassant aurait dû employer un français plus standard pour faciliter la compréhension du lecteur? Pourquoi ou pourquoi pas?

Réaction personnelle

1. Que pensez-vous des actions et des mots de Charlot Tuvache à la fin du conte? Le trouvez-vous ingrat, ou êtes-vous d'accord avec ce qu'il dit et fait? Si vous aviez été Charlot, qu'est-ce que vous auriez fait à sa place?

2. Selon vous, les Vallin avaient-ils raison de permettre aux d'Hubières d'adopter leur fils? Pourquoi ou pourquoi pas?

3. Dans le conte, M. et Mme d'Hubières ont dit qu'ils voulaient **adopter** Charlot, mais Mme Tuvache a refusé de **vendre** son enfant. Et vous, comment décririez-vous la situation—est-ce une **adoption** ou une **vente**? Expliquez votre réponse.

4. Si vous aviez été Mme Vallin, comment auriez-vous réagi aux insultes de Mme Tuvache? Seriez-vous restée dans le village? Si oui, comment l'ostracisme du village aurait-il affecté votre vie? Sinon, où seriez-vous allée et qu'est-ce que vous auriez fait?

5. Si vous aviez été les Vallin, auriez-vous essayé de vous mettre en contact avec Jean pendant qu'il vivait chez les d'Hubières? Si oui, imaginez une conversation que vous auriez pu avoir avec Jean et Mme d'Hubières lors d'une de vos visites chez les d'Hubières.

6. Imaginez que l'adoption de Jean Vallin n'a pas réussi, qu'il n'aimait pas les d'Hubières et qu'il a refusé de s'adapter à leur mode de vie. Développez une des possibilités suivantes :
    a. Écrivez une lettre de Jean Vallin où il explique à ses parents pourquoi il veut revenir vivre avec eux.
    b. Formulez un dialogue entre Jean et Mme d'Hubières où elle essaie de convaincre Jean de rester chez elle.

7. Imaginez que Jean Vallin et Charlot Tuvache se rencontrent et qu'ils parlent des décisions de leurs parents. Commencez par décrire la scène, l'âge des garçons, etc., puis recréez leur conversation.

8. Vous êtes Jean. Vous avez quitté vos parents quand vous aviez quinze mois. Maintenant vous avez 21 ans, et vous les revoyez pour la première fois depuis votre départ de chez eux. Que pensez-vous d'eux? Quel rapport croyez-vous avoir avec eux à l'avenir?

9. Récrivez le conte en situant les événements au début du 21ᵉ siècle. Décrivez l'intrigue et le dialogue comme vous les imaginez.

Chapter 13

La dernière classe

Alphonse Daudet *(1840–1897)*

"If one wishes to acquire some intimate idea of what it felt like in a daily way for the ordinary individual to be alive in France between 1860 and 1890, there is no better path to that knowledge than the study of the works and the career of Alphonse Daudet."[1]

Alphonse Daudet was born in Nîmes in the southern region of France known as Provence. His happy childhood days ended abruptly in 1849, when financial difficulties caused his father to lose his business and to accept a position as a traveling salesman. Soon after, it became necessary for the Daudet family to leave Nîmes for the city of Lyon. The years that followed found young Daudet and his family in the midst of a life of hardship and misery.

Daudet began his studies in Lyon. Although he was intelligent and an avid reader, he took to going off by himself, partly to explore and observe the world around him, and partly to escape the discipline and control of the classroom. He wrote his first poems at age fifteen, as well as a novel that was never published. His poor health and the family's continuing financial difficulties forced him to leave school at the age of sixteen without finishing his studies. His father secured for him a position as *maître d'internat* (study master, or tutor) in a small boarding school. These were the unhappiest days of the boy's life, for he was tormented both by his pupils and by the administrators of the school.

Daudet was rescued by his older brother, a historian, who invited him to share his bohemian existence in his attic apartment in Paris. A short time after his arrival in the capital, Alphonse published his first volume of poems, *Les amoureuses.* The future novelist then joined the staff of a famous Paris newspaper, and made a comfortable living as a reporter.

---

1. *The Career of Alphonse Daudet,* A Critical Study by Murray Sachs, Harvard University Press, Cambridge, Massachusetts, 1965, p. 183.

Daudet's literary reputation was growing daily. The Empress Eugénie, wife of Napoleon III, introduced him to one of the Emperor's ministers, the Duc de Mornay, who made him his private secretary. This position made it possible for him to enjoy many wonderful trips to Corsica, Sardinia, Algeria, and his native Provence. During this period he also produced several plays. Now married, Daudet and his wife, Julia Allard, enjoyed a wonderful life together. She was an admirable companion and collaborated with him on his work. In 1865, upon the death of the Duc de Mornay, Daudet devoted himself entirely to a literary career.

At that time, Charles Dickens, Daudet's senior by twenty-eight years, was enjoying a well-deserved popularity both in England and France. Dickens' *David Copperfield* no doubt impressed Daudet; for in 1868, two years before the death of the great English novelist, Daudet wrote *Le Petit Chose* (1868), his semi-autobiographical novel which contains many details of his early childhood and bitter memories of his unhappy experience as a tutor at the *collège d'Alès*.

Between 1866 and 1869 he published, in newspapers, *Les chroniques provençales* that would become, in 1869, *Lettres de mon moulin*. With this collection of tales that evoke the charm and legends of Provence, Daudet's success was assured. In these stories, Daudet, a southern Frenchman by birth and temperament, describes the life and customs of southern Frenchmen in a language that is both graceful and full of imagery. The author's personal charm, his kindly nature, his sympathetic understanding of human beings, and his vivid imagination prevail in all these stories.

Daudet retired to a country house near Nîmes where he wrote *Le Petit Chose* and *Tartarin de Tarascon*, a unique and fanciful satire. In other more serious novels, Daudet has created a portrait of contemporary society—the powerful, the unsuccessful, the world of high finance, the bohemian society in Paris, political life, and religious fanaticism. Like other writers of the time, he painted the ugliness of society, making use of careful documentation; but unlike them, he did not choose scientific research as a basis for his writing, nor was he consciously pessimistic. Never claiming to be objective, he let his impressions and feelings prevail. His tenderness, poet's sensitivity, and sense of humor set him apart from the others. Without closing his eyes to the misery of the ruined and downtrodden, he was able, even in their mediocre lives, to find goodness and devotion. Daudet's talent enchanted all ages and all classes, for whom he became what he dreamed of being, *"un marchand de bonheur."*

A long and painful illness of the spinal column began in 1884 and lasted for thirteen years. During this time he continued to write and to encourage young writers, until his death at the age of 57.

■ PRÉPARATION À LA LECTURE

Historical overview

ALSACE-LORRAINE   *La dernière classe* takes place in 1871. The story is situated in the Alsace-Lorraine region of France, just after the area has been ceded to the Germans at the end of the Franco-Prussian War. Alsace and Lorraine have long been prizes in the wars between France and Germany. The influence of both cultures is apparent in the region today and can be seen in the cuisine, architecture, language, family names, and customs. The following brief historical outline gives a glimpse of the tumultuous past of these two provinces and the attendant cultural upheaval endured by their citizens.

300–400s   Early tribes living in the region are driven from their homes.

700s   Area is absorbed into Charlemagne's Empire.

800s   Charlemagne's three grandsons divide his Empire. The western and eastern sections (later to become France and Germany) fight over control of the middle portion containing today's Alsace-Lorraine region.

1500s   France slowly gains control. Inhabitants resist efforts to make them French.

1789   The spirit of the French Revolution inspires the inhabitants to change their allegiance to France.

1871   The Germans take over Alsace and part of Lorraine as a prize of the Franco-Prussian War. 150,000 inhabitants move to other areas of France rather than become German.

1919   The end of World War I restores Alsace-Lorraine to France.

1940   Early in World War II, the Germans occupy the region, driving out thousands of the inhabitants.

1944–45   At the end of World War II, the Germans are driven out and the region becomes French, as it remains today.

THE FRANCO-PRUSSIAN WAR (LA GUERRE FRANCO-ALLEMANDE) (1870–1871)

1866   Prussia overthrows Austria in the Seven Weeks' War and forms the North German Confederation. With this major step toward German unification, Prussia's power increases.

1870   Napoleon III (Emperor of France) and Otto von Bismarck (Chancellor of Prussia) find excuse for war.

1. Prince Leopold von Hohenzollern, relative of King Wilhelm I of Prussia, is offered the throne of Spain. He is persuaded to refuse.
2. The French government, fearing a threat to national security, insists that no Hohenzollern ever occupy the throne of Spain.

a. French Ambassador Benedetti travels to Ems in Prussia to present this demand to Wilhelm I.

b. Wilhelm I politely but firmly rejects the French demand. The King sends Bismarck, his minister, a telegram describing the meeting with the French ambassador.

c. After deleting crucial passages, Bismarck releases the King's telegram to the press on July 14, 1870. These deletions change the spirit of the original, making the King's language much blunter and the rebuff to Benedetti more cutting than had been the case. "... *Là-dessus, Sa Majesté le Roi a refusé de recevoir encore l'ambassadeur et lui a fait dire par l'aide de camp de service qu'Elle n'avait plus rien à lui dire.*"

d. **July 19, 1870** France declares war on Prussia.

3. Both nations enter the struggle with enthusiasm. The Prussian army is well prepared; the French army is not.

1870 **Sept. 2** The Prussians defeat the French, and Napoleon III is taken prisoner. News of the defeat reaches Paris.

Sept. 4 The Napoleonic Empire is overthrown. The Third Republic, governed by a National Assembly at Versailles, is proclaimed.

1871 The Republic fights to defend Paris. After a bitter, six-month siege, hunger forces the city to yield.

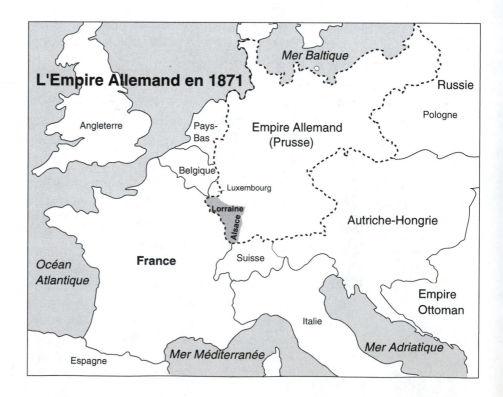

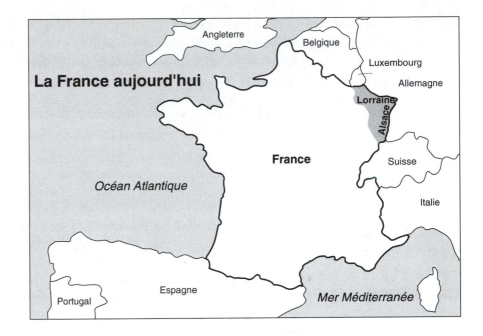

1871   **May 10** Treaty of Frankfurt (*Le Traité de Francfort*) gives Alsace and part of Lorraine to Prussia. The French are forced to pay the largest war indemnity in the history of Europe until that time (five billion francs). France must support a Prussian army of occupation until the sum is paid.

1874   **March** France's debt has been paid.

Utilisez vos stratégies

A. LISEZ ET RÉFLÉCHISSEZ!   Lisez les phrases suivantes tirées de *La dernière classe*, sans consulter le dictionnaire. Déterminez le sens des mots en caractères gras en vous servant du contexte de la phrase entière.

1. Ce matin-là j'étais très en retard pour aller à l'école, et j'avais grand-peur d'être **grondé**. Un moment l'idée m'est venue de **manquer** la classe et de courir aux champs.

2. D'ordinaire, au commencement de la classe, il y avait un grand **tapage** qu'on entendait dans la rue—les pupitres ouverts, fermés, les leçons qu'on répétait.

3. Il entendait sa sœur… dans la chambre au-dessus, en train de fermer leurs **malles**. Car ils devaient partir le lendemain, **s'en aller** du pays pour toujours.

4. Mais quelque chose **l'étouffait**. Il ne pouvait pas finir sa phrase.

5. Les trompettes des Prussiens **éclatèrent** sous nos fenêtres.

6. Quel **crève-cœur** ça devait être pour ce pauvre homme de quitter toutes les choses qu'il aimait.

7. Sur le toit de l'école les pigeons **roucoulaient** tout bas, et je les écoutais.

B. VOCABULAIRE—FACILITEZ VOTRE COMPRÉHENSION! Les expressions suivantes apparaissent plusieurs fois dans *La dernière classe*. Vérifiez que vous les comprenez. Ensuite, lisez les phrases dans lesquelles elles se trouvent.

1. Le mot **règle** ne veut pas toujours dire la même chose. Le contexte des phrases suivantes devrait vous aider à comprendre les deux sens du mot.
   a. M. Hamel nous avait dit qu'il nous interrogerait sur la **règle** des participes.
   b. D'ordinaire, au commencement de la classe, la grosse **règle** du maître tapait sur les tables.

2. **Tenir à** veut dire **attacher beaucoup d'importance à**, ou **vouloir absolument**. Cette expression n'a pas le même sens que le verbe **tenir**. Comprenez-vous la différence?
   a. Le vieux Hauser avait mis ses lunettes, et, **tenant** son abécédaire à deux mains, il prononçait les lettres avec les petits enfants.
   b. Vos parents n'ont pas assez **tenu à** vous voir instruits.

3. Vous avez déjà appris le **faire causatif**. (Voir p. 107 du texte)
   a. Il voulait nous donner tout son savoir, nous le **faire entrer** dans la tête.
   b. L'idée me **faisait oublier** les punitions.
   c. Est-ce que je ne vous ai pas souvent **fait arroser** *(water)* mon jardin... ?

Établissons les faits

EXPÉRIENCE PERSONNELLE

1. Êtes-vous patriote? Aimez-vous votre pays? Qu'est-ce que votre pays représente pour vous?
2. Si votre pays était conquis et occupé par les forces d'un pays étranger dont les coutumes et la langue sont très différentes, que pourriez-vous faire pour conserver votre identité nationale?
3. On mentionne de temps en temps la possibilité de faire de l'anglais la seule langue officielle des États-Unis. Que pensez-vous de cette proposition? Justifiez votre réponse.

Introduction au conte

La dernière classe vient du livre *Les contes du lundi,* écrit par Daudet en 1873. Déjà un auteur réputé, son prestige a été rehaussé par la publication de cette collection de contes, inspirés en partie par les événements de la guerre franco-allemande (1870–1871).

Pendant cette période, Daudet a publié plus de 100 courtes sélections en prose. *La dernière classe* est une des rares qui existent encore. Ce conte est un chef-d'œuvre littéraire qui aurait pu être écrit par un Alsacien, si fidèle est-il à l'esprit de l'Alsace pendant les jours qui ont suivi la guerre.

VUE PANORAMIQUE

Répondez brièvement aux questions suivantes.

1. À quelle époque de l'histoire de France ce conte a-t-il lieu?
2. Dans quelle province française le conte se passe-t-il? Pourquoi les Prussiens se trouvaient-ils dans cette province?
3. De quelle «dernière classe» parle Daudet?
4. Comment s'appellent les personnages principaux? Identifiez brièvement les rôles qu'ils jouent.
5. Qui est le narrateur?
6. Où se passe la plus grande partie de l'action?
7. Remarquez-vous un changement dans l'attitude du garçon au cours du conte?
8. En un ou deux mots, que ressentez-vous à la fin du conte? Quels sont les sentiments des personnages principaux à la fin du conte?

La dernière classe

Récit d'un petit Alsacien

1   CE MATIN-LÀ, j'étais très en retard pour aller à l'école, et j'avais grand-peur d'être grondé, d'autant que° M. Hamel nous avait dit qu'il nous interrogerait sur les participes, et je n'en savais pas le premier mot. Un moment, l'idée me vint de manquer° la classe et de prendre ma course° à travers champs.

5   Le temps était chaud, si clair!

On entendait les merles° siffler à la lisière° du bois, et dans le pré Rippert,[1] derrière la scierie,° les Prussiens qui faisaient l'exercice.° Tout cela me tentait bien° plus que la règle des participes; mais j'eus la force de résister, et je courus bien° vite vers l'école.

10   En passant devant la mairie, je vis qu'il y avait du monde arrêté près du petit grillage aux affiches. Depuis deux ans, c'est de là que nous sont venues toutes les mauvaises nouvelles,[2] les batailles perdues, les réquisitions, les ordres de la commandanture;° et je pensais sans m'arrêter: «Qu'est-ce qu'il y a encore?»

Alors, comme je traversais la place en courant, le forgeron° Wachter, qui

15   était là avec son apprenti en train de lire l'affiche, me cria:

(glossaire en marge:)
surtout parce que

"cut" / courir

blackbirds / edge
sawmill / manœuvres militaires
beaucoup
très

command headquarters
blacksmith

---

1. **le pré Rippert** : le champ qui appartient à M. Rippert
2. **C'est... nouvelles** : **Là** veut dire **le grillage aux affiches**. Quel est le sujet du verbe **sont venues**?

UN GRILLAGE
AUX AFFICHES

all out of breath

bruit

tapage / arriver à

UN PUPITRE

1 —Ne te dépêche pas tant, petit; tu y arriveras toujours assez tôt, à ton école!

Je crus qu'il se moquait de moi, et j'entrai tout essoufflé° dans la petite cour de M. Hamel.[3]

D'ordinaire, au commencement de la classe, il se faisait[4] un grand tapage° 5 qu'on entendait jusque dans la rue, les pupitres ouverts, fermés, les leçons qu'on répétait très haut tous ensemble en se bouchant les oreilles[5] pour mieux apprendre, et la grosse règle du maître qui tapait sur les tables : «Un peu de silence!»

Je comptais sur tout ce train° pour gagner° mon banc sans être vu; mais, 10 justement, ce jour-là, tout était tranquille, comme un matin de dimanche. Par la fenêtre ouverte, je voyais mes camarades déjà rangés à leurs places, et M. Hamel, qui passait et repassait avec la terrible règle en fer sous le bras. Il fallut ouvrir la porte et entrer au milieu de ce grand calme. Vous pensez si[6] j'étais rouge et si j'avais peur!

---

3. **la... M. Hamel :** *inner courtyard of M. Hamel's school*
4. **Il se faisait :** il y avait (c'étaient les élèves qui faisaient...)
5. **en... oreilles :** en mettant les doigts dans les oreilles pour se concentrer, pour ne pas entendre les autres
6. **Vous... si :** Vous pouvez imaginer combien...

Une page d'un abécédaire

1   Eh bien! non. M. Hamel me regarda sans colère et me dit très doucement :

    —Va vite à ta place, mon petit Franz; nous allions commencer sans toi.

    J'enjambai° le banc et je m'assis tout de suite à mon pupitre. Alors seule-
ment, un peu remis° de ma frayeur,° je remarquai que notre maître avait sa

5   belle redingote verte, son jabot plissé fin° et la calotte° de soie noire brodée°

climbed over
recovered / grande
*   peur*
finely pleated shirt
*   ruffle / skull cap /*
*   embroidered*

1 qu'il ne mettait que les jours d'inspection ou de distribution de prix.[7] Du reste, toute la classe avait quelque chose d'extraordinaire et de solennel. Mais ce qui me surprit le plus, ce fut de voir au fond de la salle, sur les bancs qui restaient vides d'habitude, des gens du village assis et silencieux comme nous, le vieux

5 Hauser avec son tricorne,[8] l'ancien maire, l'ancien facteur, et puis d'autres personnes encore. Tout ce monde-là paraissait triste; et Hauser avait apporté un vieil abécédaire° mangé aux bords° qu'il tenait grand ouvert sur ses genoux, avec ses grosses lunettes posées en travers des pages.

primer (voir p. 193) / *edges*

Pendant que je m'étonnais de tout cela, M. Hamel était monté dans sa

10 chaire° et de la même voix douce et grave dont il m'avait reçu, il nous dit :

platform

—Mes enfants, c'est la dernière fois que je vous fais la classe. L'ordre est venu de Berlin de ne plus enseigner que l'allemand[9] dans les écoles de l'Alsace et de la Lorraine... Le nouveau maître arrive demain. Aujourd'hui, c'est votre dernière leçon de français. Je vous prie d'être bien attentifs.

15 Ces quelques paroles me bouleversèrent.° Ah! les misérables, voilà ce qu'ils avaient affiché à la mairie.

upset greatly

Ma dernière leçon de français!...

Et moi qui savais à peine écrire! Je n'apprendrais donc jamais! Il faudrait donc en rester là!...[10] Comme je m'en voulais° maintenant du temps perdu, des classes

20 manquées à courir les nids[11] ou à faire des glissades sur la Saar![12] Mes livres que tout à l'heure encore je trouvais si ennuyeux, si lourds à porter, ma grammaire, mon histoire sainte[13] me semblaient à présent de vieux amis qui me feraient beaucoup de peine à quitter. C'est comme M. Hamel. L'idée qu'il allait partir, que je ne le verrais plus, me faisait oublier les punitions, les coups de règle.

je me reprochais

LES HABITS DU DIMANCHE DE M. HAMEL

25 Pauvre homme!

C'est en l'honneur de cette dernière classe qu'il avait mis ses beaux habits du dimanche, et maintenant je comprenais pourquoi ces vieux du village étaient venus s'asseoir au bout de la salle. Cela semblait dire qu'ils regrettaient de ne pas y être venus plus souvent, à cette école. C'était aussi comme une

30 façon de remercier notre maître de quarante ans de bons services, et de rendre leurs devoirs° à la patrie qui s'en allait...

respects

UN TRICORNE

---

7. **distribution de prix** : (**prix** = *prize*) Traditionnellement, on accordait des prix aux meilleurs élèves le dernier jour de l'année scolaire. Depuis 1968, on ne maintient plus cette tradition.
8. **tricorne** : Les tricornes étaient populaires pendant la période de la Révolution française.
9. **ne... allemand** : enseigner à présent seulement l'allemand
10. **Il... là** : *I would have to remain at that level (in my knowledge of French).*
11. **courir les nids** : monter dans les arbres pour enlever les nids *(birds' nests)*
12. **Saar** : rivière alsacienne
13. **mon histoire sainte** : un livre sur la religion (Il y avait des cours de religion à l'école.)

réciter sans arrêter

got mixed up

ont raison / *(FA)* claimed

spinning mills / pennies

inquiétais / *holiday*

all at once

in cursive (writing)
ressemblait à
rod

PLUME

1 J'en étais là de mes réflexions,[14] quand j'entendis appeler mon nom. C'était mon tour de réciter. Que n'aurais-je pas donné[15] pour pouvoir dire tout au long° cette fameuse règle des participes, bien haut, bien clair, sans une faute? Mais je m'embrouillai° aux premiers mots, et je restai debout à me balancer dans mon
5 banc, le cœur gros, sans oser lever la tête. J'entendis M. Hamel qui me parlait :

—Je ne te gronderai pas, mon petit Franz, tu dois être assez puni... voilà ce que c'est. Tous les jours on se dit : «Bah! j'ai bien le temps. J'apprendrai demain.» Et puis tu vois ce qui arrive... Ah! ç'a été le grand malheur de notre Alsace de toujours remettre son instruction à demain. Maintenant ces gens-là
10 sont en droit° de nous dire : «Comment! Vous prétendiez° être Français, et vous ne savez ni lire ni écrire votre langue!» Dans tout ça, mon pauvre Franz, ce n'est pas encore toi le plus coupable. Nous avons tous notre bonne part de reproches à nous faire.[16]

Vos parents n'ont pas assez tenu à vous voir instruits. Ils aimaient mieux
15 vous envoyer travailler à la terre ou aux filatures° pour avoir quelques sous° de plus. Moi-même, n'ai-je rien à me reprocher? Est-ce que je ne vous ai pas souvent fait arroser mon jardin au lieu de travailler? Et quand je voulais aller pêcher des truites, est-ce que je me gênais° pour vous donner congé?°...

Alors, d'une chose à l'autre, M. Hamel se mit à nous parler de la langue
20 française, disant que c'était la plus belle langue du monde, la plus claire, la plus solide; qu'il fallait la garder entre nous et ne jamais l'oublier, parce que, quand un peuple tombe esclave, tant qu'il tient bien sa langue, c'est comme s'il tenait la clé de sa prison...[17] Puis il prit une grammaire et nous lut notre leçon. J'étais étonné de voir comme je comprenais. Tout ce qu'il disait me
25 semblait facile, facile. Je crois aussi que je n'avais jamais si bien écouté et que lui non plus n'avait jamais mis autant de patience à ses explications. On aurait dit qu'avant de s'en aller le pauvre homme voulait nous donner tout son savoir,[18] nous le faire entrer dans la tête d'un seul coup.°

La leçon finie, on passa à l'écriture. Pour ce jour-là, M. Hamel nous avait
30 préparé des exemples[19] tout neufs, sur lesquels était écrit en belle ronde° : *France, Alsace, France, Alsace.* Cela faisait comme° des petits drapeaux qui flottaient tout autour de la classe, pendus à la tringle° de nos pupitres.[20]

---

14. **J'en... réflexions** : Je pensais à toutes ces choses...
15. **Que... donné** : J'aurais donné n'importe quoi...
16. **Nous... faire** : Nous sommes tous coupables.
17. **tant... prison** : La langue maternelle peut être une source de liberté pour un peuple conquis. Elle permet de conserver sa culture, son héritage et sa personnalité.
18. **nous... savoir** : nous enseigner ce jour-là tout ce qu'il savait
19. **exemples** : Les élèves devaient copier ces exemples pendant la leçon d'écriture.
20. *Handwriting samples were attached to small rods sticking up from the desks.*

except / June bugs

1 Il fallait voir comme chacun s'appliquait, et quel silence! On n'entendait rien que° le grincement des plumes sur le papier. Un moment, des hannetons° entrèrent; mais personne n'y fit attention, pas même les tout-petits, qui s'appliquaient à tracer leurs *bâtons* [21] avec un cœur, une conscience, comme si cela

5 encore était du français... Sur la toiture de l'école, des pigeons roucoulaient tout bas, et je me disais en les écoutant: «Est-ce qu'on ne va pas les obliger à chanter en allemand, eux aussi?»

De temps en temps, quand je levais les yeux de dessus ma page, je voyais M. Hamel immobile dans sa chaire et fixant les objets autour de lui,[22] comme s'il

10 avait voulu emporter dans son regard toute sa petite maison d'école... Pensez! depuis quarante ans, il était là à la même place, avec sa cour en face de lui et sa classe toute pareille. Seulement les bancs, les pupitres s'étaient polis, frottés par

walnut trees
encerclait

l'usage; les noyers° de la cour avaient grandi, et le houblon[23] qu'il avait planté lui-même enguirlandait° maintenant les fenêtres jusqu'au toit. Quel crève-cœur

15 ça devait être pour ce pauvre homme de quitter toutes ces choses, et d'entendre sa sœur qui allait, venait, dans la chambre au-dessus, en train de fermer leurs

*ici : localité
ou province*

malles! Car ils devaient partir le lendemain, s'en aller du pays° pour toujours.

Tout de même, il eut le courage de nous faire la classe jusqu'au bout. Après l'écriture, nous eûmes la leçon d'histoire; ensuite les petits chantèrent tous en-

20 semble le *ba be bi bo bu*.[24] Là-bas, au fond de la salle, le vieux Hauser avait mis ses lunettes, et, tenant son abécédaire à deux mains, il épelait les lettres avec eux. On voyait qu'il s'appliquait lui aussi; sa voix tremblait d'émotion, et c'était si drôle de l'entendre que nous avions tous envie de rire et de pleurer. Ah! je me souviendrai de cette dernière classe...

25 Tout à coup, l'horloge de l'église sonna midi, puis l'angélus.[25] Au même moment, les trompettes des Prussiens qui revenaient de l'exercice éclatèrent sous nos fenêtres... M. Hamel se leva, tout pâle, dans sa chaire. Jamais il ne m'avait paru aussi grand.

—Mes amis, dit-il, mes... je... je...

stifled / finir

30 Mais quelque chose l'étouffait.° Il ne pouvait achever° sa phrase.

---

21. **bâtons** : *(strokes) Very young pupils who were just learning to write practiced making strokes and circles.*
22. **fixant... lui** : regardant intensément les objets (pour ne pas les oublier)
23. **houblon** : *(hop vine)* On fait la bière avec du houblon. La bière alsacienne est très célèbre.
24. **ba be bi bo bu** : leçon de prononciation *(phonetic approach to reading, see p. 193)*
25. **l'angélus** : Dans la liturgie catholique c'est la prière de dévotion qui se dit le matin, à midi et le soir. Le son de la cloche qui annonce que c'est l'heure de la prière s'appelle aussi l'angélus.

1 Alors il se tourna vers le tableau, prit un morceau de craie, et en appuyant de toutes ses forces, il écrivit aussi gros qu'il put :

Vive la France!

Puis il resta là, la tête appuyée au mur, et, sans parler, avec sa main, il nous faisait signe: «C'est fini... allez-vous-en.»

COMPRÉHENSION ET DISCUSSION

A. VRAI / FAUX

En vous basant sur le texte, indiquez si les phrases suivantes sont vraies ou fausses. Corrigez les phrases fausses. Ne vous contentez pas d'utiliser ou de supprimer les mots négatifs.

1. Au commencement du conte, Franz avait grande envie d'aller à l'école.
2. Les enfants faisaient des exercices dans le pré.
3. Les gens du village lisaient les affiches qui donnaient des renseignements sur la guerre.
4. D'ordinaire, au commencement de la classe, les élèves faisaient beaucoup de bruit.
5. Quand Franz est entré dans l'école, les élèves récitaient leurs leçons.
6. M. Hamel a grondé Franz sévèrement.
7. Les Prussiens étaient assis au fond de la salle de classe.
8. Le Prussien Hauser avait apporté de nouveaux ordres de Berlin.
9. M. Hamel a dit que le lendemain il enseignerait l'allemand aux élèves.
10. M. Hamel a annoncé aux élèves que selon l'ordre de Berlin, l'allemand serait la seule langue enseignée dans les écoles de l'Alsace et de la Lorraine.
11. L'ordre qui est venu de Berlin a rendu Franz très heureux.
12. Franz a récité la fameuse règle des participes sans une seule faute.
13. M. Hamel a dit qu'il faudrait oublier le français afin de ne pas être mis en prison.
14. Ce jour-là, les élèves se sont appliqués à leurs études.
15. M. Hamel enseignait dans cette même école depuis vingt ans.
16. M. Hamel et sa sœur allaient quitter la France.
17. Le nouveau maître devait arriver le lendemain.
18. Avant son départ, M. Hamel a crié : «Vive la France!»

B. RÉSUMÉ

La scène qui suit à la page 198 ne représente qu'une partie du conte. Faites un résumé de *La dernière classe* en racontant :

1. les événements qui précèdent cette scène,
2. ce qui se passe dans cette illustration et
3. ce qui se passe après.

→

C. QUESTIONS DE COMPRÉHENSION

Écrivez en français les réponses aux questions suivantes. Formulez vos propres réponses. Essayez de ne pas copier les phrases du texte.

1. Pourquoi Franz a-t-il eu envie de manquer la classe?
2. Qui était dans le pré? Qu'est-ce qu'ils faisaient?
3. Qui était près de la mairie? Qu'est-ce qu'ils faisaient? Pourquoi?
4. Pourquoi Franz croyait-il qu'il pouvait entrer dans l'école sans être vu?
5. Pourquoi Franz n'a-t-il pas pu cacher son arrivée ce jour-là?
6. Comment M. Hamel a-t-il reçu Franz?
7. Qu'est-ce que Franz a remarqué au sujet des vêtements de M. Hamel?
8. Qui était assis au fond de la salle? Précisez.
9. Qu'est-ce que M. Hamel a annoncé aux enfants? Quel ordre était venu de Berlin?
10. Comment Franz a-t-il réagi en apprenant cette nouvelle? Était-il un étudiant modèle? Expliquez.
11. Pourquoi M. Hamel s'était-il habillé différemment ce jour-là?
12. Pourquoi quelques habitants du village sont-ils venus à l'école ce jour-là?
13. Pourquoi Franz avait-il le cœur gros quand est venu son tour de réciter?
14. Selon M. Hamel, pourquoi les Alsaciens ne savent-ils ni parler ni écrire leur langue?
15. Selon M. Hamel, qui est coupable? Précisez.
16. Pourquoi, selon M. Hamel, les Alsaciens ne doivent-ils jamais oublier la langue française?
17. Qu'est-ce que M. Hamel avait préparé pour la leçon d'écriture? Pourquoi? À quoi ressemblaient les exemples d'écriture?
18. Où était la sœur de M. Hamel? Qu'est-ce qu'elle faisait? Pourquoi?
19. Est-ce que M. Hamel a arrêté la classe après la leçon d'écriture? Expliquez.
20. Décrivez la fin du conte, du moment où l'angélus a sonné jusqu'à la conclusion.

D. RÉACTIONS ORALES OU ÉCRITES

Synthèse du texte

1. Il y a beaucoup de choses qui rendent cette «dernière classe» différente d'une classe ordinaire dans cette petite école alsacienne. Discutez de ces différences.
2. Qu'est-ce que vous savez de M. Hamel? Trouvez dans le conte tout ce qui le décrit—son apparence, sa façon d'enseigner, son rapport avec les élèves, son patriotisme...
3. Décrivez Franz. Ajoutez d'autres détails que Daudet aurait pu inclure. Comment ce garçon de la fin du dix-neuvième siècle ressemble-t-il aux élèves de nos jours? En quoi diffère-t-il?
4. Quoique Daudet ne dise jamais que les habitants de cette petite ville alsacienne aiment leur pays, nous le savons. Comment l'auteur communique-t-il leurs sentiments au lecteur?
5. Expliquez comment l'attitude de Franz envers l'école et envers M. Hamel a changé au cours du conte.

Réaction personnelle

1. Selon vous, pourquoi les Prussiens ont-ils exigé que l'allemand remplace le français dans les écoles de l'Alsace et de la Lorraine? Croyez-vous qu'ils avaient raison d'essayer de changer la langue des habitants? Pourquoi ou pourquoi pas? Pensez-vous qu'une telle action puisse réussir? Pourquoi ou pourquoi pas?
2. Assumez l'identité de Franz. Vous avez grandi et vous avez quarante ans. Où habitez-vous? Quelle langue parlez-vous? Racontez à vos enfants vos souvenirs de cette dernière classe.
3. Vous êtes dramaturge. Vous voulez écrire une pièce basée sur *La dernière classe*. On vous a parlé d'un millionnaire qui s'intéresse au théâtre. Persuadez-le de financer votre projet.
4. Supposez que *La dernière classe* se termine au moment où M. Hamel annonce la nouvelle de l'ordre de Berlin. En utilisant votre imagination, créez une autre fin pour ce conte.
5. M. Hamel a refusé de quitter son école. Le nouveau maître allemand arrive. Imaginez un dialogue dans lequel M. Hamel essaie de convaincre l'autre instituteur que le français et l'allemand peuvent coexister. Quels arguments M. Hamel présente-t-il? Et l'instituteur allemand? Quel en est le résultat?
6. Avez-vous l'habitude de «remettre à demain» les projets ou les responsabilités que vous n'avez pas envie d'entreprendre? Si oui, pourquoi? Les conséquences de cette tendance sont-elles positives? Illustrez votre réponse en racontant un incident spécifique.

Chapter 14

Le code secret

René Goscinny (1926–1977)

On November 5, 1977, the world lost one of its finest humorists. René Goscinny died of a heart attack at the age of fifty-one in Paris. Goscinny is best known as the author of the successful comic strip series *Astérix,* the innovative creation of Goscinny and the illustrator Albert Uderzo. He is also well known for his series of children's books, *Le petit Nicolas.* Nicolas, the narrator and main character in the stories, reminds the American reader of Charlie Brown of *Peanuts.* Working with Goscinny, the celebrated cartoonist Jean-Jacques Sempé provided the sprightly illustrations that enhance the Nicolas stories.

Whereas Nicolas and his friends are 20th-century children, the diminutive Astérix lives in the setting of ancient Gaul, considered by most French people to be their common ancestral home. The *Astérix* series combines history and humor with the incongruous presence of modern attitudes, institutions, and speech, bringing sophistication to the art of the comic strip. *Astérix* captured the heart of France. It has been translated into dozens of languages, published in book form, broadcast on the radio, and recorded on records. In 1965, it even lent its name to a French satellite.

Born in Paris, Goscinny spent his childhood in Buenos Aires, Argentina, where his parents had moved in 1928. Goscinny claims that as a schoolboy he was *un véritable guignol* (clown). However, since he was also an excellent student, he successfully passed the *baccalauréat* in Argentina. At age seventeen, after the death of his father, Goscinny worked as an assistant accountant for a rubber factory. Later, he became the illustrator for an advertising firm. At the urging of an uncle who lived in the United States, Goscinny disembarked in New York at nineteen. Although he spoke little English, he was filled with dreams of becoming a cartoonist at the Walt Disney studios, despite pressure from his family to find "a serious job." His years in the United States brought him into contact with the group of cartoonists that was later to found the popular *Mad* magazine. With their encouragement, he began to illustrate children's books. When the small publishing company for which he was working went bankrupt, the disillusioned Goscinny returned to France. A Belgian press agent finally gave him his "big break." Employing Albert Uderzo at the same time, the agent offered the two newcomers the chance to direct a branch of his newspaper in Paris. Thus began for both men a collaborative and mutually rewarding twenty-six-year career.

Throughout his long and difficult climb to success, Goscinny always maintained "...*le goût, l'obsession de faire rire.*" When an interviewer from *L'Express*[1] asked him to explain the reasons behind his success, Goscinny replied, "... *Je crois que si je réussis, c'est parce que je suis essentiellement un amuseur. Je ne suis pas moraliste, je ne donne pas de leçons, je n'ai jamais pu me prendre au sérieux, et j'aime faire rire.*"[2]

The children's books about *le petit Nicolas* are an excellent example of Goscinny's ability to make people laugh. The combination of Sempé's sketches and Goscinny's text has resulted in a universally appealing collection of stories destined to amuse both adults and children.

Jean-Jacques Sempé   *(1932–)*

Jean-Jacques Sempé was born in Bordeaux in 1932. An indifferent and rebellious student, he completed his secondary education and his military service, then went to Paris to become an artist. Sempé's drawings were first published when he was nineteen years old, and he has enchanted the reading public ever since. He is now one of France's most talented and popular cartoonists. Sempé's sketches have appeared in every major French newspaper and magazine. He has published numerous books of cartoons, and his work has been exhibited in galleries in France and abroad. British readers of *Punch,* and American followers of *The New Yorker* and *Sports Illustrated,* are also frequently treated to the pleasure of Sempé's winsome humor.

Sempé prefers to convey an atmosphere rather than to prove a point or to moralize. He succeeds admirably, displaying as well a keen insight into human nature with his whimsical portrayal of a child's world in the Nicolas stories.

Among the many Sempé titles are: *Rien n'est simple* (1962), *Des hauts et des bas* (1970), *Bonjour, bonsoir* (1974), *Simple question d'équilibre* (1977), and *Les musiciens* (1979). Several of Sempé's albums have been published in American editions.

---

1. *L'Express :* une revue hebdomadaire française semblable à *Time*
2. Goscinny, René, *L'Empire d'Astérix : L'Express va plus loin avec René Goscinny, L'Express,* 22–28 juillet 1974, p. 62, cols. 1–2.

📖 Préparation à la lecture
Renseignements généraux

Le français que Goscinny a employé dans *Le code secret* n'est pas très littéraire ou érudit, parce que c'est le langage populaire—le langage de tous les jours, un français qui s'entend au foyer et à l'école.

Notez par exemple:

A. CONSTRUCTIONS GRAMMATICALES

1. L'emploi à la fois d'un nom et d'un pronom pour accentuer l'emphase sur la personne, l'objet ou l'idée dont on parle :
   a. **Moi**, ça **m**'a bien embêté, ça...
   b. **Agnan**, **lui**, bien sûr, **il** ne veut rien savoir...

2. L'emploi du pronom personnel **on** avec le sens de **nous** :
   a. **Nous, on** n'avait rien compris...
   b. ...**on** a demandé à Geoffroy de **nous** l'apprendre...

3. La construction négative où le **ne** est souvent omis :
   a. Ça fait rien.
   b. C'est pas la même chose.

4. L'élision entre le mot **tu** et la voyelle du verbe suivant :
   a. Si **t'**avais utilisé...
   b. **t'**aurais pas été puni...

B. VOCABULAIRE
Ce conte offre plusieurs bonnes expressions idiomatiques. Si vous étudiez ces expressions avant de lire le conte, vous trouverez que la lecture du conte sera beaucoup plus agréable.

aller au piquet	to go (stand) in the corner
se battre	to fight
faire de la peine à quelqu'un	to hurt someone
faire des histoires	to make (cause) a fuss, problems
faire le clown / le guignol	to clown around, act up
finir au bagne	to end up in jail
se gratter la tête	to scratch one's head
se mettre en rang	to get in line, "fall in"
mettre en retenue	to keep after school, send to detention
Laissez-moi tranquille!	Leave me alone!
se saigner aux quatre veines	to make every sacrifice
tirer la langue	to stick out one's tongue

C. LISEZ ET RÉFLÉCHISSEZ!
Dans les phrases suivantes, vous trouverez quelques-uns des mots du vocabulaire populaire que vous allez rencontrer en lisant *Le code secret*. Chaque phrase contient ou une définition ou un synonyme du nouveau mot en caractères gras. Amusez-vous en apprenant ce vocabulaire!

1. On s'amuse et on rit si quelque chose est **rigolo.**
2. Un élève qui est toujours le meilleur de la classe est souvent l'élève préféré, ou **le chouchou** de la maîtresse.
3. Geoffroy est un bon copain. Il a toujours des idées qui sont magnifiques, **formidables,** vraiment **terribles.**
4. Le code secret ne sera pas pour tous les élèves, mais seulement pour Nicolas et sa **bande.**
5. Quand **on fait le clown** en classe, la maîtresse nous **prive de** récréation, et si nous sommes méchants chez nous, nos parents nous **privent de** dessert.
6. Ma mère m'a recommandé un film qu'elle a trouvé très bon. Je l'ai vu et elle a raison. Il est **drôlement** intéressant.
7. J'ai toujours beaucoup de choses à dire à mes amis, et eux aussi, ils ont toujours **des tas de** choses à me raconter.

Établissons les faits

EXPÉRIENCE PERSONNELLE

1. Regardez les illustrations du conte. Certains détails vous rappellent-ils vos premières années à l'école? Comparez ces images avec vos souvenirs de l'école élémentaire.
2. Réfléchissez un peu au groupe d'enfants avec qui vous êtes allé(e) à l'école élémentaire. De quel copain ou de quelle copine vous souvenez-vous encore? Pourquoi?
3. Est-ce que vos copains bavardaient de temps en temps au lieu de faire attention à la maîtresse? Comment la maîtresse réagissait-elle à ces interruptions? Qu'est-ce qu'elle disait ou faisait d'habitude?

Introduction au conte

Le conte que vous allez lire dans ce chapitre est plus facile que les autres lectures dans cette partie du texte. C'est un moyen de se détendre et de s'amuser un peu. Le conte est tiré d'une série qui s'appelle *Le petit Nicolas. Le code secret* est un des contes dans *Le petit Nicolas et les copains.* Les quatre autres livres de la série s'appellent : *Le petit Nicolas, Les vacances du petit Nicolas, Les récrés du petit Nicolas* et *Joachim a des ennuis.* Tous les contes sont racontés par Nicolas, un petit garçon d'à peu près sept ou huit ans. Avec ses nombreux copains, il partage les joies, les problèmes, les plaisirs et les frustrations d'un monde où les adultes semblent parfois se conduire comme des enfants, et où la perception enfantine du monde semble être la plus sensée. Quand un reporter de *L'Express* a demandé à Goscinny s'il avait basé ces contes sur sa propre enfance, il a répondu : «...Le petit Nicolas n'était pas du tout moi, mais j'étais un peu son camarade Alceste lorsqu'il pensait à l'odeur des petits pains au chocolat. Ou, tour à tour, n'importe lequel de la bande.»[1]

---

1. Goscinny, René, *L'Empire d'Astérix : L'Express va plus loin avec René Goscinny, L'Express,* 22–28 juillet 1974, p. 63, col. 1.

Goscinny a dit qu'il a récrit chaque conte de la série au moins cinq fois, mais le langage et l'humour donnent l'impression d'être tout à fait spontanés. Les circonstances comiques dans lesquelles les enfants se trouvent, soit à l'école soit au foyer, ne prêchent pas la moralité, mais attirent le lecteur par leur vision sensible et fraîche de l'univers enfantin.

VUE PANORAMIQUE

Répondez brièvement aux questions suivantes.

1. Où se passe l'action de ce conte?
2. Qui raconte l'histoire?
3. Identifiez brièvement les autres personnages.
4. Pourquoi Geoffroy a-t-il inventé un code secret?
5. Comment les autres élèves ont-ils réagi à l'idée du code secret?
6. Le code était-il simple ou compliqué? A-t-il réussi?

Le code secret

bothered, interrupted

talkative

petits morceaux

ici : *principal*

terrific

ous avez remarqué que quand on veut parler avec les copains en classe, c'est difficile et on est tout le temps dérangé?° Bien sûr, vous pouvez parler avec le copain qui est assis à côté de vous; mais même si vous essayez de parler tout bas, la maîtresse vous entend et elle vous dit :

5 «Puisque vous avez tellement envie de parler, venez au tableau, nous verrons si vous êtes toujours aussi bavard!°» et elle vous demande les départements avec leurs chefs-lieux,[1] et ça[2] fait des histoires. On peut aussi envoyer des bouts° de papier où on écrit ce qu'on a envie de dire;

10 mais là aussi, presque toujours, la maîtresse voit passer le papier et il faut le lui apporter sur son bureau, et puis après le porter chez le directeur,° et comme il y a écrit dessus «Rufus est bête, faites passer» ou «Eudes est laid, faites passer», le directeur vous dit que vous deviendrez un ignorant, que vous finirez au bagne, que ça fera beaucoup de peine à vos parents qui se saignent aux qua-

15 tre veines pour que vous soyez bien élevé. Et il vous met en retenue!

C'est pour ça qu'à la première récré, ce matin, on a trouvé terrible° l'idée de Geoffroy.

---

1. **les départements... chefs-lieux** : les divisions administratives de la France et leurs villes principales
2. **ça** : Dans le langage populaire, on utilise souvent **ça** pour remplacer une chose ou une idée.

1 —J'ai inventé un code formidable, il nous a dit Geoffroy. C'est un code secret que nous serons seuls à comprendre, ceux de la bande.

Et il nous a montré; pour chaque lettre on fait un geste. Par exemple : le
doigt sur le nez, c'est la lettre «a», le doigt sur l'œil gauche, c'est «b», le doigt
5 sur l'œil droit, c'est «c». Il y a des gestes différents pour toutes les lettres : on
se gratte° l'oreille, on se frotte° le menton,° on se donne des tapes sur la tête,
comme ça jusqu'à «z», où on louche.° Terrible!

scratches / rubs / chin
cross (our) eyes

Clotaire, il n'était pas tellement d'accord; il nous a dit que pour lui, l'alphabet c'était déjà un code secret et que, plutôt que d'apprendre l'orthographe
10 pour parler avec les
copains, il préférait
attendre la récré pour
nous dire ce qu'il
avait à nous dire.
15 Agnan, lui, bien sûr, il
ne veut rien savoir du
code secret. Comme

c'est le premier[3] et le chouchou, en classe il préfère écouter la maîtresse et se
faire interroger. Il est fou, Agnan!

20 Mais tous les autres, on trouvait que le code était très bien. Et puis, un code
secret, c'est très utile; quand on est en train de se battre avec des ennemis,
on peut se dire des tas de choses, et eux ils ne comprennent pas, et les vain-
queurs,° c'est nous.

winners

Alors, on a demandé à Geoffroy de nous l'apprendre, son code. On s'est
25 tous mis autour de Geoffroy et il nous a dit de faire comme lui; il a touché son
nez avec son doigt et nous avons tous touché nos nez avec nos doigts; il s'est
mis un doigt sur l'œil et nous nous sommes tous mis un doigt sur l'œil. C'est
quand nous louchions tous que M. Mouchabière est venu. M. Mouchabière est

---

3. **le premier** : Avant 1968, on utilisait un système de classement dans les écoles
françaises. Les élèves étaient classés «premier, deuxième,... dernier» selon leurs notes.
Le classement a été éliminé entre 1968 et 1969.

1 un nouveau surveillant,[4] qui est un peu plus vieux que les grands,[5] mais pas

tellement plus, et il paraît que c'est la première fois qu'il fait surveillant dans

une école.

foolishness
plotting
ici : "stick"

—Écoutez, nous dit M. Mouchabière. Je ne commettrai pas la folie° de vous

5 demander ce que vous manigancez° avec vos grimaces. Tout ce que je vous

dis, c'est que si vous continuez, je vous colle° tous en retenue jeudi. Compris?

Et il est parti.

—Bon, a dit Geoffroy, vous vous en souviendrez, du code?

the "eye thing"

—Moi, ce qui me gêne, a dit Joachim, c'est le coup de l'œil° droit et de

10 l'œil gauche, pour «b» et «c». Je me trompe toujours avec la droite et la

gauche; c'est comme maman, quand elle conduit l'auto de papa.

—Ben, ça fait rien, a dit Geoffroy.

—Comment! ça fait rien? a dit Joachim. Si je veux te dire «Imbécile» et je

te dis «Imcébile», c'est pas la même chose.

15 —À qui tu veux dire «Imbécile», imbécile? a demandé Geoffroy.

Mais ils n'ont pas eu le temps de se battre, parce que M. Mouchabière a

sonné la fin de la récré. Elles deviennent de plus en plus courtes, les récrés,

avec M. Mouchabière.

line

On s'est mis en rang° et Geoffroy nous a dit :

20 —En classe, je vais vous faire un message, et à la prochaine récré, on verra

warn

ceux qui ont compris. Je vous préviens° : pour faire partie de la bande, il faut

connaître le code secret!

—Ah! bravo, a dit Clotaire; alors Monsieur[6] a décidé que si je ne connais

pas son code qui ne sert à rien, je ne fais plus partie de la bande! Bravo!

25 Alors, M. Mouchabière a dit à Clotaire :

—Vous me conjuguerez le verbe «Je ne dois pas parler dans les

rangs, surtout quand j'ai eu le temps pendant toute la récréa-

stupides

tion pour raconter des histoires niaises.°» À l'indicatif et au

subjonctif.

30 —Si t'avais utilisé le code secret, t'aurais pas été

puni, a dit Alceste, et M. Mouchabière lui a

donné le même verbe à conjuguer. Alceste,

il nous fera toujours rigoler!

En classe, la maîtresse nous a dit

35 de sortir nos cahiers et de re-

---

4. **surveillant** : une personne chargée de maintenir la discipline à l'école

5. **grands** : c'est-à-dire, les élèves les plus âgés de l'école

6. **Monsieur** : En appelant Geoffroy «Monsieur», Clotaire se moque de Geoffroy qui se

prend trop au sérieux ici.

annoyed

1 copier les problèmes qu'elle allait écrire au tableau, pour que nous les fassions à
la maison. Moi, ça m'a bien embêté,° ça, surtout pour Papa, parce que quand il
revient du bureau, il est fatigué et il n'a pas tellement envie de faire des devoirs
d'arithmétique. Et puis, pendant que la maîtresse écrivait sur le tableau, on s'est
5 tous tournés vers Geoffroy, et on a attendu qu'il commence son message. Alors,

Geoffroy s'est mis à faire des gestes; et je dois dire que ce n'était pas facile de le
comprendre, parce qu'il allait vite, et puis il s'arrêtait pour écrire dans son cahier,
et puis comme on le regardait, il se mettait à faire des gestes, et il était rigolo, là,
à se mettre les doigts dans les oreilles et à se donner des tapes sur la tête.

très
10 Il était drôlement° long, le message de Geoffroy, et c'était embêtant, parce

ici : miss
qu'on ne pouvait pas recopier les problèmes, nous. C'est vrai, on avait peur de
rater° des lettres du message et de ne plus rien comprendre; alors on était obligé
de regarder tout le temps Geoffroy, qui est assis derrière, au fond de la classe.

Et puis Geoffroy a fait «i» en se grattant la tête, «t» en tirant la langue, il a
15 ouvert des grands yeux, il s'est arrêté, on s'est tous retournés et on a vu que la
maîtresse n'écrivait plus et qu'elle regardait Geoffroy.

—Oui, Geoffroy, a dit la maîtresse. Je suis comme vos camarades : je vous

silly antics
regarde faire vos pitreries.° Mais ça a assez duré, n'est-ce pas? Alors, vous allez
au piquet, vous serez privé de récréation, et pour demain, vous écrirez cent

distract
20 fois «Je ne dois pas faire le clown en classe et dissiper° mes camarades, en les
preventing
empêchant° de travailler».

Nous, on n'avait rien compris au message. Alors, à la sortie de l'école, on a
attendu Geoffroy, et quand il est arrivé, on a vu qu'il était drôlement fâché.

—Qu'est-ce que tu nous disais, en classe? j'ai demandé.

25 —Laissez-moi tranquille! a crié Geoffroy. Et puis le code secret, c'est fini!
D'ailleurs, je ne vous parle plus, alors!

C'est le lendemain que Geoffroy nous a expliqué son message. Il nous
avait dit :

«Ne me regardez pas tous comme ça; vous allez me faire prendre par la
maîtresse.»

COMPRÉHENSION ET DISCUSSION

A. QUESTIONS DE COMPRÉHENSION

Répondez en français aux questions suivantes. Formulez vos propres réponses. Essayez d'incorporer le nouveau vocabulaire du chapitre dans vos réponses.

1. Comment les copains de Nicolas essaient-ils de communiquer entre eux en classe? Pourquoi leurs efforts réussissent-ils rarement?
2. Comment la maîtresse les punit-elle?
3. Décrivez le code secret que Geoffroy a inventé.
4. Pourquoi Clotaire ne veut-il pas apprendre le code?
5. Qui est Agnan? Pourquoi ne s'intéresse-t-il pas au code? Qu'est-ce que les autres garçons pensent d'Agnan?
6. Qui est M. Mouchabière? Que font les garçons quand il arrive? Que pense M. Mouchabière des actions des garçons?
7. Pourquoi Joachim trouve-t-il le code difficile? Quels mots donne-t-il comme exemples de sa confusion?
8. Qu'est-ce que Geoffroy a l'intention de faire en classe? Pourquoi Clotaire se fâche-t-il contre Geoffroy?
9. Quelle punition M. Mouchabière impose-t-il à Clotaire? Pourquoi? Quelle observation Alceste fait-il? Qu'est-ce qui lui arrive?
10. Qu'est-ce que la maîtresse demande aux garçons de faire en classe? Pourquoi ce travail embête-t-il Nicolas?
11. Décrivez ce que Geoffroy fait pendant que la maîtresse écrit au tableau. Pourquoi les garçons trouvent-ils le message de Geoffroy difficile à suivre?
12. Regardez l'illustration à la page 207. Lequel des garçons est Agnan? Comment le savez-vous?
13. Pourquoi Geoffroy s'arrête-t-il de faire ses gestes? Comment la maîtresse punit-elle Geoffroy?
14. Pourquoi Geoffroy refuse-t-il de parler à ses copains après l'école?
15. Quel message Geoffroy essayait-il de communiquer aux autres en classe?

B. RÉACTIONS PERSONNELLES ORALES OU ÉCRITES

1. Avez-vous trouvé ce conte amusant? Pourquoi ou pourquoi pas? Que pensez-vous de René Goscinny comme auteur?
2. Aviez-vous des copains ou des copines qui faisaient le clown en classe? Que faisaient-ils? Est-ce que la maîtresse les punissait? Si oui, comment?
3. Racontez un incident rigolo qui a eu lieu dans une de vos classes quand vous étiez petit(e).
4. Quand vous étiez à l'école élémentaire, y avait-il un chouchou dans votre classe? Décrivez cette personne. Selon vous, pourquoi cet(te) élève était-il (elle) le chouchou (la chouchoute) de la maîtresse? Est-ce que le chouchou avait des privilèges que les autres élèves n'avaient pas? Lesquels? Quelle opinion les autres élèves avaient-ils de ce chouchou? Pourquoi?

5. Agnan est le premier de la classe et le chouchou de la maîtresse. Racontez ce conte du point de vue d'Agnan.

6. Que pensez-vous d'un système de classement où les élèves sont classés du premier au dernier, selon leurs notes?

7. Qu'est-ce que vos parents auraient fait si vous aviez été le dernier ou la dernière de la classe? Quelles excuses auriez-vous inventées pour justifier votre classement à vos parents?

8. À la page 204, Nicolas cite le directeur de l'école qui dit aux enfants méchants : «Vous finirez au bagne!» En grandissant, on entend beaucoup d'avertissements. Y en a-t-il quelques-uns dont vous vous souvenez? Lesquels? Dans quelles circonstances vos parents les employaient-ils?

9. Comparez la classe de Franz de *La dernière classe* avec la classe de Nicolas dans *Le code secret*.

C. CRÉEZ UN CONTE!

En vous inspirant du style de ce conte, *Le code secret*, écrivez un conte original. D'abord, choisissez le narrateur de l'histoire. (Est-ce Nicolas qui raconte d'habitude les aventures de sa bande, ou Clotaire, le dernier de la classe, ou Agnan, le premier et le chouchou, ou... ?) Ensuite, situez l'action pour le lecteur et trouvez un bon titre. En écrivant votre conte, utilisez le plus possible le vocabulaire et les constructions présentés. Vous trouverez ci-dessous une liste supplémentaire de mots qui vous seront peut-être utiles :

chouette	neat, swell, super
faire des grimaces	to make faces
la la lère!	Nyah! Nyah! Nyah!
loucher	to squint, cross one's eyes
la maîtresse	the schoolteacher
le rapporteur	"snitch" (someone who tells on others)
la récré	recess
rigoler	to giggle, chuckle, laugh
rigolo (rigolote)	funny, amusing
Sans blague!	No kidding!
une blague	a joke
tricher	to cheat

Si vous n'arrivez pas à choisir un sujet pour votre conte, voici quelques possibilités :

1. Clotaire, qui est toujours dernier de la classe, devient premier et remplace Agnan comme chouchou de la maîtresse.

2. Nicolas apporte une grenouille à l'école pour sa classe de sciences naturelles.

3. Un jour, la maîtresse est malade et il y a un(e) remplaçant(e).

4. Le directeur de l'école visite la classe pour écouter une récitation spéciale préparée par les élèves.

5. Un jour, la maîtresse doit quitter la classe et elle demande à Agnan, le chouchou, de la remplacer et de continuer la leçon pour elle pendant son absence.

Chapter 15

Le champ de tir

Joseph Kessel *(1898–1979)*

Joseph Kessel was born of Russian parents on November 10, 1898, in Clara, Argentina, where his father was serving as a volunteer doctor in a refugee colony. When Joseph was a year old, his family returned to Russia. Only nine years later, the family was forced to flee from its native land. They emigrated to the city of Nice, in France, the country Kessel adopted and loved, and which was his home until his death.

Joseph attended a *lycée* in Nice, then continued his secondary and university education in Paris. After receiving his *licence*, he continued at the Sorbonne, working on an advanced diploma in literature. At the same time, he became a student at the Conservatory for Dramatic Art. In need of financial assistance, Kessel worked at the *Journal des débats*, where he became acquainted with the world of journalism.

World War I broke out while Kessel was still a student. In 1916, he put aside his theatrical ambitions and enlisted as a pilot in the French Air Force. In 1918, he left with his squadron for the Far East, beginning a journey that had become virtually a world tour by the time he returned to France in 1919. The day after the armistice was signed, Kessel was sent first to the United States, and then to join the French general staff in Siberia. Kessel's later literary works reflect these adventures, which furnished astonishing pages about the Russia of 1918 and the confrontations between the Bolsheviks and the White Russians. For his service in World War I, Kessel was awarded the *Croix de guerre* and the *Médaille militaire*.

After he was discharged, Kessel returned to France. He was to become one of the great reporters of the century, serving as a correspondent for *Le Figaro, France-Soir,* and most other major French newspapers. He was one of the first journalists to bring back on-site reports of the efforts to liberate Ireland from British rule. In the 1920s and 1930s, he traveled widely both as a journalist and on his own. Kessel reported from Palestine, Berlin, Spain, and even crossed the Ethiopian desert to surprise the slave merchants of the Red Sea. He became established as a superlative writer of action and adventure stories, with a special talent for conveying the atmosphere of the exotic places in which he set his novels.

As a reporter, Kessel tried to reenter Russia, but this fabulous land of his childhood was denied him, and he narrowly escaped being shot. Kessel served as a war correspondent in 1939 and 1940, but when he joined the Free French, his active and dangerous participation in the Resistance movement forced him to flee France. He escaped via Spain to London, where he joined General Charles de Gaulle and became part of a squadron charged with special missions in France.

After World War II, Kessel resumed his career as a reporter and fiction writer and continued to travel extensively. His war experiences and his travels provided themes for much of his work throughout his life. Kessel's first literary success was *La steppe rouge* (1922), which deals with the terror that accompanied the Russian Revolution. This work reflects the author's acute consciousness of his Russian ancestry and his fury and frustration at being excluded from his native land. The following year he published his most famous work, *L'équipage*, which created the literature of aviation. It became a best-seller in France and made Kessel one of France's most widely read authors. It is still regarded as one of the finest novels about flying ever written. From World War II and the Resistance movement came *L'armée des ombres* (1944). With this work Kessel set out to evoke a new France, one in which rebellion had become a duty. *L'armée des ombres* was written in London, where Kessel also wrote *Le chant des partisans*, a patriotic song which he and his nephew composed one rainy day in a bar.

A voyage to Kenya inspired *Le lion* (1958), a novel that is often used as a classroom text. It is the story of a little girl who, deprived of a human object for her affections, has transferred them to a lion.

Kessel's literary legacy is a vast body of authentic representations of the world-shaking events that occurred during the first half of the 20th century. In addition to more than fifty novels, Kessel wrote a number of travel books, an account of Alcoholics Anonymous, several biographies, and screenplays. Kessel was awarded the *Grand Prix du Roman* by the *Académie française* for his novel *Les captifs* (1926), a somber tale about tuberculosis victims. At the age of sixty-nine, he compiled an extensive report on Afghanistan for the World Health Organization. On November 22, 1962, the *Académie française* crowned his efforts by electing him to its ranks.

Kessel's physical appearance was impressive. He was a large, energetic-looking man with broad shoulders. His disorderly mop of hair resembled the mane of a savage lion. Jef, as all of his friends called him, had a strong voice marked by soft inflections that tempered the impression of power created by his physical demeanor.

On July 25, 1979, young and old, rich and poor came to the Montparnasse cemetery to bid adieu to "Jef." His friend Léon Boussard remembers this simple phrase, spoken by a white-haired old man: "*Kessel, lui, c'était vraiment un chic type.*"

📕 Préparation à la lecture

Historical overview

France and World War II (La Deuxième Guerre mondiale)

THE DEFEAT (1940)   By June of 1940 Hitler's Germany, with the help of Fascist Italy, was dominating much of Western Europe. In 1938, Germany had annexed Austria and the Sudetenland, and by September of 1939, it had added Poland and Czechoslovakia to its list of conquests. On September 3, 1939, France declared war on Germany. On May 10, 1940, Hitler's army began its spring offensive. Marching victoriously through Belgium, the Netherlands, and Luxembourg, it arrived at the French border. On May 12, 1940, Germany attacked France through the Ardennes Forest, across the Meuse River (see map, p. 215). On June 14, the Germans entered Paris, marching triumphantly through the *Arc de Triomphe* and down the *Champs-Élysées*. Within six short weeks, France had fallen. An armistice between Germany and France was signed on June 25, 1940.

How could France be conquered so quickly?   France's defeat can be explained in part in classic military terms: 1) the French troops were stretched too thinly along the Meuse; 2) communications between the various army units were slow; 3) the obsolete tactic of static line defense wasted excellent war matériel; and 4) the general morale was very low.

THE ARMISTICE (1940)   Because of the imminent threat to Paris, French government officials had fled to Bordeaux on June 10. At the conclusion of their deliberations—from which those who adamantly opposed an armistice had been excluded—the last government of the Third Republic was formed June 16–17. Field Marshal Henri-Philippe Pétain was chosen as its leader. One of his first priorities was to seek what he hoped would be reasonable terms for an armistice with Germany. When Pétain announced on June 17 that the fighting was to stop, the decision was received with relief and gratitude on the part of the French people. Fear of the horrors of war had caused chaos in northern and eastern France. In a mass exodus, thousands of citizens had fled their homes; essential public services had ground to a halt. Even though the armistice did not officially take effect until June 25, both citizens and soldiers took it upon themselves to make peace immediately. Anyone who wanted to fight on was a threat to the new hope for survival, and incidents of Frenchmen killing Frenchmen were not uncommon. All cities of more than 20,000 inhabitants were declared "open" to the Germans in order to avoid useless destruction, and smaller towns quickly followed suit. Not a single major public official openly opposed the armistice agreement.

Why did most of the French so quickly embrace the idea of an armistice with the Germans?   Their reaction was caused by mistaken assumptions that the war was all but over and that Germany had won. Those who would have paid the immediate price of continued war had already tasted the effects of the German blitzkrieg,[1]

---

1. **blitzkrieg** : rapid assault and destruction via combined mechanized land and air forces

and wanted no more. The French were convinced that Germany would soon conquer Britain and that a final peace was only weeks away. The French leaders hoped that if they agreed to an armistice and openly sought a peaceful working arrangement with the Germans, lenient peace terms would be made in the near future.

Alternatives to an armistice became unthinkable as the French instinctively shrank from the chaos engendered by war. Many feared that fighting against Germany would destroy Stalin's main enemy in the west and allow the forces of communism to infiltrate France. Fear of Germany's new weapons and rapid successes brought back memories of the blind waste of young men in World War I. Hitler himself helped to foster the desire for a truce by proposing lenient armistice terms in order to cajole the French out of continuing the fight from North Africa[2] or England. Such continued fighting would have split his forces before he was ready. France was divided into occupied and unoccupied zones (see map, p. 215). Hitler allowed the French government under Pétain to remain intact and to retain civil control over the free zone as long as it acted in line with the wishes of the German High Command. This policy allowed Hitler the time to decide on France's future and to turn Germany's military strength to more pressing war efforts against Britain.

Why were efforts to continue fighting from abroad so quickly abandoned by the new French government? All such efforts would have immediately undermined the armistice agreement. Germany would have extended its control over "Free France." The French government would not have been allowed to retain any control, leaving its citizens at the mercy of German policies. Any overt acts against Germany by French citizens overseas would have meant immediate reprisals against the mainland population. The conscious provocation of disorder wrought by guerrilla warfare would have caused unspeakable conditions for French citizens. The majority of the French simply wanted to return to normalcy, to salvage their shaken affairs, and to revive their economy.

VICHY The new French government was moved to Vichy, a health spa in the Massif Central. The 84-year-old Pétain, a national hero from World War I, was given full legislative and executive powers as "Head of the French State" under a new constitution. The only restriction was that he could not declare war without the approval of the Assembly. Pétain took his new role seriously. The actions of the Vichy government were conscious, deliberate choices. Pétain made many overtures to the Germans for a broad Franco-German peace settlement, seeking equal partnership in Hitler's "new order" and offering to earn that partnership by helping Germany in the war against Britain. At the instigation of Pierre Laval,[3] the Vichy government scrupulously upheld its end of the armistice agreement. Germany did not. The Germans never permitted the French government to return to Paris, increasingly restricted its efforts to communicate with the occupied zone, and released French prisoners of war only

---

2. At this time, France possessed a vast colonial empire. Most of its colonies contributed both men and matériel to the task of liberating France throughout WW II. Shortly after the war, many of these colonies sought and eventually gained their independence.
3. **Pierre Laval :** a French politician who collaborated with the Germans during WW II

when they were needed to help fight the British overseas. In addition, Hitler made more and more demands on the French economy, exacting heavy payments for occupation costs and demanding the production of German war matériel by French industry. He annexed Alsace-Lorraine to Germany, and expelled over 100,000 of its inhabitants who wished to retain their French citizenship.

The Germans largely ignored Pétain's overtures. The term "collaboration," an innocent word for "working together," turned into a synonym for high treason when the war in Europe ended and the Vichy officials were tried. The attempt to return to normalcy in 1940 eventually led the Vichy French toward increased complicity with German policy.

THE RESISTANCE   Charles de Gaulle, a French general who had escaped to London in June of 1940, refused to accept the fact that France had been defeated, or to recognize the Vichy government. On June 18, he made an impassioned appeal to French patriots via a radio broadcast from London, exhorting them to continue the fight against the Germans anywhere, no matter what the cost. He was soon to be recognized by the Allies as the leader of the fighting French—*La Résistance*.

Why was there, at first, little response to de Gaulle's pleas?   It was hard for the French to believe that the war was not over. A Resistance is nourished by hope, and in 1940 there was none. The very existence of the Vichy government confused the issue. Were the French to fight against their duly-elected new government and the fatherly Pétain? De Gaulle was in London. The logistics involved in joining him there were formidable, and any who did would be branded as outlaws by the Vichy government. There was also strong sentiment against Britain at this time. Churchill had ordered the French fleet in North Africa to be seized in order to prevent it from falling into German hands. In the process, over 1200 French sailors were killed. Those sympathetic to a Resistance felt that by working with the British, they would simply be exchanging one enemy for another. Therefore, de Gaulle's recruits in 1940 were primarily soldiers and officials from French Equatorial Africa, sturdy Breton fishermen, and a few Frenchmen already overseas. There were only minor episodes of overt resistance and only a few measures of repression on the part of the Germans. The outlaw status of the Resistance fighters caused fear among the "solid" French citizens who wanted peace.

Between 1941 and 1943, several decisive events caused the ranks of Resistance fighters to multiply rapidly. On August 21, 1941, a German naval cadet named Moser was assassinated in a Paris subway. This act increased public awareness of active resistance. Other assassinations followed, incurring sickening reprisals. The German policy of *travail obligatoire* which tried to mobilize young Frenchmen for work in German factories, instead incited many of them to join the *Maquis*[4] rather than face deportation to Germany. With the entry into the war of Russia and the United States as Allies, the Allied landing in North Africa in November of 1942, and the defeat of the Germans at Stalingrad in 1943, hope was rekindled for a victory over the Germans.

---

4. **Maquis** : a Corsican word for the scrubby vegetation of the Mediterranean coast. This term was adopted for the Resistance fighters who hid in the French forests and conducted guerrilla warfare against the Germans.

POUVEZ-VOUS IDENTIFIER... ?

le 3 septembre 1939
le 10 mai 1940
le 14 juin 1940
le 25 juin 1940
le 7–8 novembre 1942
le 6 juin 1944
le 15 août 1944
le 25 août 1944

les Ardennes
la Meuse
Henri Pétain
Vichy
Combat
Charles de Gaulle
la Résistance
le Maquis
la Milice

La division de la France (entre 1940 et 1942)

Territoire annexé par l'Allemagne

There were two forms of Resistance—that which was undertaken by Frenchmen living overseas, and that waged by those living in France itself. Resistance fighters in France listened each night to *Radio Française* from London. By this means they received coded messages regarding specific operations, meetings with liaison agents, directions to hidden weapons and money, and instructions for guiding endangered Resistance members out of France to safety. The internal Resistance was difficult and extremely dangerous. Identities had to be kept secret, and hiding places changed often. Threats of arrest, deportation, and death were constant.

After the Allied landing in North Africa, the Germans moved to occupy all of mainland France in an attempt to seize the French fleet at Toulon. The fleet was scuttled to prevent it from falling into German hands. German officials distrusted the Vichy government and its reaction to an Allied attack from the south. This event, coupled with a general disgust for German policies as the war dragged on, contributed to the fact that many formerly pro-Vichy citizens decided to risk their lives in order to help or join the Resistance. Little by little, contacts were made and networks (*réseaux*) of resistance were formed. The *réseaux de renseignements* conducted espionage. The *réseaux d'action* organized the parachuting of weapons and supplies and carried out acts of sabotage and assassination. The *réseaux d'évasion* sheltered downed Allied pilots and helped them to get back to England. The F.F.I. (*Forces Françaises de l'Intérieur*) and the F.T.P. (*Francs-Tireurs Partisans*) recruited an army that entered into combat alongside the Allies and carried out raids on the enemy and its supplies. The importance of more than thirty clandestine newspapers, such as *Combat, Libération,* and *l'Humanité* cannot be forgotten. Their circulation did much to mobilize public opinion in favor of the Resistance movement.

As Resistance efforts became more frequent and efficient, so did German acts of reprisal. The taking of hostages became common. As it became more and more difficult to repress the Resistance, the Germans drew the Vichy government into even greater complicity. Since its very existence depended upon its ability to keep order, the Vichy government formed a police force, the *Milice*, for the purpose of tracking down and crushing all anti-German activity. Nevertheless, at great cost, Resistance fighters were able to help clear the way for the Allied invasions of Normandy on June 6, 1944, and of southern France on August 15, 1944. On August 25, the Allies entered Paris, and France was at long last liberated. A provincial government was set up under Charles de Gaulle.

THE COST Pétain had become powerless in 1942 when the Germans occupied all of France. In 1944, when the Allies landed in Normandy, he was taken to Baden, in Germany, where he remained until after the war. In 1945, at the age of 89, Henri-Philippe Pétain, along with many other Vichy members (including Laval), was tried for treason against France. He was sentenced to death, but de Gaulle reduced the sentence to life imprisonment. Pétain, who had believed that collaboration with the Germans was the only way that France could survive, died in exile at the age of 95.

The French Resistance paid a heavy tribute for the liberation of its homeland. The external Resistance lost many men, but the internal Resistance was utterly devastated. Chain arrests, mass executions, and deportation of Resistance fighters cost the lives of over 115,000 brave patriots. Even though much time has passed since the nightmare of World War II, the word *Résistance* continues to stir the patriotic fervor of a grateful France.

VOCABULAIRE

A. VOCABULAIRE MILITAIRE *Le champ de tir* est un conte très intéressant, vraiment passionnant, mais il est malgré tout assez difficile. Pour faciliter votre compréhension du déroulement de l'action, vous devrez connaître certains termes militaires. Il n'est pas nécessaire d'apprendre ces mots par cœur puisque vous les rencontrerez rarement. Lisez-les avant de commencer la lecture du conte. Consultez la liste s'il le faut pendant la lecture.

la balle	bullet
la butte (butte de tir)	mound (mound to which a target is affixed for practice)
le cadenas	padlock
la caserne	barracks
le champ de tir	firing range
la cible	target (for target practice)
le corps franc	a special commando unit of the French army

les entraves *f.*	shackles
les fers *m.*	shackles (irons)
la grenade fumigène	smoke bomb
la mitrailleuse	machine gun
la mitrailleuse de campagne	portable, lightweight machine gun
le mitrailleur	gunner
le peloton d'exécution	firing squad
les rafales *f.*	here: a hail of bullets
tirer au jugé	to fire rapidly but not accurately (to fire blind)
le tireur d'élite	expert marksman

Les termes militaires qui suivent sont des mots apparentés.

les armes *f.*	le lieutenant
le condamné	l'officier *m.*
la chaîne	le revolver
le gardien	la sentinelle
la grenade	le soldat

B. LISEZ ET RÉFLÉCHISSEZ! Lisez les phrases suivantes. Ne consultez pas le dictionnaire. Déterminez le sens des mots en caractères gras en vous servant du contexte de la phrase entière.

1. ...l'on entendait en même temps **cliqueter** les chaînes des condamnés et **grincer** leurs fers.
2. La file entravée arriva enfin devant une petite porte **ménagée** dans le mur qui était sur la gauche.
3. Un lieutenant de S.S., très maigre, le visage **minéral,** qui commandait le peloton d'exécution, regarda sa montre.
4. Gerbier regarda l'officier de S.S. Celui-ci **tapotait** une cigarette sur son pouce droit.
5. Le lieutenant de S.S. tira trois balles de revolver qui **filèrent** le long des joues de Gerbier et de ses compagnons.

Établissons les faits

EXPÉRIENCE PERSONNELLE

1. Que savez-vous des conditions de vie d'un prisonnier de guerre? Avez-vous vu des films ou lu des livres à ce sujet (soit sur la Deuxième Guerre mondiale, soit sur les guerres plus récentes comme la guerre de Corée, la guerre du Viêtnam...)? En avez-vous discuté avec vos parents ou vos grands-parents?
2. Vous croyez-vous capable de tenir si fortement à un principe ou à une cause que vous seriez prêt(e) à consacrer, voire à sacrifier, votre vie? Commentez.

Introduction au conte

Le champ de tir fait partie de *L'armée des ombres*, une chronique de la Résistance française écrite par Joseph Kessel en 1944. Kessel lui-même est allé à Londres en 1940 pour servir dans la Résistance comme aviateur et parachutiste. Il avait donc une connaissance personnelle de la Résistance. Dans la préface de son livre, il dit que les épisodes et les personnages qu'on y trouve sont basés sur la réalité—«Il n'y a pas de propagande... et il n'y a pas de fiction. Aucun détail n'y a été forcé et aucun n'a été inventé». Tous les événements dans *L'armée des ombres* ont été vécus par des Français qui participaient à la Résistance.

Kessel voulait avant tout que son œuvre soit un témoignage du courage et du sacrifice, de la camaraderie et de l'espoir, des risques continuels et du patriotisme de ces héros clandestins qui travaillèrent dans les «ombres» pour la libération de la France. Les exigences de la sécurité l'ont forcé à déguiser l'identité des Résistants et des lieux où l'action se déroule. «Il fallait que tout fût exact et, en même temps, que rien ne fût reconnaissable.» Il a avoué que la crainte qu'il puisse compromettre ses amis a constamment arrêté sa plume. Quand il s'est assuré qu'il avait couvert toutes les traces, sa crainte a été remplacée par une tristesse profonde. Il aurait voulu reconnaître ouvertement ces héros—les identifier pour qu'ils puissent recevoir la gratitude à laquelle ils avaient droit. La tâche était imposante et Kessel a parfois douté de ses capacités: «Je voulais tant dire et j'ai dit si peu... »

Le lecteur du *Champ de tir* va avoir du mal à comprendre les doutes de Kessel. Ce chapitre dit beaucoup et le dit bien. La crise émotionnelle de Gerbier est décrite avec puissance et compassion. L'épisode entier tient le lecteur par son intensité et son réalisme. Le spectacle de la froideur brutale du lieutenant S.S. et les réactions humaines des sept condamnés illustrent de façon frappante les risques courus par ces héros clandestins de la Résistance. L'émotion que ressent le lecteur est la preuve du talent de Joseph Kessel. *L'armée des ombres* a atteint son but.

VUE PANORAMIQUE

1. Quels sont les personnages de ce conte? Parlent-ils beaucoup entre eux?
2. Quels sont les deux endroits où se déroule la plupart de l'action du conte?
3. Pourquoi les sept condamnés sont-ils en prison?
4. Que font les condamnés au début du conte? Où vont-ils?
5. Qu'est-ce qu'un champ de tir? À quoi sert le champ de tir dans ce conte?
6. Comment s'appelle le protagoniste? Qu'est-ce qu'il ne veut pas faire?
7. Tous les condamnés sont-ils morts à la fin de cet épisode?
8. Y a-t-il d'autres renseignements que vous pouvez mentionner après votre première lecture du conte?

Le champ de tir

vaulted / y sont entrés / flanked

1   LA PARTIE centrale de la vieille caserne était reliée au champ de tir par un très long corridor voûté.° Les sept condamnés s'y engagèrent° un à un, encadrés° par des soldats d'une formation S.S.[1] Gerbier[2] se trouvait à peu près au milieu de la file. L'étudiant marchait en tête et le paysan était le dernier. Les

5   condamnés avançaient lentement. Ils portaient toujours leurs fers aux pieds.

light bulbs / fixées

Le corridor n'avait pas d'ouverture sur l'extérieur. Des ampoules° piquées° à intervalles réguliers l'éclairaient[3] d'une lumière confuse. Les ombres des condamnés et celles de leurs gardiens en armes formaient une escorte géante et vacillante sur les murs. Dans le silence sonore du couloir, les pas° bottés des

footsteps

muffled

10   soldats faisaient un bruit sourd° et profond et l'on entendait en même temps cliqueter les chaînes des condamnés et grincer leurs fers.

«Cela[4] compose une sorte de symphonie, se dit Gerbier. Je voudrais que le patron[5] pût l'entendre.»

Gerbier se souvint de l'expression qu'avait Luc Jardie lorsqu'il parlait de la

dazzled / ici : imaginer

15   musique. Et Gerbier fut comme ébloui° de rencontrer° dans le corridor voûté ce visage. Les chaînes cliquetaient. Les fers grinçaient.

«C'est vraiment curieux, se dit Gerbier. Nos entraves me font songer au patron. Sans elles... peut-être... »

Et soudain, Gerbier pensa :

20   «Je suis un idiot.»

any

unforeseen

Il venait de savoir que toute° image et toute sensation l'auraient ramené à cet instant à Luc Jardie par un détour imprévu° et inévitable.

«Le mot *aimer* a un sens, pour moi, seulement quand il s'applique au pa-

care about

tron. Je tiens à° lui plus qu'à tout», se dit Gerbier. Mais ce fut alors qu'une

25   réponse lui vint de ses viscères : «Plus qu'à tout et moins qu'à la vie.»

faisaient des bruits plaintifs

Les ombres dansaient, les entraves gémissaient.°

«Saint Luc[6] est ce que j'aime le plus dans la vie, mais saint Luc disparaissant[7] je voudrais tout de même vivre.»

---

1. **S.S.** : (de l'allemand *Schutz-Staffel*); formation de police militarisée de l'Allemagne nazie, devenue en 1940 de véritables unités militaires
2. **Gerbier** : un des sous-chefs de la Résistance
3. **l'** : c'est-à-dire, le corridor
4. **cela** : c'est-à-dire, le bruit rythmique des chaînes, des fers et des pas bottés des soldats
5. **le patron** : Le patron de Gerbier était Luc Jardie, chef d'une section importante de la Résistance. Jardie aimait beaucoup la musique.
6. **Saint Luc** : À cause de son caractère, de son goût de la vie spirituelle et de sa bienveillance, quelques camarades de classe avaient baptisé Jardie «saint Luc». Le nom lui était resté.
7. **saint... disparaissant** : c'est-à-dire, si saint Luc n'existait plus...

1   Les ombres... le bruit des chaînes... Gerbier réfléchissait de plus en plus vite.

«Et je vais mourir... et je n'ai pas peur... c'est impossible de ne pas avoir peur quand on va mourir... C'est parce que je suis trop borné,° trop animal pour y croire. Mais si je n'y crois pas jusqu'au dernier instant, jusqu'à la plus

5   fine limite, je ne mourrai jamais. Quelle découverte! Et comme elle plairait au patron. Il faut que je l'approfondisse°... Il faut... »

À ce point, la méditation fulgurante° de Gerbier fut rompue d'un seul coup. Au premier instant, il ne comprit pas la cause de cet arrêt. Puis il entendit un chant qui emplissait tout le volume sonore du couloir. Puis il reconnut ce chant.

10 *La Marseillaise.*[8] L'étudiant avait commencé. Les autres avaient repris aussitôt.° L'étudiant, le rabbin et l'ouvrier avaient de belles voix pleines et passionnées. C'étaient elles que Gerbier entendit le mieux. Mais il ne voulait pas les écouter. Il voulait réfléchir. Ces voix le gênaient. Et surtout, il ne voulait pas chanter.

«*La Marseillaise*... cela se fait toujours dans un cas pareil»,° se dit Gerbier.

15 Pour un instant il retrouva son demi-sourire.

La file° des condamnés avançait lentement. Le chant passait au-dessus de Gerbier sans l'entamer.°

«Ils ne veulent pas penser, et moi je veux...», se disait-il. Et il attendait avec une impatience sauvage que les strophes° connues fussent épuisées.° Le corri-

20 dor était long.

«J'aurai encore du temps à moi», se dit Gerbier. *La Marseillaise* s'acheva.°

«Vite, vite, il faut creuser° ma découverte»,[9] pensa Gerbier. Mais la voix forte et pure de l'étudiant s'éleva de nouveau. Et cette fois Gerbier se sentit pris et noué° à l'intérieur comme par une main magique. *Le Chant du départ*[10]

25 avait toujours agi de cette façon sur lui. Gerbier était sensible° à ses accents, à ses paroles. Il se raidit.° Il ne voulait pas faire comme les autres. Il avait un problème essentiel à résoudre. Pourtant il sentit la mélodie sourdre dans° sa poitrine. Il serra° les dents. Ses compagnons chantaient...

Un Français doit vivre pour elle[11]...
30
Pour elle un Français doit mourir...

Gerbier serra les dents plus fort parce que ces vers chantaient déjà dans sa gorge. Allait-il se laisser emporter?°

---

8. **La Marseillaise** : hymne national de la France, écrit par Rouget de Lisle en 1792, et chanté pour la première fois à Paris par les volontaires de Marseille en juin 1792
9. **découverte** : c'est-à-dire la découverte qu'il ne mourra jamais s'il ne croit pas qu'il va mourir
10. **Le Chant du départ** : chant patriotique français, composé en 1794 (voir p. 225)
11. **elle** : c'est-à-dire la France

flock (of sheep)	1 «Je ne céderai pas[12]… je ne céderai pas…, se disait Gerbier. C'est l'instinct du troupeau°… Je ne veux pas chanter comme je ne veux pas courir devant les mitrailleuses.»
escape	Ce rapprochement[13] aida Gerbier à contenir le chant prêt à s'échapper° de 5 lui. Il eut le sentiment d'avoir vaincu un danger intérieur.
	La file entravée arriva enfin devant une petite porte ménagée dans l'épaisseur du mur qui était sur la gauche. Les ombres s'arrêtèrent de danser. Le
ici : a cessé	grincement des chaînes se tut.° Et aussi le chant. Une sentinelle ouvrit la porte. Une clarté naturelle se répandit sur un morceau du corridor. L'étudiant reprit 10 *La Marseillaise*, et les condamnés pénétrèrent l'un derrière l'autre dans l'enclos de leur mort.
bare	C'était un champ de tir militaire classique. Un rectangle nu° et fermé de murailles assez hautes. Contre le mur du fond et séparée de lui par un espace étroit, on voyait la butte destinée à porter les cibles. Quelques vieux lambeaux
shreds of cloth / pénétrante claire	15 de toile° et de papier tremblaient sur ses flancs à la brise aiguë° du matin. La lumière était nette° et triste. Un à un les condamnés cessèrent de chanter. Ils venaient d'apercevoir à quelques pas six mitrailleuses de campagne. Un lieutenant S.S., très maigre, le visage minéral, qui commandait le peloton d'exécution, regarda sa montre.
	20 —Exactitude boche,[14] grommela l'ouvrier communiste.
breathed in	L'étudiant aspirait° de toutes ses forces l'air frais et tirait sur sa petite moustache.
	«Je ne veux pas courir… je ne veux pas…», se disait Gerbier.
	Les autres, comme fascinés, ne quittaient pas du regard le lieutenant S.S. Il 25 cria un ordre. Des soldats donnèrent un tour de clé aux cadenas des fers qui tombèrent avec un bruit sourd sur la terre. Gerbier frémit° de se sentir d'un
a tremblé	seul coup si léger. Il eut l'impression que ses jambes étaient toutes neuves, toutes jeunes, qu'il fallait les essayer sans attendre, qu'elles demandaient du champ.[15] Qu'elles allaient l'emporter à une vitesse ailée.° Gerbier regarda ses
winged ici : tourmentés	30 compagnons. Leurs muscles étaient travaillés° par la même impatience. L'étudiant surtout se maîtrisait avec peine. Gerbier regarda l'officier de S.S. Celui-ci
murky, greenish / vides de toute émotion	tapotait une cigarette sur l'ongle de son pouce droit. Il avait des yeux glauques,° murés.°

---

12. **Je ne céderai pas** : *I will not give in.* À quoi Gerbier ne veut-il pas céder?
13. **rapprochement** : c'est-à-dire, le rapport entre **chanter** et **courir**
14. **boche** : synonyme familier et péjoratif d'**Allemand**. Le mot **boche** veut dire **tête de bois, obstiné, têtu.**
15. **demandaient du champ** : c'est-à-dire, ses jambes libérées de leurs fers voulaient courir

1 «Il sait très bien ce que veulent mes jambes, pensa brusquement Gerbier. Il se prépare au spectacle.»[16]

Et Gerbier se sentit mieux enchaîné par l'assurance de cet homme qu'il l'avait été par ses fers. L'officier regarda sa montre et s'adressa aux condamnés 5 dans un français très distinct.

shoot

—Dans une minute vous allez vous placer le dos aux mitrailleuses et face à la butte, dit-il. Vous allez courir aussi vite que vous pourrez. Nous n'allons pas tirer° tout de suite. Nous allons vous donner une chance. Qui arrivera derrière la butte sera exécuté plus tard, avec les condamnés prochains.

10 L'officier avait parlé d'une voix forte, mécanique et comme pour un règlement de manœuvre. Ayant achevé, il alluma sa cigarette.

—On peut toujours essayer... On n'a rien à perdre... dit le paysan au rabbin.

Ce dernier ne répondit pas, mais il mesurait des yeux avec avidité la distance qui le séparait de la butte. Sans le savoir davantage, l'étudiant et le jeune Bre-15 ton faisaient de même.

ici : muzzle (of gun)

Les soldats alignèrent les sept hommes, comme l'officier l'avait ordonné. Et ne voyant plus les armes, sentant leur gueule° dans son dos, Gerbier fut par-

traversé (par) / contraction musculaire / spring ici : ont couru

couru° d'une contraction° singulière. Un ressort° en lui semblait le jeter en avant.

—Allez... dit le lieutenant de S.S.

20 L'étudiant, le rabbin, le jeune Breton, le paysan, se lancèrent° tout de suite. Le communiste, Gerbier et le châtelain[17] ne bougèrent pas. Mais ils avaient l'impression de se balancer d'avant en arrière comme s'ils cherchaient un équilibre entre deux forces opposées.

«Je ne veux pas... je ne veux pas courir...», se répétait Gerbier.

cheeks

25 Le lieutenant de S.S. tira trois balles de revolver qui filèrent le long des joues° de Gerbier et de ses compagnons. Et l'équilibre fut rompu... Les trois condamnés suivirent leurs camarades.

Gerbier n'avait pas conscience d'avancer par lui-même. Le ressort qu'il avait senti se nouer en lui s'était détendu° et le précipitait droit devant. Il pouvait en-

relâché

30 core réfléchir. Et il savait que cette course qui l'emmenait dans la direction de la butte ne servait à rien. Personne jamais n'était revenu vivant du champ de tir. Il n'y avait même pas de blessés.° Les mitrailleurs connaissaient leur métier.

wounded

Des balles bourdonnèrent° au-dessus de sa tête, contre ses flancs.

buzzed

---

16. **spectacle** : Quel spectacle? Continuez à lire et vous découvrirez ce que veut dire Gerbier.
17. **châtelain** : propriétaire d'un château

1   «Des balles pour rien, se dit Gerbier... Tireurs d'élite... Pour qu'on presse l'allure[18]... Attendent distance plus méritoire... Grotesque de se fatiguer.» Et cependant, à chaque sifflement° qui passait près de lui, Gerbier allongeait sa foulée.° Son esprit devenait confus. Le corps l'emportait° sur la pensée, bien-

5   tôt il ne serait plus qu'un lapin fou de peur.[19] Il s'interdisait° de regarder la butte. Il ne voulait pas de cet espoir. Regarder la butte c'était regarder la mort, et il ne se sentait pas en état de mort... Tant qu'on pense, on ne peut pas mourir. Mais le corps gagnait... gagnait toujours sur la pensée. Gerbier se rappela comment ce corps, contre lui-même, s'était détendu à Londres à l'hôtel

10   Ritz... Des pointes de bougies° tremblèrent devant ses yeux... Le dîner chez la vieille lady avec le patron.[20] Les pointes des bougies flamboyaient, flamboyaient comme des soleils aigus.

Et puis ce fut l'obscurité. Une vague° de fumée épaisse et noire s'étendit° d'un bout à l'autre du champ de tir dans toute sa largeur. Un rideau° sombre

15   était tombé. Les oreilles de Gerbier bourdonnaient tellement qu'il n'entendit pas les explosions des grenades fumigènes. Mais parce que sa pensée était seulement à la limite de la rupture, il comprit que ce brouillard° profond lui était destiné. Et comme il était le seul qui n'avait jamais accepté l'état de mort, il fut le seul à utiliser le brouillard.

20   Les autres condamnés s'arrêtèrent net. Ils s'étaient abandonnés à leurs muscles pour un jeu animal. Le jeu cessait, leurs muscles ne les portaient plus. Gerbier, lui, donna tout son souffle,° toute sa force. Maintenant il ne pensait plus du tout. Les rafales se suivaient, les rafales l'entouraient, mais les mitrailleurs ne pouvaient plus que tirer au jugé.[21] Une balle lui arracha° un lam-

25   beau de chair° au bras. Une autre lui brûla la cuisse.° Il courut plus vite. Il dépassa la butte. Derrière était le mur. Et sur ce mur, Gerbier vit... c'était certain... une corde...

Sans s'aider des pieds, sans sentir qu'il s'élevait à la force des poignets° comme un gymnaste, Gerbier fut sur la crête du mur. À quelques centaines de

---

whistling (d'une balle) /

stride / gagnait refusait

candles

wave / spread curtain

smoky haze

breath

ripped flesh / thigh

wrists

---

18. **Pour... l'allure** : c'est-à-dire, pour qu'on fasse courir même plus vite encore les condamnés
19. **il... peur** : *he would no longer be anything but a rabbit crazed with fear*
20. **Le dîner... patron** : Une vieille dame riche invitait souvent chez elle, à Londres, des membres de la Résistance, qui trouvaient ainsi des moments de détente. Gerbier avait assisté à un de ces dîners avec Luc Jardie et a gardé le souvenir des bougies que la vieille dame préférait comme éclairage. (Kessel lui-même a rencontré «saint Luc» pour la première fois à ce même dîner.)
21. **ne... jugé** : *could no longer do anything but fire at random*

1 mètres il vit... c'était certain... une voiture. Il sauta... il vola... Le Bison[22] l'attendait, le moteur tournait, la voiture se mit à rouler. À l'intérieur il y avait Mathilde[23] et Jean-François.[24]

* * *

5   Le Bison conduisait très bien, très vite. Gerbier parlait, et Jean-François et Mathilde aussi. Jean-François disait que ce n'était pas difficile. Il avait toujours été bon lanceur de grenade au corps-franc.° L'important était de bien minuter l'action comme l'avait fait Mathilde. Et Mathilde disait que c'était aisé° avec les renseignements qu'on avait eus.

10   Gerbier écoutait, répondait. Mais tout cela n'était que superficiel. Sans valeur. Une seule question, une question capitale obsédait l'esprit de Gerbier.

«Et si je n'avais pas couru?... »

Jean-François lui demanda :

—Quelque chose qui ne va pas? Les camarades qui sont restés?

15   —Non, dit Gerbier.

Il ne pensait pas à ses compagnons. Il pensait à la figure minérale du lieutenant de S.S. et à ses yeux murés quand il tapotait sa cigarette sur son ongle, et qu'il était certain de faire courir Gerbier comme les autres à la manière d'un lapin affolé.

20   —Je me dégoûte de vivre, dit soudain Gerbier.

La voiture traversa un pont, puis un bois. Mais Gerbier voyait toujours le visage de l'officier de S.S., la cigarette, l'ongle du pouce. Il avait envie de gémir.°

Jusque-là, Gerbier avait été sûr de détester les Allemands avec une plénitude si parfaite qu'elle ne pouvait plus se grossir d'aucun apport.° Et sûr également 25 d'avoir épuisé° toutes les sources d'une haine° qu'il chérissait. Or, il se sentait soudain dévoré par une fureur qu'il n'avait pas connue encore et qui

---

Glosses (left margin):

ici : la Résistance
facile

moan

aucune façon
exhausted / hatred

---

22. **Bison** : Ce pseudonyme d'un des membres de la Résistance qui travaillait avec Gerbier vient de l'intérêt des Français pour les westerns américains.
23. **Mathilde** : Mère de sept enfants qui, un jour, fatiguée des privations de l'Occupation, a demandé le droit de travailler avec la Résistance. Elle éprouvait une révolte enragée contre les boches. Audacieuse et intelligente, elle a accompli des missions très dangereuses avant d'être arrêtée.
24. **Jean-François** : Le frère cadet de Luc Jardie. Le risque, la camaraderie et l'obéissance aux ordres lui donnaient beaucoup de plaisir. Il passait souvent en zone interdite portant des armes, des messages, des explosifs, etc., à ses camarades. Parce que les membres de la Résistance travaillaient dans le plus grand secret, Jean-François n'a pas su pendant longtemps que son frère, en qui il voyait un doux philosophe, était en fait son chef.

sticky / unhealthy

être visible sur

1   dépassait et renouvelait toutes les autres. Mais gluante° et malsaine° et hon-
    teuse d'elle-même. La fureur de l'humiliation...

    «Il a sali ma haine...», pensait Gerbier avec désespoir.

    Son tourment dut entamer° ses traits, puisque Mathilde eut un mouvement
5   dont elle paraissait incapable. Elle prit une main de Gerbier et la garda entre
    les siennes un instant. Gerbier ne sembla pas remarquer ce geste. Mais il en
    sut plus de gré à Mathilde que[25] de lui avoir sauvé la vie.

LE CHANT DU DÉPART

MÉHUL
1763 - 1817

La victoire, en chantant, nous ouvre la barrière,
La liberté guide nos pas,
Et du Nord au Midi la trompette guerrière
A sonné l'heure des combats.
Tremblez, ennemis de la France,
Rois ivres de sang et d'orgueil!
Le peuple souverain s'avance;
Tyrans, descendez au cercueil!
La République nous appelle,
Sachons vaincre ou sachons périr;
Un Français doit vivre pour elle,
Pour elle un Français doit mourir!

---

25. **Mais... que** : *But he was more grateful to Mathilde for it (the gesture) than...*

COMPRÉHENSION ET DISCUSSION

A. VRAI / FAUX

En vous basant sur le texte, indiquez si les phrases suivantes sont vraies ou fausses. Corrigez les phrases fausses. Ne vous contentez pas d'utiliser ou de supprimer les mots négatifs.

1. Au commencement de cet épisode, les cinq hommes condamnés marchent vers un champ de tir.
2. Un lieutenant S.S. mène les condamnés à la caserne.
3. Les condamnés avancent lentement parce qu'ils ne peuvent pas très bien voir dans la lumière confuse.
4. Gerbier dit qu'il n'a pas peur de mourir.
5. La méditation de Gerbier est interrompue par le rabbin qui commence à chanter *La Marseillaise.*
6. Gerbier ne chante pas parce qu'il ne veut pas gêner les Allemands.
7. Quand ses compagnons chantent *Le chant du départ,* Gerbier se détend parce qu'il en aime beaucoup les accents et les paroles.
8. Quand les condamnés arrivent au champ de tir, ils voient d'autres membres de la Résistance.
9. Le lieutenant S.S. donne l'ordre d'enlever les chaînes des condamnés.
10. Le lieutenant S.S. parle aux condamnés en allemand.
11. Les condamnés vont avoir une chance—s'ils courent très vite devant les mitrailleuses et arrivent derrière la butte, ils seront libérés.
12. Quand le lieutenant S.S. dit «Allez!», tous les condamnés courent dans la direction de la butte.
13. Gerbier sait que personne n'est jamais revenu vivant du champ de tir.
14. Les mitrailleurs tirent tout d'abord pour faire courir les condamnés.
15. Tout d'un coup, tous les prisonniers sauf Gerbier cessent de courir à cause de la fatigue.
16. Gerbier court plus vite et dépasse la butte.
17. Sur le mur, Gerbier voit une grenade fumigène.
18. Gerbier s'élève sur la crête du mur d'où il voit Luc Jardie.
19. Après s'être échappé du champ de tir, Gerbier est obsédé par la question «Et si mes amis n'étaient pas venus?».
20. Mathilde comprend le désespoir de Gerbier.

B. RÉSUMÉ

Faites un résumé oral du *Champ de tir* en utilisant les illustrations et la question ci-dessous.

Quelle scène dessineriez-vous pour terminer le conte? Si vous ne pouvez pas dessiner, terminez le conte oralement.

C. QUESTIONS DE COMPRÉHENSION

Répondez en français aux questions suivantes. Formulez vos propres réponses. Essayez de ne pas copier les phrases du texte. N'oubliez pas de consulter le vocabulaire aux pages 216 et 217.

1. Au commencement de cet épisode, où marchaient les condamnés? Qui les accompagnait?

2. Quel bruit pouvait-on entendre pendant que les condamnés marchaient? À quoi Gerbier a-t-il comparé ce bruit?

3. À qui Gerbier a-t-il pensé à ce moment-là? Pourquoi?

4. Quel sens le mot **aimer** avait-il pour Gerbier?

5. Que pensait Gerbier du fait qu'il allait mourir? Pourquoi? Quelle découverte a-t-il faite?

6. Qu'est-ce qui a interrompu la méditation de Gerbier? Comment a-t-il réagi à cette interruption? Pourquoi?

7. *Le chant du départ* a-t-il ému Gerbier de la même façon que *La Marseillaise*? Expliquez.

8. Quel rapprochement a aidé Gerbier à garder le silence? Pourquoi?

9. Pourquoi les condamnés ont-ils cessé de chanter en arrivant au champ de tir? Qu'est-ce qu'ils ont vu?

10. Qu'est-ce que **boche** veut dire? Pourquoi l'ouvrier communiste a-t-il dit **exactitude** boche?

11. Quel ordre le lieutenant S.S. a-t-il donné aux soldats? Quelle a été la réaction physique des condamnés à cet ordre?

12. Décrivez le lieutenant S.S. Pourquoi Gerbier se sentait-il davantage enchaîné par l'attitude de ce lieutenant qu'il ne l'avait été par ses fers?

13. Quelle **chance** le lieutenant S.S. a-t-il donnée aux condamnés? Pourquoi ses mots étaient-ils cruels?

14. Identifiez les sept condamnés.

15. Comment les condamnés ont-ils réagi à l'explication du lieutenant? Comment ont-ils réagi à son ordre «Allez!»?

16. Quelle phrase Gerbier se répétait-il constamment? Qu'est-ce qui a fait courir Gerbier?

17. Expliquez pourquoi Gerbier savait que courir ne servait à rien.

18. Pourquoi Gerbier a-t-il refusé de regarder la butte?

19. Pourquoi les autres condamnés se sont-ils soudain arrêtés de courir? Pourquoi Gerbier ne s'est-il pas arrêté?

20. Comment Gerbier s'est-il évadé du champ de tir?

21. Qui attendait Gerbier? Où? Qu'a fait chacune de ces personnes pour contribuer à l'évasion de Gerbier?

22. Dans la voiture, quelle question obsédait Gerbier? Pourquoi?

23. À qui Gerbier a-t-il pensé une fois qu'il était dans la voiture? Comment et pourquoi sa haine des Allemands a-t-elle changé?

24. Pourquoi Gerbier était-il reconnaissant à Mathilde?

D. RÉACTIONS ORALES OU ÉCRITES

Synthèse du texte

1. Pourquoi, selon vous, les compagnons de Gerbier chantent-ils *La Marseillaise* et *Le chant du départ*? Pourquoi Gerbier ne veut-il pas chanter avec eux? Gerbier dit que «cela se fait toujours dans un cas pareil», et que «c'est l'instinct du troupeau». Qu'est-ce qu'il veut dire?

2. Comment Kessel évoque-t-il la cruauté du lieutenant S.S.? (Pensez à ce que le lieutenant fait, à ce qu'il dit et «donne» aux condamnés et à ce que font les mitrailleurs.)

3. Pensez aux réflexions et aux actions de Gerbier. Quels sont ses sentiments concernant
   a. le fait de chanter?
   b. le fait de courir?
   c. le lieutenant S.S.?
   d. le rideau de fumée?
   e. son évasion?

4. Comment Kessel utilise-t-il le décor pour renforcer l'atmosphère et le ton de son conte? Donnez des exemples. Quelle image particulière vous a frappé(e) par son intensité dramatique et émotionnelle? Décrivez-la et expliquez pourquoi vous l'avez choisie.

5. Quels adjectifs de la liste suivante choisiriez-vous pour décrire Gerbier à la fin du conte? Justifiez votre choix d'après ce que vous avez appris de Gerbier dans le conte.

heureux	désespéré	rassuré
triste	honteux	humilié
furieux	inquiet	enchaîné

Réaction personnelle

1. Gerbier dit au commencement du conte qu'il n'a pas peur de mourir, et qu'il ne mourra jamais s'il n'y croit pas. Expliquez. Êtes-vous d'accord avec lui? Pourquoi ou pourquoi pas?

2. À la fin du conte, Gerbier dit que le lieutenant S.S. a sali sa haine contre les Allemands. Expliquez la différence entre la haine qu'il ressent avant et celle qu'il ressent après l'incident sur le champ de tir, et indiquez ce qui a provoqué ce changement.

3. Imaginez une rencontre imprévue entre Gerbier et le lieutenant S.S. trente ans après la guerre. Gerbier ne fait plus partie de la Résistance, et le lieutenant ne fait plus partie de l'armée allemande. Qu'est-ce qui se passe?

4. Puisque vous avez lu l'introduction historique et le conte, vous comprenez probablement mieux ce qui s'est passé en France pendant la Deuxième Guerre mondiale. Si vous aviez été citoyen français pendant cette guerre, comment auriez-vous réagi aux événements? Auriez-vous résisté aux Allemands ou auriez-vous collaboré avec eux? Donnez vos raisons.

5. Que fera Gerbier après son évasion du champ de tir? Va-t-il continuer sa partici-pation active dans la Résistance ou va-t-il l'abandonner? À votre avis, est-ce que ses amis l'accueillent chaleureusement, ou est-ce qu'ils le soupçonnent? Expliquez votre réponse.

6. Gerbier est-il vivant à la fin de la guerre? Si non, qu'est-ce qui lui est arrivé? Si oui, comment a-t-il réussi à survivre?

Un calligramme

Cette image faite de mots a été composée par Guillaume Apollinaire (voir l'introduc-tion à Apollinaire à la page 137). Bien qu'il ait été écrit pendant la Première Guerre mondiale (1914–1918), ce calligramme exprime déjà, d'une façon très éloquente, le sentiment des Résistants envers les Allemands qui occupaient leur pays. En quoi le calligramme est-il une image? Pourquoi Apollinaire a-t-il choisi cette image? Quel sentiment le calligramme exprime-t-il?

Chapter 16
Le rossignol de Kabylie

Emmanuel Roblès *(1914–1995)*

In 1914, the Algerian coastal city of Oran was a mixture of four distinct cultures: Arab, Spanish, Jewish, and French. Its geographic and ethnic divisions, with their resulting political and racial tensions, shaped the cultural milieu into which Emmanuel Roblès was born. His family, of Spanish origin, belonged to the poor working class. Roblès never knew his father, who had died in 1913 in a typhus epidemic. He was raised by his mother, a laundress, and his maternal grandmother, who instilled in him a love of Spanish folklore and culture.

Speaking both French and Spanish at an early age, the young Emmanuel spent his time running free with friends or reading for hours and dreaming of trips to far-off places. Taunted by the French boys as being a *cinquante pour cent* because of his mixed heritage, Roblès knew at an early age the abuses of colonialism and unjustified prejudice. Although the poverty of the Spanish workers made him fully aware of the social inequalities wrought by colonial exploitation, it also helped him to develop his innate sense of solidarity with all those who are denied their human rights. Roblès remained faithful to the lessons of his youth, and his life and work were shaped by them.

Although Roblès intended to leave school when his mother remarried, he complied with his family's wishes and entered the *École Normale d'Instituteurs* in Algiers in 1931. A scholarship removed his financial worries, and the artistic and intellectual stimulation of the capital soon revived his keen appetite to learn. His classmates, from diverse backgrounds and cultures, mingled without the discrimination and prejudice of the world of adults.

Between 1934 and 1937, Roblès served as a teacher in a small village in Algeria. He also traveled widely, visiting Russia, Poland, Germany, India, Indochina, and China. The settings, characters, and insights of his later works reflect his discoveries and observations about the parts of the world he has seen.

Called to military service in 1937, Roblès served for two years as a meteorologist at an Air Force base near Algiers. More interested in the attraction of the city's literary circles than in soldiering, Roblès took advantage of the opportunity to associate with the young writers and painters of the time. It was at this stage of his life that he formed two important friendships. Edmond Charlot, who became one of his publishers, encouraged the young Roblès with his early attempts at writing. Albert Camus, the author of *L'étranger* (1942), and one of the most widely read and respected writers of the 20th century, urged the young author to write for the theater.

Roblès published his first novel, *L'action*, in 1938. His generation, born amid the horrors of World War I, had just reached adulthood as the world prepared yet again to go to war. Roblès, bursting with youthful dreams of love, hope, and justice, saw nothing but hatred and injustice all around him. His earliest writings reveal his fury and anguish at a world that had betrayed its youth, leaving them to deal with the chaos it had created.

In 1938, Roblès enrolled in the *Faculté des Lettres d'Alger* with plans to earn a degree in Spanish literature. While there he met Paulette Puyade whom he married in 1939. The young couple was on its honeymoon when France declared war on Germany. Roblès was recalled to Algeria to serve as an interpreter, but was discharged in 1940 when France and Germany declared an armistice. This brief respite, marked by the birth of his son and by teaching in Kabylie and at the *École Normale d'Alger*, ended when the Allies landed in North Africa in 1942.

The publication of his novel, *Travail d'homme*, brought Roblès to the attention of a French general, who offered him a job as a war correspondent with the Air Force. Once again in uniform, he spent the war years reporting the destruction he witnessed, flying life-threatening missions from one war-torn site to another. The survivor of five plane crashes, Roblès experienced the war in Italy, saw London under the blitz, and witnessed the fighting in France, Corsica, Morocco, and Sardinia. From his experiences were born his later novels—*Cela s'appelle l'aurore* (1952), *Le Vésuve* (1961), and *Un printemps d'Italie* (1970). A large part of Roblès's writing is a statement against the moral and physical horror of war. His heroes are not those who kill the most enemies but those who are capable of remaining human amid a universe of violence—men whose courage and sense of humanity enable them to retain their hope for a saner world.

At the end of World War II, Roblès returned to Algiers, where he became a literary critic for *Radio-Alger*, and founded *Forge*, a literary review. Through *Forge*, Roblès hoped to provide a voice for the Algerian anti-colonialist intellectuals whom the French administration was trying to stifle. Its circulation was quickly limited by the administration, and the journal ceased publication because of political pressure and lack of funds.

With his return to Algiers, Roblès felt a renewed desire to write. His novel *Les hauteurs de la ville* (1948) won the *Prix Femina*, and his play *Montserrat* (1948), based on a colonized people's struggle for freedom, was staged in both Paris and Algiers. In 1952, his play *La vérité est morte* was performed in Paris at the prestigious *Comédie-Française*.

Roblès made his first trip to New York in 1954. From there he traveled to Mexico in order to collaborate with Luis Buñuel on the film version of *Cela s'appelle l'aurore*. When he returned to Algeria, his native country was already embarking upon its war for independence. Although he was among those who believed that the Algerians' claims were well founded, Roblès was hopeful that the French and Algerians could find a solution that would enable them to live together in a true spirit of cooperation and justice. Writing for the newspaper *Espoir-Algérie*, he joined the Committee for Civil Truce, founded by Camus, and took part in a 1956 delegation to Paris to negotiate with French leaders. The escalation of violence rendered their attempts useless, and Roblès realized that a peaceful Algerian-French agreement was hopeless.

During the years that followed, Roblès traveled all over the world, participating in and chairing conferences on francophone literature in Europe, Canada, the Caribbean, the United States, Russia, Central America, and South America. He continued to publish novels, plays, collections of short stories, poems, and literary articles. His writings have been translated into more than twenty languages, and several of his works have been filmed for television and cinema. He was elected to the *Académie Goncourt* in 1973. After the death of his wife in 1974, Roblès taught at the University of Sherbrooke in Canada, then moved to Paris to work in publishing. At his death in 1995, the world lost a writer with a profound respect for human dignity, freedom, and justice. Roblès was truly a witness of his time, and his work touches that inner core of humanity within each of us.

PRÉPARATION À LA LECTURE

Historical overview

ALGERIA AND ITS FIGHT FOR INDEPENDENCE   The original inhabitants of what is today Algeria were Berber tribes who succumbed to one foreign invasion after another. Phoenicians, Romans, Arabian Muslims, Turks, and others left their mark upon the region long before the European countries began to influence its history in the 16th century.

In the 1500s, Spain seized several Algerian coastal cities, and maintained its presence in the country until 1792. In the 1830s, France sent a military expedition that seized control of Algiers and other coastal towns. French military officials ruled for forty years. At first, they allowed the inland authority to remain in the hands of the Algerians, but later, they committed themselves to total conquest of the country. The rebellions which resulted were followed by retaliation and wholesale destruction of Algerian villages. Desolation spread far and wide, and thousands of Algerian refugees died of hunger.

The final outcome of the process was the creation of what was known as French Algeria. Following the crushing of Algerian resistance, a large-scale confiscation of rich farming land made colonization possible. By 1880, the coastal area had become predominantly Christian, of mixed European origin. With the passage of time, the combined influence of French education, Muslim environment, and Algerian climate created a European-Algerian sentiment.

As time passed, the authority of the French government weakened, leading to an increased influence of the settlers and to renewed Muslim uprisings that were subsequently suppressed.

With the establishment of the French Empire in 1852, responsibility for Algeria was transferred from Algiers to a minister in Paris, but the emperor Napoleon III soon reversed this disposition. He expressed hope that the number of French colonists would keep Algeria forever French, but he also declared that France had a duty to consider the needs of the 4,000,000 Algerian Arabs. He proclaimed that Algeria was "not a French province, but an Arab country, a European colony, and a French camp."

Any hope that the Emperor's declaration may have given the Arabs was destroyed by his downfall in 1870 and the defeat of the French in the Franco-Prussian War in 1871. A final great uprising by the Kabyle Berbers of Algeria ensued. The rebellion was suppressed and was followed by confiscation of another 11,000,000 acres of land and the levying of an indemnity of 36,000,000 francs. These measures provided France with land for its refugees from Alsace and the funds with which to exploit the land. During the next fifty years, the European population felt free to dominate Algeria politically, economically, and socially.

By 1902, France had annexed the huge Saharan section of the country and began improving transportation, mechanizing farming methods, and expanding manufacturing and mining operations. In 1930, after a century of rule, France considered its permanence in Algeria assured, believing that the Algerians preferred merging with France to independence. The French concentrated on the wishes of the tiny minority of Algerians who had received a French education and who saw this assimilation as a salvation for their compatriots. The French ignored the fact that the Algerian natives, who were of the Islamic faith, had always considered the Christian Europeans to be aggressors. They also ignored populist groups that were gaining strength.

Although the government in Paris favored the assimilationist movement, the settlers in Algeria opposed it. Signs of discontent were ignored or were not recognized. In the 1940s the political structure imposed in the 1830s was made more liberal, but from the native Algerian point of view, the changes were not significant. The French, considering only their own economic situation, neglected Muslim pride and self-respect.

World War II brought with it the collapse of France, and in 1942 the Anglo-American occupation of North Africa. In December of that year, a former assimilationist leader of the Arabs drafted a manifesto, seeking recognition of the political autonomy of Algeria as a sovereign nation. In December 1943, General Charles de Gaulle declared that France was obligated to the Muslims of North Africa for the loyalty they had shown, and in May of 1944 he extended French citizenship to certain categories of Muslims. That gesture was not enough to satisfy most of the Muslim population, and an insurrection erupted in May of 1945. Massacres of European settlers brought on French retaliation and suppression. All thoughts of reform were temporarily brought to a halt.

By 1947, France was ready to try again by passing a new law that attempted to give the Algerians more autonomy and more rights as French citizens. The new law satisfied no one. It was poorly implemented, and was no more successful than the previous policy of assimilation had been.

A few young men, who had decided that only open rebellion could bring justice to Algeria, organized a storm of revolt which burst forth in October of 1954. In response, the French proposed a new plan, but once again it was too weak and too late to be effective. Another massacre of Europeans ensued, and again was followed by mass executions of Muslims. The situation continued to deteriorate, and 1957 saw a terrorist attempt to paralyze the French administration in Algiers. This effort was also defeated by French troops. By the end of 1957, it was obvious that the insurgent nationalists could not win the military conflict. For the first time, officers openly defied de Gaulle, and Frenchmen began to kill Frenchmen. A decisive victory by the French army was also impossible. The war would henceforth be fought by diplomats in the United Nations and elsewhere.

By the end of 1960 de Gaulle, then President of France, realized that the will of most of the Algerian people could no longer be disregarded. The Algerian war came to an end on March 18, 1962, with the signing of a cease-fire at Évian-les-Bains, France. The agreement provided for the establishment of an independent Algeria with provisions for a transitional government which would maintain order until arrangements were completed for a nationwide referendum. On April 8, in a national referendum in France, ninety percent of the voters endorsed Algerian independence. On July 1, a referendum to ratify or reject the Évian agreement took place in Algeria. The voters, given the choice of total integration with the French, total independence, or independence in association with the French, overwhelmingly chose the last option. On July 3, 1962, after 132 years of French rule, Algeria was declared independent.

THE KABYLES The Kabyles are a Berber people living in the mountainous coastal area to the east of Algiers. They are organized traditionally into extended families, each of which claims descent from a common ancestor. These families are loosely linked into tribes, which then form confederations. Communal issues are discussed and arbitrated by the *djemaâ*, a council of adult males. Women are considered inferior and cannot inherit. Justice, meted out by the council, is frequently private, and vengeance is still an accepted custom.

The Kabyle dialect is distinctive, and the Kabyle people do not communicate easily with other Berber groups. Of all the Berbers in Algeria (of which they are the largest group), the Kabyles have been both the most and the least exposed to France. Because they live in isolated and barren areas in villages that, for defensive purposes, are usually perched on mountain peaks, they have had little contact with French settlers or with the French administration. However, the Kabyles have sent the largest group of immigrants to France as migratory workers. They have been eager to obtain a French education, and consequently, a large number of Algerian professionals today are of Kabyle origin.

Utilisez vos stratégies

A. LISEZ ET RÉFLÉCHISSEZ! Les phrases suivantes sont tirées du conte *Le rossignol* (*Nightingale*) *de Kabylie*. Déterminez la signification des mots en caractères gras en vous servant du contexte.

1. Des enfants **étaient accourus** et se pressaient de chaque côté de la porte.
2. Aïni essayait de chasser les enfants, mais ceux-ci résistaient, **faisaient mine d'**obéir et revenaient, les yeux **luisants** de curiosité.
3. Du ciel étoilé tombait une froide lumière qui **bleuissait** les maisons.
4. Il chantait pour libérer ce bonheur qui l'**alourdissait**.
5. Noreddine travaillait à Alger, et les sommes qu'il **percevait** lui permettaient de vivre.

B. VOCABULAIRE DE LA KABYLIE L'action de ce conte se passe en Algérie. Les définitions des termes arabes ou berbères qui suivent vous aideront à comprendre ce qui se passe.

le burnous	grand manteau en forme de cape que portent les Arabes (mot anglais : *burnoose*)
les fellagha(s) **(le fellag)**	partisans algériens qui se sont soulevés contre l'autorité française de 1954 à 1962
la djemaâ	conseil de notables dans chaque village musulman en Afrique du Nord (Le conseil arbitre les problèmes et les intérêts de la communauté.)
l'asfrou *m.* **(les isfra)**	poème(s)
le kanoun	récipient en terre cuite où l'on met du charbon de bois pour faire cuire ou réchauffer la nourriture

Établissons les faits!

EXPÉRIENCE PERSONNELLE

1. Traditionnellement, les États-Unis se sont toujours efforcés d'accueillir les millions de personnes qui ont quitté leur pays pour trouver un emploi et une meilleure vie dans le Nouveau Monde. Qu'est-ce que vous savez des conséquences de cette immigration?

2. Nous jugeons parfois une personne sur son apparence, sa classe sociale, son succès ou ses amis. Nous négligeons ou ignorons alors les données qui nous permettraient une opinion moins superficielle et plus juste. Avez-vous déjà réalisé que vous portiez un tel jugement? Avez-vous déjà été la victime d'un tel jugement? Commentez.

Introduction au conte

Le rossignol de Kabylie est un des quatre contes qui font partie de *L'homme d'avril*, publié en 1959. L'action du conte se passe en Kabylie, une région montagneuse du nord de l'Algérie. Les événements ont lieu pendant la période où les Algériens se révoltent contre l'autorité française, entre 1954 et 1962. Le héros du conte est un vieux poète qui est connu pour ses beaux poèmes émouvants. Le langage des dialogues est sûr, concis et réaliste. Les passages descriptifs évoquent une certaine sérénité poétique devant la beauté de la nature.

«Cette vie que nous perdrons»—presque tous les héros de Roblès sont hantés par ces mots. Le vieux poète n'est point différent. Dans les œuvres de Roblès, la mort n'arrive jamais naturellement, mais attaque les jeunes ou les vieux d'une manière brutale et soudaine.

Bien que la vie ne soit qu'un long chemin qui mène toujours à la mort, aucun héros dans les œuvres de Roblès ne refuse de s'y engager pleinement. Exister, pour Roblès, veut dire engager le meilleur de son être, soit en accomplissant un «vrai travail d'homme», soit en créant quelque chose qui durera. L'un ou l'autre de ces choix est un moyen de justifier l'existence. Quelles que soient les absurdités de ce monde, les héros de Roblès sont capables d'accepter leur condition et de justifier leur vie. «Cette mort qu'ils jugent absurde et qu'ils redoutent, ils sont prêts à l'affronter pour donner un sens à leur vie. Et, quand elle arrive, ils y font face avec dignité, avec, parfois, une sorte de détachement "qui ressemble à de la sérénité".»*

Georges Régnier a fait un film du *Rossignol de Kabylie* en 1963.

VUE PANORAMIQUE

Répondez brièvement aux questions suivantes.

1. Où se passe l'action du conte? Quelle est la durée de l'action?
2. Quel événement sert de cadre historique à ce conte?
3. Quel est le personnage principal?
4. Quels sont les autres personnages principaux? Quels sont leurs rôles?
5. Expliquez le titre du conte.
6. Comment se termine *Le rossignol de Kabylie*? Qu'est-ce qui arrive au protagoniste?
7. Quels sont vos sentiments à la fin du conte?

Le rossignol de Kabylie

1   COMME les clameurs, dehors, se renforçaient, Noreddine Aït Kaci se réveilla. Sa femme revenait de la cour. Du soleil entrait par la porte grande ouverte.

—Des soldats, dit Aïni. Il y en a un qui veut te voir. Noreddine regarda la vieille Aïni, toute cassée,° le visage desséché.° Il réfléchissait, l'esprit° encore
5 engourdi.°

—Ce sont des Français?

—Des Français, bien sûr...

Elle paraissait inquiète. Noreddine se leva, rejeta° le burnous qui le recouvrait et chercha ses sandales. Il les trouva au bout de la natte sur laquelle il
10 avait dormi.

Il tremblait en se chaussant mais c'était la fièvre, car il souffrait de paludisme.° Par la fenêtre, il aperçut le Djurjura[1] tout enneigé, bleu et blanc, coiffé d'un bourrelet° de nuages.

Glossary (left margin):
fatiguée et vieille / *withered* / *mind* encore sous l'effet du sommeil

flung off

malaria

ici : *ring*

---
* Chèze, Marie-Hélène, *Emmanuel Roblès. Témoin de l'homme*, éditions Naaman, 1979, p. 53.
1. **Djurjura** (also spelled **Djurdjura**) : chaîne de montagnes en Kabylie

1   À cet instant, on frappa à l'entrée. Il se retourna, vit l'officier et, comme au moment précédent, pour sa femme, il resta à observer l'inconnu sans dire un mot. Il cherchait à deviner les intentions du visiteur.

—Lieutenant Humez, dit celui-ci. Vous permettez?[2]

5   —Humez... Vous êtes le boxeur? dit le vieillard en se grattant° le dessus d'une main.

scratching

—Non, non... Un homonyme seulement. Nous portons le même nom. C'est tout... Mais je suis aussi du Nord. Du Nord de la France... De Tourcoing[3]...

—Ah, Tourcoing, dit Noreddine à qui ce nom aussi suggérait quelque 10 chose de connu. Je crois que j'ai un ami qui a travaillé à Tour... enfin, dans cette ville.

—Oui, les Kabyles sont nombreux à Tourcoing...

Sur un signe de Noreddine il s'était assis à la turque° sur la natte. Sans képi[4] il paraissait plus petit, comme tassé sur lui-même.[5] Quand il se penchait en 15 avant, sa grosse tête blonde, aux cheveux déjà clairsemés,° entrait dans le rayon de soleil qui passait par l'étroite fenêtre.

cross-legged

sparse

—Nous avons fait halte dans le village, dit l'officier. Et j'ai pensé... J'ai voulu vous saluer. Vous savez, j'ai acheté votre disque...

Noreddine avait frappé dans ses mains pour commander le thé.[6] Aïni, dans 20 la courette,° activait le feu. Elle se retourna à demi pour crier que la chose[7] avançait.

small yard

Noreddine se demandait où l'officier voulait en venir.[8] Certainement, il allait lui poser des questions sur les fellaghas, mais il ne savait rien. Et le peu qu'il savait, il ne le dirait pas.

25   Il avait tellement de parents que dans chaque bande,[9] autour du village ou dans la région, il comptait un petit-neveu ou un petit-fils. Ou quelqu'un de connaissance. Et aller dénoncer ces gens-là lui aurait paru une vilenie.

De toute façon il ignorait° la haine.° Il était vieux et avait vu trop de choses pour brûler encore au feu des passions qui incendiaient le cœur des hommes 30 dans les montagnes.

ne connaissait pas / hatred

---

2. **Vous permettez?** : formule de politesse; c'est-à-dire, **vous me permettez d'entrer... ?**
3. **Tourcoing** : une ville (centre d'industries textiles) située au nord-est de la France, près de la frontière belge
4. **képi** : *French military cap with a flat circular top and a visor*
5. **comme... lui-même** : comme s'il avait diminué de taille
6. **avait... thé** : D'habitude on servait du thé à la menthe aux visiteurs. Aïni a compris ce que le geste de son mari signifiait.
7. **la chose** : Quelle chose?
8. **où... venir** : quelle était la véritable intention de l'officier
9. **bande** : Le mot peut signifier une famille, une tribu ou un clan; ici, le mot a le sens d'un **groupe de fellaghas**.

de temps en temps /
recording
admirait

trembler

cloth

binoculars

1   Il ne se préoccupait que de ses poèmes, de ses chants. Il descendait à Alger,[10] de loin en loin,° pour un enregistrement° à la Radio, et les sommes qu'il percevait lui permettaient de vivre ainsi qu'Aïni. On l'estimait° comme improvisateur, et sa voix, en dépit de ses soixante-huit ans, avait gardé une éton-

5   nante fraîcheur. Au contraire, celle[11] d'Aïni s'était mise à chevroter° et Noreddine n'était pas loin de penser qu'il y avait en sa faveur un petit miracle dont la seule pensée le faisait intimement sourire.

    L'officier avait défait la pièce d'étoffe° kaki dont il se protégait le cou. Il portait un énorme revolver sur le ventre et des jumelles° pendaient sur sa poitrine.

10   —Je suis venu, dit-il, parce que dans mon pays on vous connaît. Mon père est ingénieur dans une usine de textiles. Il a appris le kabyle.[12] Il connaît de nombreux chants... Moi-même... Oui, j'en ai beaucoup entendu. J'ai acheté, comme je l'ai dit, un de vos disques...

---

10. **Alger :** capitale de l'Algérie (voir p. 235)
11. **celle :** c'est-à-dire, **la voix**
12. **le kabyle :** la langue berbère de la Kabylie

gens

silencieuse

slopes
shepherd

encore plus

bitterness

homesickness

s'est communiquée à

backfire
n'y a pas fait
    attention
dimmed

observaient
    secrètement

skin

hills / moved
    (emotionally)

1   Noreddine approuva gravement mais cet homme l'ennuyait. Il y avait longtemps qu'il avait perdu toute curiosité pour les êtres° et qu'il n'écoutait avec attention que certaines voix intérieures qui lui parlaient de la grâce des saisons douces et de l'approche feutrée° de la mort. Un arbre en fleurs, un

5   oiseau dans le vent avaient un langage qui l'inspirait. Et aussi la neige sur les pentes° du Djurjura, les appels des jeunes filles en bas, du côté de la fontaine, le cri lointain d'un berger,° lui rappelaient ses années de vigueur et d'ardente création.

    —Et me voici dans ce pays que j'aimais à distance et que j'aime davantage°

10   depuis que je le connais... Me voici et je le parcours en armes, comme un ennemi... Et j'aurais tant voulu y venir en ami.

    Il y avait dans le ton beaucoup d'amertume.° Noreddine hochait la tête pour montrer qu'il comprenait cet état d'âme. Aïni revint avec un plateau, une théière et deux petites tasses à fleurs bleues. Une coupe contenait le sucre.

15   Lorsque Aïni se fut retirée, Noreddine demanda des nouvelles de ses compatriotes de Tourcoing. L'officier parla de leur misère[13] et surtout de leur nostalgie du pays.° Il en parla avec une sympathie sincère. Parfois il caressait les jumelles d'un geste machinal.

    Cette émotion si réelle gagna° Noreddine qui, doucement, les yeux fermés,

20   se mit à composer un poème sur l'exil et la douleur de l'exilé. Il oubliait la présence de l'officier. Le chant emplissait la chambre. Des enfants étaient accourus et se pressaient de chaque côté de la porte.

    Lorsque Noreddine eut terminé, une pétarade° de moteur retentit du côté de la djemaâ mais l'officier n'y prit pas garde.° Il laissait aussi se prolonger en

25   lui une émotion qui lui serrait les lèvres et lui voilait° le regard.

    Au bout d'un long moment de silence il se leva, alla jusqu'à la fenêtre et regarda les montagnes. Les enfants l'épiaient° en échangeant parfois des coups de coude. L'officier avait un visage très fin, avec un air de tristesse. Le soleil et le grand air avaient foncé sa peau.° Il était rasé de frais. Noreddine eut pitié de

30   lui. C'était un sentiment neuf pour son cœur. Mais cet homme avait dit qu'il aurait voulu venir en Kabylie en ami et il ne pouvait se promener seul et sans armes à travers les collines.° Sur ce thème qui l'émouvait° comme la chaleur d'un feu par une nuit fraîche, le vieux se mit à composer un asfrou. Les mots lui venaient doucement sur les lèvres. Étonné, puis captivé, l'officier s'était

35   tourné à demi. Il l'écoutait. À la fin, il sourit et dit qu'il avait reconnu les trois

---

13. **misère** : Les Kabyles qui sont allés à Tourcoing pour gagner de l'argent dans les usines de textiles vivaient dans la pauvreté.

ici : composé
avec succès

rejeté

urchins

pretended

ici : *loud*

raced / crouched

ici : apporterait

soothed

est resté

immobilisé

*gunshots / ridge (of
the mountain)*
petites branches

rempli (de charbon
de bois) / *leftovers*
tin

attristé

1 tercets,[14] l'alternance des vers de sept et cinq pieds[15] ainsi que l'ordonnance des rimes.[16] Et Noreddine fut satisfait car il avait spontanément réussi° un de ses meilleurs isfra et il le savait. Lorsque l'officier lui demanda la traduction de son poème, le vieux dit qu'il avait plaint l'homme dont l'amour est repoussé.°

5 Dans la cour, Aïni essayait de chasser les gamins° mais ceux-ci résistaient, faisaient mine° d'obéir et revenaient, les yeux luisants de curiosité.

Du village arrivaient des appels brutaux.° De nouveau, le moteur s'emballa.° L'officier qui s'était accroupi° en face de Noreddine dit qu'il était obligé de repartir mais qu'il avait aimé cette halte chez un poète admiré, celui qu'on

10 appelait «le rossignol de Kabylie».

Le compliment ne toucha point Noreddine qui pensait déjà aux ennuis que cette visite lui vaudrait° dans les jours à venir, mais il ne craignait pas ces ennuis puisqu'il se savait entre les mains de Dieu. Simplement, il se disait que l'officier était malheureux et que lui, Noreddine, avait un peu bercé° son cœur.

15 Il en éprouvait un sentiment très doux.

Lorsque les soldats furent repartis, le village demeura° plongé dans un silence bizarre. On n'entendait même pas les bêtes dans les étables. Tout semblait figé° dans une stupeur angoissée.

* * *

20

L'après-midi, on entendit des coups de fusil° sur l'autre crête.° Noreddine, qui coupait des brindilles° pour le feu, leva la tête pour mieux écouter.

Ensuite, le ciel se décolora. Des reflets pourpres coururent sur les vastes champs de neige, en face, le long de la muraille du Djurjura, et le froid devint

25 plus pénétrant.

Aïni avait bourré° le kanoun et réchauffait de maigres restes° de mouton tandis que Noreddine réparait une boîte de fer-blanc° qu'il avait trouvée sur la route, la veille, en revenant du marché de Beni-Douala.[17]

On frappa et Aïni, après une courte hésitation, ouvrit. C'est un garçon en

30 uniforme que la lampe éclaira de bas en haut. La lampe était posée par terre, près de la boîte, et Noreddine la prit pour l'élever au-dessus de sa tête. Il reconnut l'homme qui attendait devant la porte.

—C'est toi, Hocine?

—Suis-moi, dit l'autre d'un ton grave et comme peiné.°

---

14. **tercet** : *a group of three lines of poetry that usually rhyme*
15. **l'alternance... pieds** : *the alternating of lines of seven and five syllables*
16. **l'ordonnance des rimes** : *the arrangement of the rhymes*
17. **Beni-Douala** : petite ville de Kabylie

1   Noreddine fit signe à sa femme qu'il ne tarderait pas à revenir mais la vieille
tremblait de frayeur.°

peur

Il ajusta son burnous, s'avança vers Hocine qui était le fils aîné° de son
le plus âgé
cousin Ameur, et lui demanda s'ils iraient loin.

5   —Tais-toi et marche devant...

Deux autres soldats attendaient dans la rue silencieuse. Du ciel étoilé tombait une froide lumière qui bleuissait les maisons. Les figuiers,° dans la descente,
fig trees
formaient de lourdes masses noires mais des feuilles brillaient par endroits°
here and there
comme des lames de verres.° C'étaient les premières feuilles de ce printemps.
slivers of glass

10   Lorsqu'ils arrivèrent à la fontaine, ils tournèrent à gauche vers un groupe
de maisons qu'on distinguait à peine mais dont les tuiles° recevaient cette
tiles
clarté légère qui se posait comme une couche de sel.[18]

Un chien aboya° très loin, au fond des vapeurs sombres qui montaient des
barked
vallées. En face, sur la pente voisine, une lumière, une seule, brillait. Nored-
sniffed
15   dine regarda furtivement cette lumière et renifla.°

Hocine et ses deux compagnons, tous trois armés de mitraillettes, marchaient comme en terrain connu et sans même prendre de précautions.

Lorsqu'ils arrivèrent devant la première maison, après avoir contourné une
hedge
haie° de cactus, une porte s'ouvrit toute seule et Noreddine imagina tout de
20   suite qu'il s'agissait de la porte même de la mort. Aussitôt, il éprouva non de
l'inquiétude à son sujet mais une émotion de chercheur dont la patience et la
persévérance sont enfin récompensées. Cette porte ouvrait sur la mort et il allait être initié à un mystère dont chaque jour l'avait rapproché.[19] Les premiers
vers[20] s'ordonnaient dans son esprit et, plongé dans sa méditation, il regarda
25   d'un air lointain les cinq hommes assis autour de la pièce où il venait tout juste
de pénétrer. Une lampe à pétrole, sur une caisse,° fumait sans que personne
crate
ne songeât à moucher la mèche.° Cette lampe s'incorpora d'elle-même au
trimming the wick
poème, lui ajouta une image poignante.

Le plus jeune des hommes, une fois la porte fermée, dit sèchement que
30   Noreddine Aït Kaci, déjà suspect puisqu'il collaborait avec les services radio-
betrayed
phoniques des Français,[21] avait trahi° les siens.[22]

---

18. **cette... sel :** *this soft light (from the stars), which rested (on the tiles) sparkling like a layer of salt*

19. **mystère... rapproché :** C'est le mystère de la mort. Chaque jour rend la mort plus imminente; et à ce moment précis, Noreddine sent qu'il va être initié à ce mystère.

20. **les premiers vers :** c'est-à-dire, les premiers vers d'un poème

21. **déjà... Français :** parce que les Français à Alger enregistraient de temps en temps les chants de Noreddine

22. **les siens :** c'est-à-dire, ses compatriotes, les Kabyles

1   Cette accusation tira le vieux de sa rêverie. Il regarda avec une profonde attention ce jeune homme qui devait avoir à peine vingt ans et qui, un jour, lui
avait récité un de ses poèmes entendu à la radio.

—Qu'ai-je fait? Dis-le donc?

5   —Tu as renseigné l'officier français sur l'emplacement des nôtres.[23] Ils nous
ont attaqué /   sont tombés dessus.° Par bonheur, nos guetteurs° avaient trouvé leur ma-
sentinelles   nœuvre suspecte.

—Folie, dit Noreddine, très détaché de cette histoire.

—Nous avons des témoins. Et les Français devaient, d'après nos renseigne-
10   ments, se rendre à Tizi-Hibel.[24] Qu'ils aient changé soudain leur itinéraire, et
précisément après que tu aies reçu chez toi leur officier, est un fait qui t'accuse, Noreddine!

Cette voix calme où vibrait une secrète fureur intéressa le vieux.

Tous les hommes présents, les cinq assis par terre à la turque sur une natte
15   d'alfa[25] et les trois, derrière Noreddine, debout et presque contre lui, attendaient qu'il répondit.

Le vieux regarda la lampe puis dit qu'il avait reçu l'officier, mais que tous
deux n'avaient fait que parler de poésie.

Le jeune homme fit le geste d'effacer quelque chose.

20   —Tu mens...

—Mais non, répliqua Noreddine avec douceur. Pourquoi mentirais-je?

Et il rapporta mot pour mot la conversation qu'il avait eue avec le lieu-
supposedly   tenant. On lui ordonna de répéter les deux poèmes qu'il avait soi-disant° im-
provisés et il le fit, les mains croisées sur le ventre, dans une attitude qu'il
public / ici : pendant   25   aurait pu très bien prendre devant un auditoire° ordinaire. Au fur et à mesure°
qu'il récitait, il s'évadait de la pièce[26] et son esprit vagabondait dans les zones
froides du ciel nocturne, au-dessus des grandes prairies de neige et des
wild masses   sauvages amas° de rochers.

Le silence qui suivit ressemblait à celui qui avait régné chez lui. Comme le
ici : bouches fermées   30   lieutenant, les hommes gardaient les lèvres serrées° et les yeux vagues. Le
jeune observait un endroit du mur où il n'y avait rien mais sur lequel il se voy-
ait lui-même, cheminant par des terres hostiles et familières à la fois.[27]

---

23. **des nôtres :** Qui sont **les nôtres**?

24. **Tizi-Hibel :** ville de Kabylie

25. **alfa :** *a tough wiry grass of Northern Africa (also called esparto grass), yielding a fiber used in the making of paper, and as cordage for mats*

26. **s'évadait... pièce :** *By means of his poetry, Noreddine transported himself beyond this room.*

27. **Le jeune... fois :** Le jeune homme, hypnotisé par la beauté et le message du poème, est transporté dans le monde que Noreddine vient de créer.

soft | 1 —Impossible de te croire, dit-il enfin, d'une voix molle,° sans agressivité.

Un autre parla pour dire que Noreddine Aït Kaci devait mourir car il aurait dû se taire devant ce Français.

Les autres approuvèrent mais comme à regret.

musky / guerrilla fighters
wish
découragement

5 Les hommes armés de mitraillettes ne bougeaient pas. Noreddine sentait cependant près de lui leur odeur fauve° de coureurs de brousse.°

—Quel est ton dernier vœu?° dit le jeune en épiant le visage du vieux qui s'efforçait de ne pas montrer son abattement.°

C'était l'heure décisive et il l'attendait depuis quelque temps. Il se tourna

10 légèrement vers la porte comme pour vérifier qu'elle n'avait pas changé de place, puis ramena son regard sur la lampe. Au pied de celle-ci, le réser-

patch
ici : honorer

voir à pétrole formait une petite flaque° d'ombre. Noreddine demanda simplement qu'on le laissât célébrer° sa mort par un poème. On approuva. Et même, il parut que cette proposition intéressait toute l'assemblée, car

15 il y eut des petits mouvements comme lorsqu'on se prépare à concentrer son attention.

s'est concentré

Noreddine se recueillit° un court instant. Il était étonné par son propre dé-tachement. Il pensait à Aïni. Il pensait au lieutenant français qui, pour trop aimer sa poésie, avait attiré sur lui le malheur. Il devait y avoir un lien[28] secret

20 entre ces divers instants de la journée, quelque relation mystérieuse. Cet étranger si nostalgique était descendu du Nord, porteur d'un message et d'un

succession

arrêt. Noreddine suivait l'enchaînement° des faits comme si cet enchaînement manifestait la volonté du destin. La mort était très proche cependant et gar-

sour

chaude et sensuelle

dait l'odeur un peu âcre° de ses gardiens.

25 À la fin il se mit à réciter son poème de cette voix un peu onctueuse° qu'il

was moved (emotionally)
très fatigués
ici : ferait partie de

avait une fois pour toutes adoptée. Il s'émut° au premier tercet, en évoquant son ombre qui continuerait à hanter les réunions où des hommes fourbus° écouteraient sa voix ou se répéteraient ses poèmes. Il dit qu'il resterait mêlé à° ces paysages, à ces pentes, à ces fontaines, tant que ses chants dureraient

30 dans les mémoires. Il ne parlait pas de lui mais de son art et de cette âme qui ne pouvait mourir puisqu'elle participait de cette terre. Le trait final° survint°

ici : pensée finale / est tombé brusquement

dans ce silence que Noreddine connaissait bien. Puis le jeune soupira, dit qu'il était dur de faire disparaître un si grand artiste. Visiblement, le poème l'avait

a remarqué

ému. Noreddine perçut° cette même hésitation chez tous les autres. Des

35 lueurs brillaient à la surface de leurs yeux froids. Finalement, le plus âgé déclara qu'on pouvait croire Noreddine, que ses arguments paraissaient ac-

warning

ceptables et que tout ceci devait lui servir d'avertissement.° On approuva.

---

28. **Il... lien :** *There had to be some kind of link.*

marchait avec
    difficulté

spur (of land)

praise

welcomed

reprieve

mélodie vive et
    animée
chemin étroit
trouvait avec
    difficulté

légèrement chaude

1   —Tu peux partir, dit l'un des hommes.

La même clarté douce et froide s'étendait sur la campagne. Noreddine se mit en route, tout seul à présent, mais il peinait.° Pourtant, la joie, une joie toute jeune et bondissante, lui faisait presser le pas. Il fallait rejoindre Aïni sans tarder

5   car elle devait mourir d'angoisse. Il atteignit un éperon° rocheux qui dominait la vallée. Il savait qu'il ne lui restait que vingt minutes de marche à compter de ce point. Alors il se mit à chanter, à vanter° la beauté de cette nuit. Il chantait pour lui seul, pour libérer ce trop-plein de bonheur qui l'alourdissait. Il avait attendu la mort avec calme, avec la résignation d'un vrai croyant, mais il accueillait° ce

10   sursis° comme un don de Dieu. Oui, toute cette journée avait un sens et il la commenta sur un air allègre° que personne, jamais, ne recueillerait, puisqu'il était seul sous ces étoiles. Il chantait tout en marchant sur le sentier° qu'il devinait à peine.° La balle qui l'atteignit en pleine poitrine, il n'aurait pu dire si elle venait d'être tirée par un Français ou un des siens. Elle[29] le coucha doucement

15   sur un lit de lentisques[30] et il sut, tandis que la vie fuyait, tiède,° entre ses doigts, que le destin pour le saisir, avait attendu ce chant d'espoir.

COMPRÉHENSION ET DISCUSSION

A. VRAI / FAUX

En vous basant sur le texte, indiquez si les phrases suivantes sont vraies ou fausses. Corrigez les phrases fausses. Ne vous contentez pas d'utiliser ou de supprimer les mots négatifs.

La visite

1. Noreddine Aït Kaci habite avec sa femme et ses enfants.
2. Noreddine porte d'habitude un manteau et des bottes.
3. Le Djurjura est une rivière qui coule près du village.
4. Humez s'assied sur la seule chaise et enlève ses chaussures.
5. Les habitants du nord de la France s'appellent les Kabyles.
6. Humez est venu chez Noreddine pour acheter un de ses disques.
7. Noreddine a frappé dans ses mains pour que la servante prépare le thé.
8. Noreddine pense que l'officier va lui poser des questions sur les fellaghas dans la région.
9. Noreddine ne se préoccupe que des passions qui incendient les partisans algériens.
10. Noreddine gagne de l'argent en faisant des enregistrements de ses chants à la Radio à Alger.
11. Puisque l'officier est venu dans ce pays en ami, il ne porte pas d'armes.
12. L'officier parle de la misère des Kabyles en France.

---

29. **Elle :** À quoi se rapporte **elle**?
30. **lentisques :** *Mastic trees; small evergreen trees of the Mediterranean region*

13. L'officier est ému par le poème que Noreddine improvise sur la douceur des saisons.
14. Le deuxième asfrou que Noreddine compose est inspiré par un sentiment de pitié pour Humez.
15. Noreddine compose ses poèmes en français.
16. Noreddine comprend que la visite de l'officier va lui causer des ennuis.
17. Noreddine est heureux parce qu'il a réussi à consoler Humez.

L'accusation

1. L'après-midi, Hocine vient chercher Noreddine.
2. Noreddine part avec les soldats, et sa femme sourit en faisant un signe d'adieu.
3. Hocine emmène Noreddine au camp des Français.
4. Quand Noreddine arrive à sa destination, il a l'impression que la mort l'attend.
5. Noreddine apprend qu'on l'accuse d'avoir collaboré avec les Allemands contre les Français.
6. Les soldats français ont attaqué les fellaghas après la conversation entre Noreddine et Humez.
7. Noreddine explique que l'officier français et lui ont parlé de poésie.
8. Plusieurs hommes décident que Noreddine doit mourir, mais les autres contestent cette décision.
9. Le dernier vœu de Noreddine est que les hommes lui permettent de dire au revoir à Aïni.
10. Noreddine est étonné par sa peur de sa mort prochaine.
11. Le poème que Noreddine chante parle des regrets qu'il éprouve en quittant ce monde.
12. Les hommes, très émus par les vers de Noreddine, le libèrent.
13. Noreddine, plein de joie, se dépêche de rejoindre Aïni.
14. La balle qui tue Noreddine a été tirée par le plus jeune des fellaghas.

B. QUESTIONS DE COMPRÉHENSION

Écrivez en français les réponses aux questions suivantes. Formulez vos propres réponses. Essayez de ne pas copier les phrases du texte.

La visite

1. Qui est Noreddine? Qui est Aïni?
2. En quelle saison se passe le conte? Quelle est la durée de l'action? Justifiez votre réponse.
3. Qui est venu rendre visite à Noreddine? D'où est-il? Pourquoi est-il en Kabylie?
4. Pourquoi Humez est-il venu voir Noreddine?
5. Noreddine ne savait pas pourquoi l'officier venait le voir. Qu'a-t-il supposé être la raison de cette visite? Comment Noreddine s'est-il proposé de répondre aux questions de l'officier?
6. Noreddine haïssait-il les soldats français? Pourquoi? De quoi Noreddine se préoccupait-il?
7. Que faisait Noreddine à Alger? Pourquoi?
8. Comment l'officier connaissait-il les chants de Noreddine? →

9. Noreddine a trouvé la visite de l'officier ennuyeuse. Quelle «voix» Noreddine écoutait-il avec attention? Qu'est-ce qui l'inspirait?

10. Pourquoi l'officier a-t-il parlé avec beaucoup d'amertume?

11. Pourquoi Noreddine s'est-il mis à composer un poème? Quel était le sujet de ce poème? Comment l'officier a-t-il réagi?

12. Quel était le sujet du deuxième asfrou que Noreddine a composé? Pourquoi l'a-t-il composé?

13. Quel compliment l'officier a-t-il fait à Noreddine avant de partir? Ce compliment a-t-il impressionné Noreddine? Pourquoi?

14. Après le départ de l'officier, Noreddine a éprouvé un sentiment très doux. Pourquoi?

L'accusation

1. Qu'est-ce que Noreddine a entendu au cours de l'après-midi? Quelle est, selon vous, l'importance de ces sons?

2. Qui était Hocine? Pourquoi est-il venu chercher Noreddine? Était-il seul? Expliquez.

3. Hocine a mené Noreddine vers une maison où il y avait d'autres fellaghas. Quand il est arrivé devant la porte ouverte, quelle sensation Noreddine a-t-il éprouvée? S'est-il inquiété? Pourquoi?

4. De quoi Noreddine a-t-il été accusé? Quels sentiments Noreddine a-t-il éprouvés à ce moment-là?

5. Selon les fellaghas, quelle était la preuve de la complicité de Noreddine?

6. Noreddine a expliqué que l'officier français et lui n'avaient parlé que d'une seule chose. De quoi avaient-ils parlé? Les autres l'ont-ils cru?

7. Comment Noreddine a-t-il essayé de prouver son innocence?

8. Qu'est-ce qu'on a ordonné à Noreddine de répéter? Comment les autres ont-ils réagi?

9. À quoi Noreddine a-t-il été condamné?

10. Quel a été le dernier vœu de Noreddine? Comment sait-on que les hommes s'intéressaient à ce que Noreddine voulait faire?

11. Pendant que Noreddine se recueillait, à quoi pensait-il? Pourquoi a-t-il été étonné?

12. De quoi Noreddine a-t-il parlé dans ce troisième poème?

13. Comment les autres ont-ils réagi à ce poème?

14. Comment Noreddine se sentait-il alors qu'il se pressait de rentrer chez lui? Qu'est-ce qu'il s'est mis à faire? Pourquoi?

15. Qu'est-ce qui est arrivé à Noreddine? Qu'a-t-il finalement compris durant ses derniers moments?

16. Pourquoi la fin de ce conte est-elle si poignante?

C. RÉSUMÉ

Vous racontez *Le rossignol de Kabylie* à vos camarades de classe qui ne l'ont pas lu. Votre professeur vous a donné la permission d'utiliser en tant qu'aide-mémoire les sept phrases qui suivent. Chaque phrase sert de point de départ à chacune des parties de votre récit. Ajoutez les détails nécessaires pour composer un résumé complet du conte. N'oubliez pas de situer l'histoire et d'identifier les personnages avant de commencer.

1. Un soldat français rend visite à Noreddine.
2. Noreddine compose les deux poèmes.
3. L'officier part.
4. Un garçon en uniforme frappe à la porte.
5. Noreddine est accusé.
6. On accorde à Noreddine son dernier vœu.
7. Noreddine se dépêche de rentrer chez lui.

D. RÉACTIONS ORALES OU ÉCRITES

Synthèse du texte

1. Ce conte nous offre un bref aperçu de la vie indigène en Algérie. Quelles indications révélatrices de ce style de vie avez-vous découvertes?
2. Décrivez Noreddine Aït Kaci en choisissant au moins trois des adjectifs qui suivent. Justifiez votre choix d'après ce que vous avez appris de Noreddine dans le conte.

loyal	introspectif	fier	courageux	amical
naïf	craintif	honnête	compréhensif	poli
calme	créateur	curieux	timide	doux

3. Roblès révèle, par l'intermédiaire de Noreddine, une conscience profonde de la beauté de la nature. Dans quels passages cette conscience est-elle évidente? Qu'est-ce que vous avez appris sur le paysage de cette région?
4. Une grande partie de l'action dans ce conte semble se passer dans une atmosphère de tranquillité—la conversation avec l'officier et même l'accusation contre Noreddine. De temps en temps, Roblès permet l'intrusion du monde extérieur. Mentionnez les incidents qui interrompent cette sérénité. Expliquez pourquoi vous les avez choisis et l'effet qu'ils ont eu sur vous, le lecteur.
5. Vous êtes chargé(e) d'illustrer une édition du *Rossignol de Kabylie*. Dessinez l'un des sujets suivants :
   a. Aïni
   b. Noreddine
   c. le lieutenant
   d. le jeune soldat
   e. la scène dans la maison où l'on interroge Noreddine
   f. un sujet ou une scène de votre choix

Réaction personnelle

1. Les femmes jouent un rôle secondaire dans les œuvres de Roblès. Pourtant nous avons l'impression que Noreddine et Aïni s'aiment beaucoup. Imaginez les pensées d'Aïni pendant l'absence de Noreddine. Que pense-t-elle du lieutenant Humez? Qui accuse-t-elle de la mort de son mari? Quelle sera sa vie maintenant?
2. À votre avis, les fellaghas avaient-ils raison d'accuser Noreddine? Décrivez leur débat moral. Justifiez votre réponse.

→

3. Selon vous, qui a tiré la balle qui a tué Noreddine? Est-ce que c'était un Français ou un Kabyle? Justifiez votre choix en expliquant le motif et le raisonnement du meurtrier.

4. Vous êtes le lieutenant Humez. Vous venez d'apprendre que Noreddine est mort. Quels sont vos sentiments? Que faites-vous? Allez-vous rendre visite à Aïni? Essayez-vous de découvrir l'identité de l'assassin? Si oui, comment? Si non, pourquoi pas?

5. La fin de ce conte est contraire aux attentes du lecteur. Démontrez cette ironie. Auriez-vous terminé le conte de cette façon? Si non, comment l'auriez-vous terminé? Si oui, pourquoi acceptez-vous la conclusion telle qu'elle est?

6. Dans l'introduction au conte, vous avez lu que les héros de Roblès sont prêts à affronter la mort, et que, «quand elle arrive, ils y font face avec dignité». Croyez-vous que Noreddine soit un bon exemple de cette pensée? Développez.

7. Exister, pour Roblès, veut dire engager le meilleur de son être, soit en accomplissant «un vrai travail d'homme», soit en créant quelque chose qui durera. De quelle façon Noreddine a-t-il justifié sa vie? Expliquez votre réponse.

Entracte II
La poésie

René Philombe *(1930–)*

Romancier, poète, conteur et journaliste, René Philombe est né au Cameroun où il a fait ses études. Quoique victime de la poliomyélite qui l'a frappé en 1957, Philombe a fondé deux journaux hebdomadaires et a participé activement à la vie politique. Emprisonné plusieurs fois à cause de ses activités subversives, il a commencé sa carrière littéraire en 1964. Son autobiographie, *Lettres de ma cambuse* (1964), a reçu le prix Mottard de l'Académie française.

Philombe, comme presque tous les auteurs contemporains de l'Afrique Noire, a été influencé par le mouvement de la *négritude.* Ce mouvement littéraire affirme la totalité de la culture noire et souligne la responsabilité des Noirs de se libérer des conséquences dégradantes du colonialisme. En exprimant aussi un espoir dans la force vitale de l'Afrique et un rêve de fraternité universelle, la littérature africaine du vingtième siècle dépasse très souvent la question de couleur et défend les droits de tous les êtres humains. La révolte contre le colonialisme est évidente dans le poème *Civilisation*, publié dans une anthologie en 1965.

Civilisation

obscurité / *safe, healthy*	1	Ils m'ont trouvé dans les ténèbres° saines°
		de ma hutte de bambou
		ils m'ont trouvé
animal skins		vêtu d'obom[1] et de peaux de bête°
	5	avec mes palabres[2]
		et mes rires torrentiels
		avec mes tam-tams
		mes gris-gris[3]
		et mes dieux
	10	Ô pitié! Qu'il est primitif!
		Civilisons-le!...
showered		Alors ils m'ont douché° la tête

---

1. **obom** : *cloth made from the bark of certain trees*
2. **palabres** : discussions, conversations
3. **gris-gris** (singulier : **gri-gri**) : amulette (*charm*) portée pour détourner le mal et pour porter chance

ici: vides de sens,
    absurdes
rigged out (le harnais =
    harness)
qui leur appartiennentt

1   dans leurs livres bavards°
    puis ils m'ont harnaché° le corps
    de leurs gris-gris
    à eux°
5   puis ils ont inoculé
    dans mon sang
    dans mon sang clair et transparent
    et l'avarice
    et l'alcoolisme
10 et la prostitution
    et l'inceste
    et la politique fratricide...
    Hourra!...[4]
    Car me voilà un homme civilisé!

QUESTIONS

1. Identifiez *ils* et *me.* Quel rapport y a-t-il entre les deux?
2. Quels éléments dans la première partie du poème indiquent l'origine de *me*?
3. Quels éléments dans la deuxième partie décrivent *la civilisation* de *ils*?
4. Dans quels vers du poème l'ironie du narrateur est-elle évidente? Expliquez cette ironie.
5. Selon vous, qu'est-ce que le poète essaie de communiquer au lecteur?

RÉACTION PERSONNELLE

1. Quelle émotion ce poème a-t-il provoquée en vous? Après l'avoir lu, vous êtes-vous senti(e) indifférent(e), amusé(e), triste, fâché(e), choqué(e)... ? Pourquoi?
2. Quand les Européens sont venus aux États-Unis pour fonder des colonies, ils ont trouvé ce nouveau monde peuplé par les Indiens d'Amérique. Quelles similarités et quelles différences remarquez-vous entre cette *colonisation* et celle décrite par René Philombe? (Si vous voulez, essayez d'écrire un poème où *ils* sont les colonisateurs anglais et *me* est un Américain indigène.)
3. Ce poème suggère-t-il que la civilisation n'a que des résultats négatifs? Expliquez votre réponse. Selon vous, la civilisation offre-t-elle des avantages? Si oui, mentionnez-en quelques-uns.
4. Imaginez que vous êtes administrateur dans un pays récemment colonisé par votre gouvernement. À quelles réactions vous attendriez-vous de la part des indigènes? Pourquoi? Mentionnez trois mesures que vous prendriez pour améliorer l'attitude des habitants en ce qui concerne votre présence dans ce pays.

---

4. **Hourra!** : du cri, **Hip, hip, hip, hourra!**

Yambo Ouologuem   *(1940–)*

Yambo Ouologuem est né au Mali et a fait de brillantes études de littérature et de sociologie à Paris. Il parle plusieurs langues africaines aussi bien que le français, l'anglais et l'espagnol. Rejetant l'idée qu'on ne peut pas «penser africain» en français, il a choisi cette langue pour ses œuvres littéraires. Dans *Le devoir de violence* (1968), Ouologuem présente une histoire controversée de l'Afrique et souligne l'héritage de violence et de crime de ce grand continent. Son essai, *Lettre à la femme nègre* (1968), attaque l'hypocrisie européenne et africaine dans un style mordant et sarcastique. Son intelligence acerbe et son humour caustique sont évidents dans ses écrits. Pour Ouologuem, il n'y a pas à proprement parler de «problème nègre»—il n'y a que des problèmes universels de classe et de conflit humain. La poésie d'Ouologuem présente souvent les thèmes dont il traite dans ses œuvres plus longues. Dans le monologue doux-amer de son poème À *mon mari,* il se moque de ceux qui rejettent leurs origines afin de donner l'illusion qu'ils sont différents de ce qu'ils sont réellement.

À mon mari

Tu t'appelais Bimbircokak
et tout était bien ainsi
Mais tu devins Victor-Émile-Louis-Henri-Joseph
et achetas un service de table

5
J'étais ta femme
Tu m'appelas ton épouse[1]
Nous mangions ensemble
Tu nous séparas autour d'une table
Calebasse[2] et louche
Gourde et couscous[3]
Disparurent du menu oral

10
Que me dictait ton commandement paterne°
Nous sommes modernes précisais°-tu

bénévole, paternel
ici : insistais

Chaud chaud chaud est le soleil
À la demande des tropiques°
Mais ta cravate ne quitte
Point ton cou menacé d'étranglement

Comme c'est le cas
dans les tropiques

15
Et puisque tu boudes° quand je te rappelle ta situation
Eh bien n'en parlons plus mais je t'en prie
Regarde-moi

---

1. **épouse** : En milieu africain, le mot **femme** est plus familier que le mot **épouse**. Ma femme est la personne qui m'aime, qui m'obéit, qui s'occupe de mes besoins et que j'aime. **Mon épouse**, terme utilisé seulement dans les milieux européanisés de l'Afrique, crée une certaine distance—le rôle de cette femme devient presque égal à celui de l'homme dans le mariage.
2. **calebasse** : *a hollow gourd used as a bowl or platter*

pout	1	Comment me trouves-tu

Nous mangeons des raisins° du lait pasteurisé du pain d'épice°
D'importation
Et mangeons peu

grapes / gingerbread	5	Ce n'est pas ta faute

Tu t'appelais Bimbircokak
Et tout était bien ainsi
Tu es devenu Victor-Émile-Louis-Henri-Joseph
Ce qui

10 Autant qu'il m'en souvienne
Ne rappelle point ta parenté avec
Roqueffelère°
(Excuse mon ignorance je ne m'y connais pas° en finances et en fétiches)[4]
Mais vois-tu Bimbircokak

Rockefeller	15	Par ta faute
je ne suis pas experte		De sous-développée je suis devenue sous-alimentée.

QUESTIONS

1. Contrastez les deux noms attribués au mari dans la première strophe.
2. Énumérez les changements qui ont eu lieu dans la vie quotidienne de cette femme et de son mari.
3. Comment le poète se sert-il des temps des verbes pour communiquer les changements?
4. Quel message la femme essaie-t-elle de transmettre à son mari? Comment le mari réagit-il d'habitude?
5. *À mon mari* est un monologue doux-amer. Cherchez les vers qui montrent le côté doux ou drôle ainsi que ceux qui montrent le côté amer.

RÉACTION PERSONNELLE

1. Créez un dialogue en vous basant sur ce monologue. Jouez le rôle de Bimbir-cokak et répondez aux commentaires de votre femme. Décidez d'abord si vous allez être d'accord avec elle ou si vous allez défendre vos actions.
2. Nous nous trouvons tous un jour ou l'autre dans une situation où nous nous croy-ons obligés de donner de nous-mêmes une image différente. Nous cachons souvent ce que nous pensons pour ne pas faire de mal aux autres. Nous nous comportons de telle ou telle façon pour être acceptés par certaines personnes. Vous êtes-vous déjà trouvé(e) dans une telle situation? Laquelle? Qu'avez-vous fait? Vous sentiez-vous à l'aise ou non? Par la suite, étiez-vous content(e) d'avoir agi ainsi?
3. Que veut dire la femme de Bimbircokak par la phrase «De sous-développée je suis devenue sous-alimentée»? Fait-elle allusion uniquement à la nourriture? Quels autres changements dans sa vie l'ont rendue «sous-alimentée»?

---

3. couscous : plat nord-africain fait de blé *(wheat)* et servi avec de la viande, des légumes et des sauces quelquefois piquantes
4. fétiche : objet auquel on attribue un pouvoir magique ou bénéfique

PART IV

As you continue to develop your reading ability in French, you are no doubt eager to test your skills with selections that have not been specially prepared for use in an intermediate French course. Such readings have neither prereading exercises nor marginal glosses to help you with new vocabulary, nor do they have postreading exercises to help you test your comprehension. Some may not even have biographical information about the author, or introductions to help you focus your thoughts. You are entirely on your own.

In an effort to help prepare you for the "real world" of reading French, the format of the chapters in Part IV differs from that in Parts II and III. A two-step approach is used. The first two selections are by authors who have been presented earlier in this text. Since you are familiar with the author, style, and necessary background information, no introductory material is furnished. Footnotes and a minimal number of content and discussion questions are provided, but there are no marginal glosses or other postreading exercises.

The last chapter contains a reading by an author whom you have not yet met. A brief biography, such as one that you might find on a book jacket, is provided. Once again, content and discussion questions are supplied in order to facilitate class discussion.

If you have made a diligent attempt to practice the reading strategies which were presented in Part I and reinforced throughout the book, you will be pleasantly surprised at the facility with which you are able to read the selections in Part IV. Enjoy!

Chapter 17

On a eu l'inspecteur

par
René Goscinny
illustré par
Jean-Jacques Sempé

ॐ

INTRODUCTION AU CONTE

On a eu l'inspecteur par René Goscinny est tiré du livre *Le petit Nicolas*. Il s'agit du même Nicolas rencontré à l'école avec tous ses copains le jour où Geoffroy a essayé pour la première fois son code secret. Relisez dans le Chapitre 14 les renseignements sur l'auteur, le dessinateur, le vocabulaire et les commentaires culturels.

Dans ce conte un nouvel inspecteur est arrivé à l'école pour visiter la classe et interroger les élèves. La maîtresse veut que les élèves soient sages et fassent une bonne impression. Elle est légitimement nerveuse parce qu'elle connaît bien les habitudes et les bizarreries des enfants dont elle a la charge. Est-ce que tout ira bien pour la maîtresse?

On a eu l'inspecteur

1   La maîtresse est entrée en classe toute nerveuse. «M. l'Inspecteur[1] est dans l'école, elle nous a dit, je compte sur vous pour être sages et faire une bonne impression.» Nous on a promis qu'on se tiendrait bien, d'ailleurs, la maîtresse a tort de s'inquiéter, nous sommes presque toujours sages. «Je vous signale, a

5   dit la maîtresse, que c'est un nouvel inspecteur, l'ancien était déjà habitué à vous, mais il a pris sa retraite...» Et puis, la maîtresse nous a fait des tas et des tas de recommandations, elle nous a défendu de parler sans être interrogés, de rire sans sa permission, elle nous a demandé de ne pas laisser tomber des billes comme la dernière fois que l'inspecteur est venu et qu'il s'est retrouvé par terre,

10   elle a demandé à Alceste de cesser de manger quand l'inspecteur serait là et elle a dit à Clotaire, qui est le dernier de la classe, de ne pas se faire remarquer. Quelquefois je me demande si la maîtresse ne nous prend pas pour des guignols. Mais, comme on l'aime bien, la maîtresse, on lui a promis tout ce qu'elle a voulu. La maîtresse a regardé pour voir si la classe et nous nous étions bien propres et

15   elle a dit que la classe était plus propre que certains d'entre nous. Et puis, elle a demandé à Agnan, qui est le premier de la classe et le chouchou, de mettre de l'encre dans les encriers,[2] au cas où l'inspecteur voudrait nous faire une dictée. Agnan a pris la grande bouteille d'encre et il allait commencer à verser dans les encriers du premier banc, là où sont assis Cyrille et Joachim, quand quelqu'un a

20   crié : «Voilà l'inspecteur!» Agnan a eu tellement peur qu'il a renversé de l'encre partout sur le banc. C'était une blague, l'inspecteur n'était pas là et la maîtresse était très fâchée. «Je vous ai vu, Clotaire, elle a dit. C'est vous l'auteur de cette plaisanterie stupide. Allez au piquet!» Clotaire s'est mis à pleurer, il a dit que s'il allait au piquet, il allait se faire remarquer et l'inspecteur allait lui poser des tas de

25   questions et lui il ne savait rien et il allait se mettre à pleurer et que ce n'était pas une blague, qu'il avait vu l'inspecteur passer dans la cour avec le directeur et comme c'était vrai, la maîtresse a dit que bon, ça allait pour cette fois-ci. Ce qui était embêtant, c'est que le premier banc était tout plein d'encre, la maîtresse a dit alors qu'il fallait passer ce banc au dernier rang, là où on ne le verrait pas. On

30   s'est mis au travail et ça a été une drôle d'affaire, parce qu'il fallait remuer tous les bancs et on s'amusait bien et l'inspecteur est entré avec le directeur.

---

1. **l'inspecteur** : En France, les inspecteurs, employés par le Ministère de l'Éducation Nationale, visitent les écoles de temps en temps afin de vérifier que les instituteurs font bien leur travail.
2. **encriers** : *inkwells inserted into the tops of desks. In the age before ballpoint pens, children learned to write with liquid ink and fountain pens.*

1   On n'a pas eu à se lever, parce qu'on était tous debout, et tout le monde avait l'air bien étonné. «Ce sont les petits, ils... ils sont un peu dissipés», a dit le directeur. «Je vois, a dit l'inspecteur, asseyez-vous, mes enfants.» On s'est tous assis, et, comme nous avions retourné leur banc pour le changer de place,

5 Cyrille et Joachim tournaient le dos au tableau. L'inspecteur a regardé la maîtresse et il lui a demandé si ces deux élèves étaient toujours placés comme ça. La maîtresse, elle a fait la tête de Clotaire quand on l'interroge, mais elle n'a pas pleuré. «Un petit incident...» elle a dit. L'inspecteur n'avait pas l'air très content, il avait de gros sourcils tout près des yeux. «Il faut avoir un peu d'autorité,

10 il a dit. Allons mes enfants, mettez ce banc à sa place.» On s'est tous levés et l'inspecteur s'est mis à crier : «Pas tous à la fois : vous deux seulement!» Cyrille et Joachim ont retourné le banc et se sont assis. L'inspecteur a fait un sourire et il a appuyé ses mains sur le banc. «Bien, il a dit, que faisiez-vous avant que je n'arrive?—On changeait le banc de place», a répondu Cyrille. «Ne parlons plus de

1 ce banc! a crié l'inspecteur, qui avait l'air d'être nerveux. Et d'abord, pourquoi changiez-vous ce banc de place?—À cause de l'encre», a dit Joachim. «L'encre?» a demandé l'inspecteur et il

5 a regardé ses mains qui étaient toutes bleues. L'inspecteur a fait un gros soupir et il a essuyé ses doigts avec un mouchoir.

Nous, on a vu que l'inspecteur, la maîtresse et le directeur n'avaient pas l'air de rigoler. On a

10 décidé d'être drôlement sages.

«Vous avez, je vois, quelques ennuis avec la discipline, a dit l'inspecteur à la maîtresse, il faut user d'un peu de psychologie élémentaire», et puis il s'est tourné vers nous, avec un grand sourire et il a éloigné ses sourcils de ses yeux. «Mes en- fants, je veux être votre ami. Il ne faut pas avoir peur de moi, je sais que vous

15 aimez vous amuser, et moi aussi, j'aime bien rire. D'ailleurs, tenez, vous connais- sez l'histoire des deux sourds : un sourd dit à l'autre : tu vas à la pêche? et l'autre dit : non je vais à la pêche. Alors le premier dit : ah bon, je croyais que tu allais à la pêche.» C'est dommage que la maîtresse nous ait défendu de rire sans sa per- mission, parce qu'on a eu un mal fou à se retenir. Moi, je vais raconter l'histoire

20 ce soir à papa, ça va le faire rigoler, je suis sûr qu'il ne la connaît pas. L'inspecteur, qui n'avait besoin de la permission de personne, a beaucoup ri, mais comme il a vu que personne ne disait rien dans la classe, il a remis ses sourcils en place, il a toussé et il a dit : «Bon, assez ri, au travail.—Nous étions en train d'étudier les fa- bles, a dit la maîtresse, *Le Corbeau et le Renard*.[3]—Parfait, parfait, a dit l'inspecteur,

25 eh bien, continuez.» La maîtresse a fait semblant de chercher au hasard dans la classe, et puis, elle a montré Agnan du doigt : «Vous, Agnan, récitez-nous la fa- ble.» Mais l'inspecteur a levé la main. «Vous permettez?» il a dit à la maîtresse, et puis, il a montré Clotaire. «Vous, là-bas, dans le fond, récitez-moi cette fable.» Clotaire a ouvert la bouche et il s'est mis à pleurer. «Mais, qu'est-ce qu'il a?» a de-

30 mandé l'inspecteur. La maîtresse a dit qu'il fallait excuser Clotaire, qu'il était très timide, alors, c'est Rufus qui a été interrogé. Rufus c'est un copain, et son papa, il est agent de police. Rufus a dit qu'il ne connaissait pas la fable par cœur, mais qu'il savait à peu près de quoi il s'agissait et il a commencé à expliquer que c'é- tait l'histoire d'un corbeau qui tenait dans son bec un roquefort. «Un roquefort?»

35 a demandé l'inspecteur, qui avait l'air de plus en plus étonné. «Mais non, a dit Al-

---

3. **Le Corbeau et le Renard (*The Fox and the Crow*) :** *In this famous fable, written by Jean de La Fontaine and published in 1668, a sly and hungry fox tricks an egotistical crow into dropping the cheese from its beak by flattering the crow's singing voice. When the crow opens its mouth to show off its voice, the cheese drops to the ground. The fable is taught fre- quently in French schools to underline the consequences of vanity.*

1 ceste, c'était un camembert.[4]—Pas
du tout, a dit Rufus, le camembert,
le corbeau il n'aurait pas pu le tenir
dans son bec, ça coule et puis ça

5 sent pas bon!—Ça sent pas bon,
mais c'est chouette à manger, a répondu Alceste. Et puis, ça ne veut
rien dire, le savon ça sent bon,
mais c'est très mauvais à manger,

10 j'ai essayé, une fois.—Bah, a dit Rufus, tu es bête et je vais dire à mon papa de
donner des tas de contraventions à ton papa!» Et ils se sont battus.

Tout le monde était levé et criait, sauf Clotaire qui pleurait toujours dans son
coin et Agnan qui était allé au tableau et qui récitait *Le Corbeau et le Renard.* La
maîtresse, l'inspecteur et le directeur criaient «Assez!». On a tous bien rigolé.

15 Quand ça s'est arrêté et que tout le monde s'est assis, l'inspecteur a sorti son
mouchoir et il s'est essuyé la figure, il s'est mis de l'encre partout et c'est dommage qu'on n'ait pas le droit de rire, parce qu'il faudra se retenir jusqu'à la
récréation et ça ne va pas être facile.

L'inspecteur s'est approché de la maîtresse et il lui a serré la main. «Vous

20 avez toute ma sympathie, Mademoiselle. Jamais, comme aujourd'hui, je ne me
suis aperçu à quel point notre métier est un sacerdoce.[5] Continuez! Courage!
Bravo!» Et il est parti, très vite, avec le directeur.

Nous, on l'aime bien, notre maîtresse, mais elle a été drôlement injuste. C'est
grâce à nous qu'elle s'est fait féliciter, et elle nous a tous mis en retenue!

COMPRÉHENSION ET DISCUSSION

A. QUESTIONS DE COMPRÉHENSION

1. Pourquoi l'inspecteur est-il dans l'école?
2. Quelles recommandations la maîtresse a-t-elle faites aux élèves afin de les préparer pour la visite de l'inspecteur?
3. Pourquoi Nicolas pense-t-il que la maîtresse a tort de s'inquiéter?
4. Pourquoi la maîtresse a-t-elle demandé à Agnan de mettre de l'encre dans les
   encriers? Pourquoi a-t-elle choisi Agnan au lieu d'un autre élève?
5. Comment est-il arrivé que le banc est couvert d'encre?

→

---

4. **le roquefort et le camembert :** Le roquefort et le camembert sont deux fromages
français. La fable de La Fontaine dit, «Maître Corbeau, sur un arbre perché, tenait dans
son bec un fromage...» mais ne mentionne pas de fromage spécifique!
5. **sacerdoce :** *(vocation, calling)* À la fin de sa visite, l'inspecteur est convaincu que
seule une personne avec un vrai sacerdoce pourrait avoir la patience d'enseigner dans
une école élémentaire!

6. Qu'est-ce que les élèves étaient en train de faire quand l'inspecteur est arrivé? Pourquoi l'inspecteur a-t-il demandé aux enfants de retourner le banc à sa place? Qu'est-ce que l'inspecteur ne savait pas quand il a appuyé ses mains sur le banc? Précisez.

7. Quel reproche l'inspecteur a-t-il fait à la maîtresse? Pourquoi a-t-il décidé de raconter une plaisanterie amusante? Quelle a été la réaction des enfants? Était-ce la réaction à laquelle il s'attendait? Précisez.

8. Quelle fable était-on en train d'étudier? L'inspecteur a-t-il permis à Agnan de réciter la fable? Quels élèves a-t-il choisis? Expliquez ce qui s'est passé.

9. Comment l'encre a-t-elle continué à embarrasser l'inspecteur?

10. Pourquoi l'inspecteur a-t-il félicité la maîtresse? Pourquoi, à la fin, Nicolas a-t-il trouvé la maîtresse injuste?

B. RÉACTIONS ORALES OU ÉCRITES

Synthèse du texte

1. La maîtresse signale aux enfants que l'inspecteur est un nouvel inspecteur et qu'il n'est pas habitué à la bouffonnerie des élèves d'une école élémentaire. Trouvez dans le conte tout ce qui indique que la maîtresse a raison.

2. Selon Nicolas, lui et ses copains sont presque toujours sages. Relevez tout ce qui montre, dans le texte, que les enfants ont essayé de suivre les recommandations de la maîtresse.

Réaction personnelle

1. Quelles similarités et/ou différences avez-vous remarquées entre l'école élémentaire du conte et une école élémentaire américaine? Donnez des exemples spécifiques. Ce conte et *Le code secret* vous fourniront plusieurs idées à considérer.

2. Vous avez probablement remarqué que Goscinny a établi une personnalité assez distincte pour chacun des petits garçons de la bande dont il décrit les aventures. Il y a Agnan le chouchou, Clotaire le dernier de la classe, Geoffroy qui se vante parce que son père est riche, Alceste qui mange constamment, et ainsi de suite. Comparez ou contrastez ces personnages avec les élèves de votre école élémentaire ou avec une bande dessinée telle que *Peanuts*.

3. Dans ce conte, la maîtresse est nerveuse parce que l'inspecteur visite la classe. Elle veut que les enfants soient sages et elle leur donne beaucoup de recommandations. Vous souvenez-vous d'un jour d'école spécial quand vous étiez petit(e) où votre instituteur/institutrice voulait que tout le monde fasse une bonne impression? Si oui, racontez ce qui s'est passé.

4. Une fois que l'inspecteur arrive, la maîtresse parle très peu. Jusqu'au départ de l'inspecteur elle semble même formuler des excuses pour tout ce qui se passe. Après son départ elle punit les enfants. Selon vous, pourquoi la maîtresse s'est-elle conduite de cette façon? Justifiez ce que vous écrivez en tirant des exemples spécifiques du conte.

5. Comment décririez-vous un instituteur/une institutrice/un professeur exceptionnel(le)? Quelles qualités lui attribueriez-vous? D'après vous, l'inspecteur a-t-il raison quand il dit qu'enseigner est un sacerdoce? Expliquez.

Chapter 18

Il se pourrait bien que les arbres voyagent...

par

Roch Carrier

❧

INTRODUCTION AU CONTE

Les vingt contes du livre *Les enfants du bonhomme dans la lune*, publié par Roch Carrier en 1979, racontent des histoires basées sur les souvenirs d'enfance de l'auteur, alors qu'il grandissait dans un petit village dans la province de Québec. Dans ces vingt contes tous différents, racontés d'un ton parfois drôle, parfois sérieux, on découvre l'existence quotidienne des villageois québécois, leurs habitudes, leurs attitudes, leurs plaisirs, leurs difficultés et leurs croyances.

Peut-être serait-il bon de relire à présent les renseignements sur Roch Carrier et le langage de ses contes au Chapitre 5, *Une abominable feuille d'érable sur la glace*. Ce chapitre raconte un incident dans la vie d'un jeune garçon qui veut, avant tout, être accepté et admiré par ses copains. *Il se pourrait bien que les arbres voyagent...* nous révèle le conflit intérieur d'un vieil homme québécois qui a peur que sa vie étroite et prévisible puisse changer. Ce conte poignant, raconté avec un demi-sourire, vous fera réfléchir à un autre aspect universel du caractère humain.

Dans le premier paragraphe du conte, l'auteur, qui est aussi le narrateur, jette un regard rétrospectif sur les récits, plus ou moins exagérés, de voyages entrepris par les habitants du village de son enfance.

Il se pourrait bien que les arbres voyagent...

1   IL Y AVAIT ceux qui avaient voyagé comme des oiseaux migrateurs et ceux
qui avaient vécu, attachés à la terre, comme les arbres. Certains étaient allés très
loin. Je me souviens d'avoir entendu le récit d'un homme qui était allé jusqu'au
point où le ciel rencontre la terre : l'homme avait dû se pencher pour ne pas
5   heurter le ciel de sa tête. L'homme s'était tout à coup senti seul et il avait écrit à
sa femme. Son timbre lui avait coûté mille dollars. Quelques-uns étaient allés à
New York; un autre était allé visiter un frère au Montana; mon grand-père avait
navigué sur la mer Atlantique; une famille avait émigré en Saskatchewan;[1] et des
hommes allaient couper du bois dans les forêts du Maine ou de l'Abitibi.[2] Quand
10   ces gens revenaient, dans leurs vêtements neufs, même les arbres de la rue prin-
cipale enviaient un peu ceux qui avaient voyagé.

Il y avait ceux, donc, qui n'étaient jamais partis... Comme le vieil Herménégilde. Il était si vieux qu'il avait vu construire la première maison de
notre village. Il était vieux et pourtant sa moustache était toute noire. C'était
15   une moustache énorme qui lui cachait le nez, la bouche et le menton. Je vois
encore la moustache du vieil Herménégilde comme un gros nuage noir au-
dessus de notre village. Nos parents disaient de lui qu'il avait une santé de
bois franc; toutes les tempêtes de la vie n'avaient pas réussi à courber sa droite
et solide fierté. Au bout d'une vie, il ne possédait rien d'autre qu'une petite
20   maison de bois. Ses enfants étaient tous partis. Le vieil Herménégilde, lui, avait
vécu toute sa vie sans jamais franchir la frontière du village. Il était d'ailleurs
très fier d'avoir vécu ainsi, enraciné à la terre de notre village. Pour donner
toute la mesure de sa fierté, il disait :

—Moé,[3] j'ai vécu toute ma vie sans jamais avoir eu besoin des étrangers!
25   Le vieil Herménégilde n'était jamais allé courir les forêts lointaines, il n'était
jamais allé dans les villages voisins acheter ou vendre des animaux; sa femme,
il l'avait trouvée dans le village. Le vieil Herménégilde disait :

—L'bon Yeu nous a toute donné c'qu'i nous faut pour vivre dans notre
village! Pourquoi c'est qu'i' faudrait aller courir ailleurs, là iousque c'é pas
30   mieux.[4]

---

1. **Saskatchewan** : province anglaise du Canada, dans la Prairie, située assez loin de
la province française de Québec
2. **l'Abitibi** : La Rivière Abitibi est située en Ontario et le Lac Abitibi se trouve sur la
frontière entre l'Ontario et le Québec.
3. **Moé** : Moi
4. **L'bon... mieux** : Le bon Dieu nous a donné ce qu'il nous faut... Pourquoi est-ce qu'il
faudrait... là où ce n'est pas mieux.

1   Dans sa vieille tête, revenait un proverbe qu'avait écrit un très ancien poète français et qu'il répétait à sa façon :

—L'harbe des voisins paraît toujours ben plus varte que la nôtre...[5]

Le vieil Herménégilde n'était jamais monté dans une automobile :

5   —J'[6] veux pas aller vers la mort trop vite, disait-il, j'veux y aller en marchant au pas d'un homme.

Un matin, une voiture noire, plus longue que celle de M. Cassidy l'embaumeur, s'arrêta, dans un bond, devant la maison du vieil Herménégilde. Un fils qu'il n'avait pas vu depuis bien des années sortit de la voiture, tout habillé

10   de noir, comme avait l'habitude de l'être M. Cassidy.

—Mon garçon, viens-tu à mon enterrement? demanda le vieil Herménégilde.

—Non, dit le fils. J'sus v'nu vous emmener en voyage.

De métier en métier, de travail en travail, le fils était devenu chauffeur particulier d'un homme d'affaires de Montréal; avant d'avoir pu se demander ce

15   qui se passait, le vieil Herménégilde, qui n'était jamais monté dans une automobile, fut poussé dans le fauteuil de cuir d'une Cadillac qui piaffait comme un cheval.

—*Son* père,[7] dit le fils, vous pouvez pas mourir avant d'avoir vu un peu le monde.

20   —J'ai tout vu ce qu'un homme a besoin de voir, dit le vieil Herménégilde.

La longue voiture noire du fils l'enleva à une vitesse qu'il n'avait jamais éprouvée. Pour ne pas voir qu'il traversait la limite du village, le vieil Herménégilde ferma les yeux. Et, les yeux fermés, le vieil homme ne vit pas qu'il traversait le village voisin où plusieurs étaient allés chercher leur femme; il ne vit pas le mont

25   Orignal, la plus haute montagne de la région; il ne vit pas les dix villages que la voiture noire traversait à une vitesse que n'avait jamais atteinte aucun cheval emballé. Tobie, son garçon, parlait mais il ne voulait pas l'entendre.

—Moé, votre garçon, j' vois ben qu' vous avez passé votre vie comme en prison. Faut voir le monde avant de mourir. C'est moé qui vais vous sortir de

30   votre prison. Aujourd'hui, y a pus[8] de distance. Mon boss, i' s' lève à Montréal, i' s' réveille à Toronto, i' va déjeuner à New York, pis i' r'vient s' coucher à Montréal. C'est vivre, ça! Faut vivre avec son temps. On sait que la terre tourne. Faut tourner avec la terre. Moé, j'arrête pas de voyager. J' connais le

---

5. **L'harbe... nôtre :** L'herbe... bien plus verte...

6. **J' :** Pour bien suivre le *dialogue* entre le père et son fils, relisez le Chapitre 5, *Conversational French*, p. 62. Remarquez aussi que le mot **i' = il**.

7. **Son père :** Au lieu de dire **mon** père, le fils utilise l'adjectif possessif de la troisième personne pour montrer du respect. N'imitez pas cette structure qui n'est pas correcte grammaticalement.

8. **y a pus... :** il n'y a plus...

1 monde. J' connais la vie. Mais vous, vous avez jamais vécu dans les temps modernes. Faut voir ça.

—Un homme peut aller aussi loin qu'i' veut, dit le vieil Herménégilde, mais i' reste toujours dans ses bottines...

5 —J' sus pas[9] c' qu'on appelle un bon fils, dit Tobie, mais c'est moé qui vous aurai montré le monde. J'aurai fait ça de bon dans ma vie.

Alors le vieil Herménégilde comprit qu'il n'avait plus le droit de tenir les yeux fermés. Ils étaient entrés dans Québec. Le vieil homme aperçut, d'un seul coup, des maisons plus hautes que l'église, des gens dans la rue plus nom-
10 breux que pour une procession religieuse et des automobiles qui grouillaient partout comme des fourmis. Son fils l'amena devant un immense château, un vrai château dont il avait entendu le nom quand on parlait des riches, le Château Frontenac,[10] ensuite il lui montra quelque chose de beaucoup plus vieux que lui, même plus vieux que son défunt père, les maisons que les pre-
15 miers Français avaient construites.

L'automobile noire s'arrêta devant un grand jardin; Tobie fit descendre son père.

—I' s'ra pas dit que vous allez mourir avant d'avoir marché su' les Plaines d'Abraham.[11] C'est icitte qu'on a perdu not' pays...

20 Et ce fut l'heure du retour. Dans la voiture, le fils remarqua que le vieil Herménégilde tenait les yeux fermés.

—Son père, fermez pas les yeux, r'gardez le monde.

—J'en ai trop vu, dit le vieil homme, tu m'as montré trop de choses aujourd'hui.

25 Dès qu'il eut déposé le vieil Herménégilde chez lui, le fils s'empressa de repartir, dans la longue voiture noire, appelé par d'autres voyages dans le vaste monde moderne.

Pendant de longs mois, derrière sa grosse moustache noire et les yeux fermés, le vieil Herménégilde attendit le retour de la longue voiture noire.

---

9. **J' sus pas...** : Je ne suis pas...
10. **Le Château Frontenac** : un hôtel spectaculaire, situé sur le Fleuve Saint-Laurent, dans la ville de Québec. Louis de Frontenac était gouverneur de la Nouvelle-France (les colonies françaises du Canada) entre 1672 et 1697.
11. **les Plaines d'Abraham** : En 1759, le Général James Wolfe et son armée anglaise ont attaqué Québec et ont réussi à vaincre l'armée française sous les ordres du Général Montcalm. Les Plaines d'Abraham, maintenant un parc historique, est le site de la dernière bataille entre ces deux armées. Wolfe a été tué dans la bataille et Montcalm est mort de ses blessures quelques heures après. C'est grâce à cette victoire que les Anglais ont pris contrôle de la Nouvelle-France et à cause de cette victoire anglaise que les Québécois «ont perdu leur pays».

🔍 Compréhension et discussion

A. questions de compréhension

1. Dans le premier paragraphe du conte, l'auteur fait allusion aux voyages de certains habitants de son village. Où ces gens sont-ils allés? Quelle était la réaction générale du village quand ils revenaient chez eux?

2. À quoi l'auteur a-t-il comparé les voyageurs? À quoi a-t-il comparé les gens qui restent toujours chez eux? À quel groupe appartenait le vieil Herménégilde?

3. Décrivez le vieil Herménégilde. Pensez à son apparence physique et à son caractère. Où et comment vivait-il?

4. Où Herménégilde avait-il rencontré sa femme?

5. Comment Herménégilde a-t-il justifié le fait qu'il n'avait jamais quitté son village?

6. Quel proverbe Herménégilde répétait-il souvent? Quelle signification ce proverbe avait-il pour lui? Connaissez-vous un proverbe en anglais qui exprime la même idée?

7. Qui est Tobie? Pourquoi est-il revenu chez lui après une très longue absence?

8. Pourquoi Herménégilde a-t-il demandé à Tobie s'il était venu pour l'enterrement de son père?

9. La Cadillac appartenait-elle à Tobie? Expliquez.

10. Le vieil Herménégilde a-t-il accepté avec plaisir la décision de son fils? Décrivez ce que le vieux a vu et entendu pendant la première partie de son voyage.

11. Pourquoi Tobie admirait-il la vie de son *boss*? Que pensait-il de la vie de son père?

12. Dans quelle ville les deux hommes sont-ils enfin arrivés? Qu'est-ce que Tobie a montré à son père?

13. En retournant chez lui, Herménégilde a gardé encore une fois les yeux fermés. Quelle raison a-t-il donnée pour ceci?

14. Après ce voyage, le vieil Herménégilde était-il toujours le même homme? Expliquez votre réponse.

B. réactions orales ou écrites

Synthèse du texte

1. Quelle sorte de rapport y a-t-il entre le fils et son père? Trouvez des exemples dans le texte pour justifier votre réponse.

2. Au commencement de ce conte, l'auteur parle des oiseaux migrateurs et des arbres. Lequel des deux personnages nous fait penser à un oiseau? Lequel nous fait penser à un arbre? Expliquez pourquoi Carrier choisit ces deux images et comment ces images symbolisent la vie des deux protagonistes.

3. À Québec, parmi les choses que Tobie a montrées à son père, il est intéressant de remarquer qu'il a mélangé le vieux et le moderne. Discutez les choses qu'Herménégilde a vues, ses réactions et les comparaisons qu'il a faites avec ce qu'il connaissait. Pourquoi, à votre avis, Tobie croyait-il que ces sites étaient importants?

→

4. Dans les contes de Roch Carrier, on peut toujours détecter son sens de l'humour. *Il se pourrait bien que les arbres voyagent...* contient des éléments comiques, cachés sous le ton plus sérieux du conte. Trouvez-en quelques exemples et expliquez pourquoi ils vous font sourire.

Réaction personnelle

1. Comparez le vieil Herménégilde de la fin du conte avec celui qu'on a rencontré au début. Selon vous, son fils lui a-t-il rendu un bon ou un mauvais service? Justifiez votre réponse.

2. Normalement ce sont les gens plus âgés—parents, grands-parents, professeurs, etc.—qui partagent leurs expériences avec les jeunes. Expliquez comment les rôles de Tobie et d'Herménégilde diffèrent des rôles habituels d'un père et d'un fils. Est-ce qu'Herménégilde a appris quelque chose de son fils? Justifiez votre réponse.

3. Pendant le conte, Herménégilde a tenu les yeux fermés trois fois : pendant la première partie du voyage, pendant le voyage du retour chez lui et pendant de longs mois après le départ de son fils. Avait-il toujours la même raison de fermer les yeux, ou est-ce que la raison était différente chaque fois? Expliquez. D'après vous, que symbolise pour l'auteur cet acte de fermer les yeux? Quelle signification a-t-il pour vous?

4. Est-il important de voyager? Pourquoi ou pourquoi pas? Quelle influence les voyages peuvent-ils avoir sur un individu? Selon vous, pourquoi Tobie a-t-il choisi cette manière d'ouvrir les yeux de son père?

5. Connaissez-vous quelqu'un qui ressemble beaucoup à Herménégilde? Si oui, décrivez cet individu et expliquez pourquoi vous le comparez au vieil homme du conte.

6. Créez une conversation entre :
   a. Herménégilde et un ami après son retour de Québec.
   b. Tobie et sa femme après son voyage avec son père.
   c. Tobie et son père six mois après le voyage à Québec.
   d. ?

7. Vous avez décidé d'écrire un conte qui exprime les mêmes idées que ce conte de Carrier, mais vous voulez situer votre conte aux États-Unis. Dans votre conte, il y a quelqu'un qui voudrait élargir les horizons d'un autre. Quelles pensées vous viennent à l'esprit? Dressez une liste de vos idées et demandez à vos camarades de classe de vous aider en donnant leurs suggestions. Puis, écrivez le conte en groupe, ou seul(e), si vous le préférez.

Chapter 19
L'œuf de Pâques

Henri Crespi *(1918–1989)*

Le plus jeune d'une famille de cinq enfants, Henri Crespi est né le 9 octobre 1918 à Lucerne en Suisse. Après la mort de sa mère, survenue quand le petit Henri n'avait que cinq ans, son père a amené toute la famille en France et ils se sont installés près de Paris. Immédiatement après ses études secondaires, Crespi s'est plongé dans le monde du travail. Il a rapidement essayé de gagner sa vie en faisant des dessins et en écrivant. Autodidacte, il n'a fréquenté aucune université. Pendant les années de la Deuxième Guerre mondiale (1939–1945), il a rencontré Marie-Thérèse Gaulard, avec qui il s'est marié et a eu deux enfants (Élisabeth, née en 1945, et Antoine, né en 1947), mais il a perdu son père, qui, en raison de ses origines juives, a été déporté. Henri ne l'a jamais revu.

En 1952, Crespi, avec sa femme et ses enfants, s'est installé à Aix-en-Provence où il a continué à travailler comme dessinateur, journaliste et écrivain. Auteur de nombreuses pièces radiophoniques et d'un roman, *La Cigarette* (1959), il a publié des articles, des interviews, des nouvelles et des dessins pour différents types de publication. Doué d'un talent artistique, Crespi peignait aussi, et avait quantité d'intérêts artistiques: la littérature, le théâtre (il était comédien amateur), la poésie et l'art. Il avait de nombreux amis dans les milieux artistiques, littéraires et universitaires, avec qui il aimait passer du temps à discuter de différents sujets. Faisant de fréquents allers-retours à Paris pour son travail, Crespi n'a jamais cessé de dessiner ou d'écrire jusqu'à sa mort, survenue à Aix-en-Provence, en 1989. Sa femme y est morte un an après, en 1990. Les enfants d'Henri Crespi habitent toujours à Aix.

L'œuf de Pâques, un des contes du recueil intitulé *Nouvelles*, a été publié en 1949. Au début du conte, Henri Crespi, l'auteur et le narrateur, explique au lecteur qu'il va raconter une histoire qui «n'a pas l'air vrai», c'est-à-dire une histoire qui sera difficile à croire. Si le lecteur choisit de ne pas accepter les événements qu'il décrit, le narrateur dit qu'il ne peut rien y faire, mais qu'il va les raconter quand même. Ensuite, il présente les deux personnages principaux, Siméon et Nadine, dont le nom de famille, Farfelu, veut dire *un peu fou ou bizarre*.

Avant de commencer à lire ce conte, il faut que le lecteur comprenne certaines références. **Le Bois de Boulogne** est un grand parc très célèbre à Paris. Siméon vend des **navettes à tisser**, ou *weaving shuttles*, et va souvent à Roubaix, un centre de textiles. La **guerre** mentionnée dans le conte est la Deuxième Guerre mondiale (1939–1945), pendant laquelle il y avait une pénurie *(shortage)* de vivres–de café, de chocolat, de viande, etc., aussi bien qu'un manque d'essence, de bas et de beaucoup d'autres nécessités. Ceux qui avaient assez d'argent essayaient d'acheter ce qu'ils voulaient au **marché noir**, c'est-à-dire illégalement. Vers la fin du conte, l'auteur compare l'hésitation tremblante de Nadine à celle qu'on éprouve **avant d'ouvrir un télégramme**. Pendant cette même période de la Deuxième Guerre mondiale, un télégramme contenait trop souvent le message que quelqu'un de bien aimé était mort à la guerre.

Maintenant, *L'œuf de Pâques* vous attend. Découvrez pourquoi Crespi a écrit que «ça n'a pas l'air vrai».

L'œuf de Pâques

1   Ça n'a pas l'air vrai.

    Et que voulez-vous que j'y fasse?

    Chaque jour, je lis le journal, et je me dis aussi:

    "Ça n'a pas l'air vrai," et pourtant...

5   La première chose qui n'a pas l'air vrai, c'est son nom.

    Il s'appelait Siméon Farfelu.

    Et que voulez-vous que j'y fasse?

    Sa femme s'appelait Nadine. C'est comme ça.

    Ils se sont connus il y a dix-sept ans, exactement le 12 mai 1932. Elle avait

10   vingt-deux ans et servait dans un restaurant. Lui avait vingt-deux ans et mangeait dans le même restaurant...

    Ça, ça a l'air d'être vrai.

    Le jour de Pâques, ils s'étaient trouvés sur un sentier dans le Bois de Boulogne. Il lui avait demandé de lui tourner le dos et s'en était allé cacher un

15   œuf de chocolat dans un buisson. Elle l'avait cherché, trouvé et avait mordu le chocolat. À l'intérieur, un morceau de papier sur lequel était écrit "je t'aime." Elle s'était jetée à son cou et l'avait couvert de baisers.

    Depuis ce temps, chaque année, le jour de Pâques, Siméon Farfelu cachait un œuf dans la maison ou dans le petit jardin. Nadine, dès le réveil, se mettait

20   à chercher partout et Siméon la suivait avec un regard amusé.

1   Quand elle avait enfin trouvé, comme à la première fois, elle mordait hardiment dans le chocolat pour savoir ce que l'œuf cachait. Le plus souvent, elle y avait trouvé un bijou. Alors, toujours comme la première fois, elle se jetait à son cou. La coutume était aimable.

5   À plusieurs occasions, elle avait trouvé des bouts de papier sur lesquels elle lisait: "Bon pour une robe" ou "Bon pour une surprise chez la concierge de l'immeuble voisin."

    Traditionaliste fervent, Siméon Farfelu ne laissait jamais échapper le jour de Pâques sans cacher le fameux œuf de chocolat.

10   L'année précédant celle dont il est particulièrement question dans cette histoire, Nadine Farfelu avait peut-être été un peu déçue. Siméon, très occupé par ses affaires et devant sortir dans l'après-midi, ne s'était pas donné la peine de chercher une cachette difficile. Nadine avait trouvé l'œuf après cinq minutes dans la casserole où elle devait faire bouillir le lait. Alors, vous pensez

15 bien qu'elle devait le trouver avant le petit déjeuner.

    Elle avait mordu et avait vu... un billet de cent francs. Évidemment, les effusions eurent lieu, mais avec moins de conviction que les années précédentes. Elle avait pensé que Siméon ne s'était pas creusé la cervelle pour une surprise, qu'il ne connaissait plus ses goûts et qu'un billet de cent francs, ce

20 n'était pas grand-chose.

    Enfin, nous voici arrivés à ce jour de Pâques de l'année suivante.

    Siméon se leva très tôt. Il avait un train à prendre à 7h43. Il devait absolument voir un client à Roubaix. Car j'oubliais de vous dire que Siméon vendait des navettes à tissage et que les affaires n'étaient pas assez prospères pour

25 penser à négliger un client. Nadine préparait le petit déjeuner dans la cuisine. Elle était triste de penser que c'était la première fois qu'elle ne verrait pas son mari le jour de Pâques. N'allait-elle pas trouver l'œuf traditionnel quand il était là? Sans doute serait-il obligé de lui dire la cachette avant de partir. Oh! Elle n'attendait pas un cadeau somptueux, surtout depuis l'année dernière avec

30 le billet de cent francs. Siméon semblait tellement occupé par ses affaires. "Ça ne va pas", disait-il souvent et l'argent n'affluait plus comme à certaines périodes de prospérité de la navette à tisser.

    Enfin, l'œuf n'était pas, cette fois-ci, dans la casserole à lait.

    Siméon se rasait. Il était nerveux et se coupa le menton. Lorsqu'il eut fini

35 de s'habiller, il rejoignit sa femme dans la salle à manger.

    Nadine voulait remarquer que, pour la première fois... Mais elle restait silencieuse, tant elle avait la gorge serrée.

1   Devant la fenêtre, l'unique pêcher du jardin balançait ses petites fleurs roses au premier soleil de la journée.

Siméon Farfelu contemplait longuement sa femme.

— Quand reviens-tu? demanda Nadine.

5   — Sans doute demain dans la journée, répondit Siméon assez calme.

— Ah!...

Elle n'eut pas la force d'ajouter autre chose. Elle ne le verrait donc pas de la journée.

Le temps passait. Siméon fumait une cigarette. Il regardait toujours sa femme 10 d'étrange façon. Faisait-il exprès de ne faire aucune allusion à cette journée? Nadine se sentait intimidée et, Dieu sait pourquoi, elle avait envie de pleurer.

Siméon Farfelu se leva. Il jeta un dernier regard vers l'intérieur de sa valise, puis lui donna un tour de clé. Nadine lui donna son chapeau. Farfelu regarda longuement autour de lui, comme s'il cherchait quelque chose. Puis soudain, 15 il regarda sa montre, embrassa rapidement sa femme et s'en alla.

Et l'œuf? Ils n'en avaient parlé ni l'un ni l'autre.

Le soleil montait lentement dans le ciel. Nadine, habillée, ouvrit la fenêtre et se mit à réfléchir.

Avait-il oublié? C'était impossible.

20   Alors, où avait-il pu le cacher?

Dans le jardin? Dans la maison?

Que faire d'autre aujourd'hui que de le chercher? Siméon avait dit qu'il reviendrait demain... Peut-être était-il parti à la recherche d'un cadeau qu'il n'avait pas eu l'occasion d'obtenir plus tôt. Alors, dans ce cas, pourquoi 25 chercher? Nonchalamment, Nadine descendit au jardin. Ses yeux allaient vers les buissons, ses mains séparaient des branches, ses pieds exploraient l'herbe déjà haut poussée. Il n'y avait pas d'œuf au jardin. Cette conclusion s'imposa à Nadine lorsqu'elle remarqua que c'était l'heure du déjeuner. Ce fut un maigre et triste repas sur le coin de la table de cuisine. Elle pensait aux cachettes 30 possibles dans la maison. En 37, l'année du bracelet qu'elle portait encore, elle avait trouvé l'œuf dans son oreiller. Les hommes ne savent pas prendre des précautions ménagères; l'oreiller avait été taché de chocolat. Elle avait bien pardonné. L'année suivante, en 38, elle avait trouvé l'œuf dans son manteau, lorsque Siméon lui avait proposé une promenade... À l'intérieur, il y avait un 35 bon pour trois jours au bord de la mer avec lui. Ah! ces trois jours ... ils avaient retrouvé l'amour des premiers temps... enfin.

Pendant la guerre, le chocolat était en mauvaise pâte de fruits. Mais elle mordait tout de même dedans, selon leur convention. En 42, elle avait trouvé

11 un paquet de vrai café, qu'il avait acheté au marché noir, connaissant la passion qu'elle avait pour cette boisson. Et, dans le paquet, un petit brillant
qu'elle avait fait monter en bague.

Allait-il, cette année, rattraper son manque d'ingéniosité de l'année passée?
5 Ou, absorbé par ses affaires, son geste aurait-il été le même? Et si la coutume
n'avait plus d'attrait pour lui? Pourquoi n'avait-il pas parlé ce matin? Il aurait
pu dire: "N'oublie pas de chercher l'œuf."

Parfois, Siméon Farfelu s'était montré taquin. Il ne fallait donc pas s'en
étonner.

10 Vers trois heures de l'après-midi, le téléphone sonna... Nadine se précipita.
Ce devait être Siméon. Aucune voix ne lui répondit. Elle raccrocha.

Par la fenêtre ouverte, une tiédeur envahissait les chambres. Nadine passait
de l'une à l'autre se rappelant les années avec son mari, les journées de printemps dans les bois, les fleurs cueillies. Siméon avait toujours été un homme
15 calme et pondéré. Jamais il n'avait fait de reproche, jamais un geste brutal ni
même nerveux. Tout en faisant ces réflexions, Nadine cherchait l'œuf de
Pâques que Siméon devait avoir caché.

Comme la journée avançait, Nadine Farfelu s'énervait. Elle ouvrait un tiroir, le
vidait et passait au suivant sans avoir rangé les affaires. Ce fut bientôt un désor-
20 dre indescriptible. Le linge propre se mélangeait au sale. Les provisions de nourri-
tures se mêlaient aux affaires de toilette. Vers le soir, la curiosité devint frénétique.
Bien entendu, moins ses recherches étaient ordonnées, moins elle trouvait. Nadine se rendit compte que, les autres années, c'était le regard de son mari et ses
sourires qui la guidaient. Il disait aussi: "Il fait froid... Tu chauffes... Tu brûles..."
25 Évidemment, toute cette affaire est absurde et Nadine aurait aussi bien fait
d'attendre tranquillement le retour de son mari... Mais les femmes sont
curieuses des surprises qu'on leur réserve.

Siméon l'avait-il vraiment oubliée?

Non, non, ce n'était pas possible.

30 Même sans cadeau, sans surprise, il aurait caché l'œuf traditionnel... Il était
trop méthodique pour ne pas l'avoir fait.

Enfin, je ne veux pas vous faire attendre plus longtemps, ça aurait l'air encore moins vrai.

L'œuf en chocolat était dans le four de la cuisinière et Nadine ne le trouva
35 que vers huit heures du soir... bien entendu après avoir ouvert le four au moins
dix fois sans le voir. L'œuf n'était pas très gros.

Tremblante, comme avant d'ouvrir un télégramme, Nadine Farfelu attendit quelques instants. Enfin, elle en mordit un bon morceau (elle n'avait pas

1 encore dîné). Un bout de papier était à l'intérieur. Elle attendit encore pendant qu'elle avalait le chocolat. Enfin, elle déplia le papier. Elle lut ces simples mots: "Je ne t'aime plus."

Quelques secondes après, elle s'écroula.

5 Maintenant, Siméon Farfelu s'appelait Carlos Fernandez, et il vend des navettes à tisser dans Barcelone, se demandant si la strychnine mélangée au chocolat a bon goût.

A. QUESTIONS DE COMPRÉHENSION

1. En quelle année Siméon et Nadine se sont-ils connus? Que faisaient-ils à cette époque-là? Combien de temps a passé depuis cette rencontre?
2. Le jour de Pâques Siméon a préparé une surprise pour Nadine. Où étaient-ils? Quelle était la surprise? Quelle a été la réaction de Nadine?
3. Quelle tradition Siméon a-t-il établie pour montrer son amour éternel pour sa femme?
4. Au cours des années, quelles sortes de surprises Nadine trouvait-elle dans l'œuf de Pâques? Que faisait Siméon lorsqu'elle le cherchait? Que faisait-elle après l'avoir trouvé?
5. Quel cadeau Nadine a-t-elle trouvé l'année qui a précédé celle de cette histoire? Quelle réaction a-t-elle eue en le voyant? Pourquoi a-t-elle été un peu déçue?
6. L'année suivante, c'est-à-dire l'année de notre histoire, que Siméon allait-il faire le jour de Pâques? Pourquoi? Pourquoi Nadine était-elle triste? Est-ce qu'elle s'attendait à recevoir un cadeau cher? Expliquez.
7. Décrivez quelques détails du comportement de Siméon ce jour-là.
8. Quand Siméon a-t-il dit qu'il reviendrait de son voyage d'affaires? Lui et Nadine ont-ils parlé de leur tradition avant son départ?
9. Après le départ de Siméon, que Nadine a-t-elle décidé de faire? Pourquoi? Où a-t-elle commencé ses recherches?
10. Pendant qu'elle cherchait l'œuf, elle pensait au passé et aux autres cadeaux que Siméon avait cachés. Donnez-en quelques exemples.
11. Quelles questions Nadine se posait-elle pendant ses réflexions?
12. Quelle opinion Nadine avait-elle de son mari? Soyez spécifique.
13. Pendant l'après-midi Nadine a commencé à s'énerver. Pourquoi? Comment cet énervement a-t-il influencé ses recherches? Pourquoi a-t-elle trouvé ses recherches plus difficiles et moins amusantes cette fois-ci?
14. Siméon avait-il trouvé une cachette très difficile à découvrir? À quelle heure et où Nadine a-t-elle enfin trouvé l'œuf?
15. Qu'est-ce que Nadine a trouvé dans l'œuf? Pourquoi n'a-t-elle pas lu le bout de papier avant d'avaler le chocolat?
16. Qu'est-ce qui est arrivé à Nadine Farfelu? Pourquoi? Où est Siméon maintenant? Pourquoi a-t-il changé de nom?

B. RÉACTIONS ORALES OU ÉCRITES

Synthèse du texte

1. Si quelqu'un demandait à Nadine de décrire son mari, que dirait-elle? Basez votre réponse sur ce que vous avez lu dans le conte.
2. Selon vous, Nadine aimait-elle Siméon? Justifiez ce que vous dites en utilisant des faits spécifiques tirés du conte.
3. Quels adjectifs choisiriez-vous pour décrire les sentiments de Nadine pendant son dernier jour de Pâques? En vous basant sur le texte, suivez le développement de ses sentiments avant et après le départ de Siméon.
4. Décrivez la dernière scène entre les époux.
5. Avez-vous trouvé la fin de ce conte surprenante? Pourquoi? Maintenant que vous savez comment le conte se termine, relisez les événements afin de trouver les indices (*clues*) que l'auteur a donnés au lecteur—les indices qui menaient logiquement à une telle fin.

Réactions personnelles

1. Que pensez-vous de Siméon et de ce qu'il a fait? Selon vous, pourquoi a-t-il choisi le jour de Pâques pour empoisonner sa femme? S'il n'aimait plus Nadine pourquoi n'a-t-il pas tout simplement divorcé? Comment le dernier message de Siméon à Nadine a-t-il influencé votre opinion de Siméon?
2. Si Nadine avait lu le message dans l'œuf avant d'avaler le chocolat, qu'aurait-elle fait? Est-ce que le conte se serait terminé d'une autre façon? Si oui, comment? Si non, pourquoi pas?
3. À votre avis lequel des deux époux comprend mieux l'autre? Basez votre réponse sur les détails du conte.
4. Imaginez que Nadine ait posé des questions à Siméon sur ses actions ce jour-là, son silence, son voyage d'affaires, etc. Quel aurait été le résultat?
5. Selon vous pourquoi et quand Siméon a-t-il décidé de tuer sa femme?
6. Cinq années ont passé. Quelle sorte de vie Siméon mène-t-il?
7. Siméon a été arrêté pour le meurtre de sa femme. Vous êtes son avocat. Il dit qu'il n'est pas coupable. Quels arguments pourriez-vous donner en sa faveur? Comment plaideriez-vous son procès?
8. Votre famille a-t-elle une tradition qui vous est chère et que vous voudriez continuer pendant les années à venir? Quelle est cette tradition? Savez-vous pourquoi ou comment elle s'est établie? Décrivez un jour spécifique où la célébration de cette tradition était particulièrement mémorable. Croyez-vous à l'importance de la continuité des traditions familiales?

Appendix A

LE PASSÉ SIMPLE

The **passé simple** (simple past) denotes an action entirely completed in the past. In literary works and narrations, it is the most commonly used past tense. The **passé simple** corresponds in meaning to the **passé composé** (compound past), which is the past tense used in conversational French.

In order to understand and appreciate literary texts, it is necessary to recognize the **passé simple**.

A. FORMATION OF THE PASSÉ SIMPLE: REGULAR VERBS

A special set of endings is added to the stem of the verb.

1. -er verbs:	**-ai**	**-as**	**-a**	**-âmes**	**-âtes**	**-èrent**
2. most -ir verbs and most -re verbs:	**-is**	**-is**	**-it**	**-îmes**	**-îtes**	**-irent**
3. most -oir verbs:	**-us**	**-us**	**-ut**	**-ûmes**	**-ûtes**	**-urent**

Examples

quitter	**sortir**	**entendre**
je quitt**ai**	je sort**is**	j'entend**is**
tu quitt**as**	tu sort**is**	tu entend**is**
il/elle quitt**a**	il/elle sort**it**	il/elle entend**it**
nous quitt**âmes**	nous sort**îmes**	nous entend**îmes**
vous quitt**âtes**	vous sort**îtes**	vous entend**îtes**
ils/elles quitt**èrent**	ils/elles sort**irent**	ils/elles entend**irent**

B. VERBS THAT HAVE IRREGULAR STEMS IN THE PASSÉ SIMPLE:

The third-person singular and plural forms of the verb are listed first, since they are the forms most commonly encountered in reading.

aperçut, aperçurent	apercevoir	*to notice*
apparut, apparurent	apparaître	*to appear*
apprit, apprirent	apprendre	*to learn*
s'assit, s'assirent	s'asseoir	*to sit down*
but, burent	boire	*to drink*
comprit, comprirent	comprendre	*to understand*
conclut, conclurent	conclure	*to conclude*
conduisit, conduisirent	conduire	*to drive*

connut, connurent	connaître	*to know*
courut, coururent	courir	*to run*
craignit, craignirent	craindre	*to fear*
crut, crurent	croire	*to believe*
décrivit, décrivirent	décrire	*to describe*
devint, devinrent	devenir	*to become*
disparut, disparurent	disparaître	*to disappear*
dit, dirent	dire	*to say, to tell*
dut, durent	devoir	*to owe; to have to*
écrivit, écrivirent	écrire	*to write*
eut, eurent	avoir	*to have*
fit, firent	faire	*to make; to do*
fuit, fuirent	fuir	*to flee*
fut, furent	être	*to be*
introduisit, introduisirent	introduire	*to introduce*
lut, lurent	lire	*to read*
mit, mirent	mettre	*to put*
mourut, moururent	mourir	*to die*
naquit, naquirent	naître	*to be born*
parut, parurent	paraître	*to appear*
plut, plurent	plaire	*to please*
plut	pleuvoir	*to rain*
prit, prirent	prendre	*to take*
promit, promirent	promettre	*to promise*
put, purent	pouvoir	*to be able*
relut, relurent	relire	*to reread*
remit, remirent	remettre	*to put back*
reprit, reprirent	reprendre	*to take again*
retint, retinrent	retenir	*to retain; to detain*
revit, revirent	revoir	*to see again*
rit, rirent	rire	*to laugh*
sourit, sourirent	sourire	*to smile*
se souvint, se souvinrent	se souvenir	*to remember*
surprit, surprirent	surprendre	*to surprise*
survécut, survécurent	survivre	*to survive*
sut, surent	savoir	*to know*
tint, tinrent	tenir	*to hold*
se tut, se turent	se taire	*to be silent*
valut, valurent	valoir	*to be worth*
vint, vinrent	venir	*to come*
vit, virent	voir	*to see*
voulut, voulurent	vouloir	*to want, to wish*

Appendix B
NEGATIVE CONSTRUCTIONS

ne... aucun(e) *no, not any*

Il **n'**y a **aucune** trace de vol.

Aller là où je **n'**en avais **aucune** envie...

ne.... guère *scarcely*

On devinait que le pantalon **ne** tenait **guère**...

Ce **n'**était **guère** dans ses habitudes.

ne... jamais *never, not ever*

Je **ne** note **jamais** un rendez-vous dans mon carnet.

Je **n'**avais **jamais** vu Joseph Leborgne travailler.

ne... ni... ni *neither . . . nor*

Vous **ne** savez **ni** lire **ni** écrire votre langue.

Ni papa **ni** maman **n'**en ont mangé.

ne... nulle part *not anywhere, nowhere*

Je **n'**allais **nulle part**.

J'ai perdu ma clé. Je **ne** l'ai trouvée **nulle part**.

ne... pas *not*

Il **ne** voulait **pas** écouter.

Nous **n'**allons **pas** tirer tout de suite.

ne... personne *no one, not any one*

Tu **n'**as rencontré **personne**?

Il **n'**y avait **personne** pour sonner ma cloche.

ne... plus *no longer*

Je **n'**osais **plus** prononcer une parole.

Il **ne** dort **plus**.

ne... point *not, not at all*

Je cherchai une place où je **ne** serais **point** serré.

Le vieux poète **n'**est **point** différent.

ne... rien *nothing, not anything*

Je **n'**ai **rien** osé faire.

Il **ne** comprend **rien**.

Aucun, personne, and **rien** are frequently used as subjects. In that case, they appear as follows:

Aucun(e)... ne *No, not any, no one*

Aucune trace de larmes **ne** se voyait.

Aucun n'en parlait.

Personne... ne *Nobody, no one*

Personne n'est sorti.

Personne d'autre **n'**a le droit de venir.

Rien... ne *Nothing*

Rien n'a amélioré son existence.

Rien ne la gêne.

NOTE: Ne... **que** follows the pattern of a negative construction, but it does **NOT** express a negative idea.

ne... que *only*

Il **n'**y a **que** moi qui ne sais pas encore où je vais aller.

Je **ne** peux passer **que** bien tard dans la nuit.

Lexique

The words included in the *Lexique* are those found in **Explorations**. The definitions given in this glossary reflect the context in which the words are used in this text. If the meaning here differs from the usual definition, the principal meaning is also given. Exact cognates and easily recognizable words have been omitted. Multiple-word expressions are listed under each primary component. For example, **mettre le feu** is listed under both **mettre** and **feu**. The feminine form of the adjective is given only if it is irregular. This glossary also includes words and expressions found in the introductory materials, footnotes, and exercises.

The following abbreviations are used:

adj. adjective	**fig.** figurative	**p.p.** past participle
adv. adverb	**Fr.** French	**prep.** preposition
Can. Canadian	**inf.** infinitive	**pro.** pronoun
conj. conjunction	**m.** masculine	**sing.** singular
f. feminine	**n.** noun	**v.** verb
fam. familiar	**pl.** plural	

A

à in, to, with, into, at, for, by, upon, after, from

abandon *m.* abandonment, forlornness

abandonner to abandon; **s'___ à** to commit oneself to

abattement *m.* dejection, low spirits

abattre to butcher, slaughter

abécédaire *m.* primer

abeille *f.* bee

abîmer to overwhelm, ruin; **s'___** to sink into

abonder to abound, be plentiful

aboyer to bark

abri *m.* shelter; **se mettre à l'___** to take shelter (from), to take refuge (from)

abrité sheltered, screened

abriter to shelter, house

abruti stupid

absolument absolutely

accabler to overwhelm

accentuer to stress

accessoire *m.* accessory, property

acclamer to applaud, acclaim

accommoder to accommodate; **s'___** to make the best of, accept

accompagner to accompany

accomplir to accomplish

accord *m.* agreement, consent; **être d'___ avec** to agree with

accorder to grant, give, award; **s'___** to agree

accouder (s') to lean on one's elbow(s)

accourir to run up to

accoutumer to accustom; **à son accoutumée** as usual

accrocher to catch hold; to hold on (telephone); **s'___** to catch on, to get caught on

accroupir (s') to crouch

accueillir to greet, welcome

acerbe sharp, caustic

acheter to buy

achever to finish

acquérir to acquire, gain

âcre bitter, sour

activer to stir up, accelerate

actrice *f.* actress

actuellement at present

addition *f.* restaurant bill

adieu *m.* good-bye, farewell

admettre to admit

adonner (s') to devote oneself to

adosser (s') to lean against

adorer to adore, love, be fond of

adresse *f.* address; **à l'___ de** concerning

adresser to address; **s'___ à** to be meant for; to speak to

adroit skillful, clever

adroitement skillfully, cleverly

adversaire adversary, enemy

affaire *f.* affair, situation; *pl.* business; things, belongings

affecté affected

affecter to feign, assume, pretend

affiche *f.* poster, bulletin

afficher to post, affix

affluer to flow

affolé frightened

affoler to madden, distract, bewilder; **s'___** to panic

affreusement frightfully, horribly

affreux (affreuse) frightful, horrible

affronter to face, confront

afin de in order to

africain African

âge *m.* age

âgé aged; **___ de dix ans** ten years old

agent *m.* policeman

agir to act, to do; **s'___ de** to be a question of

agité emphasized, excited, aggravated

agiter to agitate, shake; to wave

agneau *m.* lamb

agonir to insult grossly, to load with abuse

agressivité *f.* aggressiveness

ahurissant confusing, bewildering, stupefying

aide *f.* aid, help

aïeux *m. pl.* elders, ancestors

aigu (aiguë) sharp, piercing

aile *f.* wing; brim of a hat

ailé winged

ailleurs elsewhere; **d'___** besides, furthermore

aimable nice, friendly

aimé the loved one

aimer to love, to like; **___ mieux** to prefer

aîné eldest

ainsi thus; **___ que** as well as

air *m.* appearance, look; **d'un ___** with a look; **avoir l'___ (de)** to look (like); **grand air** open air

aise *f.* ease, comfort; **à l'___** comfortable, at ease

aisé well-to-do, comfortable; easy, convenient

ajouter to add

ajuster to adjust

alentours *m. pl.* environs, surrounding area

alcoolisme *m.* alcoholism

algérien (algérienne) Algerian

aligner to line up, align

alimenter to feed, nourish; **sous-alimenté** undernourished

allée *f.* shaded path, walk

allègre cheerful, lively, happy

allemand German; *n.m.* German language

aller to go; **s'en ___** to go away; **allons** let's go; come now

allô hello (on the telephone)

allonger to lengthen, stretch out

allumer to light

allumette *f.* match

allure *f.* appearance, aspect; speed, pace, gait

alors then, next; **___ que** while

alourdir to weigh heavily upon

altéré weakened, distorted

amabilité *f.* kindness; **Auriez-vous l'___ de...** Would you be so kind as to...

amant *m.* lover

amas *m.* mass, pile

amasser to amass, hoard

ambitieux (ambitieuse) ambitious

âme *f.* soul

aménager to arrange

amener to take, bring, lead

amer (amère) bitter

amertume *f.* bitterness

ameuter to stir up against

ami *m.* friend

amical friendly

amirauté *f.* admiralty

amitié *f.* friendship

amorcer (s') to begin, start

amour *m.* love

amoureux (amoureuse) (de) in love (with)

ampoule *f.* light bulb

amusant amusing

amuser to amuse; **s'___** to have a good time, have fun

an *m.* year; **avoir sept ans** to be seven years old

ancêtre *m.* ancestor

ancien (ancienne) old, ancient; (*before noun*) former

âne *m.* donkey, ass; idiot

ange *m.* angel

angle *m.* corner, angle

angoisse *f.* anguish, distress

angoisser to anguish, distress, afflict

année *f.* year

anniversaire *m.* birthday, anniversary

annonce *f.* announcement, advertisement; **___ classée** *f.* classified ad

annoncer to announce

antichambre *f.* antechamber, entry

antipathique unpleasant; that which provokes or inspires aversion, repugnance

apaiser to appease, calm, pacify

apercevoir to perceive, notice

aperçu *m.* glimpse, overview

aplatir to flatten, smooth out

apparaître to appear

appareil *m.* apparatus, appliance, machine (in general)

appareil-photo *m.* camera

apparemment apparently

appartement *m.* apartment

appartenir to belong

appel *m.* call

appeler to call; **s'___** to be called, named

appendicite *f.* appendicitis

appétit *m.* appetite

applaudir to applaud

appliquer to apply; **s'___** to take pains, to give one's full attention, work hard

apport *m.* contribution

apporter to bring

apprendre to learn; to teach

apprenti *m.* apprentice

apprentissage *m.* apprenticeship

approche *f.* approach, coming

approcher to approach, draw near

approfondir to deepen, examine thoroughly

approprié appropriate, fitting

approuver to approve

appuyer to prop, lean against

après after

après-midi *m.f.* afternoon

arbitre *m.* referee, umpire

arborer to wear, sport (*fam.*)

arbre *m.* tree

argent *m.* money

arme *f.* weapon, firearm

armé armed

armée *f.* army

armoire *f.* wardrobe, heavy cupboard

arracher to tear off, wrench out, pull away forcefully

arranger to arrange, help matters

arrêt *m.* arrest, sentence, judgment

arrêter to stop; **s'___ à** to settle on, stop

arrière behind

arrière-pensée *f.* intention, ulterior motive

arrière-salle *f.* back room

arriver to arrive; to happen

arroser to water

artère *f.* road, artery

articuler to state

ascenseur *m.* elevator

aspect *m.* appearance, look, aspect

asphyxie *f.* suffocation

aspirer to breathe, breathe in

assassinat *m.* assassination

assassiner to assassinate, kill

assaut *m.* assault, attack

assemblée *f.* assembly, group

asseoir to sit, seat; **s'___** to sit down

assez enough, rather, somewhat

assiette *f.* plate

assigner to assign, allocate

assimiler to assimilate, understand

assis seated

assister to assist, help; **___ à** to attend, witness

assommer to stun, stupefy, knock out

assurance *f.* assurance; insurance

assurément surely, undoubtedly

assurer to fasten; to assure; **s'___** to make certain

astuce *f.* slyness, guile

atomique atomic

âtre *m.* fireplace, hearth

atrocement cruelly, outrageously

attaquer to attack

attarder (s') to linger over

atteindre to affect, reach, strike

atteint (*p.p.* of **atteindre**) stricken; **être ___ de** to suffer from

attendre to wait, wait for; **s'___ à** to expect

attentif (attentive) attentive

attentivement attentively

atterré shattered, dumbfounded

attirer to attract, draw

attrait, *m.* appeal, attraction

attrister to sadden

auberge *f.* inn

aubergiste *m.f.* innkeeper

aucun any; **d'aucuns** some; **ne...___** not a, not any, no one, nobody

audacieux (audacieuse) audacious

auditif (auditive) auditory

auditoire *m.* audience

aujourd'hui today

auparavant before, before that

auprès close by; **___ de** at the side of

aussi also; so, therefore (at beginning of sentence); **___ bien** in any case, therefore

aussitôt immediately

autant the same, as much; **d'___ que** especially since; **___ dire** you might as well say; **___ de** so much

auteur *m.* author

authentique authentic

automate *m.* robot, automaton

automatique automatic

automne *m.* autumn

autopsie *f.* autopsy

autoriser to allow, give permission

autorité *f.* authority

autoroute *f.* major highway, expressway

autour around; **___ de** around

autre other; **de temps à ___** now and then; **un ___ que** anyone other than

autrefois formerly

autrement otherwise

autrui others, other people

avaler to swallow; gulp

avancer to advance, move forward; **s'___** to approach, come forward

avant before, beforehand; **___ que** before

avantage *m.* advantage

avantageusement advantageously, usefully

avec with

avenir *m.* future

aventure *f.* adventure

avertir to warn

avertissement *m.* warning

aviateur *m.* aviator, flier

avidité *f.* avidity, greediness; eagerness

avion *m.* airplane

avis *m.* judgment, opinion

aviser to think about, consider

aviver to revive

avocat *m.* lawyer

avoir to have, possess; **___ peur (de)** to be afraid (of); **___ sept ans** to be seven years old; **Qu'est-ce que tu as?** What's the matter with you?; **Qu'est-ce qu'il y a?** What's the matter?; **___ l'air de** to seem like, look; **n'___ rien à voir avec** to have nothing to do with

avouer to admit

B

baccalauréat *m.* exam given at end of secondary studies; diploma received if exam is passed (no exact equivalent in the United States)

badinage *m.* banter

bafouiller to stammer, splutter

bagarre *f.* fight, scuffle

bague *f.* ring

baie *f.* bay window

baigner to bathe; **se ___** to go swimming

bail *m.* lease

baiser to kiss; *n.m.* kiss

baisser to lower; **se ___** to stoop down

balancer to rock, swing, sway

balbutiement *m.* stuttering, stammering

balbutier to stammer

balcon *m.* balcony

balle *f.* bullet

banc *m.* bench

bande *f.* group, gang, troupe

banlieue *f.* suburb, outskirts

banque *f.* bank

banquette *f.* bench

barbe *f.* beard

bas (basse) low, below, down; *n.m.* bottom; stocking

basculer to topple over, lose balance

bataille *f.* battle

bateau *m.* boat

bâtiment *m.* building

bâtir to build, construct

bâton *m.* stick, staff, cane

battement *m.* beating

battre to beat, strike; **se ___** to fight; **machine à ___** *f.* thresher

bavard chatty, gossiping; meaningless, nonsensical

béant wide open

beau (bel, belle, beaux, belles) handsome, beautiful

beau-père (belle-mère) stepfather (mother), father- (mother-) in-law

beaucoup much, very much, a great deal

bébé *m.* baby

bec *m.* beak; **___ de gaz** gas street light

belge Belgian

bénéfique beneficial

bercer to rock, soothe

berger *m.* shepherd

besogner to work, labor

besoin *m.* need; **avoir ___ de** to need

bestial sensual, earthy

bête *f.* animal, beast; *(adj.)* stupid, foolish

bêtement stupidly, foolishly

bêtise *f.* stupidity, foolishness

beurre *m.* butter

bibelot *m.* trinket, knickknack, curio

bibliothèque *f.* library

bien very, well, good; good-looking; **___ sûr** of course; **___ que** although; **___ des** many; *n.m.pl.* possessions, goods, belongings

bienfaiteur *m.* benefactor

bientôt soon

bienveillance *f.* goodwill

bière *f.* beer

bijou *m.* jewel

bijoutier *m.* jeweler

billes *f.* marbles

billet *m.* note, ticket

bizarrerie *f.* caprice, whim, strangeness

blague *f.* joke

blaguer to joke, kid; **sans ___!** no kidding!

blanc (blanche) white

blême pale, wan, sallow

blesser to wound, hurt

blessure *f.* wound, injury

bleu marine navy blue

bleuir to make blue, become blue

bocage *m.* grove, wooded region

bœuf *m.* steer, ox

bohémien (bohémienne) Bohemian

boire to drink

bois *m.* wood, wooded area

boîte *f.* box

bon (bonne) good; *n.m.* voucher

bonbon *m.* candy

bond *m.* leap, bound, jump

bondir to leap, jump, bounce, frisk

bondissant bounding
bonheur *m.* happiness; **par ___** fortunately
bonjour good morning, good day, how do you do?
bonne *f.* maid (servant)
bonsoir *m.* good evening
bord *m.* edge
bordé bordered
borné narrow-minded
bosquet *m.* grove of trees
botte *f.* boot
botter to put on boots
bottine ankle boot
bouche *f.* mouth
boucher to block; **se ___ les oreilles** to plug one's ears
bouclé curly
boucle d'oreille earring
bouder to pout
boudoir *m.* boudoir, lady's private room
boue *f.* mud
bouffée *f.* puff of smoke
bouger to budge
bougie *f.* candle
bougonner to grumble
bouillir to boil
boule *f.* ball; **perdre la ___** to lose one's head, go crazy
bouleversement *m.* disorder, confusion, upset
bouleverser to upset, throw into confusion, overwhelm
bourdonner to buzz, hum
bourreau *m.* executioner, torturer
bourrelet *m.* cushion, roll
bourrer to stuff, fill
bousculer to jostle
bout *m.* end, fragment, bit, small piece; **au ___ de** at the back of, end of
bouteille *f.* bottle
boutique *f.* shop
boxeur *m.* boxer
bras *m.* arm; **à pleins ___** with both arms; **à ___ ouverts** with open arms
brasserie *f.* beerhouse, restaurant, pub
brave good, worthy, brave
bref (brève) brief, curt, concise, in short
bretelle *f.* brace, strap; ramp (highway)
Breton (Bretonne) person from Brittany
brièvement briefly

brièveté *f.* brevity
brigadier *m.* police sergeant
brillant sparkling, shiny; *n.m.* diamond
briller to shine; to be known for
brindille *f.* twig, sprig
brise *f.* breeze
briser to break
broche *f.* skewer
broder to embroider
brouillard *m.* fog, haze, mist
brousse *f.* undergrowth, brush; **coureur de ___** guerrilla fighter
broyer to crush, grind
bruit *m.* noise
brûler to burn; **___ un feu** to run through a traffic light
brume *f.* mist
brun (brune) brunette
brusque abrupt
brusquement abruptly
brutal brutal; sudden; loud
brutalement brutally; rudely
bruyant noisy
buisson *m.* bush
bureau *m.* office; desk
buse *f.* buzzard; *(fig.)* blockhead, idiot
but *m.* objective, goal, aim
buter to stumble against, run into
butte *f.* natural or artificial mound
buveur *m.* drinker

C

cabine *f.* telephone booth
cache-cache *m.* hide-and-seek
cacher to hide
cachette *f.* hiding place
cadavre *m.* corpse, cadaver
cadeau *m.* gift
cadenas *m.* padlock
cadet (cadette) younger, junior of two
cadre *m.* setting, framework
café *m.* coffee; café
cahier *m.* notebook
caillou *m. (pl.* **cailloux)** pebble
caisse *f.* box, packing case
calendrier *m.* calendar
califourchon : à ___ astride
calligraphie *f.* formal, stylized handwriting
camarade *m.f.* friend, companion
cambuse *f. (fam.)* hovel, small poor dwelling
camion *m.* truck
campagnard *m.* peasant, rustic fellow, "hick"

campagne *f.* country
cancre *m.* dunce
canne *f.* cane
canot *m.* boat, dinghy
cantatrice *f.* female singer
cantique *m.* Christmas carol
caoutchouc *m.* rubber
capitaine *m.* captain
car for, because
caractère *m.* moral character, temperament
carboniser to burn, char
carnet *m.* notebook
carreau *m.* square; pane of glass
carrière *f.* career
carrosserie *f.* body of car
carte *f.* card; map; credit card
carton *m.* cardboard
cas *m.* case, matter
caserne *f.* barracks; **___ de pompiers** fire station
casqué coiffed, capped with
cassé old, infirm; broken
casser to break
casserole *f.* cooking pot
catholique Catholic
cauchemar *m.* nightmare
cause *f.* cause, reason; **à ___ de** because of
causer to chat; to cause
cave *f.* cellar
ce *(pro.)* it, that
ce (cet, cette, ces) this, that, these, those
ceci *(pro.)* this, this thing
céder to give in, yield, give way
cela (ça) *(pro.)* that, that thing; **___ ne fait rien** it doesn't matter
célèbre famous
célébrer to celebrate, honor
célibataire *m.* bachelor; **___ endurci** confirmed bachelor
celui (celle, ceux, celles) *(pro.)* the one, the ones, that, these, those
cendré ash-colored
centaine *f.* approximately one hundred
centime *m.* French coin worth one hundredth of a franc
centimètre *m.* centimeter
centre *m.* center
cependant however
cercueil *m.* tomb, coffin
cérémonieux (cérémonieuse) formal, ceremonious
cerner to make a ring around; **avoir les yeux cernés** to have rings or circles under the eyes

certainement certainly

certes to be sure, most certainly

certifier to certify, assure

certitude *f.* certainty

cesser to stop, cease, desist

chacun each, each one

chafouin sly; surly

chagrin *m.* grief, sorrow

chaîne *f.* chain

chair *f.* flesh

chaire *f.* platform, teacher's chair

chaise *f.* chair

chaleur *f.* heat, warmth

chaleureux (chaleureuse) warm; warm-hearted

chambre *f.* bedroom

champ *m.* field; ___ **de tir** firing range

champignon *m.* mushroom

chance *f.* luck

chandail *m.* sweater, jersey

changement *m.* change

chanson *f.* song

chant *m.* song

chanter to sing

chaotique chaotic

chapeau *m.* hat

chapitre *m.* chapter

chaque each, every

charbon *m.* charcoal, coal, coals

charcuterie *f.* pork butcher shop; delicatessen

chargé charged; ___ **de** charged with, entrusted with

charger to load; **se ___ de** to take care of

charnière *f.* hinge

chasse *f.* hunting

chasser to chase, chase away; to hunt

châssis *m.* casement, window frame

chat (chatte) cat

château *m.* castle

châtelain *m.* country squire

chaud warm, hot

chaudement warmly

chaudron *m.* cauldron

chauffer to heat, warm, to stoke up a fire

chauffeur *m.* driver

chausser (se) to put on one's footwear

chaussure *f.* shoe, footwear

chauve bald

chef *m.* leader

chemin *m.* road, path, distance (to go); ___ **de fer** railroad, train

cheminée *f.* fireplace

cheminer to walk, amble along

chemise *f.* shirt; file-folder

chemisette *f.* blouse, skimpy night shirt

chêne *m.* oak tree

chèque *m.* check; ___ **sans provision** worthless check

cher (chère) dear; expensive

chercher to look for, fetch

chercheur *m.* seeker, searcher

chéri dear, darling

chérir to cherish

cheval *m.* horse; ___ **de course** race horse; ___ **emballé** runaway horse

chevalier *m.* knight

cheveu(x) *m.* hair

cheville *f.* ankle

chevroter to tremble, quaver

chez at the home (office, place) of

chic *(fam.)* neat, terrific

chien *m.* dog; ___ **de peluche** stuffed dog

chiffre *m.* number, digit

choc *m.* shock

chocolat *m.* chocolate

chœur *m.* chorus, choir; **en ___** in unison

choisir to choose

choix *m.* choice

choquer to shock

chose *f.* thing

chou *m.* (*pl.* **choux**) cabbage

chouchou (chouchoute) favorite, teacher's pet

chouette *(fam.)* neat, swell

chronique *f.* chronicle

chronologique chronological

chuchoter to whisper

ch...tt (chut!) Sh! Hush!

chuintement *m.* hissing, humming, rumbling

ci here; **de ci de là** here and there;

ci-dessus above, above-mentioned;

ci-dessous below, hereunder

cible *f.* target (for target practice)

cidre *m.* cider

ciel (*pl.* **cieux**) *m.* sky, heaven

circonstance *f.* circumstance

circuler to circulate, move about

citer to cite, quote

clair light, clear, bright

clairement clearly

clairsemé thin, thinly scattered

clameur *f.* clamor, noise, outcry

clandestin clandestine, secret

clarté *f.* light, brightness

classe *f.* class; **faire la ___** to teach

classement *m.* ranking

classique classic

claque *f.* slap, smack

clé, clef *f.* key; **donner un tour de ___** to lock

clic *m.* click

client *m.* client, customer

clignoter to wink, blink

cliqueter to clank, rattle

clochard *m.* tramp, hobo

cloche *f.* bell

clos closed, shut

cochon *m.* pig

cœur *m.* heart

cogner (se) to bump, knock

coiffé capped

coiffer (se) to fix one's hair

coiffeur (coiffeuse) barber, hair dresser

coiffure *f.* hairdo; headgear

coin *m.* corner

col *m.* collar

colère *f.* anger

coléreux (coléreuse) angry

colibri *m.* hummingbird

collaborer to collaborate

collation *f.* collation, meal, snack

colle *f.* paste, glue; haircream

collectif (collective) collective

collectionner to collect

collectionneur *m.* collector

collège *m.* secondary school

coller to glue, paste; to stick

collet *m.* collar

collier *m.* necklace

colline *f.* hill

colonie *f.* colony, settlement; ___ **de vacances** summer camp

colonne *f.* column

coloré ruddy

colosse *m.* colossus, giant

combat *m.* fight, combat, battle; contest

combattre to fight

combien how; ___ **de** how many, how much

combustible *m.* fuel

comique comic, amusing, drole

comité *m.* committee

commandature *f.* command headquarters

commandement *m.* command, order

commander to order, command

comme as, just as, like, since; ___ **de coutume** as usual

commencement *m.* beginning

commencer to begin

comment how, what . . . !

commerçant *m.* merchant, tradesman

commettre to commit
commisération *f.* compassion, pity, commiseration
commissaire *m.* commissioner
compagne *f.* female companion
compagnie *f.* company
compagnon *m.* companion, friend
comparaison *f.* comparison
compatriote *m.f.* fellow country-man (-woman)
complaisant obliging, friendly, kind
complément *m.* object, complement
complet (complète) complete, full; **au ___** in full force
complètement completely
comporter (se) to behave, act
composition *f.* essay, theme
compréhensif (compréhensive) understanding; comprehensive
comprendre to understand
compromettre to compromise
compte *m.* bill, account, calculation; **faire son ___** to manage; **se rendre ___ de** to realize
compter to count on, count
compulser to inspect, examine
comte *m.* count (member of nobility)
concentrer to concentrate
concernant concerning
concevoir to comprehend, express
concierge *m.f.* caretaker
concis concise, terse, succinct
conclure to conclude
conçu (*p.p.* of **concevoir**) conceived
concurrence *f.* competition
condamné *n.m.* condemned person; (*adj.*) condemned, closed up (door, window)
condamner to condemn
conduire to drive, take, lead; **se ___** to act
confectionner to make
conférence *f.* lecture
conférer to confer, award, bestow
confier to entrust
confiture *f.* jam, preserves
conflit *m.* conflict, struggle
confondre to confuse, mistake
confort *m.* comfort
confus confused; obscure
congé *m.* holiday
congédier to dismiss
congénère like, equal
conjecturer to surmise, conjecture
conjuguer to conjugate
connaissance *f.* knowledge, acquaintance, understanding
connaître to know; **s'y ___ en** to be expert in

connu known
conquérir to conquer
conquête *f.* conquest
consacrer to devote
conseil *m.* counsel; advice
conseiller to advise; *n.m.* advisor; town councilman
consentir to consent, agree
consommer to consume, eat, drink
constamment constantly
constater to ascertain
construire to build
conte *m.* short story
contempler to contemplate, look at
contemporain contemporary
contenance *f.* air, bearing, countenance
contenir to contain, hold, repress
content content, happy
contentement *m.* contentment
contenter to content, satisfy; **se ___ (de)** to be satisfied (with)
contenu *m.* content(s)
conteur *m.* storyteller
continuellement continually, ceaselessly
contourner to go around
contracter to take out (insurance)
contrainte *f.* constraint
contraire *m.* contrary; **au ___** on the contrary
contrarié thwarted, vexed, annoyed
contrat *m.* contract
contravention *f.* ticket, infraction of law
contre against; **par ___** on the other hand
contredire to contradict; **sans contredit** without any doubt
contribuer to contribute
contrôleur *m.* conductor, ticket collector
controversé controversial
convaincre to convince
convenable suitable, proper
convenir to agree; be suitable, to suit
conventionnel (conventionnelle) conventional
convoquer to notify
copain (copine) (*fam.*) pal, friend
copier to copy
copieux (copieuse) plentiful, copious
coquet (coquette) stylish, flirtatious; **une fortune coquette** a tidy fortune
corbeille *f.* basket
corde *f.* rope

Corée *f.* Korea
corne *f.* horn
cornet *m.* cone
corps *m.* body; **___ franc** army commando group
corromperie *f.* corruption, depravity
costume *m.* suit
côte *f.* coast
coté (*adj.*) esteemed, thought of
côté *m.* side, aspect, direction; **à ___ de** next to, beside
coton *m.* cotton
cou *m.* neck
couche *f.* layer
coucher to sleep, put to bed; **se ___** to go to bed; **à demi couché** reclined
coucher *m.* bedtime
coude *m.* elbow; **coup de ___** nudge
couler to flow, run
couleur *f.* color
couloir *m.* corridor, hallway
coup *m.* blow, stroke; **___ d'œil** glance; **sur le ___** immediately; **___ sur ___** time after time; **d'un seul ___** all at once; **___ de vent** gust of wind; **un ___ de sifflet** whistle blow
coupable guilty
coupe *f.* cup
couper to cut; **___ la parole** to interrupt
coupure *f.* clipping; cut
cour *f.* courtyard; open area in front of house
courageux (courageuse) courageous, brave
courant current; of the present month and year; running; **___ d'air** draft; **mettre au ___** to bring up to date, inform
courber to curve, bend, stoop, bow
courette *f.* small courtyard
courir to run; **___ les jupes** to chase skirts, womanize
couronne *f.* crown
cours *m.* course; passage
course *f.* race
court short
coussinet *m.* small cushion
couteau *m.* knife
coutume *f.* custom, habit; **comme de ___** as usual
couvert *m.* place setting; (*adj.*) covered
couverture *f.* blanket; **___ chauffante** electric blanket

cracher to spit
craie *f.* chalk
craindre to fear
crainte *f.* fear
craintif (craintive) fearful
crâne *m.* skull, cranium
craquer to crack, give way
cravate *f.* necktie
créateur (créatrice) creative
créer to create
crème *f.* cream
crépuscule *m.* dusk, twilight
cresson *m.* cress, watercress
crête *f.* crest, top
creuser to dig, deepen; **se ___ la cervelle** to rack one's brains
crève-cœur *m.* heartbreak
crevette *f.* shrimp
cri *m.* cry
crier to cry, call out, shout
crise *f.* crisis; **___ d'angine** angina attack
crisper to clench, clasp
croire to believe, fancy
croisé crossed
croisée *f.* casement window
croiser (se) to cross, meet
crosse *f.* grip
croix *f.* cross
crotté dirty
croyable believable
croyant *m.* believer
cruauté *f.* cruelty
crûment crudely, coarsely, roughly
cueillir to pick, pluck
cuiller *f.* spoon
cuillerée *f.* spoonful
cuir *m.* leather
cuire to cook
cuisine *f.* kitchen, cooking
cuisse *f.* thigh
cuit (*p.p.* of **cuire**) cooked
culotter to break in (a pipe)
cultiver to grow, cultivate
curé *m.* parish priest
curieux (curieuse) curious
cuvette *f.* washbowl
cynique cynical

D

d'abord first, first of all; **tout ___** at first
d'ailleurs besides
dame *f.* lady
damné damned
damner to damn
dans in, into
danse *f.* dance
danser to dance

d'avance in advance
davantage more, any more, any longer
débarrasser to clear, disencumber; **se ___ de** to get rid of, take off
débauche *f.* debauchery
débiter to cut up meat
debout standing, upright
débrouiller (se) to manage, get along
début *m.* beginning, start
décevoir to deceive, mislead; to disappoint
déchausser (se) to remove one's footwear
déchiffrer to decipher, figure out
déchirer to tear, tear up, rip
décidément definitely, decidedly
décider to decide, settle; **se ___ à** to make up one's mind
décoloré colorless
décolorer (se) to fade, grow pale
déconcertant perplexing, disconcerting
décontenancer to embarrass, mortify
décor *m.* scene
découper to cut out
découragé discouraged
découragement *m.* discouragement
décourager to discourage, dishearten
découverte *f.* discovery
découvrir to discover
décrire to describe
décrocher to take off, lift
déçu (*p.p.* of **décevoir**) disappointed
dédaigneusement disdainfully
dedans inside
dédier to dedicate
défaire to undo
défaut *m.* defect
défendre to defend; forbid
déférent respectful
défi *m.* defiance, challenge
définitivement definitely, finally, for good
défoncer to break in
défunt dead, defunct
dégager to redeem
dégâts *m. pl.* damage, havoc, mess
dégoûtant disgusting
dégoûté disgusted
dégoûter to disgust
dégrader to degrade, debase
degré *m.* degree; **au plus haut ___** in the highest degree
déguiser to disguise
déguster to taste, savor

dehors outside, outdoors
déjà already, previously, before
déjeuner to eat lunch
déjeuner *m.* lunch; **petit ___** breakfast
délaissé abandoned, deserted
délibérément deliberately
délicatement delicately
délice *m.* delight, extreme pleasure
délicieux (délicieuse) delicious; delightful
demain tomorrow
demande *f.* request; **à la ___** as required
demander to ask; **se ___** to wonder
déménager to move
demeure *f.* dwelling, home
demeurer to live; to remain, stay
demi half; **à ___** half or semi
dénaturé unnatural
dénoncer to denounce, betray
dénoter to denote, indicate
dénouer to untie, loosen
dent *f.* tooth
dentelle *f.* lace
dépanner to help
départ *m.* departure
département *m.* department
dépasser to go beyond
dépêcher (se) to hurry
dépense *f.* expense, expenditure
dépenser to spend
dépensier (dépensière) extravagant
dépêtrer to disentangle, extricate
dépit *m.* spite, grudge; **en ___ de** in spite of
déplacer to displace, move; **se ___** to move
déplaisant unpleasant, disagreeable
déplier to unfold, spread out
déposer to deposit, set down
dépouiller (se) to give away, to divest oneself
depuis since, since then; for
déranger to disturb, bother
dernier (dernière) last; **ces temps derniers** lately, latest
dérouler (se) to develop, unfold
dérouter to perplex, disconcert
derrière behind
dès from, since, as early as; **dès que** as soon as
désagréable disagreeable
désappointé disappointed
désastre *m.* disaster
descendre to descend, go down
descente *f.* descent, downward slope
désert deserted

désespéré desperate, disconsolate, hopeless

désespoir *m.* despair, helplessness

déshabillé *m.* morning wrap

déshabiller (se) to undress

désigner to point out

désir *m.* desire, wish

désirer to wish, want

désolant grievous, distressing

désolé grieved, heartbroken, unhappy

désordre *m.* disorder; **en ___** untidy

désorienter to disorient, bewilder, confuse

désormais henceforth

desséché withered, dried up

dessert *m.* dessert

dessin *m.* drawing, sketch

dessiner to draw, sketch; to formulate

dessous under, underneath, beneath; **par ___** under

dessus above, upon, on it, thereupon; **au-___**, **par-___** above, over, on top of

destin *m.* destiny, fate

détaché detached, indifferent (to), removed (from)

détachement *m.* detachment, indifference

détail *m.* detail, small thing

détendre to unbend, relax

détendu relaxed, unbent

détente *f.* relaxation

détériorer to deteriorate, damage, make worse

détester to hate

détour *m.* roundabout way, indirect manner

détourner to turn away

détresse *f.* distress, sorrow, grief

détrôner to dethrone

détruire to destroy

dette *f.* debt

devant in front of; faced with; *n.m.* front

devanture *f.* front, facade; shop window

développer to develop; **sous-développé** underdeveloped

devenir to become; discover

dévêtir to undress

deviner to guess, discern, perceive

dévisager to stare at, scrutinize

devise *f.* motto, slogan

devoir to have to, must, be obliged; to owe

devoir *m.* duty, task; *pl.* homework;

respects

dévorer to devour

diable *m.* devil

diamant *m.* diamond

diaphragme *m.* diaphragm

dictionnaire *m.* dictionary

Dieu *m.* God; **mon Dieu** dear me, my goodness, good gracious

différemment differently

différencier to differentiate, distinguish between

différer to differ, to defer, put off

difficile difficult

digérer to digest, assimilate

digne worthy

diminuer to diminish

dîner to dine, have dinner; *n.m.* dinner

dire to say, tell

directeur *m.* director, manager

diriger to direct; **se ___ (vers)** to head (for)

discours *m.* talk, speech, address

discret (discrète) discreet

discuter to discuss

disparaître to disappear

disparition *f.* disappearance

disposer to arrange; **___ de** to have at one's disposal

disposition *f.* disposition; **prendre des dispositions** to make arrangements

disputer to dispute, contest; **se ___** to quarrel, fight

disque *m.* record; **___ de hockey** hockey puck

dissimuler to hide, conceal

dissipé undisciplined, unruly

dissiper to divert, distract

dissolu dissolute, loose, licentious

distance *f.* distance; **à ___** from a distance

distinguer to distinguish

divers various

divorcé *m.* divorced person

docteur *m.* doctor

dogmatique dogmatic

doigt *m.* finger

domestique *m.f.* servant

dominant important, predominant

dominer to dominate

dommage *m.* pity, shame, too bad!

don *m.* gift, natural talent

donc consequently, therefore, then

donner to give; **___ sur** to lead to, to look out on

dont of which, of whom, whose

doré golden

dormir to sleep

dos *m.* back

dossier *m.* back (of seat); record, file

doter to endow, equip

doucement softly, gently, slowly

douceur *f.* gentleness, softness, kindness

doucher to shower

douleur *f.* pain, grief, suffering

doute *m.* doubt; **sans ___** no doubt, undoubtedly

douter to doubt; **se ___ de** to suspect

douteux (douteuse) doubtful, questionable

doux (douce) gentle, sweet, soft

douzaine *f.* dozen

dramatique dramatic

dramatiser to dramatize

dramaturge *m.* playwright, dramatist

drame *m.* drama

drapeau *m.* flag

dresser to draw up (a list); **se ___** to stand on end; to be situated

droit *m.* right; law; *(adj.)* straight

droite *f.* right hand; **à ___** to the right, on the right

drôle funny, drole, odd

drôlement comically; *(fam.)* very

dru thick

dubitatif (dubitative) doubting

dur hard

durant during; **des années ___** for years

durcir to harden

durée *f.* duration

durer to last

E

eau *f.* water

éblouir to dazzle, trouble; to fascinate

éblouissant dazzling

ébranlé disturbed, shaken

écart *m.* divergence, sidestep; **à l'___** aside, apart, separate

écarter to hold apart, separate; **s'___** to turn aside, deviate, ramble, wander

échanger to exchange

échapper to escape; **laisser ___** to let out

échauffer to warm, heat; to excite, irritate

échelle *f.* ladder

échouer to fail

éclaboussé splashed

éclaircir to clear (up); to solve (a mystery)

éclairé lighted, illuminated

éclairer to light, illuminate; s'___ to be lit up

éclat *m.* burst, outburst; ___ **sourd** dull shine

éclatant striking, remarkable

éclater to burst; ___ **de rire** to burst out laughing

éclectique eclectic

école *f.* school

économie *f.* saving, thrift; bargain

écouler (s') to elapse, pass, flow out

écouter to listen, listen to

écran *m.* screen

écraser to crush, flatten

écrier (s') to cry out, exclaim

écrire to write

écrit *m.* writing

écriture *f.* handwriting, penmanship

écrivain *m.* writer

écroulement *m.* collapse

écrouler (s') to collapse

éditeur *m.* publisher, editor

effacer to erase

effaré astounded, bewildered

effarement *m.* bewilderment, distraction, terror

effet *m.* effect, result; **en** ___ indeed, as a matter of fact

efficace effective

efforcer (s') to strive, strain, endeavor

effraction *f.* burglary, housebreaking

effrayer to frighten

effroi *m.* fright, terror, dismay

égal equal, even level, uniform; indifferent

également equally

égarer to lead (astray); s'___ to become bewildered, lose one's way

église *f.* church

égoïste selfish, egotistical

égout *m.* sewer

égratignure *f.* scratch

égyptien (égyptienne) Egyptian

élancer (s') to bound, rush, dash

élargir to widen, enlarge; to square (shoulders)

élémentaire elementary

élève *m.f.* pupil

élevé brought up; **bien** ___ well-bred

élever to raise, rear; s'___ to lift oneself up

élimer to make threadbare

éliminer to eliminate

élire to elect, choose

éloigné removed, distant, remote

éloigner to remove, send away; s'___ to move away, withdraw

emballage *m.* packaging, wrapping

emballer (s') to race (motor)

embarras *m.* trouble, difficulty

embarquer to embark, go on board

embaumeur *m.* embalmer, undertaker

embêtant annoying

embêter to annoy, bother

embrasser to embrace, kiss, hug

embrouiller (s') to become confused, muddled, mixed-up

émettre to express

émietter to smash, crumble

émigrer to emigrate

émission *f.* broadcast, program

emmener to take

émoi *m.* emotion, excitement

émotionnel (émotionnelle) emotional

émouvant moving

émouvoir to move (emotionally), touch, affect

empaler to impale

emparer (s') to grab, seize

empâter to feed

empêcher to prevent

empiler to stack, pile up

emplacement *m.* placement, position

emplir to fill

emploi *m.* job, employment

employé *m.* employee

empoigner to grab, grasp, seize

empoisonner to poison

emporter to carry, take; **l'**___ **sur** to get the better of

empresser (s') to be eager to, to hasten, hurry

emprisonner to imprison

ému (*p.p.* of **émouvoir**) touched, moved

en (*prep.*) in, into, at, of, like, within

encadrer to frame

enchaînement *m.* series, connection

enchaîner to chain, bind in chains

enclos *m.* enclosure; (*p.p.* of **enclore**) enclosed

encore yet, still, again

encourageant encouraging

encre *f.* ink

endormir (s') to fall asleep

endroit *m.* place

énervant upsetting

énervement *m.* exasperation, excitement

énerver to unnerve, irritate; s'___ to get excited, irritable

enfance *f.* childhood

enfant *m.f.* child

enfantillage *m.* childish act

enfantin childish, infantile

enfer *m.* hell

enfermer to shut in, conceal; s'___ to lock oneself up, to shut oneself up

enfiler to go along (a street); to slip on

enfin finally, in fact

enflammer to inflame, stir up; s'___ to flare up

enfoncer to hammer in, push in; s'___ to sink, settle down

enfouir to hide (something); to put (something)

enfuir (s') to flee

engageant pleasing, tempting

engager to hire, involve, compel; s'___ to commit oneself; to enter

engloutir to gulp, swallow

engourdi numb

engraisser to grow fat, become plump

enguirlander to encircle, grow around

enhardir to grow bold

énigmatique enigmatic, puzzling

énigme *f.* riddle, enigma, puzzle

enivrer to intoxicate

enjamber to climb over

enjoué sprightly, lively

enlever to take off, remove; to lift, raise

enneiger to cover with snow

ennemi *m.* enemy

ennui *m.* worry, trouble, boredom

ennuyant boring, annoying

ennuyer to bore, annoy, worry, bother

ennuyeux (ennuyeuse) boring; tiresome, annoying

énorme enormous

énormément enormously

enquérir (s') to inquire about, ask about

enquête *f.* investigation, inquiry

enraciné firmly entrenched, deeply rooted

enragé enraged, fuming

enregistrement *m.* recording

enregistrer to record

enrouler to roll up, wind up,

wrap up

enseigne *f.* sign; ___ **lumineuse** electric (neon) sign

enseigner to teach

ensemble together

ensuite then, next, after(wards)

entamer to begin; to reach; to encroach upon; to weaken

entendre to hear, understand, demand; **s'**___ to understand one another, get along; ___ **parler de** to hear about

entendu agreed

enterrement *m.* funeral, burial

enterrer to bury

enthousiasme *m.* enthusiasm

entier (entière) entire, whole, complete

entonner to begin to sing

entourer to surround

entracte *m.* intermission

entraide *f.* mutual help

entraîner to pull, carry along, drag

entrave *f.* shackle, fetter

entraver to shackle, fetter

entrebâiller to half open, leave ajar

entrecoupé broken, hesitant, interrupted (of words or speech)

entrée *f.* entrance, entry

entreprendre to attempt, undertake

entreprise *f.* company, business

entrer to enter

entre-temps meanwhile, in the meantime

entretien *m.* upkeep, maintenance

entrouvert half open

envahir to invade, encroach upon

envergure *f.* sweep, range; **d'**___ of great ability

envers towards, to

envie *f.* envy, desire; **avoir** ___ **de** to want, feel like

envier to envy

envieux (envieuse) envious

environ about, approximately

envoler (s') to fly off

envoyer to send; ___ **chercher** to send for

épais (épaisse) thick

épaisseur *f.* thickness

épatant splendid, wonderful, terrific

épater to amaze, impress

épaule *f.* shoulder

épeler to spell

éperdu distracted, bewildered

éperon *m.* spur (of land)

épice *f.* spice; **pain d'**___ gingerbread

épier to spy on; to examine

épingle *f.* pin; ___ **à cheveux** hairpin

époque *f.* period, era, epoch

épouse *f.* wife, spouse

épouser to marry

épouvantable dreadful, appalling

épouvante *f.* horror, terror, fright

époux *m.* husband, spouse

éprouver to feel, experience

épuisé exhausted, worn out

épuiser to wear out, exhaust

équilibre *m.* equilibrium

équilibré stable, levelheaded

équipage *m.* personnel, crew; equipment

équipe *f.* team, crew

érable *m.* maple, maple tree

errer to wander

erreur *f.* error

érudit erudite, learned, scholarly

escabeau *m.* stepladder

escalier *m.* stairway

esclave *m. f.* slave

escrimer (s') to strive, try

espace *m.* space, room

espagnol Spanish

espèce *f.* species, breed; kind; **de la même** ___ just like

espérance *f.* hope

espérer to hope

espiègle mischievous, roguish

espoir *m.* hope

esprit *m.* mind, intellect

essai *m.* essay

essayer to try

essence *f.* gasoline

essoufflé out of breath

essuie-glace *m.* windshield wiper

essuyer to dry, wipe

est *m.* east

estimer to estimate, esteem

étable *f.* stable

établir to establish

établissement *m.* establishment

étage *m.* floor (of a building)

état *m.* state, condition

étau *m.* vise

éteindre to put out; **s'**___ to go out (fire, light)

étendre to stretch out

éternuement *m.* sneeze

éternuer to sneeze

étiquette *f.* ceremony

étiré drawn from

étirer to stretch

étoffe *f.* material, fabric

étoile *f.* star

étoilé starry, star-studded

étonnamment astonishingly,

wonderfully

étonnant surprising, astonishing

étonnement *m.* astonishment, amazement

étonner to astonish, amaze, surprise; **s'**___ to marvel, be astonished

étouffer to stifle, choke, suffocate

étrange strange

étranger (étrangère) strange, foreign; *n.m.* stranger; **à l'**___ abroad

étranglement *m.* strangulation

être to be; *n.m.* being

étreinte *f.* grip

étroit narrow; tight

étrusque Etruscan

étude *f.* study; **faire ses études** to study, to go to school

étudiant *m.* student

étudier to study

européen (européenne) European

évader (s') to escape, run away

évanouir (s') to faint, swoon; to disappear, vanish, fade away

évasion *f.* escape

éveillé awake

événement *m.* event

éventer (s') to fan oneself

évidemment certainly, obviously

éviter to avoid

évoquer to allude to, call to mind, evoke

exactement exactly

exagéré excessive

examen *m.* test, exam

exceptionnel (exceptionnelle) exceptional

exciter to excite

excroissance *f.* tumor, unnatural growth

excuser to excuse, pardon; **s'**___ to apologize

exécrable abominable, detestable

exemple *m.* example; **par** ___! indeed! imagine!

exercer to practice (a profession)

exercice *m.* exercise

exigeant hard to please, exacting, demanding

exigence *f.* demand

exiger to demand, require

exilé *n.m.* exiled person; *(adj.)* exiled

exiler (s') to go into exile, expatriate oneself

expérience *f.* experience; experiment

explication *f.* explanation

expliquer to explain

exprès on purpose, deliberately
exprimer to express
extérieur *m.* exterior, outside
extraordinaire extraordinary
extrêmement extremely

F

fabriquer to manufacture, make
fabuliste *m.* one who composes fables
face *f.* face; **en ___ de** across from
fâché angry
fâcher to anger, irritate; **se ___** to become angry
facile easy, simple
facilement easily
facilité *f.* ease, facility
façon *f.* way; **de toute ___** in any case
facteur *m.* mail carrier
faction *f.* sentry duty, guard duty
facture *f.* bill
faible weak
faillir to fail; **___ + inf.** to almost (very nearly) do something
faillite *f.* failure
faim *f.* hunger; **avoir ___** to be hungry
faire to make, do; **se ___** to happen; **___ de son mieux** to do one's best; **___ mine de** to pretend; **___ part** to inform; **___ semblant de** to pretend; **___ voir** to show
fait *m.* fact, matter, act, deed; **en ___** indeed, as a matter of fact; **au ___** in fact
falloir to be necessary
fameux (fameuse) famous; *(before noun)* infamous
familier (familière) familiar
famille *f.* family
fanfare *f.* brass band
fantaisie *f.* imagination, fancy; **de ___** fanciful; **faire de la ___** to make up a far-fetched story
fantastique uncanny, fanciful, fantastic
fantôme *m.* ghost, phantom
farouchement wildly, savagely
fasciner to fascinate
fatigant tiring, tedious
fatigué tired
fatiguer to tire, wear out
faufiler (se) to thread one's way, sneak in and out
fausser to alter, distort
faute *f.* fault
fauteuil *m.* armchair
fauve musky

faux (fausse) false
faveur *f.* favor
favori (favorite) favorite
favorisé privileged
fébrilité *f.* excitement, agitation
fécond fertile, fruitful
feindre to feign, pretend, sham
félicité *f.* happiness, bliss
féminin feminine, female
femme *f.* woman, wife; **___ de chambre** lady's maid
fendre to split, crack, cut open; **___ du bois** to split wood
fenêtre *f.* window
fer *m.* iron; *pl.* irons, fetters
fer-blanc *m.* tin
ferme firm
fermer to close
fermeture *f.* lock, closing
fermier (fermière) farmer
fermoir *m.* clasp
festoyer to entertain, feast, celebrate
fête *f.* holiday, celebration
feu *m.* fire; **___ d'artifice** fireworks display; **mettre le ___** to set fire; **sur le ___** cooking (on the stove); **prendre (un coup de) ___** to catch on fire, burn
feuille *f.* leaf, page, sheet (of paper)
feuilleter to leaf through, peruse rapidly; to flip through
feutré silent, padded
fier (fière) proud
fierté *f.* pride
fièvre *f.* fever
fièvreusement feverishly
figé stiff, set
figuier *m.* fig tree
figure *f.* face
figurer to represent
fil *m.* thread; *(fig.)* clue; telephone line
filature *f.* spinning mill
file *f.* file, line
filer to fly, spin
fille *f.* girl, daughter; *(fam.)* prostitute
fillette *f.* little girl
filleul *m.* godson
fils *m.* son
fin *f.* end; **à la ___** at last
fin *(adj.)* fine, thin, slender, delicate
finalement finally
financier (financière) financial
finement slyly, shrewdly
finir to finish; **___ par** to end up by
fixement fixedly, steadily
fixer to fix, hold; **___ quelqu'un** to stare

flamboyer to flame, blaze, flare
flamme *f.* flame
flanc *m.* side, flank
flanquer to deal, strike (a severe blow)
flaque *f.* pool, puddle
flatter to flatter
flatteur (flatteuse) flattering, pleasing
flèche *f.* arrow
fleur *f.* flower
fleurir to flower, blossom, flourish
flotter to float
foi *f.* faith
fois *f.* time; **une ___ de plus** again, once more; **une ___ par semaine** once a week; **à la ___** both, at once
folie *f.* madness, insanity, folly
folklorique folk
follement madly, foolishly; **s'amuser ___** to have a grand time
foncer to darken, to go for it
fond *m.* back, far end (of room); subject matter, content
fonder to found
fondre to melt; **___ sur** *(fig.)* to pounce upon
fontaine *f.* fountain
force *f.* strength, power, force
forêt *f.* forest
forgeron *m.* blacksmith
formidable formidable; *(fam.)* wonderful, terrific
formule de commande *f.* order blank
fort strong, heavy; *adv.* hard
fortement vigorously
fossé *m.* ditch; gap (generation)
fou (folle) crazy, insane, wild, frantic
fouiller to go through, rummage
foule *f.* crowd
foulée *f.* stride
four *m.* oven
fourbe *m.* knave, rascal; *(adj.)* cleverly deceitful, hypocritical
fourbu very tired, exhausted
fourmi *f.* ant
fourneau *m.* stove
fourvoyer to mislead; **se ___** to go astray, blunder
foyer *m.* home, hearth, fireside, fire
fraîcheur *f.* coolness, freshness; vivacity
frais (fraîche) fresh, cool
franc (franche) frank, honest
franchement frankly; without hesitation, clearly
franchir to cross, pass beyond

francophone *m.f.* French speaker
frappant striking
frapper to hit, strike
frayeur *f.* fright, gear
frêle frail, fragile, flimsy
frémir to tremble, shudder
frère *m.* brother
friandise *f.* delicacy, tidbit, "goody"
fripé crumpled
frisé curly
frisquet (frisquette) chilly
frisson *m.* shiver, chill
frissonner to shiver, quiver
frivole frivolous
froid *m.* cold; *(adj.)* cold
froidement coldly, dispassionately
froideur *f.* coldness
froissé crinkled
fromage *m.* cheese
froncer to wrinkle, pucker; ___ **les sourcils** to knit one's brows, frown
front *m.* forehead
frontière *f.* border, frontier
frotter to rub
frustré frustrated, disappointed
fuir to flee
fulgurant striking
fumée *f.* smoke
fumer to smoke
fumigène smoke-producing
funeste fatal, disastrous
fur : au ___ et à mesure little by little
fureter to hunt, rummage
fureur *f.* fury
furie *f.* fury
furieux (furieuse) furious, angry
furtif (furtive) furtive, sly, stealthy
furtivement furtively
fusée *f.* rocket, flare
fusil *m.* gun, rifle; **coup de ___** gunshot

G

gâchis *m. (fam.)* disorder, mess
gagner to win, reach, arrive at, earn, gain
gai happy, gay
gaîment gaily, cheerfully
gaîté *f.* gaiety
galoper to gallop
gamin *m.* urchin
gant *m.* glove
garantir to guarantee
garçon *m.* boy; waiter
garde *m.* caretaker, guard
garder to keep; watch over, guard; **se ___** keep, take care, protect

oneself; to refrain
gardeur *m.* keeper; ___ **d'oies** goose-boy
gardien *m.* guard, caretaker
gare *f.* station
gaspiller to waste
gâteau *m.* cake
gâter to spoil, ruin; **se ___** to take a turn for the worse
gauche *f.* left; **à ___** on the left
gaz *m.* gas
géant giant, gigantic
gelé frozen
gémir to groan, moan, murmur sadly
gendarme *m.* policeman
gêne *f.* difficulty, discomfort
gêné annoyed, bothered, embarrassed
gêner to bother, annoy
généralement generally
génie *m.* genius
genou *m. (pl.* **genoux)** knee
genre *m.* kind, way, style, manner
gens *m.f.pl.* people
gentil (gentille) nice, kind
geste *m.* gesture, movement
gibier *m.* wild game
gifle *f.* slap in the face
gilet *m.* vest
glace *f.* mirror; ice cream, ice
glauque murky, greenish
glissade *f.* sliding, slide
glisser to slip, slide
gluant sticky
gonfler to swell, inflate, puff up
gorge *f.* throat; bosom; **la ___ serrée** with a lump in one's throat
gorgée *f.* gulp, mouthful
gosse *m.f. (fam.)* youngster, kid
goût *m.* taste, inclination
goûter to taste, sample, enjoy
goutte *f.* drop
gouvernement *m.* government
grâce à thanks to
gracieusement graciously, gracefully
gracieux (gracieuse) graceful, courteous, charming, attractive
grammaire *f.* grammar; grammar book
grand big, large; ___ **air** open air
grandir to grow
grand-mère *f.* grandmother
graphiquement graphically
gras (grasse) fat; greasy; **en caractères ___** in boldface type
gratter to scratch
grave serious

gravement seriously
gré *m.* will, wish, pleasure; **contre son ___** against one's wishes
grenier *m.* attic
grenouille *f.* frog
grillage *m.* grating, wire netting, wire mesh
grille *f.* railing, wrought iron fence or gate
grimper to climb, scale
grincement *m.* scratching, grating
grincer to grind, creak, grate
grogner to growl, snarl
grommeler to mutter, grumble
gronder to scold, to grumble
gros (grosse) *(adj.)* big, heavy; *(adv.)* much, a lot
grosseur *f.* size, bulk
grossier (grossière) rude, gross
grouiller to swarm, crawl, stir about
guère : ne... ___ but little, scarcely, hardly
guerre *f.* war
guet *m.* watch, lookout; **au ___** on the lookout
guetter to be on the lookout for, watch for
guignol *m.* puppet; *(fam.)* clown, fool
guise *f.* manner, way; **à sa ___** as one pleases

H

habile skillful, expert, clever, crafty
habillé dressed
habiller to dress; **s'___** to get dressed
habit *m.* suit; **être en ___** to be in evening attire
habitant *m.* inhabitant
habiter to live (in)
habitude *f.* habit; **dans ses habitudes** what one is accustomed to; **comme d'___** as usual; **avoir l'___ de** to be used to
habitué *m.* frequent customer
habituel (habituelle) habitual, usual
habituer to accustom; **s'___ à** to get used (accustomed) to
hâbleur (hâbleuse) braggart, boaster
hai! well! indeed! bless me!
haie *f.* hedge
haine *f.* hate, hatred
haïr to hate
haleine *f.* breath, wind; **reprendre ___** to catch one's breath
halte *f.* stopping place, resting

place, halt

hanneton *m.* June bug

hanter to haunt

hardiment fearlessly

hargneux (hargneuse) surly

harnacher to harness, rig out

hasard *m.* chance, risk, danger; **au
___** at random; **par ___** by chance

hasarder to risk, venture, hazard

hâter to hurry

hausser to raise; **___ les épaules** to
shrug one's shoulders

haut *(adj.)* high; **à haute voix**
aloud; *(adv.)* loudly

hauteur *f.* height

hebdomadaire *(adj.)* weekly

héberger to lodge, entertain

hein? eh? what? (expressing
surprise)

herbe *f.* grass

héritage *m.* heritage, inheritance

hériter to inherit

héritier *m.* heir

héros *m.* hero

hésiter to hesitate

heure *f.* hour; **tout à l'___** just now;
a little while ago, in a little while;
à l'___ on time

heureusement fortunately

heureux (heureuse) happy

heurt *m.* shock, bump

heurter to knock against, bump
into, collide with

hier yesterday

histoire *f.* story, tale

historique historical

hiver *m.* winter

hocher to shake

hommage *m.* homage, respect,
acknowledgment

homme *m.* man; **___ d'affaires**
businessman

honnête honest

honte *f.* shame; **avoir ___ de** to be
ashamed of

honteux (honteuse) ashamed,
shameful

hôpital *m.* hospital

hoquet *m.* hiccup

horloge *f.* clock

hormis outside of

horreur *f.* horror

hors out, outside; **___ de** outside,
out of

hôte *m.* host, guest

hôtesse *f.* hostess

houe *f.* hoe

huée *f.* jeer, hoot, boo

humain *m.* human being; *(adj.)*
human

humilier to humble, humiliate

humour *m.* humor

hurlement *m.* howl, roar, shriek

hurler to howl, cry out

hutte *f.* hut

hymne *m.* song, anthem

hypnotique hypnotic

hypnotiseur *m.* hypnotist

hypocrisie *f.* hypocrisy

hypothèse *f.* hypothesis, assumption

I

ici here

idée *f.* idea

identifier to identify

ignominie *f.* shame, dishonor

ignorant *m.* ignoramus, dunce

ignorer to be unaware of, not to
know

île *f.* island

illustrer to illustrate

image *f.* picture, mental picture,
image

imaginaire imaginary

imbibé soaked, drenched

imiter to imitate

immédiatement immediately

immeuble *m.* building, house

impatiemment impatiently

imperméable *m.* raincoat

impressionner to impress, affect

imprévu unforeseen

improvisateur *m.* improviser,
extemporaneous speaker

inactif (inactive) inactive

inadmissible inadmissible,
unbelievable

inapaisable unappeasable

inaperçu unnoticed

inattendu unforeseen, unexpected

inaugurer to open, unveil; to put
on (article of clothing) for the
first time

inavouable shameful

incendie *m.* fire

incendier to set fire to

incertain uncertain

incertitude *f.* doubt, uncertainty

inclus (incluse) included, inserted

incongru incongruous; unbecoming

inconnu *m.* unknown person,
stranger

incorporer to incorporate

incroyable unbelievable, incredible

indicateur *m. (fam.)* informer

indications scéniques *f.pl.* stage
directions

indice *m.* clue, indication, sign

indien (indienne) Indian

indigène native

indigné shocked, indignant

indignité *f.* unworthiness, baseness,
indignity

indiquer to indicate

indiscret (indiscrète) indiscreet

individu *m.* individual

indu unseemly; unexpected; **aux
heures indues** at ungodly hours

industrie *f.* industry

inévitablement inevitably

infâme infamous

inférieur inferior

infini infinite, boundless

infliger to inflict

ingénieur *m.* engineer

ingéniosité *f.* ingenuity, cleverness

initier to initiate

injure *f.* insult, injury, offence

injuste unfair, injust

inondé bathed, covered

inoubliable unforgettable

inquiet (inquiète) worried

inquiéter to worry; harass; **s'___** to
trouble oneself, worry

inquiétude *f.* disquiet; anxiety;
restlessness

insinuer to insinuate, suggest, hint

insoutenable unbearable

inspecteur *m.* inspector

instamment insistently, urgently

instituteur (institutrice) elementary schoolteacher

instruire to teach, instruct, educate

insupportable unbearable

intensément intensely

interdire to forbid, prohibit

interdit forbidden; *(fig.)* astounded

intéressé *m.* the individual involved; interested party

intéresser to interest; **s'___ à** to be
interested in

intéressant interesting

intérêt *m.* interest

intérieur *m.* interior

interlocuteur *m.* person with whom
one converses

intermédiaire *m.* intermediary,
go-between

interne internal, inner

interrogateur *m.* examiner; *(adj.)*
examining, questioning

interrogation *f.* questioning; (in
school) a written or oral quiz

interrogatoire *m.* questioning,
examination

interroger to question, examine, ask

interrompre to interrupt

intervalle *m.* interval
intervenir to intervene
intimement intimately
intimer to notify, give notice
intimider to intimidate, frighten
intimité *f.* intimacy; **dans l'___** in private
intituler to entitle, give as a title
intrigue *f.* intrigue
intrigué puzzled, curious, intrigued
intriguer to puzzle, perplex; to intrigue
introduire to introduce, insert
introspectif (introspective) introspective
intrus *m.* intruder
inutile useless
inventeur *m.* inventor
invité *m.* guest
involontaire involuntary
invraisemblable unlikely, improbable, hard to believe
invraisemblance *f.* improbability, unlikelihood
ironie *f.* irony
ironique ironic
issue *f.* door, doorway, issue, exit
italien (italienne) Italian
itinéraire *m.* itinerary
ivre drunk
ivrogne *m.f.* drunkard; *(adj.)* drunken, tipsy

J

jadis formerly
jalousie *f.* jealousy
jamais ever; **ne... ___** never
jambe *f.* leg
jardin *m.* garden
jeter to throw; **___ un coup d'œil** to glance; **___ un regard** cast a glance
jeu *m.* game
jeune young
jeunesse *f.* youth
joie *f.* joy
joindre to join
joli pretty
joue *f.* cheek
jouer to play
jouet *m.* plaything, toy
jouir de to enjoy, to be in possession of
jouissance *f.* enjoyment, use
jour *m.* day
journal *m.* newspaper
journée *f.* day
juge *m.* judge

jugement *m.* judgment
juger to judge, consider
jumelles *f.pl.* binoculars
jupe *f.* skirt
jurer to swear
jusque to, up to, as far as
juste right, just, fair; **tout ___** close
justement just, precisely, exactly
justifier to justify

L

là there; **là-bas** over there, yonder; **là-haut** up there, upstairs; **là-dessus** thereupon, on that; **là-dessous** underneath
lac *m.* lake
lacer to lace, tie
lacet *m.* shoelace
lâche *m.* coward
laid ugly
laisser to leave, allow; **___ tomber** to drop
lait *m.* milk
laitier (laitière) milkman (milkmaid)
lambeau *m.* shred, fragment
lame *f.* piece, sliver
lamentable deplorable, pitiable, woeful
laminoir *m.* rolling mill
lancée *f.* highest speed
lancement *m.* launching
lancer to throw, to cast (a glance); to put forth; **se ___** to rush, dash, throw oneself against
lanceur *m.* one who throws
langage *m.* language
langue *f.* tongue; language
langueur *f.* weariness
lapin *m.* rabbit
large wide, ample, loose
largeur *f.* width
larme *f.* tear
larmoyant tearful, whimpering, sniveling
las (lasse) tired, weary
lavage *m.* washing
laver to wash
leçon *f.* lesson
lecteur *m.* reader
lecture *f.* reading
léger (légère) light
légèrement lightly
léguer to bequeath
légume *m.* vegetable
lendemain *m.* the next day, day after
lent slow

lentement slowly
lenteur *f.* slowness
lentille *f.* lens
lequel (laquelle, lesquels, lesquelles) who, whom, which, which one, which ones
lessive *f.* laundry, washing
lettre *f.* letter
lever to raise, lift up; **se ___** to get up; *n.m.* getting up, rising
lèvre *f.* lip
libérateur *m.* liberator
libérer to free, liberate
liberté *f.* freedom
librairie *f.* bookstore
libre free, clear, open (space)
lié tied, bound
lien *m.* link, tie
lier to link, connect, bind, tie
lieu *m.* place; **avoir ___** to take place; **tout ___** every reason; **au ___ de** instead of; *n.pl.* **lieux** premises
lièvre *m.* hare
ligne *f.* line
lignée *f.* descendants, offspring
ligue *f.* league
linge *m.* linen
linotypiste *m.f.* linotype operator
lire to read
lisière *f.* edge
lit *m.* bed
littéraire literary
littérature *f.* literature
liturgie *f.* liturgy
livre *m.* book
local *m.* site, building
localiser to locate, localize
loge *f.* theater box
logique logical
loi *f.* law
loin far; **de ___ en ___** every now and then; **plus ___** further along, further away
lointain far away
loisir *m.* leisure, spare time
long (longue) long; **le ___ de** along; **de ___ en large** to and fro
longtemps long, a long time
longuement for a long time; deliberately
lors then; **___ de** during, at the time of; **dès ___** from that time
lorsque when
louche *f.* soup ladle
loucher to squint, cross one's eyes
loufoque crazy, absurd
loup *m.* wolf

loupe *f.* magnifying glass
lueur *f.* glimmer, ray (of light)
luire to shine
luisant shining
lumière *f.* light
lumineux (lumineuse) luminous, bright, full of light
lune *f.* moon
lunettes *f.pl.* glasses
lustre *m.* chandelier
lustré glossy, shiny
lyrisme *m.* lyricism

M

machinal mechanical, automatic
magasin *m.* store
magie *f.* magic
magique magical
magnifique magnificent, sumptuous
maigre skinny, thin, meager
main *f.* hand
maintenant now
maintenir to maintain, keep
maire *m.* mayor
mairie *f.* town hall
mais but
maison *f.* house; business establishment, company; organization
maître *m.* schoolmaster; ___ **d'hôtel** head waiter; ___ **de maison** master, head of the house
maîtresse *f.* schoolmistress; mistress; ___ **de maison** woman of the house, housewife
maîtriser to master; **se** ___ to control oneself
majorité *f.* majority; **arriver à sa** ___ to come of age
majuscule *f.* capital letter; *(adj.)* capital
mal badly; *n.m.* evil, harm; **avoir** ___ **à + part of body** to hurt, have pain; **faire** ___ to hurt
malade ill, sick
maladie *f.* illness, sickness
maladresse *f.* awkwardness, clumsiness
maladroit awkward, clumsy
malaise *m.* discomfort, indisposition
malappris unmannerly, ill-bred
malchanceux (malchanceuse) unlucky
malfaiteur *m.* evildoer
malgré in spite of
malheur *m.* misfortune
malheureusement unfortunately

malheureux (malheureuse) unhappy
malice *f.* malice, spite, mischievousness
malin (maligne) malicious, wicked
malle *f.* trunk
malpropre dirty, untidy
malsain unhealthy
maman *f.* mamma
manche *f.* sleeve
manchette *f.* cuff
manège *m. (fig.)* ruse, stratagem
manger to eat; ___ **à sa faim** to eat one's fill
maniaque eccentric, crotchety
manie *f.* craze, mania, fad, habit
manière *f.* manner, way
maniéré affected, simpering, pretentious
manifester to show, display clearly
manque *m.* lack, shortage
manquer to fail; to cut (class); to lack, be missing
manteau *m.* coat
manucure *m.f.* manicure; manicurist
maquillage *m.* make up
marbre *m.* marble
marche *f.* step, stair; walking
marché *m.* market; **par-dessus le** ___ into the bargain, on top of that
marcher to walk, march; to work (machine)
mari *m.* husband
marié married
marin *m.* sailor
marionnette *f.* marionette, puppet
marquant striking, notable
marque *f.* mark, sign, imprint; note, distinction
marteau *m.* hammer
marteler to hammer
masser to massage, rub
massif *m.* solid mass (of trees, mountains, etc.)
mat dull
matière *f.* matter
matin *m.* morning; **de bon** ___ early in the morning
maudire to scorn, curse
mauvais bad
mécanique mechanical
méchanceté *f.* malice. wickedness
méchant bad, naughty, wicked
mèche *f.* wick
méconnaissable unrecognizable
mécontent *n.m.* dissatisfied person;

(adj.) unhappy, dissatisfied
mécontentement *m.* displeasure, discontent
médaille *f.* medal
médecin *m.* doctor
médecine *f.* medicine (science of)
méfiance *f.* suspicion, mistrust
méfier (se) to distrust, beware of
meilleur better; **le** ___ the best
mélancolique melancholy
mélange *m.* mixture; *v.* **se mélanger** to mix
mêlé mixed, mingled
mêler to mix, mingle; **se** ___ to get mixed up; **se** ___ **de** to interfere
mélodie *f.* melody
même same, even
mémé *f.* granny, nana
mémoire *f.* memory
menace *f.* threat
menacer to threaten
ménage *m.* housekeeping; household, family; **faire le** ___ to do housework
ménagé arranged
ménagère *f.* housewife, housekeeper
mener to lead
menottes *f.pl.* handcuffs
mensonge *m.* lie
menteur (menteuse) liar
menthe *f.* mint
mentionner to mention
mentir to lie
menton *m.* chin
menu small, trifling
mépris *m.* disdain, scorn
méprisable contemptible, despicable
méprisant scornful
mer *f.* ocean, sea
mercenaire *m.* mercenary (military)
merci thank you
mère *f.* mother
mériter to merit, deserve
méritoire meritorious
merle *m.* blackbird
merveille *f.* marvel, wonder; **à** ___ admirably; **se porter à** ___ to be in excellent health
merveilleux (merveilleuse) marvelous
métier *m.* trade, skill
mètre *m.* meter
mets *m.* food
mettre to put, put on; ___ **le feu** to set fire; ___ **au frais** to cool; **se** ___ **à** to begin; **se** ___ **à table** to sit down at the table; **se** ___ **en colère** to get angry

meuble *m.* piece of furniture
midi *m.* noon
miette *f.* crumb
mieux better; **le ___** best
migrateur migratory
mijoter to simmer; *(fig.)* to plot
milieu *m.* middle, center; surroundings; **au ___ de** in the middle of
militaire military
mille one thousand
mince thin
mine *f.* appearance; **avoir bonne ___** to look well; **faire ___ de** to pretend
minéral stony
minoritaire *(adj.)* minority
minuscule small, tiny
minuter to time
miroir *m.* mirror
miroiter to shine, glisten
misère *f.* misery, poverty, destitution, trouble
mite *f.* moth, mite
mitraillette *f.* tommy gun, submachine gun
mitrailleur *m.* machine gunner
mitrailleuse *f.* machine gun
mobiliser to mobilize, call up
mode *f.* style, fashion
modérément moderately
modestement modestly
modestie *f.* modesty
moelle *f.* marrow (of bone)
mœurs *f.pl.* manners, customs, morals, habits
moindre lesser; **le ___** the least, slightest
moins less; **à ___ que** unless; **___ de** less than; **au ___** at least
mois *m.* month
moitié *f.* half
mollir to soften
monde *m.* world; people, society; **tout le ___** everybody, everyone
mondial world, universal
monnaie *f.* change
monotone monotonous, dull
monstre *m.* monster
monstrueux (monstrueuse) monstrous, dreadful
mont *m.* hill, mount, mountain
montagne *f.* mountain
montagneux (montagneuse) mountainous
monter to go up, climb up, ascend; **___ la garde** to mount the guard; **___ à bord** to climb on board
montre *f.* watch

montrer to show; **___ du doigt** to point
moquer to mock; **se ___ de** to make fun of
moqueur (moqueuse) mocking, scoffing
morale *f.* moral of story
morceau *m.* piece, bit
mordant biting, scathing
mordre to bite
mort *f.* death; *(adj.)* dead
mot *m.* word; **famille de mots** word family; **___ apparenté** cognate
motard *m.* motorcyclist, motorcycle policeman
moteur *m.* motor
motif *m.* reason
mou (molle) soft
mouche *f.* fly
moucher to trim (wick)
mouchoir *m.* handkerchief
moue *f.* pout; **faire la ___** to pout
mourir to die; **___ à petit feu** to die slowly; to be kept hanging
mousse *f.* foam
mouton *m.* sheep
mouvement *m.* movement; **___ de recul** backward movement
moyen *m.* means, way
moyenne *f.* average
muet (muette) mute, silent
munir to provide, supply, equip
mur *m.* wall; **___ du son** sound barrier
mûr mature
muraille *f.* high wall, thick wall
murer to wall up, in; *(fig.)* to shade, screen, conceal
murmurer to mutter, whisper, murmur
musée *m.* museum
musicien *m.* musician
musique *f.* music
mutisme *m.* speechlessness, silence
mystère *m.* mystery
mystérieux (mystérieuse) mysterious
mystificateur *m.* hoaxer

N

nager to swim
naïf (naïve) naive
naissance *f.* birth
naître to be born
nantir to provide; **___ de** to provide

with
nappe *f.* tablecloth
narine *f.* nostril
narrateur *m.* narrator
narrer to narrate, relate
natte *f.* mat
nature morte *f.* still life
naturellement naturally
navire *m.* ship
né *(p.p.* of **naître)** born
néanmoins nevertheless
néant *m.* nothingness
négatif (négative) negative
négligé neglected, unnoticed
nègre negro, black
neige *f.* snow
nerveusement nervously
nerveux (nerveuse) nervous
net (nette) clear, distinct; *(adv.)* at once, point-blank
nettoyer to clean
neuf (neuve) new; **Quoi de ___?** What's new?
neveu *m.* nephew; **petit-___** grand-nephew
nez *m.* nose
ni nor; **ni... ni** neither . . . nor
niais *m.* fool, simpleton; *(adj.)* silly, stupid
nid *m.* nest
nier to deny
niveau *m.* level
noce *f.* wedding, wedding festivities
nocturne nocturnal, nightly
nœud *m.* knot
noir black; *n.m.* sorrow, misfortune; black man
noirâtre blackish
noircir to blacken, darken
noisetier *m.* hazelnut tree
noix *f.* nut, walnut
nom *m.* name, noun
nombre *m.* number; **être du ___** to be one of (them)
nombreux (nombreuse) numerous, many
nommer to name, call
nord *m.* north
nostalgie *f.* nostalgia; **___ du pays** homesickness
nostalgique nostalgic
notable notable, of influence; *n.m.* leading citizen
notaire *m.* notary
notamment specially, particularly
note *f.* note, grade; bill
noter to jot down
noué knotted, tied

nouer to knot, tighten
nourrir to nourish, feed
nourriture *f.* food
nouveau (nouvel, nouvelle, nouveaux, nouvelles) new; **de ___** again; **nouveaux mariés** newlyweds
nouvelle *f.* short story; **les nouvelles** the news
noyer *m.* walnut tree
nu bare
nuage *m.* cloud
nuance *f.* shade, hue; *(fig.)* shade of meaning
nuit *f.* night
nul (nulle) no one, none, no man;
nulle part nowhere, not anywhere
numéro *m.* number
nuque *f.* nape of the neck

O

obéir to obey
obéissance *f.* obedience
objet *m.* object
obligé obliged, bound, compelled
obligeance *f.* kindness
obséder to haunt, obsess, possess
observateur (observatrice) observer
obstinément stubbornly
obstiner (s') to be obstinate; to insist, persist
occasion *f.* opportunity, chance
occupé occupied, busy
occuper to occupy, hold; **s'___ de** to be busy with, to take care of
occurence *f.* happening, occasion; **en l'___** under the circumstances, in this case
odeur *f.* odor, smell
œil *m.* *(pl.* **yeux)** eye; **coup d'___** glance
œuf *m.* egg
œuvre *f.* work; **chef-d'___** *m.* masterpiece
officier *m.* officer
offrir to offer, give
oie *f.* goose
oignon *m.* onion
oiseau *m.* bird
ombrager to shade, cover
ombre *f.* shadow; shade
omettre to omit, leave out
oncle *m.* uncle
onctueux (onctueuse) warm and sensual; unctuous
onde *f.* wave

ondé wavy
ondoyer to undulate, slither
ongle *m.* fingernail
opérette *f.* light opera
opprimer to oppress
or *(conj.)* now, but; *n.m.* gold
orage *m.* storm
ordinaire ordinary, customary; **d'___** ordinarily
ordinairement usually
ordinateur *m.* computer
ordonnance *f.* arrangement, order
ordonner to order; **s'___** to arrange, put in order
ordre *m.* order
oreille *f.* ear
oreiller *m.* pillow
organisation *f.* organization
organiser to organize
orgueil *m.* pride, conceit
orgueilleusement proudly
oriental eastern
originalement originally
orme *m.* elm tree
orné ornate, decorated
orthographe *f.* spelling
oser to dare
ôter to remove
otite *f.* otitis, inflammation of the inner ear
ou or; **ou... ou** either . . . or
où where; when
oublier to forget
ouest *m.* west
ours *m.* bear
ouvert open; **grand ___** wide open
ouvertement openly, overtly
ouverture *f.* opening, gap
ouvrage *m.* work
ouvrier (ouvrière) worker, laborer
ouvrir to open

P

paillette *f.* spangle
pailletté spangled
pain *m.* bread; **petit ___** roll
paisible peaceful
paix *f.* peace
paletot *m.* overcoat
pâleur *f.* pallor, wanness
pansement *m.* bandage, dressing
pantalon *m.* trousers, pants
pantoufle *f.* slipper
papier *m.* paper
Pâques *m.* Easter
paquet *m.* package
par by, out of; **par-dessus** over; **par-dessus le marché** into the

bargain, on top of that
parachutiste *m.* paratrooper
parages *m.* regions; **dans ces ___** hereabouts
paraître to seem, appear
parc *m.* park, grounds, estate
parce que because
parcourir to travel through, proceed through, wander about
pare-brise *m.* windshield
pareil (pareille) similar, like, such a
parent *m.* parent, relative
parenté *f.* kin, relatives
parer to fend off
paresseux (paresseuse) lazy
parfaitement perfectly
parfois sometimes
parfum *m.* perfume, scent
pari *m.* bet, wager
parler to speak, talk; **à proprement ___** so to speak
parmi among
parole *f.* word, speech
paroxysme *m.* highest limit, climax
parrain *m.* godfather
part *f.* share, part, portion; **faire ___ de** to inform about; **de ta ___** of you (on your part); **nulle ___** nowhere, not anywhere
partager to share
parti *m.* party, side; choice
participe *m.* participle
participer to participate
particulier (particulière) private, personal
particulièrement particularly
partie *m.* part; party (function); **faire ___ de** to be a part of; game, match
partir to leave; **à ___ de** starting from, beginning with
partout everywhere
paru *(p.p.* of **paraître)** appeared
parvenir to reach, come to, attain, succeed in
pas *m.* footstep, step; *(adv.)* not; **___ du tout** not at all
passage *m.* time spent, passage
passager (passagère) passing, transitory, momentary
passant *m.* passerby
passé past; **participe ___** past participle
passer to spend, pass, go; **se ___** to happen; **se ___ de** to do without; **___ pour** to seem
passe-temps *m.* pastime, hobby
passionnant exciting

passionné impassioned, enthusiastic
passionnément enthusiastically
patauger to flounder
pâte de fruits *f.* crystallized fruit
pâté *m.* pie; ___ **de sable** sand pie
paterne paternal, benevolent
patin *m.* ice skate
patiner to skate
patinoire *f.* skating rink
pâtisserie *f.* pastry; tearoom
patrie *f.* country, fatherland
patron (patronne) boss, employer
patte *f.* paw; **se mettre à quatre pattes** to get down on all fours
paupière *f.* eyelid
pauvre poor
pavé *m.* pavement
pavillon *m.* little house in suburbs
payer to pay; **se** ___ to treat oneself to
pays *m.* country, locality, neighborhood
paysage *m.* countryside, landscape
paysan (paysanne) peasant
peau *f.* skin
pêcher to fish
peigne *m.* comb
peindre to paint
peine *f.* pain, anguish, trouble; **à** ___ scarcely; ___ **perdue** waste of time or effort; **se donner la** ___ to take the trouble, to put oneself out
peiné troubled, saddened
peiner to labor, toil
peintre *m.* painter
peinture *f.* painting, paint
péjoratif (péjorative) pejorative, derogatory, depreciatory
peloton *m.* squad, platoon; ___ **d'exécution** firing squad
penché bent over
pencher to lean, bend
pendant *(adj.)* hanging; *(prep.)* during
pendre to hang, suspend
pénétrant penetrating
pénétrer to penetrate
pénible painful, troublesome
péniblement laboriously
pensée *f.* thought
penser to think; ___ **à** to think about
pension *f.* board and lodging; income, payment
pente *f.* slope
percer *(fig.)* to see through
percevoir to perceive, gather, collect

percher to perch
perdre to lose; ___ **son temps** to waste one's time
père *m.* father
période *m.* degree, pitch
péripétie *f.* adventure, mishap
périr to perish
permettre to permit, allow
perplexe perplexed, puzzled
perron *m.* (flight of) steps; stoop
perruque *f.* wig
personnage *m.* character of story or play
personnalité *f.* personality
personne *f.* person, anyone; **ne...** ___ no one
personnel (personnelle) personal
personnellement personally
peser to weigh
peseur *m.* weigher
pessimiste pessimistic; *n.m.f.* pessimist
péter to crack, snap, burst
petit little, small; **le** ___ the little one; ___-**fils** grandson
petitesse *f.* smallness
pétrole *m.* oil
peu little, few
peuple *m.* people, nation
peuplé heavily populated
peur *f.* fear; **avoir** ___ to be afraid
peut-être perhaps
phénomène *m.* phenomenon
philosophe *m.* philosopher; *(adj.)* philosophical
philosophique philosophical
photographe *m.f.* photographer
photographie *f.* picture, photograph
phrase *f.* sentence
physiquement physically
piaffer to paw, prance (like a horse eager to be off)
pièce *f.* piece, object; room; play (theater)
pied *m.* foot
piège *m.* trap
pierre *f.* stone
piétiner to step on, trample on
piquant spicy
pique-nique *m.* picnic
piquer to stick; to heighten, stimulate
pire worse
piteusement piteously, woefully
pitié *f.* pity
pitoyable pitiful
pittoresque picturesque

place *f.* place, seat; (town) square
placidement placidly, calmly
plafond *m.* ceiling
plage *f.* beach
plaider to plead, practice (law)
plaindre to pity; **se** ___ to complain
plaine *f.* flat country
plaintivement plaintively
plaire to please
plaisanter to joke
plaisanterie *f.* joke, jest
plaisir *m.* pleasure, delight
plan *m.* map, plan
planche *f.* board, plank, shelf
plancher *m.* floor
plaque *f.* patch
plat *n.m.* dish, platter, course (of a meal); *(adj.)* flat, level, straight
plateau *m.* tray
plein full, complete; **en pleine nuit** in the middle of the night; **il y en a** ___ there are many
pleinement fully, entirely, thoroughly
plénitude *f.* fullness
pleurer to cry
pli *m.* crease, fold, wrinkle
plissé pleated
plonger to immerse, plunge, bury
pluie *f.* rain
plume *f.* pen, quill pen
plupart *f.* the most, majority
plus more; **non** ___ neither; **ne...** ___ no longer; **de** ___ moreover
plusieurs several
plutôt rather
pneu *m.* tire
poche *f.* pocket
poésie *f.* poetry
poignée *f.* doorknob
poignet *m.* wrist
poil *m.* hair (of animals); hair (of persons, other than that of head)
point moment, point; **au** ___ perfect; **ne...** ___ not (*lit.* forceful)
pointe *f.* point, tip
poire *f.* pear
poireau *m.* leek
poisson *m.* fish
poitrine *f.* chest, bosom
poivre *m.* pepper
poli polished, polite
policier *m.* policeman
poliomyélite *f.* polio
politique political
polonais Polish
pommadé slicked down (hair)
pomme *f.* apple; ___ **de terre** potato

pompier *m.* fireman
ponctuation *f.* punctuation
pondéré level-headed
pont *m.* bridge
populaire popular, working class
porte *f.* door
porte-avions *m.* aircraft carrier
portée *f.* range (of gun)
porte-monnaie *m.* wallet, purse
porter to carry, wear, bring; ___ intérêt à quelqu'un to take an interest in someone; se ___ à merveille to be in the best of health
porteur *m.* bearer, carrier
portier *m.* doorkeeper
posément sedately
poser to ask; to place
posséder to possess, own, have
poste *m.* post, station, position; ___ téléphonique extension (téléphone)
poste *f.* mail, post office
pot *m.* pot, jug
potage *m.* soup
pouce *m.* thumb; inch
poulet *m.* chicken
pour in order to, for; ___ que in order that
pourpre purple
pourquoi why
poursuite *f.* pursuit
poursuivre to pursue, follow
pourtant however, (and) yet
pourvu que provided that
pousser to push, utter, put forth; to grow; ___ du coude to nudge
poussière *f.* dust, dirt
pouvoir to be able, can; *n.m.* power, authority
pratique *f.* practice, application
pré *m.* field, meadow
précédent preceding
prêcher to preach
précieux (précieuse) precious
précipitamment headlong, quickly
précipité hurried, hasty
précipiter to hasten, hurry; se ___ to rush, throw oneself, dash headlong
précis exact, precise
précisément precisely
préciser to be specific, state precisely
préconçu preconceived
prématurément prematurely
premier (première) first
prendre to take, grasp, take hold of;

___ au tragique to take seriously; ___ (un coup de) feu to burn, catch on fire; ___ garde to pay attention to, watch out for; ___ sa retraite to retire
préoccuper to preoccupy, worry; se ___ to worry, be anxious about
préparatif *m.* preparation
près near; ___ de near; à peu ___ about, nearly, almost
présenter (se) to present oneself; to appear; to introduce oneself
présider to chair, preside over
presque almost
pressé hurried
pressentir to have a foreboding of
presser to press, squeeze, urge; se ___ to hurry
pression *f.* pressure
prêt ready, prepared; ___ à on the verge of
prétendre to claim, affirm
prétentieux (prétentieuse) pretentious, showy
prêter to lend
prêteur *m.* lender; pawnbroker
prétexter to allege
preuve *f.* proof
prévenir to inform, warn
prier to ask, beg, entreat; je t'en prie I beg of you, please
prière *f.* prayer
primitif (primitive) primitive
printemps *m.* spring
pris caught
prise *f.* capture, danger; hors de ___ free, out of danger
prisonnier (prisonnière) prisoner
priver to deprive
prix *m.* price; prize
probablement probably
procès-verbal *m.* minutes, official report
prochain next
proche near, close
procureur *m.* prosecutor
prodige gifted; enfant ___ child prodigy
produire to produce; se ___ to occur, happen
professionnel (professionnelle) professional
profiler (se) to be outlined
profit *m.* profit; au ___ de for the benefit of
profiter to profit; ___ de to take advantage of
profond profound, deep

profondément deeply, intensely
profondeur *f.* depth
proie *f.* prey; en ___ à prey to, victim of
projet *m.* plan
projeter to plan, project
promenade *f.* outing, walking
promener to walk, to take for a walk; se ___ to go for a walk, drive
promesse *f.* promise
promettre to promise
pronom *m.* pronoun
prononcer to pronounce, utter
propagande *f.* propaganda
propre clean; (before noun) own
propreté *f.* cleanliness
propriétaire *m.* landlord, proprietor
prospère prosperous
protéger to protect
prouver to prove
provenir to derive, originate, come; ___ de to be due to, as a result of
provisions *f.pl.* supplies
provocant provocative, irritating
provoquer to provoke, cause, give rise to
psychologie *f.* psychology
psychologique psychological
psychologiquement psychologically
puis next, afterwards
puisque since, considering
puissance *f.* power
puits *m.* well
punir to punish
punition *f.* punishment
pupitre *m.* desk

Q

quand when; ___ même just the same
quant à as for
quart *m.* quarter, fourth part
quartier *m.* quarter, district
quasiment almost
que (conj.) that, than, how, as; ne... ___ only; (pro.) that, whom, which, what
quel (quelle) which, what, what a
quelconque any, whatever, ordinary
quelque some, a few; en ___ sorte in a way, as it were
quelque chose something, anything
quelque part somewhere, anywhere
quelquefois sometimes
quelqu'un someone, anyone

querelle *f.* quarrel
quereller to quarrel
questionner to question
quête *f.* quest, search
quêter to beg
queue *f.* tail, end
qui which, who, whom
quitter to leave; hang up (telephone)
quoi what, which, anything at all; **n'importe ___** no matter what; **à ___ bon?** what's the good of?
quoique although
quotidien (quotidienne) daily; *n.m.* daily life

R

rabbin *m.* rabbi
raccommoder to mend, repair
raccrocher to hang up (telephone)
race *f.* race; family line, ancestry
racheter to buy again, buy back
racine *f.* root; origin
raconter to tell, relate
radieux (radieuse) beaming, radiant with joy
radiophonique broadcasting
rafale *f.* gust of wind; burst of gunfire
raffiné refined, delicate, nice
raide straight, stiff
raidir (se) to tighten, stiffen
raisin *m.* grape
raison *f.* reason, motive; **avoir ___** to be right; **comme de ___** as one might expect
raisonnable reasonable
raisonnement *m.* reasoning
raisonner to reason, consider, declare
rajeunir to renovate, rejuvenate
rajuster readjust, put in order again
ramasser to pick up
rameau *m.* branch (of a tree)
ramener to take back
rang *m.* rank, order, line, row; **de premier ___** first-rate
rangé positioned, arranged
rangée *f.* line, row
ranger to tidy up, clean, set in order
rapetisser to shrink
rapidement rapidly
rappeler to remind, recall; **se ___** to remember
rapporter to bring nearer, bring together; report; **se ___ à** to refer (to), to have reference (to)
rapprochement *m.* relationship
rapprocher to bring near again, to bring (objects) close; **se ___** to come nearer, approach

rarement rarely
raser to shave
rassurer to reassure, comfort
raté ruined, botched
rater to miss; to ruin, botch; to flunk (a test)
rattraper to make up for
ravoir to have again, get back
rayon *m.* ray
réacteur *m.* reactor; jet (airplane)
réagir to react
réaliste realistic; *n.m.f.* realist
rebaptiser to rename
reboutonner to rebutton
rebut *m.* outcast
récepteur *m.* receiver (telephone)
recevoir to receive
réchauffer to reheat, warm up again; **se ___** to get warm again, warm oneself
recherché sought after, choice
rechercher to get, seek
recherches *f.* searches, research
récipient *m.* container, receptacle
récit *m.* story, account, narrative
réclamer to beg for, demand
récompense *f.* reward
récompenser to reward
reconnaissable recognizable
reconnaissant grateful
reconnaître to recognize, acknowledge, know
recouvrir to cover up, cover again
récré *f. (fam.)* recreation, playtime, recess
récrire to rewrite
rectifier to adjust
recueil *m.* collection
recueillir to gather; **se ___** to collect one's thoughts, collect oneself
recul *m.* backward movement
reculer to move back; **se ___ de** to draw back from, stand back from
rédiger to draw up, draft
redingote *f.* frock coat
redoubler to redouble
redresser to straighten
réduire to reduce
réel (réelle) real
rééternuer to sneeze again
refermer to close again
réfléchi thoughtful
réfléchir to think, reflect, ponder
reflet *m.* reflection
réfrigérateur *m.* refrigerator

refroidir to cool
réfugier (se) to take refuge
refus *m.* refusal
regard *m.* look, expression, glance
regarder to look at, watch
régime *m.* diet, regime
règle *f.* rule; ruler; **dans les règles** according to the rules
règlement *m.* rule, regulation
régner to reign
regorger to overflow, abound
regret *m.* regret, longing for; **à ___** with reluctance, grudgingly
regretter to regret, be sorry
régulier (régulière) regular, uniform
réintégrer to return, reinstate
rejeter to reject, throw off, throw back
rejoindre to join, reach, connect with
relâcher to relax, loosen, slacken
relever to raise, lift; **se ___** to get up, get to one's feet
relier to join, connect, tie
relire to reread
remarquable remarkable
remarque *f.* remark, comment
remarquer to notice, remark, observe
rembourser to reimburse, repay
remède *m.* remedy
remercier to thank
remettre to put on again, put off, put back, give back
remis recovered
remplaçant *m.* substitute
remplacer to replace
remplir to fill
remuer to move
renard *m.* fox
rencontre *f.* meeting, encounter
rencontrer to meet, encounter
rendez-vous *m.* appointment, date
rendre to give back, return; **se ___** to go; **se ___ compte** to realize; **___ visite à** to visit (a person)
renforcer to reinforce, strengthen
renifler to sniff
renoncer to give up, abandon, renounce
renouer to tie again
renouveler to renew, revive
renseignement *m.* information
renseigner to inform
rente *f.* income, annuity
rentrée *f.* return, homecoming, reopening of school
rentrer to come back, go back, re-

turn home, return

renverser to turn over, reverse, invert, spill

répandre to spread, spill, scatter; **se ___** to spread out

reparaître to reappear

réparer to repair, mend, patch

repartir to leave again

reparu (*p.p.* of **reparaître**) reappeared

repas *m.* meal

repasser to iron; to pass again

repère *m.* landmark; **un point de ___** point of reference

répéter to repeat

répit *m.* respite, rest

répliquer to reply, retort

replonger to immerse again, plunge again

répondre to answer, reply; **___ de** to hold oneself responsible, answer for

réponse *f.* answer

repos *m.* rest, repose

reposer to replace; **se ___** to rest

repousser to spurn, repulse, reject, push away

reprendre to take on again, go back to, resume

reprise *f.* patch, mended spot; resumption; **à plusieurs reprises** on several occasions

réprobateur (réprobatrice) reproachful

reproche *m.* reproach, reproof

reprocher to reproach

reproduire to reproduce

réserver to have in store

résigné resigned

résigner to resign, give up; **se ___** to resign oneself, to submit

résolu (*p.p.* of **résoudre**) resolute, determined; solved

résonner to resound, resonate, reverberate

résoudre to resolve, solve

respirer to breathe; sniff, smell

responsabilité *f.* responsibility

ressaisir (se) to regain one's self-control

ressembler to resemble

ressentir to feel deeply, experience

resserrer to tighten

ressort *m.* spring

ressortir to go out again

ressusciter to revive, bring back to life

reste *m.* remainder; *pl.* remains (of

a meal), leftovers; **du ___** besides, moreover

rester to stay, remain; **il me ___** I (still) have

restituer to return, restore, give back

résultat *m.* result

retard *m.* delay, lateness; **en ___** late

retenir to hold back, detain, keep back, secure; **se ___** to suppress, hold back

retentir to echo, ring

retirer to pull out, withdraw; **se ___** withdraw, to take one's leave

retour *m.* return; **de ___** back

retourner to return; **se ___** to turn around

retraite *f.* hiding place, retreat

rétrécir to shrink

retrouver to find again, see again, rediscover; **se ___** to find oneself, return

réunion *f.* meeting, gathering

réunir to gather, join

réussir to succeed, do successfully

rêve *m.* dream

réveil *m.* awakening

réveiller to waken; **se ___** to wake up

révélateur (révélatrice) revealing

révéler to reveal

revendre to sell again

revenir to return

rêver to dream

réverbère *m.* street lamp

reverdir to become green again

rêverie *f.* reverie, dreaming, meditation

rêveur (rêveuse) pensive

revivre to revive

revoir to see again

revue *f.* review, inspection; magazine, journal; **passer en ___** to inspect

ricaner to snicker, smirk

ridé wrinkled, lined

rideau *m.* curtain

rien nothing; **ne... ___** nothing, not anything; **___ d'autre** nothing else

rigoler to giggle

rigolo (*fam.*) funny, comical, drole

rime *f.* rhyme

rire to laugh; **éclater de ___** to burst out laughing; **___ jaune** to give a forced laugh, give a sickly smile; *n.m.* laughter

risque *m.* risk, hazard

risquer to risk, endanger

rive *f.* bank (of river), shore

rivière *f.* river

riz *m.* rice

robe *m.* dress; **___ de nuit** nightgown

rocailleux (rocailleuse) rocky, stony

rocher *m.* rock

rocheux (rocheuse) rocky

rôdeur *m.* prowler, vagrant

roi *m.* king

roman *m.* novel

romancier (romancière) novelist

rompre to break

rond round, full, plump; **en ___** in a circle

ronde *f.* cursive writing; **faire des rondes** to go on rounds

ronfler to snore; to roar, whir (like an engine)

ronger to gnaw, consume; to torment

rossignol *m.* skeleton key; nightingale

rotin *m.* rattan, cane

rôtir to roast

roucouler to coo

roue *f.* wheel

rouge à lèvres *m.* lipstick

rougir to blush

rouillé rusted

roulement *m.* roll (of drum)

rouler to roll, ride, drive, run

ruban *m.* ribbon, tape; **___ gommé** sticky tape

rude harsh

rudement harshly, roughly

rue *f.* street

rugir to roar, bellow

ruisseau *m.* stream, brook; (*fam.*) gutter

Russie *f.* Russia

rustique rustic, country

S

sablé covered with sand

sacrifier to sacrifice; to give up

sage wise; well-behaved

saigner to bleed

sain healthy, safe, wholesome

saisi seized, possessed

saisir to seize, grasp

saison *f.* season

salaire *m.* salary, wages

sale dirty, nasty; (*fam.*) disagreeable, stupid; **avoir une ___ tête** to look atrocious

saleté *f.* dirty business

salir to soil, dirty

salle *f.* room; ___ **à manger** dining room; ___ **de séjour** family room

salon *m.* living room, parlor

saluer to greet, wave

sang *m.* blood

sanglot *m.* sob

sans without; ___ **cesse** ceaselessly; ___ **que** without, unless

santé *f.* health

sarcastique sarcastic

sardonique sardonic, scornful, mocking

satisfait satisfied, pleased

sauf except

saut *m.* hop, leap, jump

sauter to jump; ___ **aux yeux** to be obvious

sauvage savage, wild

sauvagerie *f.* wildness, savagery

sauver to save; **se** ___ to run away

savoir to know; *n.m.* knowledge, learning

savon *m.* soap

savoureux (savoureuse) savory, tasty

saynète *f.* playlet, sketch

scandaleux (scandaleuse) scandalous, shameful

scandaliser to scandalize, shock

sceptique *m.f.* skeptic; *(adj.)* skeptical

scierie *f.* sawmill

scolaire scholastic, school, educational

sculpteur *m.* sculptor

seau *m.* pail, bucket

sec (sèche) dry

sèchement curtly, dryly

sécher to dry

sécheresse *f.* dryness, drought

secondaire secondary, minor

secouer to shake

secourir to assist, help, relieve

secours *m.* help; **au** ___! help!

secousse *f.* jerk, jolt, bump

séduire to attract, charm

seigneur *m.* lord, nobleman

sel *m.* salt

selon according to

semaine *f.* week

semblable alike, similar, of the same kind

semblant *m.* semblance, appearance; **faire** ___ **de** to pretend

sembler to seem, appear

semer to scatter, spread

sens *m.* meaning

sensé sensible, levelheaded

sensible sensitive

sentencieux (sentencieuse) serious, sententious

sentier *m.* footpath, path

sentinelle *f.* sentry

sentir to feel, smell; **se** ___ to feel

séparer to separate

série *f.* series

sérieusement seriously

sérieux (sérieuse) serious; **prendre au** ___ to take seriously

serpette *f.* pruning knife

serré crowded

serrer to clench, press, tighten, hold tight; ___ **la main** to shake hands

serrure *f.* lock

servir to serve; **se** ___ **de** to use

serviteur *m.* servant

seuil *m.* threshold, doorstep

seul single, only, alone; lonely

seulement only

sévir to deal severely, act severely

seyant becoming, attractive

si *(conj.)* if; *(adv.)* so, so much; yes *(in answer to a negative question);* ___ **bien que** with the result that

siècle *m.* century

sifflement *m.* whistling

siffler to whistle

sifflet *m.* whistle (instrument or sound); **un coup de** ___ whistle blow

siffloter to whistle softly

signalement *m.* description

signaler to point out, draw attention to

significatif (significative) significant

signifier to mean, signify

silencieux (silencieuse) quiet, peaceful, silent

silhouette *f.* silhouette, profile, outline

simplement simply

simultanément simultaneously, at the same time

singulier (singulière) singular, peculiar, odd

sinistre sinister, grim

sinon if not

sociologie *f.* sociology

sœur *f.* sister

soie *f.* silk

soif *f.* thirst

soigné cared for, well-groomed

soigner to look after, take care of, take pains with

soigneusement carefully

soin *m.* care; responsibility

soir *m.* evening

soirée *f.* evening; evening party

soit so be it!; **soit... soit** either . . . or

sol *m.* ground, floor

soldat *m.* soldier

soleil *m.* sun

solennel (solennelle) solemn

solitaire solitary, lonely

sombre dark, gloomy

somme *f.* sum, amount; **en** ___ on the whole, in short; *m.* nap

sommeiller to doze, snooze, slumber

sommet *m.* summit, top

somptueux magnificent

son *m.* sound, ringing; bran

sonder to test, try out, examine

songer to consider, dream, think

sonner to ring

sonnerie *f.* ringing

sonore sonorous, resonant

sonorité *f.* resonance

sorte *f.* manner, way, kind; **de** ___ **que** so that; **en quelque** ___ in a way, as it were; **de la** ___ in that way, like that

sortie *f.* exit, going out, departure; evening out

sortir to go out, leave; to take out

sot (sotte) stupid, foolish, absurd

sou *m.* an old French coin worth one hundredth of a franc; *(French Canadian)* cent

souci *m.* worry, care, concern

soucoupe *f.* saucer

soudain sudden, suddenly

souffle *m.* breath

souffler to blow, puff

souffrance *f.* suffering

souffrir to suffer, endure, bear

souhaiter to wish

soulagement *m.* relief, solace

soulager to calm, ease, relieve, comfort

soulever to raise, lift up; **se** ___ to rise, revolt

soulier *m.* shoe

souligner to stress, emphasize, underline

soupçonner to suspect

souper to have supper; *n.m.* supper, evening meal

soupière *f.* soup tureen

soupir *m.* sigh

soupirer to sigh

souple pliant, supple

sourcil *m.* eyebrow; **froncer les sourcils** to frown, scowl

sourd deaf; hollow, muffled, dull; deaf person
sourdre to swell, well up
souriant smiling
sourire to smile; *n.m.* smile
sous under
sous-marin *adj.* underwater
souterrain *m.* underground passage, tunnel
souvenir to occur to the mind; **se ___ de** to remember, recall
souvenir *m.* memory, remembrance
souvent often
souverain *m.* sovereign, monarch
soyeux (soyeuse) silky
spasmodique spasmodic
spectacle *m.* show, entertainment, spectacle, sight
spectateur *m.* spectator
spontané spontaneous
spontanément spontaneously
standardiste *m.f.* telephone/switchboard operator
strophe *f.* stanza, verse of a poem
stupéfaction *f.* amazement
stupéfait amazed, astounded
stupeur *f.* stupor, amazement
stupidement stupidly
stylo *m.* pen
subir to undergo
subit sudden, unexpected
subjuguer to subdue, master, subjugate
sublime sublime, lofty, noble
subside *m.* subsidy
subtil subtle; nice; discerning, clever
subtilité *f.* subtlety, shrewdness
succès *m.* success
sucre *m.* sugar
sucré sweetened, sugary
sud *m.* south
suffire to suffice, be enough
suffisamment sufficiently
suffisant sufficient, enough
suffocant suffocating, stifling
suggérer to suggest
suicider (se) to commit suicide
suisse Swiss
suite *f.* continuation; **tout de ___** immediately; **par ___** as a result, consequently
suivant next, following
suivre to follow
sujet *m.* subject; reason; **à son ___** about it (him, them); **au ___ de** about
superflu superfluous, unnecessary
supérieur superior
supplémentaire supplementary, additional

supporter to sustain, endure, bear, tolerate, put up with
supposer to suppose, imagine
supprimer to suppress, omit
sur on, upon
sûr sure, reliable, certain
suraigu (suraiguë) shrill, high-pitched
surcroît *m.* addition, increase; **par ___** in addition; *(fam.)* to boot
sûrement certainly, surely
surgir to spring up, appear
surlendemain *m.* day after tomorrow
surmené overworked
surnaturel (surnaturelle) supernatural
surplus *m.* surplus, excess; **au ___** moreover
surprendre to surprise
surpris surprised
sursauter to jump, start, give a start
sursis *m.* reprieve, postponement
surtout especially
surveiller to watch over, supervise
survenir to arrive (happen) unexpectedly, befall
survivant *m.* survivor
survivre to survive
suspect suspicious, doubtful
suspendre to hang up, hang from, suspend
symboliser to symbolize
sympathie *f.* sympathy, fondness, liking
symphonie *f.* symphony

T

tabellion *m.* notary
tableau *m.* chalkboard
tablier *m.* apron
tache *f.* stain, spot
tâche *f.* task, job
tacher to soil
taille *f.* waist, figure, size
tailler to cut, prune
tailleur *m.* tailor; suit
taquin teasing
taire to suppress, say nothing; **se ___** to be silent
talus *m.* embankment, slope
tambour *m.* drum
tandis que while, whereas
tant so, so much, so many; **___ que** as long as
tapage *m.* noise; *(fam.)* racket
taper to tap, strike, slap, hit; **___ dessus** to punch; *(fam.)* to hit on

tapis *m.* rug, carpet
tapisser to cover
tapisserie *f.* tapestry, hanging
tapoter to tap
tard late
tarder to delay
tarte *f.* pie, tart
tartine *f.* slice of bread and butter or of bread and jam
tas *m.* pile, heap
tasse *f.* cup
tasser to compress, pack tightly, pile up; **se ___** to sink, settle, collapse
tâter to feel, touch
taureau *m.* bull
teindre to dye, tint
teint *m.* color, tint; complexion
tel (telle) such, like, as; **un ___** such a; **___ que** such as
tellement so, to such a degree
témoignage *m.* testimony, witness, evidence
témoigner to testify, give evidence
témoin *m.* witness
tempête *f.* tempest, storm
temps *m.* time, weather; **de ___ à autre** now and then; **de ___ en ___** from time to time; **en même ___** at the same time
tendre to offer; **___ un piège** to set a trap
tendresse *f.* tenderness
tendu tense, strained
ténèbres *f.pl.* darkness, night, gloom
tenez! well! look here !
tenir to hold, hold up, take care of; **___ de** to take after; **___ à** to insist on; to value highly; **___ bon** to stick to, hold on to; **se ___** to keep, remain; **se ___ bien** to behave
tentative *f.* attempt
tenter to tempt
tenue *f.* outfit
terminer to finish
terrain *m.* ground, land
terrasser to beat, crush, vanquish, overcome
terre *f.* earth, dirt; **par ___** on the ground
terreur *f.* terror, fear
terrible terrible, dreadful; *(fam.)* marvelous, terrific
terrifiant terrifying
terrifier to terrify
testament *m.* will, testament
tête *f.* head
têtu stubborn, obstinate
thé *m.* tea

théâtre *m.* theater
théière *f.* teapot
tiède warm
tiédeur *f.* warmth
tiens! well! look here! really! you don't say so!
tiers *m.* third
timbre *m.* stamp
timidement timidly
tir *m.* shooting, firing; **champ de ___** firing range
tiré drawn, worn out, haggard
tire-bouton *m.* button hook
tirer to pull; to derive, obtain; to shoot; **___ partie de** to make use of; **___ au jugé** to fire blindly; **___ d'embarras** to get someone out of a scrape; **se ___** extricate oneself
tireur *m.* marksman
tiroir *m.* drawer
tisonner to poke, stir (a fire)
tisonnier *m.* poker
tissu *m.* material, fabric
toile *f.* canvas, cloth
toit *m.* roof
toiture *f.* roof
tombant falling; **à la nuit tombante** at nightfall
tombe *f.* grave, tomb
tomber to fall
ton *m.* intonation; tone
tordre to twist, contort, disfigure
torrentiel (torrentielle) torrential; impetuous
tort *m.* wrong
tôt soon
toucher to touch, handle; to receive, collect (money)
toujours always, still, ever
tour *f.* tower; *m.* turn; **___ à ___** one by one
tourbillonner to turn rapidly, swirl
tourment *m.* torment
tourmenter to torment
tournemain : en un ___ in a split second, quickly
tourner to turn; **se ___** to turn around
tousser to cough
tout all, completely, the whole, everything; very; **___ à coup** suddenly; **___ à fait** completely; **___ à l'heure** a while ago; in a little while; **___ de suite** immediately; **___ le monde** everyone, everybody; **___ au long** all the way through; **___ de même** just the

same; **pas du ___** not at all; **tous deux** both
toutefois still, nevertheless
tracer to trace, draw
traditionnel (traditionnelle) traditional, customary
traduction *f.* translation
traduire to translate
tragédie *f.* tragedy
tragique tragic; **prendre au ___** to take too seriously
trahir to betray
train *m.* speed, pace, rate; noise; **bon ___** well, quickly; **en ___ de** in the process of
traîneau *m.* sleigh
traîner to drag, trail, linger, remain
trait *m.* feature; gulp; stroke, mark; deed, act
traitement *m.* treatment
traiter to treat
tramway *m.* tram, streetcar
tranche *f.* slice
tranquille calm, peaceful, tranquil
tranquillement calmly, peacefully, easily
transmettre to transmit, convey
transparaître to show through
transpirer to perspire
traquer to trap, pursue
traumatisme *m.* trauma
travail *m.* (*pl.* **travaux**) work; **___ ménager** household task
travaillé worked, labored; tormented, obsessed
travailler to work, study
travailleur (travailleuse) hardworking
travers *m.* breadth; **à ___** through; **en ___** across; **de ___** awry, askew, the wrong way
traverser to cross
trempé soaked
très very, much, very much, greatly
trésor *m.* treasure
trève *f.* truce; **___ de plaisanterie** no more joking
tribu *f.* tribe
triche *f.* (*fam.*) cheating
triompher to triumph
tripoter to toy around with
triste sad
tristement sadly
tristesse *f.* sadness
tromper to deceive, cheat, be unfaithful to; **se ___** to make a mistake
trompette *f.* trumpet

trop too much, too
Tropiques *m.pl.* Tropics
trottinette *f.* scooter
trottoir *m.* sidewalk
trou *m.* hole
troubler to disturb, confuse
troué full of holes
trouer to make a hole
troupeau *m.* herd, flock
troussé dressed, dressed up
trouver to find; consider; **se ___** to be found, located
truffe *f.* truffle
truite *f.* trout
tyrannique tyrannical
tu (*p.p.* of **taire**) silenced
tuer to kill
tuile *f.* tile
tutelle *f.* guardianship
tuyau *m.* pile, tube; (*fam.*) tip, hint
typique typical
tyran *m.* tyrant

U

ultérieur ulterior, later
univers *m.* universe
usage *m.* custom, common use
user to use, employ; **s'___** to wear out
usine *f.* factory
utile useful
utiliser to use, utilize

V

vacances *f.pl.* vacation
vacarme *m.* uproar, noise, racket
vache *f.* cow
vacillant vacillating, wavering, erratic
vagabondage *m.* vagrancy
vagabonder to wander about
vague *f.* wave
vaincre to conquer, vanquish
vainqueur *m.* victor, winner
val *m.* valley
valable valid, good
valeur *f.* value, worth
valeureux (valeureuse) brave, courageous, gallant
valise *f.* suitcase
vallée *f.* valley
valoir to be worth; **___ mieux** to be better
vanter to praise; **se ___** to brag
vapeur *f.* vapor, haze
veille *f.* the night before; the vigil
veillée *f.* social evening; vigil, watch

(over body)

veiller to be awake; to watch over

veinard *m.* lucky devil

veine *f.* luck

vélo *m.* bike

vendre to sell; *(fig.)* to betray

venir to come; ___ **de + inf.** to have just

vent *m.* wind; **un coup de** ___ a gust of wind

vente *f.* sale

ventre *m.* abdomen, belly; **avoir du** ___ to have a paunch

verdure *f.* greenery

vérifier to verify

véritable true, genuine, real

vérité *f.* truth

verre *m.* glass

verrue *f.* wart

vers *(prep.)* towards; *n.m.* verse, line in poetry

verse : à ___ in torrents

verser to pour

vert green

vertu *f.* virtue

veste *f.* jacket

veston *m.* (man's) jacket

vêtement *m.* garment, item of clothing

vêtu clothed, dressed

veuf *m.* widower

veuve *f.* widow

viande *f.* meat

vibrer to vibrate

vicaire *m.* curate, parish priest

vide *m.* empty space; *(adj.)* empty

vider to empty

vie *f.* life

vieillard *m.* old man

vieillir to grow old

vieux (vieil, vieille, vieux, vieilles) old

vif (vive) brisk, keen

vigoureux (vigoureuse) vigorous

vigueur *f.* vigor

vil vile, cheap, base

vilain nasty, naughty, ugly

vilenie *f.* meanness, vile action

villa *f.* country house

ville *f.* city

vin *m.* wine

violon *m.* violin

visage *m.* face

viscère *m.* internal organ; *pl.* depth of being, viscera

viser to aim

visiblement obviously, evidently

visière *f.* visor

visiteur (visiteuse) visitor

vite quickly, swift, rapid

vitesse *f.* speed

vitre *f.* windowpane

vitrine *f.* glass showcase; shop window

vivant living, alive; *(fig.)* lively, animated

vivement briskly, keenly, quickly

vivoter to subsist, live very modestly

vivre to live

vocabulaire *m.* vocabulary

vociférer to scream out, shout

vœu *m.* vow, wish

voici here is, are

voie *f.* way, path

voilà there is, are

voile *m.* veil

voiler to veil, conceal, cloud over

voir to see; **n'avoir rien à** ___ **avec** to have nothing to do with

voire *(adv.)* nay, indeed; even, and even

voisin neighboring; *n.m.* neighbor

voisinage *m.* neighborhood

voiture *f.* car; vehicle, carriage, coach

voix *f.* voice; **à haute** ___ aloud

vol *m.* theft; ___ **à la tire** pickpocketing

voler to steal; to fly

voleur *m.* thief

volontaire *m.* volunteer; *(adj.)* obstinate, headstrong, temperamental

volonté *f.* will, willingness, goodwill

volontiers gladly, willingly

voltiger to fly about, flutter

volumineux (volumineuse) voluminous, bulky

vomir to vomit

vouer to vow, devote

vouloir to want, wish; ___ **bien** to be willing; ___ **dire** to mean; **s'en** ___ **de** to regret; **en** ___ **à** to hold a grudge against

voûté vaulted

voyage *m.* trip, voyage

voyager to travel

voyageur *m.* traveler

voyelle *f.* vowel

vrai true, real

vraiment truly, really

vue *f.* sight

vulgaire ordinary

Y

yeux *m.pl. (sing.* œil*)* eyes

Credits

TEXT CREDITS

10   Gilles Vigneault, «Le réverbère», *La petite heure*, © Les Nouvelles Editions de l'arc, 1979.

12   Antoine de Saint-Exupery, «Le serpent boa», excerpt from *Le Petit Prince*, copyright 1943 by Harcourt, Inc. and renewed 1971 by Consuelo de Saint-Exupery, reprinted by permission of Harcourt, Inc.

24   Marie-Angèle Kingué, «Pourquoi les hommes ne mangent pas d'éléphant», nouvelle inédite, 1993.

29   Pierre Bellemare, «Surtout, ne traverse pas!», extrait du livre de Pierre Bellemare, Grégory-Frank et Marie Suchet, *Par tous les moyens*, © Editions No 1, 1988.

34   Marie Cardinal, «Les trois motocyclistes» extrait de *La clé sur la porte*, © Editions Grasset & Fasquelle, 1972.

66   Roch Carrier, «Une abominable feuille d'érable sur la glace», *Les enfants du bonhomme dans la lune*, © Editions Stanké, 1983.

78   Colette, «L'autre femme», *La femme cachée*, © Flammarion, 1924.

92   Félix Leclerc, «Le passant charitable», pp. 153-166, © Succession Félix Leclerc, 1983.

110   Birago Diop, «Vérité et Mensonge», *Les contes d'Amadou-Koumba*, © Présence Africaine, 1961.

124   Jean Giraudoux, «D'un cheveu», *Les contes d'un matin*, © Editions Gallimard, 1952.

134, 136   Jacques Prévert, «Le cancre« et «Paris at Night», *Paroles*, © Editions Gallimard, 1949.

135   Jacques Prévert, «Les enfants qui s'aiment», *Spectacle*, © Editions Gallimard, 1949.

148   Michelle Maurois, «La vie conjugale», *Accord Parfait*, © Flammarion, 1953.

161   George Simenon, «Le pavillon de la Croix-Rousse», *Les treize mystères*, © Presses Pocket, 1978.

204   Goscinny et Sempé, «Le code secret», *Le petit Nicolas et les copains*, © Editions Denöel, 1963.

219   Joseph Kessel, «Le champ de tir», *L'armée des ombres*, © Librairie Plon, 1963.

238   Emmanuel Roblès, «Le rossignol de Kabylie», *L'homme d'avril*, 1959.

251   René Philombe, «Civilisation», *Neuf poètes camerounais*, © Editions Clé Yaoundé, 1965.

253   Yambo Ouologuem, «A mon mari», *Nouvelle somme de poésie du monde noir:* Présence Africaine, New Series, No. 57, © *Présence Africaine*, 1966.

258   Goscinny et Sempé, «On a eu l'inspecteur», *Le petit Nicolas*, © Editions Denöel, 1960.

264   Roch Carrier, «Il se pourrait bien que les arbres voyagent», *Les enfants du bonhomme dans la lune*, © Editions Stanké, 1983

270   Henri Crespi, «L'œuf de Pâques».

PHOTO CREDITS

French Cultural Services   **43, 73, 143, 157, 200, 210, 257**; Canapress Photo Service   **85**; Présence Africaine   **105**; Robert D. Cesare   **170, 185**; Emmanuel Roblès   **231**; Elisabeth Crespi   **269**